Aijaz Ahmad

Der Imperialismus unserer Tage

Aijaz Ahmad

Der Imperialismus unserer Tage

Die globale Offensive gegen die Errungenschaften des 20. Jahrhunderts

Aus dem Englischen von Ina Batzke

Der Mangroven Verlag bedankt sich herzlich beim Chefredakteur von LeftWord Books, Vijay Prashad, dessen unkomplizierter Umgang immer wieder eine Freude ist, bei Ina Batze für ihre engagierte Übersetzung und bei Michael Wengraf für seine Hingabe und seine Begeisterung.

First published in India in January 2004.
Reprinted in March 2005.
LeftWord Books
12 Rajendra Prasad Road
New Delhi 110001
India

Erste Auflage
Aijaz Ahmad: Der Imperialismus unserer Tage –
Die globale Offensive gegen die Errungenschaften des 20. Jahrhundert
Übersetzung: Ina Batzke
Redaktion: Michael Wengraf
Druck: CPI buchbücher.de GmbH
Umschlag: Niki Bong
Titelbild: Miss Ty / Shutterstock
www.mangroven-verlag.de
info@mangroven-verlag.de
ISBN: 978-3-946-94638-0

Inhalt

Vorwort von Vijay Prashad

Im August 2020 zogen sich die Vereinigten Staaten aus Afghanistan zurück und hinterließen ein Land, das gezeichnet war von einer zwanzigjährigen Besatzung, die weder Frieden noch Wohlstand brachten. Afghanistan ist nach wie vor eines der ärmsten Länder der Welt. Die Vereinigten Staaten haben seine Währungsreserven gestohlen, um die Familien der Opfer des 11. Septembers zu entschädigen, obwohl Afghanistan nicht direkt an dem Angriff auf die Vereinigten Staaten im Jahr 2001 beteiligt war. Langsam verschwindet Afghanistan auch aus dem öffentlichen Gedächtnis und die Sorge, dass die dortige Bevölkerung immer mehr in Vergessenheit geraten könnte, verblasst.

Schon einige Jahre bevor die US-Truppen aus Afghanistan flohen, zogen sie sich aus dem mittleren und südlichen Irak zurück und beließen ihre Soldaten nur in der nördlichen – kurdischen – Enklave. Die furchtbare Katastrophe des illegalen US-Krieges gegen den Irak ist längst vergessen. Die großen Zerstörungen, die seit 1991 in diesem altehrwürdigen Land angerichtet wurden – einschließlich der Bombardierung aller wichtiger Infrastruktur, des Einsatzes von abgereichertem Uran und der routinemäßigen Folter von Zivilisten –, werden nicht mehr diskutiert und wahrscheinlich auch nicht in die öffentlichen Annalen dieses Krieges aufgenommen. Die Verfolgung von Julian Assange, dessen Wikileaks US-amerikanische Dokumente veröffentlichte, in denen vielfältige Kriegsverbrechen der USA katalogisiert wurden, hat den Krieg selbst übertüncht.

2004 veröffentlichte LeftWord Books den Band *Iraq, Afghanistan, and the Imperialism of Our Time* von Aijaz Ahmad, der die ersten Jahre der US-Kriege in Afghanistan (2001) und Irak (2003) nachzeichnet. Aijaz schrieb über diese Kriege in *Frontline,* einem indischen Nachrichtenmagazin, und in verschiedenen marxistischen Zeitschriften, wie *Socialist Register*. Seine Artikel und Essays wurden schließlich in diesem Buch gesammelt. Bezeichnenderweise stellte Aijaz gleich nach dem 11. September fest, dass die Reden des US-Präsidenten George W. Bush und sein Gelöbnis, Afghanistan anzugreifen, nicht nur eine Reaktion auf den 11. September darstellten – „Rache" war das Wort, das damals verwendet wurde –, sondern dass es sich um „eine historische Erklärung eines neuen imperialen Plans handelte, zu dem er die USA für viele Jahre in verschiedenen Teilen der Welt verpflichten wollte". Aijaz zeichnete die Konturen dieses neuen imperialistischen Vorstoßes nach. Der sollte sich später in der Ausweitung der militärischen US-Macht (mit Ausgaben von derzeit einer Billion Dollar pro Jahr, der Hälfte des weltweit expandierenden Militärbudgets) offenbaren – und auch in der Nutzung dieser militärischen Stärke als Mittel zur Aufrechterhaltung der ansonsten schwindenden wirtschaftlichen US-Macht in der Welt. Die Vereinigten Staaten nutzten diesen „Krieg gegen den Terror", um ihren Fußabdruck zu vergrößern, die Außenpolitik anderer Länder auf ihre eigenen Ziele auszurichten und das Zögern einiger Staaten gegenüber den Hegemonialansprüchen der Vereinigten Staaten zu beseitigen. Ebendiese Tendenz wurde in Aijaz' Buch aus dem Jahr 2004 verdeutlicht, das nun, zwanzig Jahre später, neu aufgelegt wird.

Im Laufe der vielen Jahre, in denen ich mit Aijaz zu tun hatte, hörte ich ihn immer wieder davon sprechen, dass der Marxismus eine Methode sei. Eine, in die – vor allem bei der Analyse von politischen Bedingungen – eine dichte Beschreibung von Ereignissen einfließt und die die vielen Vermittlungen aufbaut, die sie erklären. Damit eröffnet sich eine Perspektive auf die Dynamik, die durch die weltgeschichtlichen Prozesse in Gang gesetzt wird. Eine Theorie muss immer von den Tatsachen ausgehen, und selbst aus den vorläufigen Tatsachen – die sich im Laufe der Entwicklung der Ereignisse ergeben – lassen sich die großen historischen Prozesse unserer Zeit theoretisch erfassen. Dieses Buch bietet zusammen mit Aijaz' Überlegungen zu den politischen Schriften von Marx eine hervorragende Würdigung dieser marxistischen Methodik.

Vijay Prashad
Havanna, Kuba
13. Februar 2023

Vorwort von Aijaz Ahmad

Dieses Buch vereint zwei Arten des Schreibens: Der Großteil besteht aus zwölf Essays, die das Nachrichtenmagazin *Frontline* zwischen Oktober 2001 und September 2003 veröffentlichte.[1] Sie befassen sich mit den von den USA in diesem Zeitraum gegen Afghanistan und den Irak geführten Besatzungskriegen und stellen den Beginn eines nach eigener Aussage andauernden und nie endenden globalen Krieges dar. Diese Essays wurden praktisch nicht noch einmal revidiert, die sachliche Erzählung ist aber in einigen Fällen und an einigen Stellen durch Fußnoten ergänzt. Auf diese Essays folgt dann ein langer Text: „Der Imperialismus unserer Zeit", erstmals 2004 im *Socialist Register* veröffentlicht, wurde hier mit erheblicher Überarbeitung einiger Abschnitte nachgedruckt. Die *Frontline*-Essays, im Wesentlichen faktengeladen und empirisch, sind in ihrer Präsentation größtenteils journalistisch. Die Absicht war, die sich entfaltende US-amerikanische Politik, die beiden Kriege und eine ganze Reihe verwandter Themen vor dem Hintergrund der größeren geopolitischen Ereignisse dieser zwei Jahre zu analysieren. „Der Imperialismus unserer Zeit" wiederum ist ein viel theoretischeres Werk über die aktuelle Phase des Imperialismus, die nach[2] Auflösung der kommunistischen Staaten in den ehemaligen Warschauer-Pakt-Ländern und der erzwungenen Zerstückelung Jugoslawiens entstand. Er beschäftigt sich außerdem mit dem sich wandelnden Charakter des Imperialismus in der kolonialen und postkolonialen Ära, der Sonderstellung der USA in der Geschichte des Kolonialismus insgesamt und den gefährlichen Besonderheiten des Bush-Regimes innerhalb der anhaltenden imperialen Vormachtstellung der USA. Dieser Aufsatz befasst sich

1 Insgesamt habe ich in diesen zwei Jahren sechzehn Essays zu diesem Thema in *Frontline* veröffentlicht. Zwölf sind in diesem Buch enthalten und die anderen fünf mussten aus Platzgründen unberücksichtigt bleiben. Ich bedauere es besonders, dass die drei Essays über Israel und die Beziehung zwischen Israel und der USA fehlen, da ohne diese das strategische Design, das für den Nahen Osten angedacht ist, unverständlich bleibt.

2 Leo Panitch und Colin Leys (Herausgeber), *Socialist Register 2004*, Merlin Press Großbritannien, *Monthly Review Press for the US*, Oktober 2003.

somit nicht *per se* mit Afghanistan und dem Iran, sondern möchte unter anderem die Grundlage für ein theoretisches Verständnis dieser Besatzungskriege legen, die nicht als einzelne Episoden, sondern als Schlüsselereignisse einer neuen und globalen imperialen Offensive zu verstehen sind.

Die ersten zwei der *Frontline*-Aufsätze entstanden kurz nachdem eine Gruppe von Entführern Passagierflugzeuge in die beiden Gebäude des World Trade Centers in New York und in ein Außengebäude des Washingtoner Pentagons rasen ließ. Dabei starben fast 3.000 Menschen aus etwa 60 verschiedenen Ländern, die in den Vereinigten Staaten lebten und arbeiteten, unter ihnen befand sich auch eine sehr große Anzahl von Muslimen. Der US-amerikanische Senat reagierte, indem er den US-Präsidenten mit historisch beispiellosen kriegerischen Befugnissen ausstattete. Am 20. September 2001 verkündete Präsident George W. Bush in einer gemeinsamen Sitzung des US-amerikanischen Kongresses, eine umfassende Politik der offenen und verdeckten Bekämpfung des Terrorismus in Dutzenden von Ländern. Bekannt geworden ist diese Politik als globaler „Krieg gegen den Terror". Dieser Krieg sollte permanent sein: „Eine Aufgabe, die niemals endet", wie Bush es selbst eiskalt formulierte. In dem Essay, den ich unmittelbar nach dieser Ankündigung veröffentlichte, sagte ich als einer der ersten, dass Bushs Aussagen weder Geschrei noch Ausdruck einer vorübergehenden Wut seien, sondern die vom gesamten US-amerikanischen Senat unterstützte präsidentielle Ankündigung einer langfristigen Politik. Sie zielt darauf ab, die neoliberale Globalisierung durch einen weltweiten Militarismus zu ergänzen, um so die US-imperialistische Eroberung des gesamten Planeten weiter voranzutreiben. Ich deutete an, dass die Tragödie um die Opfer des World Trade Centers nun nach dem Vorbild des Reichstagsbrandes genutzt wird, der dazu beitrug, Hitlers Macht in Deutschland zu festigen und den Weg für die Nazi-Welteroberungswünsche zu ebnen. Als ich den zweiten Essay vorbereite, hatte die Invasion Afghanistans bereits begonnen. Ich war damals praktisch der einzige Kommentator weltweit, der behauptete, dass die Taliban nicht so leicht zu besiegen seien und dass sich früher oder später Widerstand formieren werde – was dann tatsächlich auch geschah.

Auf diese beiden Aufsätze über die frühe Phase der Invasion in Afghanistan und das, was man die Bush-Doktrin nennen könnte, folgen dann neun Essays über den Irak. Sie wurden zwischen September 2002 und August 2003 veröffentlicht, beginnend mit dem Zeitpunkt, in dem eine vollständige Invasion des Irak langsam greifbar wurde, und sie umfassen die Vorbereitungen auf diese Invasion sowie die globale Opposition, die dagegen aufkam. Danach beleuchten sie den Krieg selbst, die lange Besetzung dieses leidenden Landes, das Aufkommen des irakischen Widerstands und die daraus resultierende Verwirrung in der US-amerikanischen Politik. Nebenbei verhandeln diese Essays auch eine Reihe verwandter Themen: das Regime der völkermörderischen Sanktionen und die grausamen Bombenanschläge durch die USA und Großbritannien, die vor der Invasion von 2003 etwa zwölf Jahre lang versucht hatten, das gesamte Gefüge der irakischen Gesellschaft zu zerstören; die heimtückische Rolle der Vereinten Nationen; das zweideutige Gebaren der Europäischen Union und den Währungskrieg zwischen Dollar und Euro; die Ölpolitik, nicht nur im Irak, sondern auch im Nahen Osten und im Becken des Kaspischen Meeres; und so weiter. Auf diese Aufsätze folgt dann ein abschließender Essay über Afghanistan, geschrieben knapp zwei Jahre nach der ersten Invasion und nach Installation des Karzai-Regimes. Darin wird über das Wiederaufleben des Widerstands in Afghanistan berichtet und versucht, gewisse Parallelen sowie Kontraste zwischen den Modalitäten der Besatzung und der Widerstandsdynamik im Irak bzw. in Afghanistan zu ziehen.

Jeder dieser Texte liegt irgendwo zwischen einer journalistischen Reportage über bestimmte Ereignisse und der Absicht eines Essayisten, die verfügbaren empirischen Fakten im Hinblick auf die Bewegung eines Ganzen zu einem bestimmten Zeitpunkt zu verstehen – egal wie widersprüchlich oder sogar undurchsichtig das größere Ganze an einem bestimmten Tag gewesen sein mag. Da jeder der Essays an die Platzbeschränkung im Druck und an die Unmittelbarkeit der berichteten Ereignisse gebunden war, sind alle im Wesentlichen fragmentarisch, stellen lediglich eine Figur in dem Teppich dar, der über zwei Jahre hinweg Essay für Essay gewebt wurde. Dies ist somit auch nicht das Buch, das ich geschrieben hätte, wenn ich es jetzt, im Nachhinein, schreiben würde. Es ist vielmehr eine Chronik, die aufzeigt, wie einige der großen Krisen unserer Zeit auf einen Beobachter, der sich zu dieser Zeit hauptsächlich in Delhi befand, gewirkt haben; wie sie Woche für Woche abliefen, ohne dass man wusste, welche Gestalt diese Ereignisse nach Drucklegung der Aufsätze annehmen würden.

Diese Art des Schreibens beinhaltet mindestens zwei Prozesse der wiederholten Selbstkorrektur. Der eine resultiert aus der naheliegenden Versuchung, aufgrund der Aufregung des Augenblicks, der Lückenhaftigkeit des

Faktenwissens und den daraus resultierenden Spekulationen Beurteilungsfehler zu machen, ganz zu schweigen vom Einfluss eigener Vorurteile und Dispositionen. Man benutzt dann gerne den nächsten Aufsatz, um die Fehler des vorangehenden zu korrigieren. Die jeweiligen Essays können daher als diskrete Berichte über vorangegangene Ereignisse sowie auch als die zahlreichen Etappen eines Pilgerweges verstanden werden. Ich habe praktisch alle derartigen Fehler unkorrigiert belassen und der Versuchung widerstanden, die Aufsätze komplett zu überarbeiten, nur ab und an fügte ich Fußnoten zur Aktualisierung und Klarstellung hinzu. Die andere Art der Selbstkorrektur ist eigentlich die interessantere. Man berichtet über eine Tatsache, bietet eine Analyse an, und einige Zeit später (Wochen, Monate) stößt man auf andere Beweismittel, die dann ein reicheres, komplexeres Verständnis derselben Tatsachen vermitteln, die man zum früheren Zeitpunkt nicht unbedingt falsch, aber zumindest nur oberflächlich wiedergegeben hat. Ich war zum Beispiel sicherlich einer der ersten, der sagte, dass Bushs Rede vom 20. September 2001 nicht nur eine Reaktion auf die Ereignisse war, die neun Tage zuvor geschahen. Vielmehr handelte es sich um die historische Erklärung eines neuen imperialen Plans, zu dem er die USA viele Jahre lang in den unterschiedlichsten Teilen der Welt verpflichten sollte. Diese Aussage war auf jeden Fall korrekt. Allerdings hatte ich zu diesem Zeitpunkt die Schlüsseldokumente des neokonservativen Establishments noch nicht wirklich gelesen und konnte deshalb den ganzen Hintergrund in Bezug auf zentrale Figuren wie Dick Cheney, Donald Rumsfeld, Paul Wolfowitz, Richard Perle und Condoleeza Rice noch nicht klar erfassen. Daher ahnte ich anfangs wenig davon, dass die intellektuellen Grundlagen und programmatischen Formen dessen, was Bush jetzt verkündete, mit sehr viel Aufwand bereits seit mindestens einem Jahrzehnt von einer gut vernetzten und immer mächtiger werdenden Gruppe mit neokonservativer strategischer Vision, militaristischer Ideologie und zionistischer Zugehörigkeit entwickelt worden war. Auch hatte ich bis dahin nicht ernsthaft darüber nachgedacht, wo genau die Grenze zwischen dem strategischen Denken der Clinton- und jenem der Bush-Regierung gezogen werden sollte. Die letztgenannten Aufsätze sind daher auch in altbekannten Fragen kenntnisreicher als die früheren, so dass das Schreiben dieser Aufsätze für mich eine Art nicht enden wollende Lehrzeit darstellte.

Mein größter Dank gilt ohne Frage N. Ram, dem Redakteur von *Frontline*, dem meiner Meinung nach besten Nachrichtenmagazin in englischer Sprache auf der ganzen Welt. Dieses, sein eigenes Projekt wird in hohem Maße begünstigt durch die Tatsache, dass Indien eine außerordentlich lebendige politische und intellektuelle Kultur der Linken hat, die ein so seriöses Medium für aktuelle Nachrichten und politische Analysen verlangt und trägt. N. Ram gewährte mir zwei ungewöhnliche Freiheiten: zum einen die Freiheit, zu schreiben, wann und über welches Thema auch immer ich will; damit befreite er mich auch von den Verpflichtungen einer regelmäßigen Kolumne. Zum anderen hatte ich die Möglichkeit, Aufsätze mit einer Länge von 4000-5000 Wörtern zu schreiben, die von niemand anderem bearbeitet wurden. Diese Rahmenbedingungen ermöglichten es mir, nicht nur Reportage und Analyse zu kombinieren, sondern sogar kurze theoretische Streifzüge zu unternehmen. Es bedeute jedoch auch, dass die Verantwortung für jedes Wort und jede Phrase in diesen Artikeln allein bei mir lag und liegt.

Darüber hinaus habe ich viel aus Diskussionen mit Freunden und Kollegen gelernt, die zu zahlreich sind, um sie einzeln zu nennen. Hinzu kommt mein Publikum in Indien und Nordamerika, das sich anhörte, was ich zu sagen hatte, und mein Verständnis durch hilfreiche Kommentare und Kreuzverhöre bereicherte. Auch das Internet war eine unverzichtbare Informationsquelle, die es mir ermöglichte, aus den unterschiedlichsten Quellen, offiziellen wie oppositionellen, ein eigenes Archiv aufzubauen und dieses sorgfältig zu *nutzen*, was dann auch von der unangenehmen Pflicht, viel zu viel fernzusehen, entbindet. Wie alle, die wir intellektuelle Arbeiter und Teilnehmer an sozialistischer und antiimperialistischer Politik sind, schulden wir vor allem jenen Menschen auf der ganzen Welt unschätzbaren Dank, die so viel von sich geben, um alternative Medien zu schaffen, die sich aus hunderten von Websites und Mailinglisten zusammensetzen. Während sie für mich und andere kostenlos zur Verfügung stehen, ist ihre Unterhaltung natürlich mit großem Zeit- und Energieaufwand für eben diese Betreiber verbunden. Unter den Mailinglisten, die mich regelmäßig mit unverzichtbaren Informationen und Analysen gefüttert haben, möchte ich besonders zwei hervorheben, die beide von ehemaligen Kollegen und Studierenden des Department of Political Science der kanadischen York University etabliert wurden, an der ich auch das Vergnügen hatte, zu lehren: zum einen eine Liste, die von der Gruppe „*Discussions on the Socialist Register and its articles*" geführt wird, und zum anderen eine vom *Middle East Socialists Network* (MESN) betreute Liste. Besonderer Dank geht vor allem an Herrn Sid Shniad, der mich nicht persönlich kennt, und an Khashayar Hooshyar, einen ehemaligen Studenten und jetzt lieben Freund, für die Veröffentlichung unzähliger Nachrichten und Essays auf diesen beiden Plattformen, ohne die mein eigenes Schreiben um einiges ärmer ausgefallen wäre.

Mein Dank gilt auch Leo Panitch und Colin Leys, den Herausgebern des *Socialist Register*, die aus den Texten, die ich ihnen übermittelt habe, kompaktere Aufsätze für die Veröffentlichung in ihrer Zeitschrift machten. Als ich die Versionen für dieses Buch vorbereitete, bin ich oft zum Originaltext zurückgekehrt, habe einige Abschnitte neu geschrieben und hier und da frisches Material hinzugefügt; einige Spuren der Bearbeitung durch die Herausgeber sind jedoch geblieben, was ich gerne anerkenne. Ebenso bin ich Sudhanva Deshpande von *LeftWord Books* zu Dank verpflichtet, die dieses Buch vorbereitet und bis zur Drucklegung begleitet hat.

Die ursprünglichen Veröffentlichungstermine für alle *Frontline*-Aufsätze sind immer mit angegeben, sie entsprechen jedoch nicht dem Zeitpunkt der Komposition. Wie bei den meisten Nachrichtenmagazinen gibt es auch bei *Frontline* ein eher eigentümliches System zur Datierung der jeweiligen Ausgaben. Typischerweise wurde ein Artikel zwei bis drei Wochen vor seinem Erscheinungsdatum verfasst.

Aijaz Ahmad

EINE NOTIZ

Frankenstein und das Monster

SADDAM HUSSEIN IN
US-AMERIKANISCHER GEFANGENSCHAFT

Am 14. Dezember 2003, einen Tag vor Drucklegung dieses Buches, gaben die anglo-amerikanischen Besatzungsbehörden bekannt, dass sie Saddam Hussein am Vorabend gefangen genommen hatten. Die großen Fernsehsender, insbesondere CNN und BBC, die beiden wichtigsten Sprachrohre des Imperiums, zeigten pflichtbewusst das Filmmaterial seiner erniedrigenden zahnärztlichen Untersuchung. Sie taten es wieder und wieder, stundenlang ohne Unterbrechung, fast schon rituell, so wie sie in unendlicher Wiederholung am 11. September 2001 und den darauffolgenden Tagen den Einsturz der Zwillingstürme des World Trade Centers gezeigt hatten. Dies geschah, um ein bestimmtes Bild in den Köpfen der Fernsehwelt zu fixieren: einen *Fortschritt*, von der amerikanischen Tragödie zum amerikanischen Triumph in etwas mehr als zwei Jahren! Der führte von der Majestät der wankenden Türme zur glücklosen Kapitulation des Mannes, den die USA als den grausamsten aller arabischen und islamischen Dämonen verteufelt haben. Im politischen Unterbewussten der US-amerikanischen *Öffentlichkeit verschränkten sich diese beiden Bilder zweifellos* zu einem ewigen Kampf zwischen Gut und Böse. Für einen Großteil der restlichen Welt waren die vielen Stunden dieses im Fernsehen übertragenen „Spektakels" um einen erschöpften, einsamen, alten, zerzausten Gefangenen der größten imperialen Weltmacht einfach nur widerlich.

Saddam Husseins Tochter in Amman und seine Schwester in einer nicht genannten arabischen Hauptstadt zeigten in ihren jeweiligen Interviews eine identische und höchst plausible Reaktion: Saddam Hussein erschien ihnen wie unter Drogen gesetzt. Wer weiß, vielleicht wurde er ja auch gefoltert. Sie forderten, dass er weder von den Besatzern noch von ihrem Marionettenregime in Bagdad vor Gericht gestellt wird. Beide verlangten ein Verfahren vor einer zuständigen internationalen Behörde, während Tochter Raghad ankündigte, dass die Familie demnächst einen Anwalt zur Verteidigung ihres Vaters bestellen werde.

CNN und BBC zeigten elende kleine Gruppen aus Bagdad, die die Festnahme feierten und einzelne Ladenbesitzer, die jubelnd mit ihren Waffen in die Luft feuerten. Was sie nicht zeigten, waren die vielen Pro-Saddam-Hussein-Demonstrationen, die im gesamten Nordirak direkt neben den US-amerikanischen Besatzungstruppen stattfanden. Bei einer solchen Demonstration töteten US-Soldaten drei Iraker.

Nach allen Maßstäben des Völkerrechts ist die amerikanische Besetzung des Irak illegal. Jeder Prozess gegen Saddam Hussein vor einem Gericht mit internationaler Zuständigkeit würde nicht nur die Frage nach seinen Verbrechen, sondern auch die Frage nach dem rechtlichen Status derer aufwerfen, die ihn gefangen halten. Ein solcher Prozess könnte sich zu einem gegen die gesetzlosen Besatzer und ihre Kriegsverbrechen verwandeln. In diesem Wissen kündigten Bush und Blair schnell an, dass der Prozess vor einem irakischen Gericht stattfinden solle und schlossen dezidiert jede Rolle der Vereinten Nationen darin aus. Alle wussten, dass ein solches „irakisches" Gericht den Amerikanern – beziehungsweise ihren Marionetten im sogenannten „irakischen Regierungsrat" (oder was auch immer in den kommenden Monaten an seine Stelle gesetzt wird) – verpflichtet wäre und Saddam Hussein zum Tode verurteilen würde. Um diese ausgemachte Sache zu verhindern, forderte der UN-Generalsekretär, Kofi Annan, umgehend ein Verfahren vor einem zuständigen internationalen Gericht. Er lehnte übereinstimmend mit einem in Europa weit verbreiteten Empfinden jedes Verfahren ab, das die Möglichkeit der Todesstrafe vorsieht. Die Vereinten Nationen haben noch nie ein Gericht eingerichtet, das die Todesstrafe vollstreckt, so Annan, und „als Generalsekretär […] werde ich dieser Sache nicht einfach den Rücken zukehren und auf einmal die Todesstrafe akzeptieren". Er hatte eindeutig etwas im Sinn, das dem Haager Tribunal ähnelt, wo der ehemalige jugoslawische Staatschef Slobodan Milosevic derzeit vor Gericht steht.

Der Nutzen des lebend gefassten, und nicht durch eigene oder fremde Kugel gestorbenen Saddam Hussein ist damit relativiert. Überall, vom rechten bis ins linke Spektrum, wurde viel moralische Empörung über Saddam Husseins „Feigheit" geäußert, sich nicht selbst umzubringen und sich stattdessen gefangen nehmen zu lassen. Und er ist wahrscheinlich wirklich ein Feigling, Tyrannen sind meistens Feiglinge. Darum aber geht es hier nicht.

Indem er sich den Amerikanern acht Monate lang auf seinem eigenen Boden entzog, hat Saddam Hussein trotz all der amerikanischen Spionagetechnik, die Berge und ganze Ozeane durchleuchtet, bewiesen, dass selbst ein einzelnes Individuum, das all seiner Kräfte beraubt ist, der USA widerstehen kann; und er war dazu in der Lage, weil er sich unter seinem eigenen Volk versteckt hat. Des Weiteren können Leichen nicht für sich selbst sprechen, besonders nicht, wenn Feinde des Toten für die Entsorgung der Leiche verantwortlich sind. Ein lebender Mensch wiederum hat zumindest die Chance, zu sprechen. Voraussetzung ist, dass er die Folter überlebt, der Saddam Hussein jetzt und in den kommenden Monaten wahrscheinlich ausgesetzt sein wird.

Der Kampf um die Modalitäten seines Prozesses wird nicht nur die Diskussion um seine Rechte am Leben erhalten, sondern auch die Frage nach denjenigen, die sein Land barbarisch besetzt haben und ihn jetzt gefangen halten: Er mag noch einige Rechte besitzen, sie aber haben keine, wenn die Vorgaben des Völkerrechts eingehalten werden. Die triumphale Tyrannei imperialen Ausmaßes, die einen lokalen, gebrochenen Tyrannen vor Gericht stellt, der möglicherweise die Geschichte der tiefgreifenden Komplizenschaft zwischen diesen beiden Tyranneien, der amerikanischen und der baathistischen, erzählt – dies kann für die Welt schnell zu einem ernüchternden Drama werden. Fast hoffte ich daher, dass die Amerikaner es nicht schaffen, Saddam Husseins Willen zu brechen, und dass es ihm durch seine Festnahme gelingt, auch die Verbrechen seiner Verfolger zu entlarven. Diese waren für lange Zeit seine Wohltäter gewesen und wandten sich erst gegen ihn, als ihre eigenen Interessen mit seinen Ambitionen kollidierten.

Genau aus diesem Grund sollte es eine Bewegung zum Schutz der Rechte Saddam Husseins als Kriegsgefangener geben. Und zwar sein Recht auf einen Anwalt betreffend und ebenso sein Recht auf sofortigen und dauerhaften Zugang zum Roten Kreuz und anderen Einrichtungen, die international mit der Pflicht betraut sind, sicherzustellen, dass Kriegsgefangene in Übereinstimmung mit den Genfer Abkommen und den Haager Vorschriften behandelt werden. Wir brauchen einen gesunden, trotzigen Saddam Hussein vor Gericht, aus Gründen, die nicht rein moralisierend, sondern zutiefst politisch sind, und die einem viel komplexeren Verständnis von öffentlicher Moral unterliegen.

Während des Prozesses sollten wir außerdem zwei Fehler vermeiden: Erstens sollten wir der anglo-amerikanischen Version der Ereignisse niemals trauen. Sie sagen, dass Saddam Hussein am Abend des 13. Dezember 2003 gefangen genommen wurde, dass er 750.000 Dollar bei sich trug, aber nicht einmal ein Funkgerät oder irgendeine andere Kommunikationsausrüstung; dass er eine geladene Pistole hatte, die er nicht benutzte; dass es zwei AK-47-Gewehre und zwei weitere Männer gab, die versuchten zu fliehen, ohne sich zu verteidigen; dass Saddam Hussein in einem so genannten „Spinnenloch" lebte – die USA haben blutige und ziemlich unglaubwürdige Details über die Bedingungen geliefert, unter denen er angeblich in und um dieses „Loch" durchhielt. Vielleicht sind alle diese Aussagen falsch, vielleicht manche, vielleicht keine einzige. Nur die Zeit wird es zeigen, und diese Zeit wird vielleicht noch eine ganze Weile nicht kommen.

Zweitens darf man nicht auch nur für eine Sekunde vergessen, welche Art von Monster Saddam Hussein in den letzten vierzig Jahren war und immer noch ist. Seine Karriere als Attentäter – und insbesondere als Mörder von Kommunisten – begann früh und sie startete passenderweise mit der Ermordung seines kommunistischen Schwagers im Jahr 1958. Bevor er 2003 endgültig festgenommen wurde, „fassten" die USA ihn schon einmal. Und zwar im Jahr 1959, als er für ein Kommando rekrutiert worden war, das General Kassem ermorden sollte, einen progressiven Antimonarchisten, der beschuldigt wurde, den irakischen Kommunisten nahe zu stehen (für die USA ist radikaler Dritte-Welt-Nationalismus per Definition „kommunistisch"). Hussein beteiligte sich an allen Putschversuchen zwischen 1963 und 1968, die von den USA gesponsert und von den Baathisten durchgeführt wurden und bei denen die Baathisten Kommunisten töteten – teilweise auf der Grundlage von Informationen der CIA. Nach dem letzten dieser Putsche im Jahr 1968, der zu einer ununterbrochenen Baath-Herrschaft bis 2003 führte, übernahm Saddam Hussein die Verantwortung für die innere Sicherheit und schuf auch den institutionellen Rahmen der nachfolgenden Diktatur. Die Israel-Frage war der einzige Zankapfel zwischen den USA und den Baathisten, obwohl der baathistische Irak im Gegensatz zu Syrien, Ägypten oder sogar Jordanien nie einen Krieg mit Israel führte. Im Übrigen blieb Saddam Hussein ein enger Verbündeter der USA, auf deren Veranlassung hin er 1980 in den Iran einmarschierte, in einen brutalen Krieg, der die beiden Länder eine Million Menschenleben kostete. Die US-UK-Allianz versorgte ihn dabei mit Satellitenfotos, Ausrüstung und Waffen, inklusive der Fähigkeit, chemische Waffen herzustellen, die dann gegen den Iran eingesetzt werden konnten. Die USA wandten sich erst gegen ihn, als er in Kuwait einfiel und Saudi-Arabien bedrohte – jene beiden Monarchien, die die USA, neben Israel, am meisten lieben. Wenn Mary Shelley die Geschichte der Hassliebe zwischen den USA und Saddam Hussein schriebe, würde sie diese wahrscheinlich mit „Frankenstein und das Monster" betiteln.

Schließlich sollten wir uns fragen, welche Bedeutung die Verhaftung Saddam Husseins für die absehbare Zukunft des irakischen Widerstands hat. Die kurze Antwort lautet: keine große. Unmittelbar nach der Eroberung Bagdads habe ich schon geschrieben, und ich werde nicht müde, es zu wiederholen, dass die Absetzung der Führungsspitze des Saddam-Regimes eine Voraussetzung für das tatsächliche Entstehen eines nationalen Befreiungskampfes im Irak ist. Aus dem Inneren der irakischen Armee und der Baath-Partei kam der Widerstand immer eher von den mittleren Offizieren und der Basis, nicht von der räuberischen Spitze. Ebenso wichtig ist die Tatsache, dass die meisten derzeit Widerstand leistenden Gruppen nicht aus diesen Elementen hervorzugehen scheinen; viele sind säkulare Nationalisten, Linke und Islamisten. Verschiedene Gruppen agieren entweder autonom oder kooperieren aus patriotischen Gründen gegen einen gemeinsamen Feind. Die Beseitigung selbst des Anscheins eines von Saddam geführten Widerstands würde wahrscheinlich eine größere Annäherung zwischen diesen verschiedenen Gruppen und den Baathisten erleichtern, die dann von einer charismatischen Beziehung mit einem verborgenen Führer befreit wären. Viele Schiiten, die bis jetzt eher abseitsstanden, könnten dann ihre Angst vor der Wiederherstellung des Saddam Regimes verlieren und enger mit dem bewaffneten Widerstand zusammenarbeiten. Saddam Hussein war ein Symbol; seine Verhaftung wird einige demoralisieren, andere anregen. In der Zwischenzeit raubt seine Verhaftung den imperialistischen Besatzern sprichwörtlich das letzte Feigenblatt. Sie gaben alle möglichen Gründe für ihre Invasion und Besetzung an, die alle offensichtlich falsch waren; die allerletzte Begründung war, dass sie den Irak von Saddam Hussein befreien wollen. Nun, er ist jetzt in ihrer Obhut. Warum also sind die USA und ihre Verbündeten noch immer im Irak? Da die Widerstandbewegungen anhalten und sogar wachsen, können sie die Beteiligten nicht länger als „Saddam Hussein-Loyalisten", „Baath-Überreste" oder ähnliches diffamieren. Weil Saddam Hussein sich in Gefangenschaft befindet und die Besatzung dennoch immer grausamer wird, ist der Kaiser nackt – er kann seine Kleider nicht mehr finden, und selbst sein Feigenblatt wurde ihm jetzt entrissen.

Genauso wie es den USA nicht gelungen ist, für ihre Invasion in den Irak auch nur den Anschein einer völkerrechtlichen Absicherung zu erhalten, wagen sie es nun auch nicht, Saddam Hussein vor ein international zuständiges Gericht zu stellen. Sie haben zu viele Leichen im eigenen Keller. Die USA bevorzugen es daher, ihn erst einmal weiter zu „verhören" und dann lieber einen schnellen Prozess und eine noch schnellere Hinrichtung zu veranlassen. Donald Rumsfeld sagte im Fernsehen, dass Saddam Hussein als Kriegsgefangener und in Übereinstimmung mit den Genfer Konventionen behandelt werden soll. Warum hat er dann keinen sofortigen Schutz durch das Rote Kreuz und keinen Zugang zu einem Rechtsbeistand bewirkt? Mit welchem Recht halten die USA ihn an einem geheimen Ort fest, während er von CIA und Co. unermüdlich „verhört" wird?

Natürlich wünschte man, die demokratischen Kräfte im Irak hätten es schon vor langer Zeit geschafft, Saddam Hussein zu töten; für die Welt wäre dies besser gewesen. Unter den gegebenen Umständen ist es aber vielleicht gut, dass Saddam Hussein sich – wenn auch womöglich aus den falschen Gründen – nicht umgebracht hat. Und da der Widerstand gegen den Imperialismus immer mehr Iraker vereint, kann es als Folge dieser Invasion vielleicht wirklich zu einer echten Demokratisierung des Irak kommen. Nicht als Geschenk der USA, sondern in Form eines geeinten Volksaufstandes *gegen* die USA.

I

Ich war fest davon überzeugt, dass wir nicht nach Bagdad einmarschieren sollten. [...] Den Irak zu besetzen würde unsere Koalition augenblicklich zerschlagen, die ganze arabische Welt gegen uns aufbringen und einen gebrochenen Tyrannen zu einem arabischen Helden der Neuzeit machen [...] Wir sollten unsere jungen Soldaten nicht auf diese vergebliche Jagd nach einem fest verankerten Diktator schicken und sie damit dazu verurteilen, in einem nicht zu gewinnenden Stadtguerillakrieg zu kämpfen. [...] Wir hatten bereits nach dem Kalten Krieg mehr oder weniger selbstbewusst versucht, Lösungen für den Umgang mit Aggression in der Welt zu entwickeln. Ein Einmarsch in den Irak und seine Besetzung, und somit eine klare und einseitige Überschreitung des Mandats der Vereinten Nationen, hätten den Präzedenzfall einer internationalen Reaktion auf diese Aggression zunichtegemacht, den wir zu schaffen hofften. Wären wir den Invasionsweg gegangen, wären die Vereinigten Staaten möglicherweise immer noch eine Besatzungsmacht in einem erbittert feindlichen Land.[3]

Bush H.W. Bush, ehemaliger Präsident der Vereinigten Staaten,
in seinem 1998 erschienenen Buch über den Golfkrieg 1991
mit dem Titel A World Transformed

Die Vereinten Nationen dienten als Imprimatur für eine Politik, die die Vereinigten Staaten verfolgen wollten und die USA überredeten daher alle, beziehungsweise zwangen sie, diese Politik zu unterstützen. Der Sicherheitsrat nahm die Bestimmungen der Charta der Vereinten Nationen alles andere als ernst.[4]

Stephen Lewis, Kanadas damaliger Botschafter bei
den Vereinten Nationen, über den Golfkrieg

3 Im Original: *„I firmly believed we should not march into Baghdad. ... To occupy Iraq would instantly shatter our coalition, turning the whole Arab world against us and make a broken tyrant into a latter-day Arab hero ... assigning young soldiers to a fruitless hunt for a securely entrenched dictator and condemning them to fight in what would be an unwinnable urban guerrilla war. ... Furthermore, we had been self-consciously trying to set a pattern for handling aggression in the post-Cold War world. Going in and occupying Iraq, thus unilaterally exceeding the United Nations' mandate, would have destroyed the precedent of international response to aggression that we hoped to establish. Had we gone the invasion route, the United States could conceivably still be an occupying power in a bitterly hostile land."*

4 Im Original: *„The United Nations served as an imprimatur for a policy that the United States wanted to follow and either persuaded or coerced everybody else to support. The Security Council thus played fast and loose with the provisions of the UN Charter."*

Lesley Stahl: „Wir haben gehört, dass eine halbe Million Kinder [wegen der Sanktionen gegen den Irak] gestorben sind. Ich meine, das sind mehr Kinder, als in Hiroshima gestorben sind. Ich frage sie: Ist dieser Preis es wert?"
President Clinton's Secretary of State Madeleine Albright: „Ich denke, das war eine sehr schwierige Entscheidung, aber der Preis – wir denken, der Preis ist es wert."[5]

In der amerikanischen Fernsehsendung 60 Minutes *im Mai 1996*

II

Sehr geehrter Herr Präsident Bush, ich bin sicher, Sie werden eine nette kleine Teeparty mit Ihrem Kriegsverbrecher-Kollegen Tony Blair veranstalten. Bitte spülen Sie die Gurkensandwiches mit einem Glas Blut herunter.[6]

Harold Pinter, britischer Bühnenschriftsteller,
in einem offenen Brief in The Guardian

George Bush wurde nicht von einer Mehrheit der Wähler in den Vereinigten Staaten zum Präsidenten gewählt, er wurde von Gott ernannt.[7]

General Jerry Boykin, stellvertretender Unterstaatssekretär für den Geheimdienst, zuständig für die Bereitstellung von Geheimdienstinformationen für Donald Rumsfelds „High Value Target Plan", *der darauf abzielte, Saddam Hussein, Osama bin Laden und Mullah Omar zur Strecke zu bringen*

5 Im Original: „Lesley Stahl: ‚*We have heard that a half million children have died [because of sanctions against Iraq]. I mean, that's more children than died in Hiroshima and you know, is the price worth it?*' President Clinton's Secretary of State Madeleine Albright: ‚*I think this is a very hard choice, but the price . . . we think the price is worth it.*'"

6 Im Original: „*Dear President Bush, I'm sure you'll be having a nice little tea party with your fellow war criminal, Tony Blair. Please wash the cucumber sandwiches down with a glass of blood.*"

7 Im Original: „*George Bush was not elected by a majority of the voters in the United States, he was appointed by God.*"

[Präsident George W. Bush ist] die größte Bedrohung für alles Leben auf diesem Planeten, die wir höchstwahrscheinlich je gesehen haben.[8]

Ken Livingston, Bürgermeister von London

Und, bevor alles vorbei ist, mag die Demokratie, edel und zart wie sie ist, nachgeben. […] Demokratie ist in der Tat die besondere Bedingung, die wir in den kommenden Jahren verteidigen müssen. Das wird enorm schwierig, denn eine Verbindung aus Großkonzernen, dem Militär und einer völligen Gleichsetzung der amerikanischen Flagge mit Sportgroßveranstaltungen hat in den USA bereits eine vorfaschistische Atmosphäre geschaffen.[9]

Norman Mailer, amerikanischer Autor

Der Faschismus sollte eigentlich eher Korporatismus genannt werden, da er die Verschmelzung von staatlicher und korporativer Macht darstellt.[10]

Benito Mussolini, Begründer des italienischen Faschismus

III

Rufen Sie Donald Rumsfeld an und sagen Sie ihm, dass unsere traurigen Ärsche bereit sind, nach Hause zu gehen.[11]

Gefreiter Matthew C. O'Dell, ein im Irak dienender US-Infanterist, zitiert in der New York Times *vom 15. Juni 2003*

8 Im Original: „[President George W. Bush is] *the greatest threat to life on this planet that we've most probably ever seen.*"

9 Im Original: „*And, before it is all over, democracy, noble and delicate as it is, may give way. … Indeed, democracy is the special condition that we will be called upon to defend in the coming years. That will be enormously difficult because the combination of the corporations, the military and the complete investiture of the flag with mass spectator sports has set up a pre-fascist atmosphere in America already.*"

10 Im Original: „*Fascism should more properly be called corporatism, since it is the merger of state and corporate power.*"

11 Im Original: „*You call Donald Rumsfeld and tell him our sorry asses are ready to go home.*"

Uns fehlen die richtigen Messgrößen, um zu wissen, ob wir den globalen Krieg gegen den Terror gewinnen oder verlieren.12

US-Verteidigungsminister Donald Rumsfeld,
in einem vertraulichen Memo, 16. Oktober 2003

Die Botschaft ist, dass es bekannte Bekannte gibt, es gibt Dinge, von denen wir wissen, dass wir sie wissen. Dann gibt es bekannte Unbekannte, das heißt, es gibt Dinge, von denen wir jetzt wissen, dass wir sie nicht wissen. Aber es gibt auch unbekannte Unbekannte. [...] Dinge, von denen wir nicht wissen, dass wir sie nicht wissen. Und jedes Jahr entdecken wir ein paar weitere dieser unbekannten Unbekannten.13

Donald Rumsfeld, in Bezug auf die Frage,
warum sich die US-amerikanischen Anschuldigungen
gegen Saddam Hussein als falsch erwiesen haben

IV

Die erfundenen Gründe für diesen Krieg sind zusammengebrochen. Alle Rechtfertigungen der Regierung, die es während unserer Vorbereitung auf den Krieg gab, werden jetzt als Unsinn entlarvt. Dem amerikanischen Volk wurde gesagt, dass Saddam Hussein Atomwaffen baut. Das stimmte nicht. Uns wurde gesagt, er habe Vorräte an anderen Massenvernichtungswaffen. Die hatte er nicht. Uns wurde gesagt, dass er in die Terroranschläge vom 11. September 2001 verwickelt war. Das war er nicht. Uns wurde gesagt, dass der Irak Terroristen von Al-Qaida anzieht. Dem war nicht so. Uns wurde gesagt, dass unsere Soldaten als Befreier angesehen würden. Das wurden sie nicht. Uns wurde gesagt, dass der Irak seinen eigenen Wiederaufbau bezahlen könnte. Das kann das Land nicht. Uns wurde gesagt, der Krieg würde Ame-

12 Im Original: „*We lack the metrics to know if we are winning or losing the global war on terror.*"

13 Im Original: „*The message is that there are known knowns, there are things that we know that we know. There are known unknowns that is to say, there are things that we now know we don't know. But there are also unknown unknowns ... things we do not know we don't know. And each year we discover a few more of those unknown unknowns.*"

rika sicherer machen. Das hat er nicht. […] Vor dem Krieg, Woche für Woche für Woche für Woche, wurde uns eine Lüge nach der anderen aufgetischt.[14]

Erklärung vor dem US-Senat von Senator Ted Kennedy

Ungefähr alle zehn Jahre müssen die Vereinigten Staaten ein armes, kleines Land angreifen und komplett zerstören, nur um der Welt zu zeigen, dass wir es ernst meinen.[15]

Michael Ledeen, Inhaber des Freedom Chair am American Enterprise Institute

Man muss dahin gehen, wo es Öl gibt.[16]

Amerikanischer Vize-Präsident Dick Cheney

Schließlich ist dies [Saddam Hussein] der Mann, der versucht hat, meinen Vater zu töten.[17]

Präsident George W. Bush in Houston am 26. September 2002

14 Im Original: „*The trumped up reasons for going to war have collapsed. All the Administration's rationalizations as we prepared to go to war now stand revealed as 'double-talk'. The American people were told Saddam Hussein was building nuclear weapons. He was not. We were told he had stockpiles of other weapons of mass destruction. He did not. We were told he was involved in 9/11. He was not. We were told Iraq was attracting terrorists from Al Qaida. It was not. We were told our soldiers would be viewed as liberators. They are not. We were told Iraq could pay for its own reconstruction. It cannot. We were told the war would make America safer. It has not. … Before the war, week after week after week after week, we were told lie after lie.*"

15 Im Original: „*Every ten years or so, the United States needs to pick up some small crappy little country and throw it against the wall, just to show the world we mean business.*"

16 Im Original: „*You've got to go where the oil is.*"

17 Im Original: „*After all, this is the guy [Saddam Hussein] who tried to kill my dad.*"

I

5. DEZEMBER 2003

Anstelle einer traditionellen Einleitung

Ich war drei Tage zuvor in Toronto angelangt, saß jetzt auf einem Behandlungsstuhl und kämpfte mit einer Nebenhöhlenentzündung, als der Arzt blass und hysterisch hereinkommend verkündete, dass der Dritte Weltkrieg begonnen habe. „Sie bombardieren New York", rief er. Ich war fassungslos, aber auch verwirrt. „Wer sind ‚sie'?", fragte ich. Er konnte es nicht sagen. Ich dachte, er hätte den Verstand verloren und versuchte es mit einer witzigen Antwort: „Ist es Putin? Nicht die Israelis, oder doch?" Der Arzt aber wollte weder aufgemuntert werden noch sich trösten lassen, und wir beschlossen einvernehmlich, dass meine Nebenhöhlen warten konnten. Ich bemerkte Chaos in den Korridoren und eilte zurück zu meiner Unterkunft. Ich versuchte einen nahen Verwandten, der in New York lebte, anzurufen – erst zu Hause, dann im Büro, konnte aber niemanden erreichen. Dann versuchte ich es mit ein paar anderen Freunden, ohne Erfolg. In meiner Verzweiflung probierte ich sogar, die New Yorker Polizei anzurufen. Frustriert schaltete ich den Fernseher ein und sah, in einer Art rituellen Wiederholung des schrecklichen Ereignisses, wie die Zwillingstürme des World Trade Centers erst zerbröckelten und dann zusammenbrachen, eingehüllt in gigantische Flammen. Gleichzeitig gab ein erfahrener Kommentator nach dem anderen sein Bestes, dem Event apokalyptische Bedeutung zu verleihen und uns zu versichern, dass dies der größte Angriff auf das amerikanische Festland seit Pearl Harbor sei. Es war der 11. September 2001.[1]

Diese Analogie zu Pearl Harbor muss sich an diesem Tag ein paar hundert Mal wiederholt haben, bis sie in das Gedächtnis jedes Amerikaners eindrang, tiefer als jeder bewusste Gedanke.[2] Und die fette Bildüberschrift, „*Attack on*

1 Der Text dieses Einführungsstücks ist im Wesentlichen narrativer Natur. Auf eine Fülle von sachlichen Details wird nur in den umfangreichen Fußnoten verwiesen.

2 Später sollte ich *Rebuilding America's Defences: Strategy, Forces and Resources* aus dem Sep-

America" (oder so ähnlich: „*America under Attack*", „*War on America*"), die schnell und mit bewusster Präzision eingefügt wurde, verharrte tagelang auf dem Fernsehbildschirm. Da ich noch nicht wusste, dass die US-amerikanische Regierung selbst die meisten Telefonverbindungen nach New York aus Sicherheitsgründen blockiert hatte, hing ich noch einige Stunden lang weiter am Draht.

Einige meiner Lieben lebten in dieser Stadt, und ich kannte Leute, die sogar im World Trade Center arbeiteten. Ich spürte wie meine ganz persönliche Hysterie, neben politisch motivierter Angst, aufstieg. Angst vor der Art und Weise, in der die USA schließlich mit dem für sie typischen übermäßigen Eifer und entsprechender Brutalität Vergeltung üben würden. Erst später, als die Telefonverbindungen vollständig wiederhergestellt waren, erfuhr ich, dass der Sohn einer lieben Freundin an diesem Tag im 92. Stock einer der beiden Türme gewesen war und dass die Tochter eines anderen engen Freundes nur überlebte, weil sie eine Verabredung am frühen Morgen woanders in der Stadt gehabt hatte. Sie war noch etwa hundert Meter entfernt, als das Gebäude, das sie gerade betreten wollte, getroffen wurde, Feuer fing und zu zerfallen begann.

Zumindest für diesen einen Tag war das Fernsehen der einzige verfügbare Gesprächspartner, und die Tragödie wurde, wie vorherzusehen war, von ihm in ein Spektakel verwandelt. In dessen Zentrum stand das visuelle Abbild des unsäglichen Schreckens selbst, unterstützt durch die entsetzliche Zahl an Toten: am Anfang betrugen die Schätzungen noch 20.000, langsam wurden sie dann auf ungefähr 8.000 Opfer reduziert. (In den Tagen nach dem Anschlag gingen die Schätzungen dann auf 5.000–6.000 zurück, bis die tatsächliche Zahl der Toten unter 3.000 lag – immer noch schrecklich, aber viel

tember des Jahres 2000 lesen, das Schlüsseldokument des wichtigsten neokonservativen Think-Tanks, *Project for a New American Century* (PNAC). Es wurde von einer Gruppe verfasst, die zur Zeit der Erstellung des Dokuments unter anderen Richard Perle und Paul Wolfowitz umfasste, die später unter Bush als Chefstrategen im Pentagon auftreten sollten. In diesem Dokument argumentieren die Autoren, dass es einige Zeit dauern könnte, bis sich die radikalen Änderungen in Bezug auf die US-amerikanischen Strategien, die sie in ihrem Dokument vorschlagen, durchsetzen könnten, es sei denn, es würde „ein katastrophales und katalysierendes Ereignis wie ein neues Pearl Harbor" geben. Diese Analogie wurde erneut kürzlich von keinem Geringeren als General Tommy Franks wiederbelebt, der im März [des Jahres 2001] den US-amerikanischen Angriff auf den Irak anführte und sagte, dass ein weiteres „Ereignis vom Typ Pearl Harbor" zu einer „Militarisierung" der USA im eigenen Land führen würde, die selbst die Natur der US-amerikanischen Verfassung verändern könnte.

weniger als ursprünglich befürchtet.) Mir fiel auf, dass der Fernsehsender der *Canadian Broadcasting Corporation* (CBC), den ich an diesem Tag verfolgte, zunehmend keine eigenen Programme mehr produzierte, sondern auf das Material von CNN zurückgriff. Und schon bald hörte man Stimmen aus Europa – aus Großbritannien, Frankreich, Deutschland – so etwas sagen wie: „in diesen Stunden sind wir alle zu Amerikanern geworden". Man hatte also das deutliche Gefühl, Zeuge des Zusammenschlusses der euro-amerikanischen Welt zu einer Art Stammessolidarität zu sein, und zwar gegen die zahlreichen feindlichen Verdächtigen, die ebenfalls immer wieder genannt wurden: Iran, Libyen, Irak, die libanesische Hisbollah, die afghanischen Taliban – und erstaunlich häufig in diesen frühen Morgenstunden auch die Palästinenser. Ich erinnere mich an die Erschütterung, die ich empfand, als drei verschiedene Kommentatoren – höchst unplausibel – die Volksfront zur Befreiung Palästinas (PFLP) als wahrscheinlichen Schuldigen nannten. Man wusste einfach nicht, welchen Weg die USA jetzt einschlagen und wie weit sie gehen würden.

Das World Trade Center war natürlich ein Symbol für den imperialen Handel und die Finanzwelt. Trotzdem habe ich mich immer wieder gefragt, welches „Amerika" eigentlich angegriffen wurde. Als jemand, der diese Türme oft besucht hatte, wusste ich, dass die meisten Hilfsarbeiten dort von Arbeitern ohne Papiere und armen Einwanderern, hauptsächlich aus Lateinamerika, geleistet wurden. Als jemand, der aus Südasien abstammt, wusste ich, dass viele der jungen Fachkräfte, die in diesen Büros arbeiteten, aus eben dieser Region kamen. Zwangsläufig befanden sich viele Muslime aus Pakistan und Bangladesch und natürlich viele Inder unter ihnen, von denen einige auch islamischen Glaubens waren. Darüber hinaus arbeiteten in diesen Türmen muslimische Araber, Malaysier, Indonesier und Afrikaner in verschiedenen Handelsbüros und Finanzunternehmen. Ihr Tod war gnadenlos gewesen und er hatte sich weder um Rasse noch um Religion gekümmert. Dennoch war man gefangen zwischen zwei Bewegungen des eigenen Bewusstseins. Der öffentliche, offizielle Diskurs, den ich verfolgte, sprach von einem „Kampf der Kulturen" zwischen dem barbarischen islamischen Fundamentalismus und den amerikanisch-abendländischen demokratischen Gesellschaften, ungeachtet der demografischen Vielfalt unter den Toten. Im privaten, also als Südasiat mit sozialen Verbindungen zu Gruppen aus dem Nahen Osten und Südostasien in New York, war mir in tiefster Trauer bewusst, wie viele von *uns* gestorben waren und ich wusste, dass viele der Toten Muslime waren. Der Sohn meines Freundes, der in diesem Feuerball verschwand, war ein Muslim, tatsächlich ein Paschtune (säkular, modern, beruflich brillant, aber eben genauso Paschtune wie die Anhänger der Taliban). Ich erfuhr bald von einer pakistanischen Wohngemeinschaft außerhalb von Princeton in New Jersey, in der die meisten Eltern in den Zwillingstürme gearbeitet hatten und in der an diesem Morgen Dutzende von Kindern zu Waisen wurden. Noch später erfuhr ich auch von den bereits genannten undokumentierten Arbeitern aus Süd- und Mittelamerika, die ebenfalls dort gearbeitet hatten und gestorben waren, deren Familien jedoch nicht hervortreten konnten, um ihre Toten zu beklagen, weil sie sich in diesem Fall als illegale Ausländer, denen Abschiebung droht, offenbart hätten. Die Klassenkomplexität, die all diese unterschiedlichen Menschen im World Trade Center zusammengebracht hatte, von einigen der reichsten weißen Männer Amerikas in den obersten Stockwerken bis hin zu nicht erfassten Arbeitern in den Kellern, war ein Spiegelbild konzerngesteuerter Globalisierung unter Führung US-amerikanischer Hegemonie.

Meine eigene emotionale Reaktion wurde aber noch durch weitere Komplikationen beeinflusst. Tausende Menschen waren innerhalb von Minuten mitten in einer der großen Weltstädte getötet worden, in einem moralisch abscheulichen Terrorakt, dessen Folgen wahrscheinlich noch unendlich schlimmer sein würden. Gleichzeitig aber dachte ich auch, wie vom Glück begünstigt, wie einzigartig Amerika ist, dass es die Macht hat, die Städte anderer Menschen zu zerstören, aber bis jetzt so sicher vor Angriffen von außen war, dass die Zerstörung zweier majestätischer Gebäude plausibel als der größte Angriff auf das amerikanische Festland dargestellt werden kann (der Vergleich mit Pearl Harbor war im wahrsten Sinne des Wortes unzutreffend, da es sich nicht ums Festland, sondern um eine Offshore-Basis handelte). Diese Einzigartigkeit führte aber natürlich auch zur absoluten Unfähigkeit, die eigene Tragödie in eine vernünftige historische Perspektive zu setzen. Man braucht nicht einmal an die jahrhundertelange Kolonialgeschichte der Zerstörung von Städten über Kontinente hinweg denken, man kann sogar nur mit dem Zweiten Weltkrieg beginnen: Nagasaki und Hiroshima einerseits, Dresden und andere europäische Städte andererseits. Und meine eigene Generation hat natürlich die Bombenanschläge auf Hanoi, die Zerstörung Beiruts durch die Israelis und die amerikanischen Bombenangriffe auf Bagdad 1991 miterlebt. Kriminalität ist keine kommerzielle Konkurrenz, und die Tragödie vom 11. September wird nicht geringer, weil andere, in anderen Städten, von weitaus größerer Barbarei betroffen waren. Dennoch macht das singuläre Privileg des modernen Amerikas, in vielen Städten der Welt Tod und Zerstörung verursacht zu haben, ohne dass seine eigenen Metropolen jemals von einer externen Macht angegriffen wurden, es einzigartig unfähig zu einer zurückhaltenden und angemessenen Reaktion. Sogar der Kleinterrorismus winziger Gruppen von Attentätern muss mit der ganzen Heftigkeit imperialer Wut und Rache begegnet werden, damit die USA nicht als „schwach" gelten.

Zwei Tage vergingen, und noch bombardierten die USA niemanden. Trotzdem lief ich bereits zu diesem Zeitpunkt mit einem mulmigen Gefühl im Bauch herum. Ich erinnere mich, dass ich am Morgen des 13. September zu einem Freund sagte, je länger die USA brauchen, um mit den Bombardierungen zu beginnen, desto zahlreicher werden die Ziele sein, und es wird keine Blutlachen, sondern Ströme von Blut geben.

Selbst da hatte ich noch nicht annähernd verstanden, was auf uns zukommen würde.

II

Am 14. September 2001 stimmte der Senat der Vereinigten Staaten mit 98 zu 0 für eine Kriegsresolution, die folgende Passage enthielt: „Um künftige internationale Terrorakte durch Nationen, Organisationen oder Personen gegen die Vereinigten Staaten zu verhindern, ist der Präsident befugt, jegliche erforderliche und angemessene Art von Gewalt gegen diejenigen Nationen, Organisationen oder Personen anzuwenden, von denen er feststellt, dass sie die Terrorakte vom 11. September geplant, genehmigt, begangen oder unterstützt haben, oder dass sie mit den Terrorakten in Verbindung stehende Organisationen oder Personen beherbergten."

Eine solche Resolution hat es dergestalt selbst in der Vergangenheit der USA noch nie gegeben und ihr Wortlaut sollte daher einer Prüfung unterzogen werden. Erstens wird ein Angriff, der *nicht* von einer „Nation", sondern von Personen durchgeführt wurde, die alle im Zuge dieses Angriffs gestorben sind, hier dazu benutzt, den Krieg nicht nur gegen „Organisationen oder Personen", sondern auch gegen „Nationen" zu genehmigen. Zweitens verleiht normalerweise die US-amerikanische Verfassung dem Senat die ultimativen Kriegsbefugnisse, und daher muss der Präsident immer die Zustimmung des Senats einholen, bevor er einem anderen Land den Krieg erklärt. Durch diese Resolution aber überlässt der Senat einstimmig seine eigenen Befugnisse auf unbestimmte Zeit der alleinigen Entscheidung des Präsidenten. Er kann also Krieg führen, wann und wo er will, und so viele Kriege, wie er will. Davon einmal abgesehen, ist diese Resolution auch deshalb beispielslos, weil sie Kriege genehmigt, ohne die Länder zu benennen, gegen die der Krieg geführt werden soll. In der Tat spricht die Resolution nur von „Nationen" im Plural – von allen Nationen der Welt, wenn der Präsident dies bestimmt. Drittens und letztens wurde der Krieg gegen „Nationen" nicht nur als Reaktion auf stattgefundene Angriffe genehmigt, sondern auch, um *zukünftige* Angriffe zu *verhindern*. Interpretiert man das Völkerrecht streng, dann darf kein Mitglied der Vereinten Nationen ohne Genehmigung des UN-Sicherheitsrats Krieg gegen eine andere souveräne Nation führen, die auch Mitglied der Vereinten Nationen ist; die Wahrung des Friedens wird als eine *kollektive* Verantwortung verstanden. Darüber hinaus gibt es zweifellos auch eine Doktrin des *Präventiv*kriegs, bei der eine Nation in Notwehr gegen eine greifbare, unmittelbare und nachweisbare Bedrohung durch eine andere Nation Krieg führen darf. Im Gegensatz dazu autorisierte der Beschluss des US-amerikanischen Senats den Präsidenten auf ewig, Krieg zu führen. Und zwar nicht nur um einer unmittelbaren und nachweisbaren Bedrohung *zuvorzukommen*, sondern um selbst das mögliche Auftreten einer solchen Bedrohung zu einem späteren Zeitpunkt *zu verhindern*. Nach dieser Logik kann Pakistan jeden Tag in Indien einmarschieren – unter dem Vorwand, dass Indien die *Macht hat*, es anzugreifen und es deshalb auch angreifen *könnte*. Die Zerstörung der indischen Militärmacht wäre daher aus dieser Sicht eine Priorität für die nationale Sicherheit Pakistans, unabhängig davon, ob es Beweise gibt, dass Indien einen Angriff beabsichtigt. Diese historisch völlig neuartige Doktrin des *Präventivkriegs*, die die Bush-Regierung etwa ein Jahr später mit großem Getöse enthüllen sollte, war somit bereits in dieser Resolution enthalten, und *alle Senatoren der Demokratischen Partei hatten ausnahmslos für diese Resolution gestimmt*. Mit anderen Worten ist diese Doktrin der Präventivkriege auf globaler Ebene eine überparteiliche, einvernehmliche Doktrin im heutigen Amerika und keineswegs nur das Werk der Neokonservativen, Straussianer und ähnlicher Kreise.

Dass eine derart weitreichende Resolution, die ganz klar darauf abzielte, einen allgemeinen globalen Krieg zu ermöglichen, so schnell (nur drei Tage nach den Ereignissen) vorgelegt wurde, und dann ohne viele Debatten oder Einwände der Opposition verabschiedet werden konnte, war mindestens ungewöhnlich, fast so, als ob alle Vorbereitungen bereits vorher getroffen waren und man nur auf einen angemessenen Anlass gewartet hatte. George W. Bushs Ernennung zum US-Präsidenten durch die Entscheidung des Obersten Gerichtshofs, die Neuauszählung der zutiefst fehlerhaften Stimmzettel im Bundesstaat Florida (wo sein Bruder Jeb *zufällig* Gouverneur war) zu stoppen, hatte sich bereits wie ein gerichtlich sanktionierter Staatsstreich angefühlt. Nun wurden die Ereignisse vom 11. September bewusst dazu genutzt, eine Massenpsychologie der permanenten Angst zu erzeugen und einen hysterischen, atavistischen Patriotismus zu entfesseln. Dieses berauschende Gebräu aus Furcht und rachsüchtigem Blutdurst wurde dann verwendet, um die einstimmige Ermächtigung des Senats zu erhalten und Bush eine historisch beispiellose Macht von monarchischen Ausmaßen zu verleihen. Bei all dem hatte man das deutliche Gefühl, dass die Zerstörung der Zwillingstürme des World Trade Center ganz ähnlich wie der Reichstagsbrand in Deutschland im Jahr 1933 genutzt wurde.[3] Verstärkung erfuhr dieses Gefühl durch die Tatsache, dass der US-amerikanische Generalstaatsanwalt Ashcroft, ein evangelikaler Fundamentalist, der seine Morgenversammlungen gerne mit einem christlichen Gebet eröffnet, bald begann, weitreichende Gesetze vorzuschlagen, um ein Regime der unendlichen Überwachung und willkürlichen Inhaftierung innerhalb der Vereinigten Staaten zu etablieren. Dieses sollte den Umfang der den US-amerikanischen Bürgern traditionell eingeräumten bürgerlichen Freiheiten dramatisch einschränken. Einige Gesetze wurden nur wenige Monate

3 Wir sprechen hier von der Art und Weise, wie die Ereignisse vom 11. September genutzt wurden, ohne dass die US-amerikanische Regierung im Allgemeinen oder die Bush-Partei im Besonderen diese Ereignisse verursacht haben. Es gibt jedoch Grund zu der Annahme, dass der israelische Geheimdienst Mossad etwas von dem wusste, was passieren würde, und einige seiner Agenten wurden beobachtet, wie sie alles von einem Parkplatz in New Jersey aus fotografierten. Was der Mossad wusste und ob der Mossad die Informationen an die entsprechenden US-amerikanischen Behörden weitergegeben hat, bleibt unklar. Die Bush-Regierung weigerte sich vehement, einer unabhängigen, parteiübergreifenden Untersuchungskommission – einem unabhängigen Staatsanwalt zum Beispiel – zu gestatten, diese Ereignisse von unterschiedlichen Blickwinkeln aus zu betrachten. Eine großartige Sammlung von Artikeln, die den Bericht der US-amerikanischen Regierung über die Ereignisse in Frage stellen, findet man unter http://www.globalresearch.ca/articles/NAC304A.html.

später in den Patriot Act aufgenommen, den man ebenfalls mit ähnlich unangemessener Eile verabschiedete.

Dieser Senatsbeschluss vom 14. September 2001 gab jedenfalls den ersten öffentlichen Hinweis auf das Ausmaß der Kriege, die in Erwägung gezogen wurden. Wir wussten damals noch nicht, dass Condoleeza Rice, die Sicherheitsberaterin des Präsidenten, am Morgen des 12. September ihre Mitarbeiter versammelt hatte, um zu überlegen, wie die USA diese „Chance nutzen" könnten (es ist einfach nur gruselig, dass die Tragödie von so vielen tausend Opfern im Kopf dieser aufstrebenden Milliardärin eine „Chance" darstellte!). Wir wussten auch noch nicht, dass der US-amerikanische Verteidigungsminister Donald Rumsfeld am selben Tag für einen sofortigen Angriff auf Afghanistan *und* den Irak plädiert hatte oder dass Außenminister Colin Powell den Präsidenten und sein Kabinett nur mit Mühe davon überzeugen konnte, die Länder nicht gleichzeitig anzugreifen, sondern nacheinander. Während Afghanistan ein leichtes Ziel darstellte, war ein sofortiger Angriff auf den Irak militärisch schwierig zu bewerkstelligen und gegenüber Verbündeten diplomatisch nicht unproblematisch zu rechtfertigen. Erst am 12. Januar 2003, etwa fünfzehn Monate nach der eigentlichen Unterschrift, berichtete die *Washington Post* folgendes: „Am 17. September 2001, sechs Tage nach den Anschlägen auf das World Trade Center und das Pentagon, unterzeichnete Präsident Bush ein zweieinhalb Seiten langes, ‚streng geheimes' Dokument, das den Plan für einen Krieg in Afghanistan als Teil einer globalen Kampagne gegen den Terrorismus skizzierte. Fast wie in einer Fußnote wies das Dokument auch das Pentagon an, mit der Planung militärischer Optionen für eine Invasion des Irak zu beginnen".[4]

Bereits am 20. September war diese Resolution des Senats in eine umfassende Präsidentschaftspolitik und eine strategische Vision von nationalen Zielen umgesetzt worden, wie die Ansprache von Bush vor der gemeinsamen Sitzung des US-amerikanischen Kongresses an diesem Tag verdeutlicht. „Jede Nation in jeder Region muss eine Entscheidung treffen", sagte Bush, „entweder sie sind auf unserer Seite oder auf der Seite der Terroristen". In ge-

4 Wie wir an anderer Stelle in diesem Buch erwähnen, sollte Niaz Naik, der ranghöchste pakistanische Diplomat, bald auf BBC sagen, dass amerikanische Diplomaten ihm im Juli tatsächlich mitgeteilt hätten, dass ein Angriff auf Afghanistan für Oktober geplant sei, und genau zu diesem Zeitpunkt kam es dann auch wirklich so. Der 11. September war also nur der endgültige Auslöser für diese Invasion.

wisser Hinsicht war dies die Neuformulierung einer langjährigen US-amerikanischen Position, die von Eisenhowers Außenminister John Foster Dulles in den 1950er Jahren wie folgt formuliert worden war: „Blockfreiheit (*non-alignment*) ist unmoralisch." Aber die Warnung war nun noch viel extremer: jedes Land, das den Forderungen der USA nicht aktiv nachgibt, welche auch immer diese sein mögen, gilt als Freund von Terroristen und wird dasselbe Schicksal wie die Terroristen selbst erleiden: „Regimewechsel", „tot oder lebendig", und so weiter. Die afghanische Regierung müsse „jeden Terroristen und jede Person in ihrer Unterstützungsstruktur übergeben"; und „sie werden die Terroristen ausliefern oder an ihrem Schicksal teilhaben". Die kollektive Bestrafung war somit zu einem unumstößlichen Teil der Politik geworden: Man konnte in *Staaten* einmarschieren, um diese dafür zu bestrafen, dass *Personen*, die eventuell nicht einmal Angehörige dieses Staates waren, terroristische Handlungen begangen hatten. Und es war das ausschließliche Vorrecht der USA, zu entscheiden, wer „Terrorist" war und wer nicht, und was unter der „Unterstützungsstruktur" eines Landes zu verstehen ist. Darüber hinaus sollte dieser „Krieg gegen den internationalen Terrorismus" dauerhaft („eine Aufgabe, die niemals endet"), global (50 bis 60 Länder würden betroffen sein) und weitgehend verdeckt und unsichtbar sein. Seltsamerweise wurde Afghanistan sofort zum Ziel dieses neuartigen „Krieges gegen den Terror" erklärt, obwohl die USA selbst behaupteten, dass die Mehrheit derjenigen, die die Anschläge vom 11. September verübt hatten, saudische Staatsangehörige waren und jedenfalls keiner von ihnen Afghane gewesen sei; es gab nicht den geringsten Beweis dafür, dass die Attentäter vom 11. September entweder aus Afghanistan gekommen waren oder auf Anweisung der Taliban-Regierung gehandelt hatten.[5]

5 Die Ausrede war, dass Osama bin Laden die Anschläge während seines Aufenthalts in Afghanistan angeordnet habe. Die Taliban-Regierung verlangte Beweise, damit er legal ausgeliefert werden konnte. Als die USA sich immer wieder weigerten, Beweise vorzulegen (die US-amerikanischen Geheimdienste sagten schließlich, dass es wirklich keine Beweise für Osama bin Ladens persönliche Schuld gab, die vor Gericht bestehen könnten), bot die Taliban-Regierung an, Osama bin Laden in die Obhut der Organisation der Islamischen Konferenz (OIC) zu übergeben, die aus 52 Mitgliedern der Vereinten Nationen besteht. Die USA lehnten das Angebot ab. Eine Reihe pakistanischer Politiker und Diplomaten brachten die Taliban-Regierung dann dazu, zuzustimmen, dass Osama bin Laden nach Pakistan geschickt werden sollte, um ihm dort den Prozess zu machen. Der pakistanische Präsident Musharraf lehnte das Angebot auf Druck der USA ab. Die Forderung der USA, dass Afghanistan seine gesamte „Unterstützungsstruktur" aufgeben sollte, war unmöglich, da man die Ausmaße dieser „Struktur" nicht ausmachen konnte. Das gleiche Muster der Ab-

Diese Erklärung eines permanenten, globalen, weitgehend unsichtbaren Krieges in und gegen andere souveräne Staaten als Vergeltung für den Terrorakt einer Gruppe von Privatpersonen – gepaart mit der Absicht, sofort in Afghanistan einzumarschieren, obwohl keiner der Attentäter afghanischer Staatsangehöriger war oder auf Befehl der afghanischen Regierung handelte – war so unverhältnismäßig, dass man sie wirklich nicht ernsthaft als Reaktion auf die Ereignisse vom 11. September ansehen konnte. Angekündigt wurde vielmehr eine „radikale Neuordnung der Welt" (wie der zweite meiner Aufsätze zu diesem Thema es formulierte), die den Modus der amerikanischen imperialen Dominanz neu zu definieren und umzugestalten hatte. Ein hervorstechendes Merkmal dieser Neuordnung war, dass die „50 oder 60" Länder, in denen Krieg geführt werden sollte und die daher als Bedrohung für die US-amerikanische Sicherheit galten, zwar nie genannt wurden, aber selbstverständlich keine der offensichtlichen potentiellen Konkurrenten der USA in Vergangenheit oder Gegenwart waren: also weder die EU, noch China, Russland oder Japan. Vielmehr sah diese Neuordnung ein ausschließliches Monopol über das (erweiterte) imperiale Reich selbst vor, also über die weniger mächtigen Länder der afro-asiatischen Regionen. Dabei wurde dem Nahen Osten (wie früher schon) und den Ländern des Kaspischen Beckens (dies war ein neues strategisches Interesse) eine zentrale Rolle zugesprochen. Eine wechselnde Anzahl von Ländern der südlichen Hemisphäre und der Karibik würden zweifelsohne hier und da bei Bedarf einbezogen werden. Die Sicherung des imperialen Reiches, inklusive all seiner Widerständigkeit, aber auch mit seinen kritischen Ressourcen (insbesondere Öl, den Märkten, einschließlich des Arbeitsmarktes) war ein Selbstzweck; der neoliberale Globalismus sollte durch einen weltweiten Militarismus

lehnung von Friedensangeboten wurde dann auch im Hinblick auf den Irak wiederholt. Laut Interviews und Dokumenten, die James Risen von der *New York Times* erhalten hat, traf sich Imad Hage, ein libanesisch-amerikanischer Vermittler mit wichtigen Kontakten im Pentagon und im Nahen Osten, im vergangenen Februar, als sich die USA auf eine Invasion vorbereiteten, in Beirut und Bagdad mit hochrangigen irakischen Geheimdienstmitarbeitern. Hage sagte, sie hätten ihn gebeten, den USA mitzuteilen, dass das Saddam Hussein-Regime, das verzweifelt einen Konflikt vermeiden wollte, bereit sei, den Amerikanern Ölkonzessionen anzubieten, den Friedensprozess im Nahen Osten zu unterstützen, das Land für die Inspektion „durch 2.000 FBI-Agenten" zu öffnen, innerhalb von zwei Jahren Wahlen abzuhalten und einen Hauptverdächtigen der Bombardierung des World Trade Centers 1993 auszuliefern. Hage traf dann Anfang März in London Richard Perle, einer der Chefideologen der Bush-Regierung und Mitglied des Beirats des Pentagon. Risen sagt, dass Perle zugab, dass dies ein „ziemlich erstaunlicher Vorschlag" war, den er dennoch nicht weiter verfolgte – und das wohl auf Anraten der CIA!

ergänzt und aufrechterhalten werden. Dieses Monopol über das Imperium dient auch dazu, mögliche Rivalen schachmatt zu setzen: Russland im Kaspischen Becken zum Beispiel, oder alle anderen potenziellen Rivalen in Bezug auf ihre Abhängigkeit von Öllieferungen aus genau den Regionen, die von den USA nun in einem noch nie dagewesenen Ausmaß als eine Art Privatmonopol dominiert werden.[6] Genau dies war die Perspektive, aus der die Hauptfeinde erkoren wurden. Saudi-Arabien war weder Teil einer „Achse des Bösen" noch Ziel eines „Regimewechsels", schließlich hatte die saudische Monarchie seit geraumer Zeit Amerikas Taschen gefüllt und ohne Widerstand US-amerikanische Stützpunkte in ihrem Königreich beherbergt.[7] Auch Kuwait war kein Kandidat für demokratische Veränderungen und Menschenrechtsexpeditionen; vielmehr wurde dort die dynastische Herrschaft der Scheichs durch US-amerikanische Streitkräfte wiederhergestellt. Iran und Irak wiederum stellten zwei Drittel

6 China ist mittlerweile der zweitgrößte Importeur von Rohöl und hat somit Japan auf den zweiten Platz verdrängt. Die USA sind der größte Importeur, kontrollieren aber auch die meisten ölproduzierenden Regionen und sind entschlossen, auch noch den Rest zu beherrschen. Russland ist die einzige Großmacht, die aufgrund ihrer Ölreserven autark ist. Ein Wirtschaftsbündnis zwischen Russland und der EU ist denkbar, bei dem russisches Öl gegen europäische Technologie getauscht werden könnte. Die Existenz einer von den USA dominierten NATO, die derzeit bis an die russische Grenze erweitert wird, macht dieses Bündnis allerdings alles andere als wahrscheinlich, vor allem wenn man bedenkt, dass Russland kaum eine enge *wirtschaftliche* Beziehung zur EU haben kann, wenn die EU gleichzeitig mit den USA gegen Russland im Zuge einer so aggressiven *militärischen* Haltung kooperiert. Russland wird stattdessen wahrscheinlich die Entstehung einer unabhängigen europäischen Militärmacht befürworten, wie sie auch von der deutsch-französischen Allianz zunehmend angestrebt wird. Doch auch so eine Entwicklung liegt noch in weiter Ferne. Die EU als Ganzes gibt weniger als die Hälfte dessen aus, was die USA für ihr Militär ausgeben, und ihre tatsächliche militärische Kapazität beträgt vielleicht nicht mehr als 10 Prozent der US-amerikanische Kapazität aufgrund von Dopplungen bei der Ausrüstung, Inkompatibilität von Waffensystemen zwischen verschiedenen Ländern der EU, einem insgesamt viel niedrigerem technologischem Niveau und geringeren Forschungs- und Entwicklungsausgaben – ganz zu schweigen von der Tatsache, dass Großbritannien, neben Frankreich die größte europäische Militärmacht, viel stärker in die US-amerikanische Militärstruktur integriert ist als in die geplante EU-Struktur und dass sich dies wahrscheinlich auch nicht so schnell ändern wird. In der Zwischenzeit sorgen die USA dafür, dass die EU-Beitrittsländer des ehemaligen Warschauer Paktes viel stärker in die NATO integriert werden, und somit unter die Schirmherrschaft der USA, geraten, als dass sie in die deutsch-französische Allianz finden. Eine eigenständige europäische Streitmacht ist ohnehin nicht als Alternative zur NATO, sondern als autonome Ergänzung gedacht.

7 George H.W. Bush, George W. Bushs Vater, belog König Saud 1990, indem er ihm gefälschte Satellitenfotos zeigte, die angeblich beweisen sollten, dass Saddam Hussein 250.000 Soldaten und 1.500 Panzer an der saudischen Grenze aufgestellt hatte. Gleichzeitig aufgenommene russische Satellitenfotos zeigten jedoch, dass es keine Truppen oder Panzer gab – nur eine leere Wüste. Dennoch stimmten die Saudis zu, während des Golfkriegs 1991 in ihrem Land 500.000 US-amerikanische Soldaten für die sogenannte „Operation Desert Storm" zu stationieren.

der „Achse des Bösen" dar, weil die USA ihre Bodenschätze nicht direkt beherrschten (sie wurden nur durch Markt- und Währungsmechanismen kontrolliert) und weil die beiden Länder ihre Beziehungen mit unterschiedlichen fortgeschrittenen Industrieländern diversifiziert hatten.[8] Nordkorea stellte das verbleibende Drittel dieser „Achse" dar, weil es durchaus in der Lage war, seine Fortschritte in der Nukleartechnologie an andere Aspiranten auf Befreiung von der US-amerikanischen Vorherrschaft weiterzugeben. Und Afghanistan musste sowieso eingenommen werden, allein schon aufgrund seiner strategisch wichtigen Lage in der Region des Kaspischen Meeres.

III

Dies war also meine Interpretation der Bushs-Rede vom 20. September 2001. Sie sollte zum ersten meiner siebzehn Aufsätze werden, die in den nächsten zwei Jahren in *Frontline* veröffentlicht wurden. Zwölf meiner Beiträge sind in diesem Buch enthalten, der letzte Aufsatz entstand Mitte August 2003. Afghanistan wurde im Oktober 2001 schnell besetzt. Die vollständige Invasion des Irak erfolgte ungefähr anderthalb Jahre später, im März 2003. Die Invasionstruppen der Vereinigten Staaten und des Vereinigten Königreichs stießen unterwegs in den Städten auf heroischen Widerstand. Bagdad selbst aber fiel schnell; teilweise, weil einige Schlüsselelemente in der Verteidigung der Stadt ihre Loyalität wechselten, aber auch, weil die Verteidigung einer Hauptstadt durch konventionelle Mittel – mit einer von acht Jahren Krieg und zwölf Jahren Sanktionen zermürbten Armee – und angesichts der Militärtechnologie, über die die USA heute verfügen, einfach undenkbar war. Es ist eine Tatsache, dass die USA heute keinem ernstzunehmenden Rivalen mit annähernd vergleichbaren wirtschaftli-

8 Man denkt häufig an den Iran in Bezug auf die Religion des Landes: die Islamische Revolution, Islamischer Terrorismus, Mullahs, Fundamentalismus, Schiiten vs. Sunnies und so weiter. Man vergisst dabei, dass der Iran ein wichtiges ölproduzierendes Land ist: hinsichtlich seiner Gasreserven steht das Land nach Russland an zweiter Stelle weltweit und es kann zwanzig Prozent der Ölressourcen des Kaspischen Beckens für sich beanspruchen, wo es allerdings im Konflikt mit einigen anderen Anrainerstaaten des Kaspischen Meeres steht, insbesondere mit Aserbaidschan, das die USA derzeit versuchen ebenfalls in ihren wirtschaftlichen und militärischen Würgegriff zu bekommen.

chen und militärischen Ressourcen gegenüberstehen; für sie gibt es daher keine *externe Kontrolle* in der Ausübung ihrer Befugnisse. Mit einer Wirtschaftskapazität von 10 Billionen US-Dollar vermag das Land leicht zu sagen, wir stellen 200 Milliarden US-Dollar pro Jahr für die aktive Kriegsführung bereit. Die USA können diese Summe sogar als eine Art keynesianische Injektion nutzen, um so auch noch die eigene Wirtschaft anzukurbeln. Das Land gibt mehr für sein Militär aus als ungefähr ein Dutzend umliegende Staaten zusammengenommen, verfügt über mehr als hundert eigene Militärstützpunkte rund um den Globus sowie über die aktive Zustimmung der meisten Regierungen dieser Welt. Die Vereinigten Staaten besitzen außerdem eine fortschrittlichere und destruktivere Militärtechnologie als jedes Imperium in der Geschichte der Menschheit sie je gekannt hat. Diese Stärke macht die bis vor kurzem übliche, traditionelle Kriegsführung obsolet: große konventionelle Armeen, Duelle in der Luft, Straßenkämpfe in den Städten. Wie sehr der irakische Widerstand auch wächst, solange es dort 100.000 US-Soldaten gibt, ist eines höchst unwahrscheinlich: Dass er die Art von Angriffen in Bataillons- bzw. Brigadestärke unternimmt, die vietnamesische Kommunisten während der Tet-Offensive 1968 starteten, um Dutzende von Städten sowie Dörfern zu besetzen und angesichts einer halben Million US-amerikanischer Soldaten zu halten.[9] Dies nicht zu realisieren bedeutet, nicht zu erkennen, wie schwer es ist, einen kohärenten Widerstand aufzubauen beziehungsweise wie verheerend sich die übermäßige Macht der USA für ihre Opfer darstellt. Und zwar nicht nur in Ausnahmefällen hier und da, sondern routinemäßig. Die USA haben bereits über 2000 Tonnen angereichertes Uran im Irak abgeworfen, was in den kommenden Jahren und Jahrzehnten zu Krankheiten und Todesfällen in einem verheerenden Ausmaß führen wird. Noch heute, während ich diese Worte schreibe, werfen die USA 500- und sogar 900-Pfund-Bomben auf kleine Verstecke des irakischen Widerstands.

Die Macht der USA wird jedoch klar in ihre Schranken gewiesen, wenn es darum geht, vor Ort, gegen dezentrale Einheiten und mit Kleinwaffen ausgerüstete Einzelpersonen, die über weite Gebiete verteilt sind, vorzugehen, inmitten von mit dem Aufstand sympathisierenden Bevölkerungen. Wie Mao es einprägsam formulierte: Guerillakämpfer leben unter den Menschen so wie Fische im Wasser schwimmen. Die USA sahen sich in Vietnam mit einer solchen Situation

9 Die US-Armee hat angekündigt, bis zum Jahr 2006 bis zu 100.000 weitere Soldaten im Irak stationieren zu wollen.

konfrontiert und machten sich in ihrer eigenen Umkehrung von Maos Metapher daran, „das Meer trocken zu legen, um den Fisch zu fangen". Sie scheiterten schließlich. Und das, obwohl sie dieses Land einer Verwüstung aussetzten, deren Auswirkungen ein Vierteljahrhundert später noch spürbar sind und die zweifellos noch Jahrzehnte fortwirken werden. Etwas ähnliches entwickelt sich gerade im sogenannten „Sunni-Dreieck" des Irak, allerdings (noch) nicht im schiitischen Osten und im kurdischen Norden, die sich beide bis jetzt eher ruhig beziehungsweise sogar aktiv proamerikanisch verhalten (insbesondere die zwei kurdischen Haupttruppen). Wenn die etwa vierzig unterschiedlichen Organisationen, die derzeit das ausmachen, was wir kumulativ „den irakischen Widerstand" nennen, sich zu einer Art nationaler Befreiungsfront zusammenschließen, und wenn sie wesentliche Anteile der Schiiten und der Kurden anwerben könnten, erwartet die Amerikaner im Irak dasselbe Schicksal wie in Vietnam.

Der irakische Widerstand hat bisher eine vorhersehbare Form angenommen. In meinem Aufsatz, den ich unmittelbar nach dem Fall Bagdads schrieb („Von Kriegen, die noch kommen werden", im englischen Original „*Wars Yet to Come*"), hatte ich argumentiert, dass dieses Ereignis keineswegs das Ende des Krieges sei, sondern erst der Beginn des wirklichen Widerstandes (bis dahin gab es nur eine Invasion und die heldenhafte, aber eher unglückliche Verteidigung abgelegener Städte). Weiter sagte ich, dass die Entfernung der oberen Kader des Regimes, sowohl des Militärs als auch der Zivilverwaltung, eine Voraussetzung für das Entstehen einer neuen Form des Widerstands ist, der dann von den mittleren und unteren Ebenen der Streitkräfte und der Baath-Partei angeführt wird. Und ich sagte, dass dieser neue Widerstand die Unterstützung der irakischen Massen haben würde. Bei ihnen sitzt der Hass auf die Besatzung tief und sie wollen sich für das unsägliche Leiden rächen, das sie aufgrund der vom Sicherheitsrat und den USA verhängten Sanktionen und Bombardierungen, die sogar schon vor der endgültigen Invasion durchgesetzt wurden, erlitten haben. All das sollte wirklich eintreten.

Anfangs, in den ersten Tagen und Wochen nach der Besetzung Bagdads, beschränkte sich effektiver Widerstand weitgehend auf den Zentralirak. Und das, obwohl es bereits vereinzelt Berichte über Kämpfe in anderen Regionen gab, insbesondere in Mossul und Basra. Mittlerweile, Anfang Dezember 2003, finden rund vierzig Prozent der Angriffe, darunter einige der spektakulärsten, außerhalb der Region um Bagdad statt, auch wenn die US-amerikanischen (Des-) Informationsagenturen weiterhin behaupten, dass sich der Widerstand nur auf die Sunniten beschränkt. Das Gesamtbild bleibt jedoch unklar und instabil. Die einflussreichsten Gruppen unter den Schiiten im Südirak haben sich bisher vom bewaffneten Widerstand ferngehalten. Ganz im Gegensatz haben viele aktiv mit der Klientelgruppe zusammengearbeitet, die die USA dem Irak als ihren „Regierungsrat" aufgezwungen haben. Möglicherweise geschah dies auf Anraten des Irans und in der Hoffnung, dass die USA eine Strategie entwickeln werden, die schließlich den Weg für eine Machtübernahme durch die Schiiten ebnet. Es wäre natürlich falsch zu behaupten, dass sich keine nennenswerten Teile der Schiiten am Widerstand beteiligt hätten, oder, dass sie gar die USA mit offenen Armen begrüßten. Die belebten Armenvororte von Bagdad selbst sind überwiegend schiitisch und der Widerstand dort war intensiv. Die schiitisch-sunnitische Zusammenarbeit in diesem politischen wie auch militärischen Widerstand war von Anfang an erkennbar, während es bisher hingegen keine Anzeichen für ernsthafte schiitisch-sunnitische Reibungen gab. Der *Hass* auf die Besatzer scheint unter beiden Religionsgemeinschaften verbreitet zu sein. Die alarmierende Tatsache ist jedoch, dass einige der militanteren unter den schiitischen Geistlichen, deren Anhänger Teil des Widerstands waren, nun ihre Widerstandsrhetorik mildern und mit den Amerikanern kooperieren. Sie warten somit ab, ob die kommende „Befreiung" des Landes sich in Bezug auf ihre Interessen als zufriedenstellend erweist oder nicht.[10] Für verbreiteten Widerstand unter den Kurden gibt es eben-

10 Berichte von Ende November deuten darauf hin, dass Moqtada al-Sadr, ein jüngerer Geistlicher mit großer Anhängerschaft vor allem in den schiitischen Vororten von Bagdad, der den Widerstand militant unterstützt hatte, diese Haltung nun plötzlich aufgegeben hat und nun seine Entscheidung für eine Zusammenarbeit mit den Amerikanern verkündet. Der Druck, der solche Entscheidungen bewirkt, ist weiterhin undurchsichtig. Es ist auch nicht klar, ob ihm alle seine Anhänger in dieser so atemberaubenden Kehrtwende folgen werden. In Bezug auf die sehr komplizierten Beziehungen zwischen irakischen Kurden und Schiiten und die Rolle des Iran in diesen Angelegenheiten muss man verstehen, dass der Iran ein langjähriger Unterstützer von Jalal Talabanis Gruppe, die im Nordirak befindliche Patriotische Union Kurdistans, ist. Diese Gruppe genießt politische und militärische Unterstützung durch die USA und ist mittlerweile ein wichtiger Bestandteil des von den USA ernannten irakischen Regierungsrats. Talabani führte kürzlich eine zehnköpfige Delegation dieses unechten Regierungsrates in den Iran. Im Gegenzug gab der iranische Präsident Khatami eine erstaunliche Erklärung ab, in der es unter anderem wie folgt hieß: „Wir erkennen den irakischen Regierungsrat an und glauben, dass er in der Lage ist, gemeinsam mit dem irakischen Volk die Angelegenheiten des Landes zu regeln und Maßnahmen zur Unabhängigkeit zu ergreifen". Khatami befürworte außerdem ausdrücklich den jüngsten US-amerikanischen Plan, bis Juni 2004 einer neu gestalteten Version dieses Rates „die Macht zu übertragen": „Die Umsetzung dieses Plans wird zum Wiederaufbau und zur Sicherheit im Irak beitragen". Man könnte argumentieren, dass der Iran in einer Schlüsselfrage nachgibt, nur um eine Invasion der USA zu vermeiden, die schon lange auf der Agenda der Neokonservativen steht. Es ist aber auch so, dass das klerikale Regime im Iran selbst eine religiös-sektie-

falls kaum Beweise. Die anglo-amerikanischen Streitkräfte haben über ein Jahrzehnt mit Sanktionen über Sanktionen und Flugverbotszonen versucht, so etwas wie ein kurdisches Protektorat zu schaffen, während sie die beiden großen kurdischen Parteien / Milizen unter ihre Fittiche nahmen. Der Einmarsch türkischer Truppen in den Irak hätte möglicherweise zu einer Verdrossenheit der Kurden und sogar zu einem Aufstand geführt, aber dies wurde durch die Entscheidung, keine türkischen Truppen innerhalb der heutigen Grenzen des Irak zu stationieren, effektiv umgangen. Der Widerstand in der nördlichen Stadt Mossul ist seit der Invasion beträchtlich, und in den letzten Wochen stieg die Zahl der Angriffe sowie der US-amerikanischen Opfer rapide an. Im Umfeld von Mossul gibt es allerdings bedeutende arabisch-sunnitische Bevölkerungsanteile, und der Widerstand scheint sich hauptsächlich auf diese Gruppe zu konzentrieren. Ob sich eine nennenswerte Zahl von Kurden daran beteiligt, bleibt unklar. Überall im Irak sind die Amerikaner damit beschäftigt, die ethnische / kommunale / sektiererische Karte rücksichtslos auszuspielen, auch wenn noch nicht klar ist, ob sie damit erfolgreich sein werden.[11] Kurzum, man kann noch nicht sagen, ob der säkulare Charakter des Landes im Zuge des Widerstands gestärkt wird oder be-

rerische Sicht auf die Realitäten im Irak hat und hofft, dass dies die schiitische Macht im Irak auf Kosten der sunnitischen Minderheit fördern würde. Aus jeweils unterschiedlichen Gründen scheinen weder Bush noch Khatami großes Interesse am Aufbau eines säkularen Irak zu haben, der über sektiererische und kommunale Differenzen hinauswächst.

11 Schiiten machen etwa 55 Prozent der irakischen Bevölkerung aus, arabische Sunniten 30 bis 35 Prozent, der Rest sind Kurden, Turkmenen, Christen, Juden und einige andere Minderheiten. In seiner politischen Sensibilität bleibt der Irak jedoch überwiegend säkular und nicht konfessionell, so dass die westlichen Behauptungen einer unüberbrückbaren schiitisch-sunnitischen Feindseligkeit maßlos übertrieben sind. Es ist auch überhaupt nicht klar, wie weit verbreitet oder entscheidend der iranische Einfluss unter den Schiiten ist, die dem Saddam Hussein-Regime während des achtjährigen wilden Krieges zwischen dem Iran und dem Irak in überwältigender Mehrheit treu geblieben sind. Anglo-amerikanische Medien werden nicht müde, die Saddam Hussein-Diktatur als „Sunnitenherrschaft" zu bezeichnen. Es war eine rücksichtslose Diktatur, aber keine besonders religiöse oder sektiererische; Saddam Hussein unterdrückte Sunniten und Schiiten mit gleichem Eifer. Bezeichnenderweise trafen die einfallenden anglo-amerikanischen Truppen in Städten und Gemeinden des überwiegend schiitischen Südens – Nasseriyah, Basra, Kerbela, Nadschaf – auf den härtesten Widerstand; Bagdad hingegen fiel ziemlich schnell. Wenn jetzt ernsthaft versucht wird, dem Irak eine sektiererische oder theokratische Regierung aufzuzwingen, und wenn jetzt wirklich blutige Konflikte zwischen Schiiten und Sunniten auftauchen, dann muss dieser religiöse Fundamentalismus und dieses blutrünstige Sektierertum als Geschenk der Amerikaner verstanden werden. Der von den USA geschaffene Regierungsrat selbst ist nach einem sektiererischen Muster organisiert und sogar Ahmed Chalabi, der verurteilte Kriminelle, der derzeit den Rat leitet, soll die Schiiten vertreten. Der Rat besteht aus dreizehn schiitischen Mitgliedern, fünf sunnitischen Arabern, fünf Kurden, einem Christen und einem Turkmenen. Nie zuvor hatte der Irak eine Regierung auf der Grundlage einer solchen sektiererischen / ethnischen Verteilung.

dingt durch die Machenschaften der USA komplett verlorengeht: in einem erbitterten Kampf um die Beute, der sich mittlerweile im Zuge der Besatzungsmisere abzeichnet, wird der Wohlfahrtsstaat demontiert, der öffentliche Dienst ruiniert und öffentliches Vermögen privatisiert. Des Weiteren bringt die rücksichtslose marktwirtschaftliche Liberalisierung alle gegeneinander auf und der soziale Zement, der die irakische Gesellschaft noch zusammenhält, erodiert.

Über all dem schweben die Vereinten Nationen, die NATO und dieses bösartige, nichtssagende Gebilde, das oft als „die internationale Gemeinschaft" bezeichnet wird. Der Sicherheitsrat spielte, bei der Verhängung der schrecklichen US-Sanktionen gegen den Irak bestenfalls eine schmähliche Rolle. Gleiches gilt für das Dulden der völlig illegalen Flugverbotszonen, die die anglo-amerikanische Allianz über großen Teilen des irakischen Territoriums aufrechterhielt. Die ehemaligen Koordinatoren der Vereinten Nationen für den Irak, Dennis Halliday und Hans von Sponek, traten beide zurück und verurteilten die Vereinten Nationen öffentlich dafür, dass der Genozid im Irak durch die Sanktionen gefördert wurde. (Eine kurze Zusammenfassung dieses von den Vereinten Nationen sanktionierten Genozids finden Sie an anderer Stelle im Buch.) Es ist auch allgemein bekannt, dass Kofi Annan die Vereinten Nationen schon lange vor der Invasion im März 2003 angewiesen hatte, sich mit den USA und Großbritannien auf eine Nachkriegsordnung zu einigen. Am 16. Oktober vergab der Sicherheitsrat in einem einstimmigen Votum, dem sogar Syrien unter Androhung einer Invasion beipflichten musste, 12 den ira-

12 Die Rolle Syriens in all diesen Entwicklungen ist komplex. Das dortige Assad-Regime und das Saddam Hussein-Regime im Irak gehörten zu rivalisierenden Fraktionen der einst vereinten Baath-Partei. Im Gegensatz zu allen arabischen Ländern außer Libyen hat sich Syrien im achtjährigen Iran-Irak-Krieg auf die Seite des Iran gestellt. Danach stellte sich das Land während des Golfkriegs von 1991 auf die Seite der USA, als die USA die Scheichs auf den kuwaitischen Thron zurückbrachten und Bagdad bombardierten. Es herrscht jedoch eine unversöhnliche Feindseligkeit zwischen Syrien und Israel, da Israel das syrische Territorium auf den Golanhöhen besetzt. Aus diesem Grund unterstützt Syrien eher die strategischen Interessen des Libanon, hilft dort der Hisbollah, die etwa zwanzig Jahre lang gegen die israelische Besetzung des Südlibanon gekämpft hat, und beherbergt in Damaskus ein paar palästinensische Fraktionen, jedoch nicht die Hamas. Aus demselben Grund ist der neokonservative Klüngel, der das Pentagon dominiert und die Politik sowie die Ideologie der Bush-Regierung bestimmt, auch auf eine Invasion und Besetzung Syriens aus. Nach dem 11. September allerdings lieferte Syrien den USA unschätzbare Informationen über Al-Qaida und erlaubte dem US-amerikanischen Geheimdienst sogar, von der Stadt Aleppo in der Nähe der türkischen Grenze aus zu operieren. Diese Beziehung endete mit der US-amerikanischen Invasion des Iraks, die Syrien erbittert ablehnte und als Auftakt für eine Invasion und Besetzung seines eigenen Territoriums betrachtete. Man weiß jedoch, dass Syrien alle Versuche von Anhängern

kischen Sitz bei den Vereinten Nationen an den verurteilten Ahmed Chalabi. Es wurde gesagt, dass man die „positive Reaktion der internationalen Gemeinschaft [...] auf den weitgehend repräsentativen irakischen Regierungsrat willkommen heißt [...] und die Bemühungen des irakischen Regierungsrats unterstützen wird, das irakische Volk zu mobilisieren [...]". Gleichzeitig wurde behauptet, dass dieses von den USA und Großbritannien handverlesene Marionettenregime eines wäre, das „die Souveränität des irakischen Volkes verkörpert".[13] Das Rote Kreuz ist seinerseits jenes internationale Gremium, das für die Einhaltung der Genfer Konventionen in Bezug auf Kriegsgefangene zuständig ist. Es hat nichts zu den 10.000 oder mehr irakischen Gefangenen gesagt, die von den USA und Großbritannien unter grober Verletzung der Dritten und Vierten Genfer Konvention festgehalten werden. Das Rote Kreuz weigert sich sogar kundzutun, ob die Gefangenen unter den von den Genfer Konventionen bestimmten Bedingungen arrestiert sind oder nicht – dies sei „geheim". Es ist also alles andere als verwunderlich, dass der Widerstand die Hauptquartiere dieser beiden Organisationen ins Visier ihrer spektakulären Bombardements nahm, sodass beide ihre Operationen im Irak einstellen mussten.

Die NATO hat nicht nur die Militäroperationen in Afghanistan übernommen, bestimmte NATO-Staaten (insbesondere Großbritannien, Spanien und

des alten Saddam Hussein-Regimes und des neuen irakischen Widerstands, in Syrien Zuflucht zu suchen, aus Angst vor dieser Invasion abgelehnt hat. Dennoch fühlten sich Rumsfeld und Co. in den ersten Tagen nach dem Fall Bagdads selbstbewusst genug, um mit sofortigen Militäraktionen gegen Syrien zu drohen. Die angesehensten Zeitungen und elektronischen Medien in den USA und Großbritannien begannen, die absurdesten Desinformationen über Syrien zu verbreiten: dass Syrien Führer des gefallenen Saddam Hussein-Regimes beherbergt, drei Milliarden Dollar an irakischem Geld bereithält, um dort den Widerstand zu finanzieren, irakische Massenvernichtungswaffen versteckt und eigene chemische Waffen entwickelt. Als Israel im Oktober 2003 syrisches Territorium in der Nähe von Damaskus bombardierte, sagte Richard Perle, ein wichtiger Neokonservativer, der gleichzeitig Mitglied des *Defence Policy Board* des Pentagon und des Vorstands der israelischen Zeitung *Jerusalem Post* ist, in einer öffentlichen Ansprache, dass „er glücklich war, die Nachricht zu erhalten, [die] von der israelischen Luftwaffe nach Syrien überbracht wurde", und dass er hofft, „dass dies nur die erste von vielen solcher Nachrichten war". In der Zwischenzeit hat der „*Syrien Accountability and Libanese Sovereignty Restoration Act of 2003*" Fortschritte im US-amerikanischen Kongress gemacht und wartet nur noch auf die Unterzeichnung durch den Präsidenten; er ähnelt dem „*Iraq Liberation Act*" von 1998, der unter Clinton verabschiedet und unter Bush umgesetzt wurde.

13 Interessanterweise berichtete die *Financial Times* am 21. November 2003, dass das Pentagon bereits gegen zwei Beamte der von den USA geführten vorläufigen Koalitionsbehörde und gegen den Kommunikationsminister im irakischen Regierungsrat, Haider al-Abadi, wegen der Annahme von Bestechungsgeld ermittelt.

Italien) setzen insgesamt 24.000 Soldaten im Irak ein und auch das dortige polnische Kontingent wird von einem NATO-Oberkommando angeführt. Großbritannien hat ebenfalls bekannt gegeben, dass es eine eventuelle Übertragung der militärischen Verantwortung („Friedenssicherung", wie es beschönigend genannt wird) an die NATO ins Auge fasst. Und in einer kürzlich gehaltenen Rede vor den Außenministern der NATO-Staaten bedankte Colin Powell sich für die Unterstützung durch Polen und sagte, dass er sich eine viel größere Rolle der NATO im Irak wünsche.[14] Die EU hat die jüngsten US-amerikanischen Pläne für die neue politische Architektur des Marionettenregimes im Irak ausdrücklich gebilligt, mit der einzigen Bedingung, dass der „internationalen Gemeinschaft" eine größere Rolle zukommt. Die Vereinten Nationen wiederum kündigten an, in Kürze ein „Regionalbüro für den Irak" irgendwo in der Nähe des Landes einzurichten, wahrscheinlich in Jordanien, um dann zu späterer Zeit in voller Stärke auf irakischen Boden zurückkehren. Diese neue Architektur soll im Juni in Kraft treten, und das daraus hervorgehende Regime wird voraussichtlich die amerikanisch-britischen Streitkräfte dazu „einladen", bei der „Friedenssicherung" zu „unterstützen", ähnlich wie es das von den USA ernannte bzw. von der EU „gesalbte" Karzai-Regime in Afghanistan nach seiner Ernennung tat. Der Sicherheitsrat wird dann wahrscheinlich all dies unterstützen und legitimieren, mit voller Zustimmung sowohl Europas und Russlands als auch Chinas, das zwar zögerlich ist, aber dann doch kooperiert. Als nächstes wird der Rat wahrscheinlich den Status der US-UK-Streitkräfte von „Besatzungsmacht" auf „Alliierte" des Irak ändern. So könnte man ein Mandat erteilen, das eine internationale Truppe unter der Flagge der Vereinten Nationen versammelt, die von den USA „angeführt" wird, aber Raum für europäische Beteiligung unter Federführung der NATO eröffnet. Bush kann dann in die Präsidentschaftswahlen im November 2004 mit der Behauptung gehen, dass seine Politik seitens der „internationalen Gemeinschaft" unterstützt wird und dass die Last des Krieges selbst

14 In einem der späteren Artikel dieses Buchs weisen wir darauf hin, dass die Übernahme des Kommandos durch die NATO in Afghanistan die erste derartige Aktion ist, die sie jemals außerhalb Europas unternommen hat. Sie weist auf eine sich ausweitende, globalisierte Zukunft der NATO als Hilfsorganisation der imperialen US-amerikanischen Mission hin. Seitdem haben auch Japan und Korea beschlossen, Truppen nach Afghanistan zu entsenden, was möglicherweise das Anfangsstadium einer globalen imperialen Armee ist, die ihre Soldaten routinemäßig aus verschiedenen Ländern des Imperiums beziehen wird.

jetzt mit den „Verbündeten“ geteilt werden soll. Er kann auch versprechen, dass die meisten Soldaten, die sich derzeit im Irak befinden, bald nach Hause kommen. Wird er auf dieser Grundlage wiedergewählt, steht es ihm frei, im Bedarfsfall innerhalb des Irak zu eskalieren und in andere Länder einzumarschieren, wenn seine Bande es denn so wünscht.[15] Das ist das Traumszenario, das sich jetzt langsam zu entfalten scheint. Ob der irakische Widerstand dies verhindern, oder zumindest den enormen Zynismus hinter all diesen Entwicklungen bloßstellen kann, lässt sich zu diesem Zeitpunkt noch nicht feststellen. Mit Sicherheit kann man nur sagen, dass dieser Widerstand den Vormarsch des US-amerikanischen Imperiums zumindest zeitweise gestoppt hat. Allerdings gibt es nun US-amerikanische Truppen in Damaskus,[16] die gezielt geschickt wurden, um die Widerstandsbewegungen zu zerschlagen.

IV

In einem hochrangigen geheimen Memorandum, das nichtsdestotrotz sofort an die Presse durchgesickert ist, schätzt die CIA, dass die Stärke des irakischen Widerstands bereits bei über 50.000 Mann liegt und durchaus noch wachsen könnte; sie empfiehlt den USA, sich auf ein „*end game*“ vorzubereiten, soll heißen auf eine gesichtswahrende Strategie für den Ausstieg aus einem nicht zu gewinnenden Krieg. Im Gegensatz dazu bezeichnen Rumsfeld und seine Anhänger im Pentagon den irakischen Widerstand immer wieder als „Überreste des Saddam Hussein-Regimes“ und „Saddam Hussein-Loya-

15 Das Versprechen, die US-amerikanischen Truppen aus dem Irak zurückzuholen, ist von Anfang an eine Lüge. Die USA stehen kurz vor der größten Truppenrotation der Geschichte, bei der die 130.000 im Irak stationierten Soldaten zurückgebracht und durch etwa 110.000 neue Soldaten ersetzt werden sollen. Für eine große Zahl an US-Militärangehörigen wurde der Urlaub gestrichen und Reservisten aus dem ganzen Land werden einberufen. Die US-amerikanische Armee hat angekündigt, bis weit in das Jahr 2006 hinein weitere 100.000 Soldaten im Irak stationieren zu wollen. All dies führt zu einer Rekrutierungskrise für die Freiwilligenarmee und das Reservekorps, weil sich für diese Unternehmen weitaus weniger Menschen melden, seit klar ist, dass sich für die Zukunft Kriege mit unbestimmter Dauer abzeichnen.

16 Anmerkung der Übersetzerin: Da hier nach wie vor von der Zerschlagung des irakischen Widerstands die Rede ist, ist zu vermuten, dass der Autor hier eigentlich Bagdad gemeint hat.

listen", die bald besiegt sein sollten. Sie versuchten, viele Desinformationen über „ausländische Kämpfer" und massiven Waffenschmuggel aus Syrien zu verbreiten. Die CIA widerlegte diese Aussagen, indem sie Einschätzungen veröffentlichte, die besagen, dass Syrien anscheinend keine solche Rolle gespielt hat und dass es keine Beweise für eine nennenswerte Anzahl von „ausländischen Kämpfern" gibt. In einem Dokument der CIA heißt es, dass „mindestens 95 Prozent" der Kämpfe und des Waffenschmuggels von den Irakern selbst durchgeführt werden.

Die Ermordung oder Verhaftung aller wichtigen Persönlichkeiten des gefallenen Regimes wird daher als ein weiterer Schritt in Richtung Ende des irakischen Widerstands dargestellt, und dieses Ende soll nun im Tod oder mit der Verhaftung von Saddam Hussein besiegelt werden. Einschätzungen der CIA deuten darauf hin, dass Saddam Hussein, wo immer er auch sein mag, viel zu isoliert ist, um dem Widerstand zu führen, in dem sich Offiziere mittleren Ranges und die Basis der aufgelösten irakischen Armee sowie der Baath-Partei befinden. Vor Ort ist der Widerstand von Monat zu Monat gewachsen. Nichtsdestotrotz verkündete Bush am 1. Mai seinen „Sieg". Im Juli waren die US-amerikanischen Truppen durchschnittlich dreizehn Angriffen pro Tag ausgesetzt, im Oktober waren es schon 35 Angriffe pro Tag. Seit Beginn der Invasion im März sind über vierhundert US-Soldaten und fast hundert „alliierte Soldaten" gestorben. Ungefähr ein Fünftel von ihnen, 104 an der Zahl, starb im November, also in dem Monat, der heute vor fünf Tagen endete. Insgesamt werden die US-amerikanischen Opfer im Irak, einschließlich all derer, die schwer verletzt und evakuiert wurden, auf etwa 9.000 geschätzt – oder sieben Prozent der gesamten im Irak stationierten US-amerikanischen Streitkräfte. Der Widerstand begann mit kleinen Anschlägen; inzwischen werden die modernsten US-amerikanischen Hubschrauber von tödlichen Raketen abgeschossen. In keiner irakischen Stadt können sich US-amerikanische Truppen noch zu Fuß fortbewegen, sondern nur in rasenden Militärfahrzeugen, und es ist bekannt, dass einige Soldaten von wütenden Menschenmengen gelyncht wurden, nachdem ihre Fahrzeuge in einen Hinterhalt gerieten. Alle Symbole der Besatzer im Herzen Bagdads – darunter das Hauptquartier der Vereinten Nationen und die US-amerikanische Leitzentrale – waren Ziele spektakulärer Angriffe, die zahlreiche Opfer verursachten. Die Vereinten Nationen und das Rote Kreuz mussten ihre Büros schließen und fliehen. Spanien, ein ausdrücklicher Verbündeter der USA, der sogar Truppen gestellt hat, war gezwungen seine diplomatische Vertretung in Bagdad aufzugeben. Die USA haben einen irakischen Regierungsrat eingesetzt, der dann versuchte, seine Vertreter auf Provinz- und Distriktebene zu ernennen; immer mehr dieser lokalen Kollaborateure wurden und werden nun ebenfalls vom Widerstand getötet. Die USA hatten davon geträumt, die Ölquellen des Landes an sich zu reißen und dann Öl zu fördern, was wiederum die Kosten des Krieges ausgleichen sollte; in Wirklichkeit werden Pipelines im ganzen Land getroffen und es fließt nur sehr wenig Öl. Die USA hatten sich verpflichtet, dem Sicherheitsrat ein fixes Datum vorzulegen, bis zu dem eine irakische Verfassung niedergeschrieben würde; dies akzeptierte der Sicherheitsrat ohne Zögern, obwohl nicht klar war, welche souveräne irakische Autorität es gab, die dem Land eine solche Verfassung geben könnte. Normalerweise kann erst eine Konstitution verabschiedet werden, nachdem die Besatzungstruppen abgezogen sind und das Land befreit wurde. Sogar der schiitische Klerus forderte, dass erst nach allgemeinen Wahlen die Autorität auf die gewählten Vertreter übertragen wird, bevor eine Verfassung festgeschrieben werden kann. Die USA lehnten die Forderungen des Klerus ab. Sie brachen ihr Versprechen, ein Datum für die Ausarbeitung einer Verfassung festzulegen, und entwickelten stattdessen einen Plan, um die „Souveränität" an ein brandneues Gremium von „Vertretern", die nicht durch Wahlen legitimiert sind, zu „übertragen".17 Mit anderen Worten hat-

17 Gemäß diesem Plan, der von den USA ausgearbeitet und einem widerstrebenden irakischen Regierungsrat auferlegt wurde, den die USA selbst ernannt hatten, sollen die USA den irakischen Regierungsrat bei der Ausarbeitung eines „Grundgesetzes" bis Mitte Februar beaufsichtigen, welches dann als vorläufige irakische Verfassung dient. Darauf folgt die Bildung einer „Nationalversammlung", die in einer Reihe von Provinzfraktionen gewählt wird, deren Mitglieder ebenfalls nominiert und nicht durch eine Volksabstimmung gewählt werden. Diese sogenannte „Nationalversammlung" soll dann eine „Provisorische Regierung" wählen, und die Regierungsgewalt bis Juli 2004 vom derzeitigen „Rat" auf diese „Regierung" übertragen werden. All dies verstößt natürlich gegen das internationale Gesetz, das es einer „Besatzungsmacht" verbietet, die Regierungsstruktur und die Rechtsstruktur von besetzten Ländern zu ändern, wie ich weiter unten detailliert erläutere. Gleichzeitig wurden dem Irak für das Jahr 2005, also nach den US-amerikanischen Präsidentschaftswahlen vom November 2004, Parlamentswahlen und eine Verfassung versprochen. In Anbetracht der Tatsache, dass der Sicherheitsrat der Vereinten Nationen den von den USA ernannten „Rat" bereits als „Verkörperung der Souveränität des irakischen Volkes" anerkannt hat, wird die nachfolgende sogenannte „Provisorische Regierung" von der „internationalen Gemeinschaft" zweifellos ebenfalls als „demokratisch", „souverän", usw. begrüßt werden. Das Treffen der EU-Außenminister in Brüssel, unmittelbar nachdem die USA diesen Plan angekündigt hatten, drückte seine

te der Widerstand das Land so unregierbar gemacht, dass die Strohmänner des eingesetzten irakischen Regierungsrats nicht mehr erfolgreich agieren konnten. Die USA zeigten sich von diesen ihren Handlangern so enttäuscht, dass sie sich nun anschicken, sie durch andere zu ersetzen. Und zwar ohne Wahlen und ohne Verfassung, während die US-amerikanische Militärbesatzung aufrecht bleibt. Dieser Plan wurde vom Sicherheitsrat, von der EU, vom iranischen Präsidenten Khatami und von vielen anderen Mitgliedern des globalen Staatensystems, das sich „die internationale Gemeinschaft" nennt, begrüßt.

In diesem Buch findet sich ein Aufsatz mit dem Titel „Widerstand im Irak, Unordnung in den USA" („*Resistance in Iraq, Disarray in the US*"), den ich im August 2003 schrieb. In den folgenden drei Monaten vertiefte sich die im Titel angesprochene Unordnung enorm. Die Widersprüchlichkeit der US-amerikanischen Politik lässt sich schon allein an der Tatsache erkennen, dass während die Regierung im Laufe des Jahres 2004 wieder und wieder versprach, dem irakischen Volk „Souveränität zu übertragen", das Militär gleichzeitig plante, bis mindestens ins Jahr 2006 seine Besatzungsarmee ungefähr in gleicher Größe beizubehalten. In der Praxis bedeutet das „mindestens" hier nichts anderes als „auf unbestimmte Zeit". Während die Zahl der Verluste zunimmt, fordern die USA von überall her neue Truppen an und sprechen mittlerweile sogar davon, die NATO offiziell einbinden zu wollen. Sie können sich jedoch nicht dazu durchringen, ihre eigene Besatzungstruppe zu reduzieren oder das Kommando mit ihren „Verbündeten" gemeinschaftlich auszuüben, weil sie die Beute nicht mit anderen teilen wollen, falls es denn jemals zum „Sieg" kommt. Unterdessen wechselt die Regierungsgewalt weiter von einer Gruppe zur nächsten, sie heißen wahlweise „Regierungsrat", „provisorische Regierung" oder was auch immer, ganz ähnlich wie in Südvietnam, und Bagdad gleicht zunehmend dem Saigon der 1960er bzw. der frühen 70er Jahre: es gibt riesige Lieferungen von Konsumgütern, Lastwagenladungen mit US-Dollar für die Wohlhabenden und Diener des Imperiums, eine feindliche Bevölkerung voller Angst und Wut, eine Widerstandsbewegung, die aus dem Verborgenen zuschlägt und dann wieder im Dunkel verschwindet, eine Besatzungsarmee, die mit voller Kampfausrüs-

„Zufriedenheit" mit diesem Plan aus. Bush kann somit in den Präsidentschaftswahlen behaupten, dass selbst diejenigen der Verbündeten, die der Invasion ursprünglich nicht zugestimmt hatten, die „Fortschritte" bei der „Demokratisierung des Irak" gutheißen.

tung in Militärfahrzeugen herumstolziert und nach Belieben das Feuer eröffnet, und nicht ausufernde Formen von Korruption durch die geradeeben eingesetzte Regierungsmacht, die seitens der imperialen Autorität deshalb toleriert wird, weil sie keine andere Alternative hat.

Die „Vietnamisierung" wird also gerade neu erfunden, als „Irakisierung". Und zwei Aspekte sind hier wichtig: Auf der einen Seite steht die „Architektur" der „Zivilherrschaft" und die „Übergabe von Souveränität" an die Iraker; in diesem Prozess dient Ahmed Chalabi als auferstandener Ngoh Din Diem, seines Zeichens ein vorbeiziehender Gauner ohne historische Bedeutung. Auf der anderen Seite geschieht etwas, was Nixon als „die Farbe der Leichen ändern" bezeichnete. Rumsfeld behauptet, dass bereits 100.000 irakische Sicherheitskräfte ausgebildet worden seien und viele weitere bald für Polizeizwecke und als Kern der zukünftigen irakischen Armee eingesetzt werden sollen. Angesichts der Tatsache, dass die Arbeitslosigkeit derzeit bei 50 Prozent oder mehr liegt, haben sich möglicherweise wirklich bereits so viele gemeldet und es könnten noch viel mehr werden. Aber wie trainiert man so viele Menschen so schnell und wie testet man ihre Loyalität? Diese „Sicherheitskräfte" stellen mit ziemlicher Sicherheit eine explosive Mischung dar, bestehend aus: verzweifelten Unschuldigen, die das Geld brauchen, um ihre Familien zu ernähren, und dann ins Kreuzfeuer zwischen den unterschiedlichen „Regierungsmächten" (denen sie sich angeschlossen haben) und dem „Widerstand" (mit dem sie möglicherweise heimlich sympathisieren) geraten; Macho-Söldner, die glücklich sind, eine Uniform und eine Waffe zu bekommen, um über jeden zu herrschen, der gerade zugegen ist; und möglicherweise eine beträchtliche Anzahl von Widerstandskämpfern selbst, um die lokalen Einheiten der Besatzungsmacht zu infiltrieren. Gegenseitige Konflikte innerhalb dieser ungleichen Reihen selbst und zwischen den arabischen Bediensteten und den amerikanischen Besatzern sind wahrscheinlich. Die US-amerikanischen Streitkräfte zeigen sich bereits sehr irritiert darüber, wie viel ihrer geheimen Informationen an den Widerstand weitergegeben wird; und je mehr irakische Sicherheitskräfte sie ausbilden, desto häufiger werden sie mit dieser Situation konfrontiert.

Die USA nutzen die Besetzung des Landes, um die gesamte institutionelle und rechtliche Struktur des Irak so schnell wie möglich zu zerstören. Das betrifft die verstaatlichten Ölreserven, eine Vielzahl staatseigener Unternehmen, darunter die meisten der wichtigsten Industrie- und Infrastrukturbetriebe, umfangreiche Sozialsysteme und Arbeitnehmerrechte, stark subventionierte Bildungs-

und Gesundheitsdienste und so weiter.[18] Mit anderen Worten stellt dies eine Konterrevolution des Privateigentums gegen das Staatseigentum dar. Es kommt zu einer neoliberalen Privatisierung, die eine weit verbreitete Sozialethik staatlicher Verantwortung für die allgemeine Versorgung ersetzt. Und diese Konterrevolution ist nicht weniger umfangreich als die in Russland nach dem Fall der Sowjetunion. Im Irak wird diese Konterrevolution allerdings nicht durch einen

18 Dies ist ein Thema, das zu umfangreich ist, um in einer kurzen Randbemerkung zufriedenstellend behandelt zu werden. Trotzdem sollen hier einige wenige Details zumindest den Umfang der laufenden Veränderungen verdeutlichen. Bush verkündete im Mai seinen „Sieg". Im Juni benannte Paul Bremer, Chef der provisorischen Besatzungsbehörde, Pläne zum Verkauf der staatseigenen Industrien des Landes. Im September gab er die sogenannte „*CPA Order 39*" heraus, in der die Privatisierung von 200 irakischen Staatsunternehmen angekündigt wurde. Des Weiteren gewährte diese Verordnung ausländischen Investoren uneingeschränkte Rechte, Unternehmen im Irak zu gründen und/oder irakische Unternehmen, Banken, Minen und Fabriken aufzukaufen und sie vollständig zu besitzen, und sie verfügte, dass diese ausländischen Investoren das Recht haben, 100 Prozent ihrer Gewinne, Dividenden, Zinsen und Lizenzgebühren sofort und vollständig aus dem Irak abzuführen. All dies geschah, obwohl die irakische Verfassung die Privatisierung wichtiger irakischer Staatsgüter verbietet und Ausländern den Besitz irakischer Firmen verbietet. Die USA sind Unterzeichner der Genfer Konventionen und der Grundsätze der Haager Friedenskonferenzen von 1907, die die Verpflichtungen einer Besatzungsmacht festschreiben. Artikel 43 der Grundsätze der Haager Friedenskonferenzen besagt, dass eine Besatzungsmacht „so weit wie möglich die öffentliche Ordnung und Sicherheit gewährleisten muss, wobei sie die im Land geltenden Gesetze respektieren muss, solange dies nicht absolut unmöglich ist". Artikel 55 wiederum beschreibt die Besatzungsmacht als eine Art „Verwalter" des Staatseigentums und legt fest, dass „das Kapital des Staatseigentums geschützt werden muss". Eine Resolution des Sicherheitsrates der Vereinten Nationen aus dem Mai 2003, in der die von den USA geführte „Koalition" als „Besatzungsmacht" anerkannt wurde, legte fest, dass die USA „ihren völkerrechtlichen Verpflichtungen, insbesondere den Genfer Konventionen von 1949 und den Haager Vorschriften von 1907, vollständig nachkommen müssen". Noch vor der Verabschiedung dieser Resolution, am 26. März, und somit auch bevor die Besetzung des Irak abgeschlossen und bevor eine Umstrukturierung angekündigt werden konnte, hatte der britische Generalstaatsanwalt Lord Goldsmith an Tony Blair geschrieben, dass „eine weitere Resolution des Sicherheitsrats erforderlich ist, um die Durchsetzung von Reformen und die Umstrukturierung des Irak und seiner Regierung zu genehmigen". Tatsächlich besagt das eigene Landkriegsgesetz der US-amerikanischen Armee, dass „der Besatzer kein Recht zum Verkauf oder zur unqualifizierten Nutzung von Eigentum hat". Eine von Paul Bremers ersten Aktionen war die Auflösung der irakischen Armee, eine „Umstrukturierung des Irak und seiner Regierung", die Hunderttausende von Soldaten sofort in die Arbeitslosigkeit schickte. Auch alle nachfolgenden Anordnungen, die er erlassen hat, um Staatseigentum zu privatisieren und irakische Vermögenswerte an Ausländer zu verkaufen, verstoßen gegen die irakische Verfassung, die Genfer Konventionen und die Haager Vorschriften, die Resolution des Sicherheitsrates der Vereinten Nationen vom Mai 2003 und sogar gegen das eigene Landkriegsgesetz der US-amerikanischen Armee. Daher sagte selbst Jeffrey Sachs, der berüchtigte US-amerikanische Ökonom, der ähnliche Privatisierungen und den Verkauf von Staatseigentum in Polen und anderswo in Osteuropa überwachte, folgendes: „Wir haben nicht einmal eine rechtliche Befugnis, um die Änderungen vorzunehmen, von denen wir sprechen."

Flügel der Regierungspartei durchgeführt, sondern von einer Besatzungsarmee. Einer, die im Irak seit langem mit immensem Ressentiment wahrgenommen wird, was vor allem durch Amerikas Nahverhältnis zu Israel bedingt ist. Aus Sicht der Iraker ist Israel ein Besetzer arabischen Landes und eine historische Anomalie – eine rassistische Siedlerkolonie ein halbes Jahrhundert nach dem Ende der Kolonialzeit – die ohne die enorme Waffen- und Geldspritzen aus den USA längst zusammengebrochen wäre. Es ist schwer, sich eine irakische Familie vorzustellen, die nicht direkt und schmerzlich unter den von den USA verhängten Sanktionen gelitten hat. Nicht nur der Abbau des gesamten verstaatlichten Sektors und des weit ausgebauten Sozialsystems durch diesen Sponsor der israelischen Aggression in der arabischen Heimat, sondern auch die direkt durch die USA verhängten Sanktionen, erzeugen eine Wut eruptiven Ausmaßes im irakischen Volk; die Amerikaner, die den freien Markt verehren und in ihrer Selbstwahrnehmung als selbstverständliche Verkörperung des Guten firmieren, können diese Wut nicht nachvollziehen. Der Widerstand muss daher eigentlich eher wenig tun, um den Nerv von Millionen Menschen zu treffen. Diese Millionen in einem nationalen Befreiungskrieg zu *organisieren* und eine nationale Befreiungsfront zu schaffen, die wirklich alle Segmente der irakischen Gesellschaft repräsentiert, ist natürlich eine ganz andere Sache.

Momentan bekennen sich die USA voll und ganz zur territorialen Integrität des Irak. Die Türkei, einer der wichtigsten Verbündeten der USA in der Region und innerhalb der NATO, die auf türkischem Boden wichtige US-amerikanische Militärbasen gestattet, würde gegen die Schaffung eines souveränen kurdischen Staates oder sogar einer wirklich autonomen kurdischen Republik in einem konföderierten Irak sofort ihr Veto einlegen. Niemand in der europäisch-amerikanischen Welt vergisst, dass die Türkei nach den Vereinigten Staaten selbst die zweitgrößte Armee in der NATO besitzt und dass diese Armee nicht nur so modern ist wie jede europäische Armee, sondern auch mit den raffiniertesten Waffen ausgestattet wurde, die ihr die USA selbst lieferten und liefern. Und zwar zuerst als Frontstaat gegen die Sowjetunion und nun als strategischer Verbündeter der US-amerikanischen Interessen in den türkischen Zonen des Kaspischen Meeres[19]. Gleichzeitig würde die Schaffung eines souveränen schiitischen

19 Anmerkung der Übersetzerin: Da die Türkei nicht an das Kaspische Meer grenzt, meint Ahmad hier mit „Zonen" wohl eher den mittelbaren Einfluss der Türkei über Aserbaidschan. Eine andere Möglichkeit ist, dass er eigentlich auf das Schwarze Meer verweisen wollte.

Staates im Osten nicht nur den Iran erstarken lassen, dem die USA weiterhin in höchstem Maße misstrauen; so eine Staatsgründung würde auch den Ambitionen der irakisch-schiitischen Elite selbst zuwiderlaufen: Da die Schiiten im Irak klar in der Mehrheit sind, will diese Elite von Bagdad aus regieren, Zugang zu allen irakischen Ressourcen haben und nicht nur auf eine Enklave beschränkt sein. Wie auch immer, die USA spielen weiter die ethnische/religiöse/regionale Karte und werden sie auch in so extremer Form wie nötig weiterspielen, falls sie den Widerstand nicht besiegen können. Während die Zahl der Opfer zunimmt, werden nicht nur innerhalb der US-amerikanischen Regierung, sondern sogar offen in so renommierten Zeitungen wie der *New York Times* verschiedene Formeln für einen dreigeteilten Irak – Sunniten, Schiiten und Kurden – diskutiert.

Die europäischen Staaten müssen also weiterhin zutiefst unglücklich bleiben, denn Unzufriedenheit über die amerikanische Dominanz ist ihr existenzielles Los. Aber sie werden sich nicht widersetzen. Erstens, weil sie nicht die Macht haben, aufzubegehren. Wie Mao weise sagte: „Macht kommt aus dem Lauf einer Waffe" – und die Europäer haben keine vergleichbaren Waffen. Zweitens, weil die Europäer mit ihren amerikanischen Vettern auf der anderen Seite des Atlantiks das gemein haben, was Kipling höflich die „Bürde des Weißen Mannes" nannte: Die Last des Kolonisierens und Besetzens. Wenn die Amerikaner zu diesem Zwecke etwas erfinden, das sie „legal" nennen können, dann wird die NATO bereits auf dem Weg sein.

V

Zum Abschluss noch ein paar Worte über den Widerstand.

Niemand hat mir so recht geglaubt, als ich vor zwei Jahren, am Höhepunkt der US-amerikanischen Invasion, schrieb, dass der Widerstand in Afghanistan wieder auftauchen wird; dass die Taliban dem afghanischen Volk ein Maß an Sicherheit geboten hatten, das ein Großteil der Bevölkerung schätzte, und das durch frühere von den USA eingesetzten Klienten, den sogenannten „Mudschaheddin", nicht in gleichem Maße erreicht werden konnte; dass Afghanen ausländische Besatzungstruppen nie freundlich aufgenommen haben, wie die Briten aus ihrer eigenen Geschichte der drei Afghanistankriege, die sie führten, wissen sollten; dass die neu gruppierten „Mudschaheddin“, die nun „Nordallianz“ genannt werden und wieder die Lieblinge der Amerikaner sind, einen korrupten Haufen darstellen und die USA es noch lange bereuen werden, sie wieder an die Macht gebracht zu haben; und dass Hamid Karzai, der sogenannte Präsident Afghanistans, ein Niemand ist, bloß ein ehemaliger Mitarbeiter der US-amerikanischen Firma UNOCAL, der nur so lange an der Macht bleiben wird, wie die US-amerikanischen Spezialeinheiten ihn beschützen. Jetzt, zwei Jahre später, sind weite Teile des afghanischen Territoriums, praktisch drei Viertel davon, für die USA und ihre NATO-Verbündeten zu gefährlich geworden, um darin zu operieren; Kabul ist ihre Enklave und ihr Gefängnis. Die Sehnsucht nach der noch nicht allzu lange vergangenen Taliban-Herrschaft ist in den konservativen Gesellschaftsschichten weit verbreitet, die wehmütige Erinnerung an die etwas älteren Phase der kommunistischen Herrschaft ebenso unter den moderneren Schichten. Widerstand ist überall, und die Besatzer stehen mit dem Rücken zur Wand. In den Regionen dominieren die *warlords* [selbsternannte lokale Machthaber, Anmerkung der Übersetzerin] die Regierungsgewalt, während der Mohnanbau und der Heroinhandel florieren. *Warlords* sind nur zu denen loyal, die in ihrer Nähe die Macht haben.[20] In ein erweitertes Blickfeld muss auch Pakistan einbezogen werden. Aus strategischer Sicht ist Afghanistan für Pakistan tatsächlich viel wichtiger als Kaschmir. Der Sturz der Taliban war ein strategischer Verlust, die Rückkehr der Nordallianz ein Albtraum. Die Pakistanis aber duldeten diese Entwicklungen, da sie nicht die Möglichkeiten hatten, dem Druck der USA zu widerstehen. Die Amerikaner versprachen Musharraf, dass die Nordallianz die Städte nicht besetzen dürfe, brachen dieses Versprechen dann aber schnell. Sie erlaubten die Besetzung schließlich und wiesen der Nordallianz noch dazu die wichtigsten Ministerposten in der von den USA ernannten

20 Man braucht sich nur ein paar Zahlen anzuschauen, um den Scheincharakter der Zentralregierung und im Vergleich dazu die Macht der regionalen Herrscher und ihrer Milizen zu belegen: Die von der Besatzungsmacht zusammengestellte Nationalarmee soll nicht viel mehr als 5000 Soldaten umfassen. Demgegenüber wird die Gesamtzahl des Personals in den verschiedenen privaten Milizen auf knapp 200.000 geschätzt, von denen allein etwa 50.000 von Ismael Khan kontrolliert werden, der seinen eigenen regionalen Aufbau finanziert, indem er an der iranischen Grenze Zölle im Wert von bis zu 800.000 US-Dollar pro Tag einzieht. Er soll in engem Kontakt mit Hekmetyar stehen, dem ehemaligen Premierminister der Mudschaheddin-Regierung, der jetzt mit den Taliban zusammenarbeitet, um die USA und ihre Verbündeten in einem langsamen Zermürbungskrieg zu vertreiben.

Karzai-Regierung zu. Musharraf hatte dieses Versprechen an seine Generäle weitergegeben, um ihre Zustimmung einzuholen; diese fühlten sich beleidigt und betrogen, als die USA es nicht einhielten. Pakistan aber wagt es nicht, sich offen gegen die neue Regelung zu stellen; was das Land im Verborgenen für den afghanischen Widerstand tut, kann man nur vermuten. Inzwischen ist es historisch gesehen egal, wie lange die Amerikaner, die NATO, etc. in Kabul bleiben; sie haben den Krieg bereits verloren und werden früher oder später abreisen.

Im Laufe des Jahres 2002, als die Invasion des Irak durch die USA immer näher rückte, hörte man stetig von irakischen Beamten sowohl direkt wie indirekt, dass Bagdad tatsächlich verteidigt werden sollte, aber auch, dass zur Vorbereitung eines langfristigen Widerstands im Falle einer vollständigen Besetzung genügend Waffen und Munition für etwa ein halbes Jahr an etwa eine Million Iraker ausgegeben wurden. Da dies so offen verbreitet wurde, konnte man nicht recht beurteilen, was daran wahr ist und wo die Grenze zwischen echter Vorbereitung und weitschweifiger Propaganda liegt. Die Zahl von einer Million war jedoch angesichts der Größe der Baath-Partei glaubwürdig. Sie bestand größtenteils aus Funktionären ohne besondere Loyalität, hatte aber auch einen sehr großen Kern engagierter Einzelpersonen; viele an der Spitze waren durch Machtintrigen korrumpiert, aber einen großen Teil der Basis durchdrang auch bekanntermaßen irakischer und arabischer Patriotismus alten Stils. Man wusste ebenso, dass im Gegensatz zu Afghanistan ein Großteil der irakischen Gesellschaft modern und in der Lage war, raffinierten Widerstand zu leisten. Wenn auch nur ein Zehntel von dem, was erzählt wurde, sich als richtig erweist – also nicht eine Million, sondern, sagen wir einmal, hunderttausend bewaffnete Iraker – dann ist dies immer noch gewaltig für einen *Widerstands*krieg. Denn dies bedeutet eine ungefähre Parität zwischen den konventionellen US-amerikanische Streitkräften und der potenziellen Guerilla-Armee. In diesem Fall gewinnen die Guerilla-Armeen, da sie in ihrem eigenen Terrain operieren, das den Besatzern wiederum komplett fremd ist. Die Parität in Bezug auf die Anzahl an Truppen, zusammen mit dem „Heimvorteil", neutralisiert in einem Guerillakrieg also die technologische Überlegenheit der Besatzer. Es ist nur die ideologisch bedingte Blindheit der herrschenden Rechtsextremen in den USA, die sie daran hinderte, diese einfache Arithmetik zu verstehen, obwohl viele ihrer eigenen Profis aus den Reihen der Streitkräfte und Geheimdienste sie immer wieder warnten.

Was hat der Widerstand also, rein militärisch betrachtet, erreichen können? Er hat der besiegten irakischen Bevölkerung gezeigt, dass es möglich ist, sich zu wehren. Er hat allen gezeigt, dass er in der Lage ist, die wichtigsten Stützpunkte der Besatzungsarmee und ihrer Verbündeten im Herzen Bagdads zu treffen. Er hat die Amerikaner selbst getroffen und sie gezwungen, ihre Taktiken zu ändern. Er hat ihre Truppen verärgert und demoralisiert, und er hat die Medien so beeinflusst, dass sie schließlich begannen, die Besatzung selbst in Frage zu stellen. Die Art von Unzufriedenheit innerhalb der Besatzungstruppen und die Art von Opposition im Heimatland, die während des Vietnamkrieges erst nach etwa fünf Jahren aufkamen, ist in den USA diesmal in nur fünf *Monaten* entstanden – und es werden so regelmäßig Särge nach Hause geschickt, dass die tägliche Tötung eines oder zweier amerikanischer Soldaten mittlerweile fast als selbstverständlich gilt. Jeder weiß, dass es einen Krieg gibt. Es sind keine „Überreste eines Krieges", sondern es ist ein *Krieg*. Es sind nicht „Saddam Hussein-Loyalisten", die bekämpft werden, sondern es ist der *irakische Widerstand*. Dieser Widerstand hat sogar die amerikanische Berichterstattung und die journalistischen Diskussionen verändert – und er hat die verbündeten Institutionen und Länder erfolgreich getroffen; die Vereinten Nationen, die so heimtückisch mit den USA kollaborierten, wurden zum Rückzug gezwungen; Särge wurden nach Großbritannien, Spanien, Italien, Polen, Japan, Korea zurückgeschickt. Trotz aller mutigen Äußerungen von Kanzlern und Regierungsführern dieser Länder rufen sie alle mittlerweile nach einem schnellen Ende der Besatzung. Und auch andere Länder sind gezwungen, die Entsendung von Truppen zu überdenken. Es erfordert nur noch ein paar weitere Monate dieses Widerstandes, bis (a) die EU ihre Illusion überdenken muss, dass eine schnelle Übertragung der Macht auf eine andere, neu eingesetzte Regierungsgruppe das Problem lösen wird, und (b) einer neuen aktiven Antikriegsbewegung mit globaler Beteiligung neuer Schwung verliehen wird.

Der Widerstand hat Syrien vor einer Invasion bewahrt und die Verhandlungsposition des Iran gestärkt. Die Bombardierung der jordanischen Botschaft in Bagdad machte nicht nur Jordanien, sondern alle anderen Länder auf ihre aktive Komplizenschaft mit den USA aufmerksam. Immerhin war Jordanien ein wichtiger Stützpunkt für israelisch-amerikanische Operationen gegen den Irak. Der irakische Widerstand wird, wenn er anhält, die antimonarchische Offensive in Saudi-Arabien selbst verstärken und eine Krise der

Beziehungen zwischen dem jordanischen Königreich und den USA erzwingen. Die pro-amerikanischen Regime in der Region, insbesondere Ägypten, die die USA davor gewarnt haben, dass eine langfristige Besetzung des Irak die eigene Herrschaft in ihren jeweiligen Ländern untergraben wird, können dieses Argument nun mit größerer Wirkung vorbringen. Wenn die USA mit ihrer unbarmherzigen Offensive gegen Russland fortfahren, wie kürzlich in Georgien und in den Ländern des kaspischen Küstenlandes, und wenn der afghanische Widerstand anhält, könnte Russland in Erwägung ziehen, eine aktivere interventionistische Rolle einzunehmen. Und zwar nicht nur in Bezug auf den Widerstand im Irak und in Afghanistan, sondern auch in Bezug auf Syrien und den Iran, die dringend hochentwickelte Raketen benötigen, die nur Russland liefern kann. Kurz gesagt: anhaltender irakischer Widerstand verändert nicht nur die Situation im Irak selbst, sondern er kann auch regionale und globale Konstellationen entscheiden beeinflussen.

Wie weit wird dieser Widerstand gehen? Das ist schwer zu sagen, vor allem wegen fehlender Informationen über seine innere Dynamik, aber auch, weil die Zukunft niemals vorhersehbar ist und zweifellos viele Überraschungen, sowohl für den Widerstand selbst wie auch für seine Gegner und ebenso natürlich für Außenstehende, birgt. Wir haben bereits darauf hingewiesen, dass der Widerstand bei den Schiiten und insbesondere den Kurden, die zusammen fast 70 Prozent der irakischen Bevölkerung ausmachen, eher begrenzt ist. Auf einer so dürftigen Basis kann kein allumfassender nationaler Widerstand entstehen. Es ist auch nicht klar, wie die Beziehungen zwischen der Basis des Widerstands und den wichtigsten Institutionen des alten Regimes – also der Baath-Partei und der Armee – gestaltet sind. Wir wissen, dass es mehr als vierzig verschiedene politische Gruppen gibt, aber ich kann nicht mit Sicherheit sagen, welches Niveau und welche Struktur der Koordination zwischen ihnen besteht. Es ist auch nicht klar, welchen ideologischen und organisatorischen Zement es außer der Loyalität zur alten Ordnung und einem sehr realen Patriotismus gibt, die einen so heterogenen Widerstand zur einheitlichen Kraft verschweißen könnten. Die Leidenschaft, eine unabhängige Vergangenheit zu verteidigen, ist verständlich, aber welche Zukunft wird für den Irak erwartet? Auch das wissen wir nicht. Eine solche Zukunftsvision kann nur im Zuge einer anhaltenden Widerstandsbewegung entstehen.

Wir durchleben gerade ein Interregnum. Das mächtigste Imperium der Geschichte hat sich der Besatzung eines Landes verschrieben, das es weder befrieden noch beherrschen, weder politisch noch moralisch gewinnen kann. Trotz aller Widrigkeiten ist die Besatzung auf einen Widerstand von historischem Ausmaß gestoßen, aber wir wissen nicht, welche Art von Gesellschaft dieser Widerstand in Zukunft aufbauen möchte. Der Kampf wurde aufgenommen, aber steht er für Restauration oder Revolution? Es ist zu früh, um diese Frage zu beantworten, und die Art des Widerstands selbst ist in Bewegung – entweder zum Guten oder zum Schlechten. Was ich hier anbiete, ist nur ein Buch. Die Welt wird sich ändern, während es gedruckt wird, und die Welt wird sich danach noch weiterentwickeln. Was hier geboten wird, ist daher keine Vorhersage über die Zukunft, sondern ein Versuch, die Vergangenheit – und die Gegenwart – etwas zu beleuchten. Wie ich im Vorwort sagte: Dieses Buch ist der Bericht darüber, wie ein Beobachter, der zu dieser Zeit hauptsächlich in Delhi lebte, diese folgenschweren Ereignisse wahrnahm, während sie sich abspielten. Und es ist ein Versuch, vor allem im abschließenden langen Essay am Ende des Buches, die größeren Bewegungen der imperialen Geschichte unserer Zeit in einem allumfassenden theoretischen Rahmen zu verstehen.

II

12. OKTOBER 2001

„Eine Aufgabe, die niemals endet"

BUSH EMPFIEHLT EWIGEN KRIEG

Der 11. September hat in den Annalen der modernen Geschichte gewaltigen Widerhall gefunden. Vor achtundzwanzig Jahren, 1973, stürzte der durch die CIA unterstützte Putsch General Pinochets die demokratisch gewählte sozialistische Regierung von Präsident Allende. Es wurde ein Terrorregime etabliert, dem in den ersten Wochen schätzungsweise fünfunddreißigtausend Menschen zum Opfer fielen und das die chilenische Gesellschaft rund zwei Jahrzehnte lang brutalisierte. Der 11. September war auch der Tag, an dem das Abkommen von Camp David geschlossen wurde. Es bedeutete die endgültige Kapitulation Ägyptens vor dem amerikanischen Imperialismus und dem israelischen Zionismus, wodurch die Palästinenser der Gnade des letzteren ausgeliefert waren und ohne die Unterstützung des einzigen arabischen Landes dastanden, das eine glaubwürdige militärische und diplomatische Herausforderung für Israel hätte darstellen können. Und der 11. September war der Tag, an dem George Bush Sr., der Vater des jetzigen Präsidenten der Vereinigten Staaten, seine verhängnisvolle Rede vor dem US-amerikanischen Kongress hielt, in der er den so genannten Golfkrieg gegen den Irak ankündigte. Dabei handelte es sich um jenen höchsten Akt des Terrors, der während des eigentlichen Krieges schätzungsweise 200.000 Menschenleben kostete und dann im Laufe des nächsten Jahrzehnts aufgrund der von den USA diktierten Sanktionen zum Tod von mindestens einer halben Million irakischer Kinder führte.

Der Verrat an den Palästinensern, die Zerstörung des Irak! Man kann davon ausgehen, dass diese beiden großen Verwüstungen der arabisch-muslimischen Welt den Attentätern vom 11. September 2001 noch lebhaft in Erinnerung waren, als sie vier Zivilflugzeuge zweier großer US-amerikanischer Fluggesellschaften in ihre Gewalt brachten und drei davon in das World

Trade Center (WTC) und das Pentagon – die berühmten Nervenzentren der amerikanischen Finanz- und Militärmacht – stürzen ließen und dabei kollektiven Selbstmord begingen.[1] Das Weiße Haus – der Sitz der politischen Macht Amerikas – sollte wahrscheinlich von dem vierten Flugzeug getroffen werden, aber irgendetwas im Plan der Entführer ging schief.[2] Mehr als 6.000 unschuldige Zivilisten aus sechzig Ländern – allein etwa fünfhundert von ihnen kamen aus Südasien, darunter der Sohn eines engen Freundes des Verfassers dieses Textes – starben innerhalb weniger Stunden in diesem kalkulierten, abscheulichen und mit verblüffender technischer Präzision ausgeführten Terrorakt.[3]

Hiroshima und Nagasaki mit ihren 220.000 Toten sind natürlich die bekanntesten der zahlreichen Städte, die die Vereinigten Staaten im Laufe des zwanzigsten Jahrhunderts auf der ganzen Welt zerstört haben. Und dies meist mit der bewussten, terroristischen Absicht, unschuldige Zivilisten ins Visier zu nehmen, wie zum Beispiel in Indochina, wo während des Vietnamkriegs unzählige Zivilisten in ihren Städten und Weilern zur Zielscheibe wurden. Der spektakuläre Terrorakt, der das World Trade Center zerstörte und so viele

1 Als dieser Artikel zum ersten Mal veröffentlicht wurde, nahmen einige progressive US-amerikanische Intellektuelle Anstoß an diesem Satz und an dem gesamten Absatz, indem sie behaupteten, ich hätte einfach amerikanische Behauptungen für bare Münze genommen. Seitdem hat die Bush-Regierung in der Tat alle Versuche blockiert, eine unparteiische Untersuchung der Ereignisse des 11. September einzuleiten, so dass das, was wir über diese Ereignisse wissen, immer noch aus Behauptungen der US-amerikanischen Geheimdienste stammt. Meine Hauptannahme, dass dieser Anschlag von denselben Kräften verübt wurde, die in regelmäßigen Abständen US-amerikanische Ziele an anderen Orten angriffen, hat sich jedoch als richtig erwiesen. Ich bin von Anfang an von dieser Annahme ausgegangen, weil keine *politische Erklärung* für den 11. September möglich war, ohne die Grausamkeit dieser Tat als eine – wenn auch menschlich unerträgliche und politisch irrationale – Reaktion auf die von den Vereinigten Staaten und Israel in der arabischen Welt begangenen Verbrechen zu sehen.

2 Die Tatsache, dass das vierte Flugzeug – wahrscheinlich von den USA abgeschossen – erst in Pennsylvania abstürzte, macht es unwahrscheinlich, dass das Weiße Haus das andere Ziel sein sollte. Die Geschichte wurde von der US-amerikanischen Regierung verbreitet, um von der Feigheit ihres Präsidenten abzulenken, der sich zu diesem Zeitpunkt in Florida aufhielt, sich dann weigerte, ins Weiße Haus zurückzukehren, stattdessen zu einem Militärflugplatz in Louisiana flog und sich von dort aus in den unterirdischen Bunker des Strategischen Luftkommandos in Nebraska zurückzog, der vor einem halben Jahrhundert als Rückzugsort für die US-amerikanische Führung im Falle eines Atomangriffs gebaut worden war. Er blieb bis zum nächsten Tag in diesem Bunker und überließ die Regierung seines Landes anderen Menschen.

3 Die Zahlen der Toten waren anfangs so ungenau, dass Robert Fisk, der großartige (und antiimperialistische) britische Korrespondent, in seinen ersten veröffentlichten Überlegungen nach dem Angriff die Zahl auf 20.000 schätzte. Die endgültige Zahl lag bei knapp 3.000.

Tote forderte, verblasst im Vergleich dazu: wie ein Journalist überzeugend errechnete, bedeutet der Tod von 6.000 Zivilisten, dass dasselbe Maß an Gewalt mehrere Monate lang jeden Tag ausgeübt werden müsste, damit die Zahl der Todesopfer mit der Zahl der Toten im Irak in den letzten zehn Jahren vergleichbar wäre. Dennoch haben die Amerikaner am 11. September in New York zum ersten Mal erfahren, was es für Städte bedeutet, einer derartigen Zerstörungswut ausgesetzt zu sein. Der Terrorakt ist ein Hinweis auf Amerikas historisches Privileg in der Moderne, denn diese Entführung, die von weniger als zwei Dutzend Personen bewerkstelligt wurde, stellt den massivsten Angriff auf das Festland der Vereinigten Staaten in ihrer Geschichte dar, massiver sogar noch als Pearl Harbor;[4] gleichzeitig sind amerikanische Armeen, Attentäter und verdeckte Agenten aller Art seit weit über einem Jahrhundert rund um den Globus aktiv.

Und weil es für die Machtzentren der USA eine derart neue Erfahrung war, auf eigenem Boden Opfer von Gewalt zu werden, hatte dieser Angriff auf ein paar Gebäude im Herzen des imperialen Zentrums Auswirkungen, die kein noch so großer Terror und keine noch so große Zerstörung von Außenposten – oder sogar von sekundären und tertiären Zentren – des Imperiums hätten bewirken können. Eine Wirtschaft, die sich bereits verlangsamt hatte, geriet in einen regelrechten Abschwung, und die Woche nach dem Anschlag erwies sich als die schlimmste in der Geschichte des US-amerikanischen Finanzwesens seit Juli 1933: Sowohl der Dow Jones als auch die Nasdaq verzeichneten praktisch jeden Tag zweistellige Verluste, und die liquiden Besitzstände verloren im Laufe der Woche 1,4 Billionen Dollar an Wert. Die 30jährigen US-Staatsanleihen sanken von Tag zu Tag weiter, und es wurde spekuliert, dass weitere langfristige Bundesanleihen

4 Dies ist nicht korrekt. Pearl Harbor war eine vor der Küste gelegene Kolonie der Vereinigten Staaten, weit weg vom Festland. Rückblickend kann man feststellen, dass die Erinnerung an den Angriff auf Pearl Harbor von den US-amerikanischen Medien beschworen wurde, um sozusagen unterschwellig zu suggerieren, dass das Blutbad vom 11. September nicht nur auf den Akt einer kleinen Anzahl von Terroristen zurückzuführen sei, sondern auf einen kriegerischen Akt – „Krieg gegen Amerika" war die Überschrift, die die CNN-Bildschirme in den Tagen nach dem Anschlag zierte – und somit vergleichbar mit dem Angriff auf Pearl Harbor, der in der Tat der erste Angriff in einem von Japan initiierten Krieg war. Diese Idee eines „Krieges gegen Amerika" legitimierte dann die Idee eines „Krieges gegen den Terrorismus", der dauerhaft nicht nur gegen bestimmte Gruppen von Terroristen, sondern gegen eine beliebige Anzahl von *Ländern* geführt werden sollte, wie Bush bald ankündigen würde.

erforderlich sein würden, um den jetzt geplanten Krieg finanzieren zu können, ganz zu schweigen von den Wiederaufbaukosten und der Bewältigung der erwarteten Rezession.

Nicht nur die Neuinvestitionen, sondern auch die Verbraucherausgaben versiegten, und die arbeitende Bevölkerung zahlte den Preis dafür. Allein in der Luftfahrtindustrie gingen in dieser Woche 116.000 Arbeitsplätze verloren, und die doppelte Angst vor Krieg und wirtschaftlicher Rezession führte zu drastischen Umsatzeinbrüchen in ganz Nordamerika. Schnell wurde ein Nothilfepaket in Höhe von fünfzehn Milliarden Dollar für die Fluggesellschaften geschnürt, während Boeing, der Dreh- und Angelpunkt der amerikanischen Luft- und Raumfahrtindustrie, mit der Entlassung von 31.000 Mitarbeitern drohte, falls keine staatlichen Hilfen und Subventionen bereitgestellt würden. Die Versicherungsgesellschaften befanden sich in ähnlicher Weise in Aufruhr, denn allein die Ansprüche aus der Tragödie im World Trade Center belaufen sich auf über 73 Milliarden Dollar. Sie reagierten, indem sie den Flughäfen in Nordamerika und Westeuropa mitteilten, dass ihr Versicherungsschutz gegen Kriege ab dem 24. September eingestellt werde. Sie hofften darauf, dass die Regierungen gezwungen sein würden, mit Subventionen einzugreifen, um den Versicherungsschutz gegen Kriege anderweitig zu erneuern, während die Flughäfen veranlasst wären, ihre Sicherheitssysteme zu verbessern, was weitere Ausgaben und Subventionen erforderte.

Was am 11. September geschehen ist, war unsagbar abscheulich, grausam und sinnlos. Die Auslöschung tausender Menschen, von denen viele in der Blüte ihrer Jugend niedergemetzelt wurden, ist weder moralisch noch politisch zu rechtfertigen. Ausnahmsweise hatte der Redenschreiber von Präsident Bush Recht: Diejenigen, die solche Taten im Namen Allahs verüben, verunehren den Namen Allahs; sie „entführen" den Islam im Namen des Islam; in der größeren, weitgehend humanen Welt des Islam stellen sie ein gefährliches Randelement dar – und eine Gefahr für ihr eigenes Volk, möchte ich hinzufügen. In ihrem Anfall von fundamentalistischer Psychose haben sie vielleicht geglaubt, dass sie der palästinensischen Sache dienen. Ihre Tat war jedoch ein Geschenk an die Zionisten, und es war gut, dass Jassir Arafat die Tat schnell anprangerte, obwohl Saddam Hussein, wie es seiner Art entspricht, nicht den Anstand hatte, dies zu tun. (Interessanterweise verurteilten auch die Taliban das Attentat und baten die Vereinigten Staaten, vernünftig zu handeln und die Tragödie nicht als Rechtfertigung für eine weitere Zerstörung Afghanistans zu verwenden.)[5]

Die US-amerikanische Regierung nutzte die durch die Tragödie ausgelöste Wut sowie die Ängste und Frustrationen, die der Aussicht auf eine massive wirtschaftliche Rezession entsprangen, um einen neuen, globalisierten und permanenten Krieg zu planen und eine neue Doktrin über das Recht der USA, ihre Macht nach eigenem Gutdünken einzusetzen, zu etablieren. Sie weiteten die Befugnisse des Präsidenten zur Kriegsführung aus, führten ein neues Regime grenzenloser Überwachung ein und beseitigten die nach dem Vietnamkrieg eingeführten Beschränkungen in Bezug auf das Recht der USA, Attentate und verdeckte Aktionen in der ganzen Welt durchzuführen. All dies wurde von einer haarsträubenden Rhetorik begleitet, die zuweilen dazu neigte, den kommenden Krieg als einen Zusammenstoß zwischen der jüdisch-christlichen und der muslimischen Zivilisation darzustellen.

Bush nannte seinen so genannten „Krieg gegen den Terror“ schon früh einen „Kreuzzug“, anscheinend ohne sich der historischen Bedeutung dieses Wortes bewusst zu sein. Erst die Äußerung von Empörung eines breiten Meinungsspektrums in der muslimischen Welt veranlasste ihn, diese Haltung zurückzunehmen und zu sagen, der Krieg richte sich nicht gegen den Islam als solchen, sondern nur gegen bestimmte Muslime. Das Pentagon ließ sich nicht lumpen und nannte seine geplante Operation *„Infinite Justice“*, eine Formulierung, die nicht einmal aus der Bibel stammt, sondern aus dem Lexikon des christlichen Fundamentalismus. Nicht nur Muslime, sondern auch liberale Christen waren empört, und selbst protestantische Pastoren wiesen darauf hin, dass sich die Formulierung *infinite justice* auf Gottes eigene Gerechtigkeit beziehe, ein Attribut, das keine menschliche Macht für sich beanspruchen dürfe, ungeachtet der eigenen amerikanischen Allmachts-Vision. Das Pentagon versprach kleinlaut, den Codenamen zu überdenken. Der US-amerikanische Kongress verabschiedete rasch eine Resolution, die Bush ermächtigte, im Rahmen dieses Krieges gegen den Terror weitreichende Befugnisse zu nut-

5 Weniger als einen Monat später sollte Afghanistan als Strafe für die Ereignisse des 11. September eingenommen und besetzt werden. Zwei Jahre später ist noch immer nicht bewiesen, dass die Taliban irgendetwas mit diesen Ereignissen zu tun hatten. Sie boten sogar an, Osama bin Laden unter der Aufsicht der Organisation der Islamischen Konferenz (OIC, der 52 Länder angehören) an die pakistanische Regierung auszuliefern, wie wir an anderer Stelle in diesem Buch erläutern.

zen, und erklärte, dass „alle notwendigen und angemessenen Mittel" gegen Nationen, Organisationen und Einzelpersonen eingesetzt werden dürfen.[6] Es wurden weder Nationen noch Organisationen, geschweige denn Einzelpersonen genannt; der Präsident konnte nach eigenem Ermessen entscheiden, wer angegriffen werden sollte. Es gab auch keine zeitliche Begrenzung; er war befugt, sowohl gegen aktuelle Gefahren als auch in Erwartung „künftiger Angriffe" vorzugehen. Die Befugnisse waren in gewisser Weise weiter gefasst, als es eine bloße Kriegserklärung vermocht hätte, da eine solche das Land benennen würde, gegen das der Krieg geführt werden sollte. In der Zwischenzeit begann das Justizministerium damit, ein Paket von Gesetzesvorschlägen zu schnüren, das den US-amerikanischen Geheimdiensten weitreichende Befugnisse einräumte: man durfte nun Telefone abhören, in die Internetkonten von Personen eindringen, verdächtige Einwanderer ausweisen, Beweismaterial von Verdächtigen, einschließlich DNA-Proben, beschlagnahmen und Informationen von Bildungseinrichtungen, Steuerbehörden und einer ganzen Reihe öffentlicher und privater Stellen erhalten, ohne dass eine vorherige gerichtliche Anordnung oder eine spätere gerichtliche Überprüfung der Beweise erforderlich wäre. Generalstaatsanwalt John Ashcroft erwägt angeblich eine ständige Videoüberwachung öffentlicher Plätze und die Ausgabe von sogenannten *„Smart Cards"* an alle Amerikaner. Diese können von den Überwachungsgeräten elektronisch ausgelesen werden, um Bürger von Nicht-Bürgern zu unterscheiden, die Bewegungen der Bürger an öffentlichen Plätzen aufzeichnen und ermöglichen schnellen Zugriff auf die mit jeder *„Smart Card"* verbundenen persönlichen Daten. Es wird auch erwogen, dass

6 Am 14. September stimmte der Senat der Vereinigten Staaten mit 98 zu 0 Stimmen für diese Resolution, in der es unter anderem heißt: „Der Präsident ist ermächtigt, jegliche erforderliche und angemessene Art von Gewalt gegen diejenigen Nationen, Organisationen oder Personen anzuwenden, von denen er bestimmt, dass sie die Terrorakte vom 11. September geplant, genehmigt, begangen oder unterstützt haben, oder dass sie mit den Terrorakten in Verbindung stehende Organisationen oder Personen beherbergten, um künftige internationale Terroranschläge gegen die Vereinigten Staaten durch solche Nationen, Organisationen und Personen zu verhindern." Dies ist in dreierlei Hinsicht ein Novum in der Geschichte der USA. Erstens geht die Formulierung über alle bisherigen Kriegsresolutionen hinaus, da sie kein Land benennt, das Gegenstand des Krieges sein soll. Zweitens wird die Befugnis, gegen beliebig viele Länder Krieg zu führen, in das alleinige Ermessen des Präsidenten gestellt, bevor überhaupt ein Feind benannt wurde, wodurch die Befugnisse des Senats zur Kriegsführung zugunsten einer imperialen, ja diktatorischen Präsidentschaft aufgehoben werden. Drittens verfügt der Präsident über diese Befugnisse auf unbestimmte Zeit, ohne zeitlichen Rahmen und ohne, dass er sich jemals wieder an die Legislative wenden muss, um die Kriegsbefugnis zu erneuern.

bestimmte Einwanderer, die Geheimdienste nach Belieben auswählen, verpflichtet werden, ihre Aktivitäten regelmäßig zu melden, wie gewöhnliche Kriminelle im offenen Vollzug. Außerdem wird das Sicherheitspersonal an Flughäfen ermächtigt, bestimmte Passagiere willkürlich zu befragen und ihr privates Gepäck an Ort und Stelle zu kontrollieren, ohne dass erklärt werden muss, warum und wessen sie verdächtig sind.[7]

In seiner Rede vor der gemeinsamen Sitzung des Kongresses am 20. September präsentierte Bush sich unverblümt. Dieser Krieg richte sich gegen ein Netzwerk von Hunderttausenden von Menschen, die auf über sechzig Länder verteilt sind, sagte er. Und dieser Krieg sei, so Bush wohlüberlegt weiter, „eine Aufgabe, die niemals endet“. In Anlehnung an John Foster Dulles, den wütenden Außenminister der Eisenhower-Jahre, der sagte, dass Blockfreiheit „unmoralisch“ sei, setzte auch Bush die ganze Welt darüber in Kenntnis, dass: „Jede Nation in jeder Region eine Entscheidung treffen muss. Entweder ihr seid auf unserer Seite oder ihr seid auf der Seite der Terroristen“. Die Feinde lauern in Tausenden von kleinen Ecken, in Dutzenden von Ländern auf der ganzen Welt, und die USA werden ihre Ziele sowie ihre Methoden und den Zeitpunkt für den Umgang mit diesen Feinden und Ländern nach eigenem Gutdünken auswählen; jedes Land muss jedes Mal mitmachen, sonst wird es ebenfalls zum Feind und vielleicht zum nächsten Ziel. Dieser Krieg – „anders als jeder andere, den wir je gesehen haben“, so Bush – wird andauern, aber weitgehend geheim sein. Einiges davon werde man im Fernsehen verfolgen können, aber vieles werde im Geheimen passieren – selbst wenn die Operationen erfolgreich sind, betonte der Präsident. Führende Kongressabgeordnete in Washington sprechen in Reaktion auf diese Ankündigungen nun davon, die CIA „in Gefechtsbereitschaft“ zu stellen und zitieren mit Bewunderung das israelische Beispiel einer offenen Mord-Politik ohne Rücksicht auf juristische Feinheiten.

7 Eine ausführlichere Behandlung dieser innenpolitischen Veränderungen findet sich in meinem Artikel „*Growing Authoritarianism*“ in *Frontline* vom 30. August 2002. In einem neueren Artikel, dem titelgebenden „Der Imperialismus unserer Zeit“, der in diesem Band enthalten ist, vertrete ich die Auffassung, dass die derzeitige Bush-Regierung nicht nur das, was die Amerikaner als „Vietnam-Syndrom“ bezeichnen (die Abneigung der US-amerikanischen Öffentlichkeit, sich in umfassende Kriege im Ausland zu verwickeln), zurückdrängen will, sondern auch bestimmte Grundfreiheiten, die in der US-amerikanischen Verfassung verankert sind, sowie das Niveau der Wohlfahrtspolitik und der sozialen Sicherheit, das in diesem Land seit dem *New Deal* der 1930er Jahre üblich ist.

Es war schon erstaunlich, wenn auch vorhersehbar, wie schnell eine Regierung nach der anderen auf diesen Zug aufgesprungen ist. Indien schloss sich natürlich sofort dem „Kreuzzug" an und offerierte seinen Luftraum und seine Marineeinrichtungen mit schamloser Unbekümmertheit, wobei es das Leben von Indern durch Vergeltungsmaßnahmen derjenigen riskierte, gegen die Indien seine Einrichtungen angeboten hat. Musharraf führte dann Indiens präventiven Treueeid als Grund an, um den USA dasselbe anzubieten; er argumentierte in einer Logik des Konkurrenzdenkens, da Indien sonst einen strategischen Vorteil erwerben könnte. Tony Blair, ein veritabler Schoßhund Washingtons, der gleichzeitig britischer Premierminister ist, flog über den Atlantik, um seine Anwesenheit bei der Geburt dieser neuen Ära des ewigen Krieges zu dokumentieren. Die Europäische Kommission formulierte zeitgleich eine neue Politik der Zusammenarbeit in Bezug auf Terrorismusbekämpfung und forderte die einzelnen EU-Mitgliedsstaaten auf, mehr Mittel zur Verfügung zu stellen sowie neue Überwachungssysteme aufzubauen. Das russische Parlament verabschiedete einen Gesetzentwurf, der die Schaffung eines internationalen Gremiums zur Bekämpfung von Terrorismus vorsieht und fordert in Anlehnung an den US-amerikanischen Präsidenten die Beseitigung der Terroristen sowie der Regierungen, die sie angeblich finanzieren. Nur China war etwas gewitzter, etwas unabhängiger: es drängt auf eine Politik, die die Vorlage konkreter Beweise voraussetzt, keine Opfer unschuldiger Zivilisten vorsieht und sich im Rahmen des Völkerrechts bewegt; selbst China verspricht aber Zusammenarbeit, wenn die USA den chinesischen Interessen in Tibet, Taiwan und Xinjiang – und den Raketenabwehrprogrammen – gegenüber aufgeschlossener wären; die USA haben ihrerseits rasch ein neues Abkommen auf den Weg gebracht, das Chinas Beitritt zur WTO erleichtert.

Die weniger mächtigen Länder – von denen viele zufällig auch direkt beteiligt, in einigen Fällen sogar direkt betroffen sind – werden natürlich anders behandelt. Am 14. September rief William F. Burns, stellvertretender Außenminister für Nahost-Angelegenheiten, die Botschafter von fünfzehn arabischen Ländern zusammen, darunter auch Syrien, das ansonsten zu den „Zielstaaten" gehört, sowie die Palästinensische Befreiungsorganisation (PLO). Er verlas ihnen gebieterisch eine Liste von Maßnahmen, die sie ergreifen sollten, einschließlich der Verhaftung und strafrechtlichen Verfolgung derjenigen auf ihrem Boden, die von den Vereinigten Staaten als „Terroristen" bezeichnet werden. Alle scheinen sich zu diesen Maßnahmen verpflichtet zu haben, einschließlich Jassir

Arafat, der seine „volle Kooperation" anbot, in der impliziten und möglicherweise unangebrachten Hoffnung, dass die USA Israel zu einem sofortigen und dauerhaften Waffenstillstand drängen würden. Sogar der iranische Präsident Khatami äußerte sich wohlwollend und möchte die Gelegenheit nutzen, um sich den Vereinigten Staaten anzunähern, was er schon seit einiger Zeit anstrebt. Der Iran hat seine Grenzen zu Afghanistan abgeriegelt, ebenso wie Pakistan und Tadschikistan. China ist sogar so weit gegangen, selbst seine Grenzen zu Pakistan abzuriegeln und somit die Karakorum-Autobahn zu blockieren.

Eine besonders schwere Last fiel auf Pakistan, das vor die Wahl gestellt wurde, entweder mit den Taliban gleichgestellt zu werden oder die Forderungen der USA zu erfüllen: diese wollten nicht nur Zugang zum Luftraum, zu Marineeinrichtungen und Stationierungsmöglichkeiten für Truppen und verdeckte Agenten, sondern auch eine vollständige Offenlegung dessen, was die pakistanischen Geheimdienste über Afghanistan, Osama bin Laden und seine Verbündeten wissen. Die Pakistanis versuchten geltend zu machen, dass eine solch weitreichende Unterstützung der US-amerikanischen Kriegspläne in der Region das Gefüge der pakistanischen Gesellschaft selbst zerreißen würde, aber ohne Erfolg. Inzwischen hat eine Gallup-Umfrage ergeben, dass 62 Prozent der Pakistani jede gegen ein anderes muslimisches Land gerichtete Art von Zusammenarbeit mit den USA ablehnen; ob sich diese Meinung zu einer wirksamen politischen Opposition mobilisieren lässt, muss sich erst noch zeigen. Angesichts der großen Angst vor Taliban-Vergeltungsmaßnahmen einerseits und den unkontrollierbaren Unruhen in der Bevölkerung andererseits haben sich ausländische Unternehmen aus Pakistan zurückgezogen, und die US-amerikanische Botschaft selbst arbeitet ebenfalls mit nur sehr wenig Personal. Unter diesen Bedingungen bleibt unklar, wie all die ausländischen Gelder zur Lösung der wirtschaftlichen Probleme Pakistans fließen sollen, die der pakistanische Finanzminister Shaukat Aziz der Bevölkerung verspricht.

Das einzige Zugeständnis, das die USA Pakistan bisher gemacht haben – abgesehen von einigen wirtschaftlichen Vorteilen, vor allem der Aufhebung der Sanktionen – ist, dass sie Pakistan nicht auffordern werden, eigene Truppen für Operationen in Afghanistan zur Verfügung zu stellen.[8] Musharraf

8 Zwei Jahre nach Beginn dieses „Krieges gegen den Terror" bitten die USA Pakistan, Indien und jedes andere Land, das sie dazu verpflichten können, um Truppen für ihren Krieg gegen den Irak.

gab natürlich nach, aber es ist bei weitem nicht klar, wo wesentliche Teile der Korpskommandeure in dieser Frage stehen und wohin die bereits ausgebrochenen gewalttätigen Proteste, noch führen könnten. Wahrscheinlich wird alles von der Art, der Intensität und der Dauer der geplanten US-amerikanischen Militäroperationen in der Region abhängen. Es ist auch noch nicht klar, was Musharrafs Angebot der „vollen Kooperation" in Bezug auf solche Forderungen der USA – wie die sofortige Unterbrechung der Treibstofflieferungen nach Afghanistan – bedeutet; aber wir wissen, dass die Aufforderung der afghanischen Geistlichen an Obama bin Laden, die Region freiwillig zu verlassen, auf pakistanisches Drängen hin erfolgte.

Kurz nachdem die entführten Zivilflugzeuge in das World Trade Center gekracht waren, machten sich die vorherrschenden elektronischen Medien daran, alle möglichen Leute als Schuldige zu identifizieren. Die PLO und die Volksfront zur Befreiung Palästinas waren die ersten Favoriten. Gegen Mittag rückte dann Osama bin Laden in den Mittelpunkt der Berichterstattung. Und bereits am Nachmittag waren die Fernsehsender überzeugt von der Idee, dass Osama bin Laden es nicht ohne das teuflische Know-how von Saddam Hussein getan haben könnte. Die Konzentration auf den Irak wurde bald so bedenklich, dass sich Außenminister Colin Powell sowie Vizepräsident Dick Cheney und andere schließlich gezwungen sahen, zu Protokoll zu geben, dass der Irak nichts mit den Anschlägen zu tun hatte.[9] In der Tat hat Powell in Washington einen kühlen Kopf bewahrt und argumentiert, dass die USA nicht überall im Nahen Osten herumschießen, sondern sich mit Bedacht auf jeweils ein großes Ziel konzentrieren sollten, und dass Afghanistan das erste sein müsste. Er ist auch derjenige, der argumentierte, dass eine zu heftige Eskalation gegen den Irak zu diesem Zeitpunkt, in dem die USA die arabischen Regierungen gewinnen wollten, sich einer Koalition gegen die Taliban anzuschließen, kontraproduktiv wäre. Der hochrangige pakistanische Staatsmann Niaz Naik, erzählte im Juli 2001, also lange

9 Heute wissen wir, dass Rumsfeld am 12. September selbst für einen sofortigen Angriff auf den Irak plädiert hatte, während Powell überzeugend argumentierte, dass man sich weiterhin auf Afghanistan konzentrieren und erst später in den Irak einmarschieren sollte. Diese anfängliche Politik, den Irak *nicht* mit dem 11. September in Verbindung zu bringen, wurde später rückgängig gemacht. Anschließend stellten verschiedene US-amerikanische Beamte und Medien diese völlig fiktive Verbindung so oft her, dass zu Beginn der Invasion des Irak Umfragen ergaben, dass vierzig Prozent der Amerikaner glaubten, Saddam Hussein sei persönlich für den Anschlag am 11. September 2001 verantwortlich.

vor den jüngsten Ereignissen, von einem persönlichen Gespräch mit hohen US-amerikanischen Beamten. Darin legten diese Beamten die Forderungen der USA dar, die der gebannten Fernsehwelt als nicht verhandelbar und als Vergeltung für den „Angriff gegen Amerika" präsentiert wurden: die Auslieferung der Taliban und, in Bushs Worten, die „Übergabe aller Führer von Al Qaida an die US-amerikanische Behörden. [...]." Außerdem sei den Vereinigten Staaten voller Zugang zu den Ausbildungslagern der Terroristen zu gewähren" und so weiter. All dies waren Forderungen, denen die Taliban unmöglich nachkommen konnten, selbst wenn sie es wollten. Auch die Akzentuierung ist bezeichnend: Es sind die Vereinigten Staaten, nicht irgendein internationales Gericht oder UN-Truppen, die diese Personen und Orte kontrollieren sollen. Auch die Taktik liegt auf der Hand: nicht verhandelbare und unmögliche Forderungen stellen, eine kurze Ankündigung machen und dann einmarschieren. Dass es zu einer Invasion kommen würde, war klar, aber innerhalb der US-amerikanischen Regierung gab es immer noch eine weitreichende Debatte darüber, um welche Art von Invasion es sich handeln solle.

Ein Jahrzehnt brutalster militärischer und wirtschaftlicher Kriegsführung – ohne den Einsatz von Bodentruppen oder den Versuch, große Teile des Irak zu besetzen – hatte nicht zum Sturz von Saddam Hussein geführt. Die Erfolgsaussichten einer solchen Art von Krieg in Afghanistan sind sogar noch geringer, wie ein Anhänger der Taliban es ausdrückte: „Wir haben hier nicht einmal eine Fabrik, die ein vernünftiges militärisches Ziel sein könnte". Eine direkte Landung in Kabul oder Kandahar würde die Taliban nur in Gespenster verwandeln, die sich im Hinterland herumtreiben, die USA militärisch und finanziell ausbluten lassen und angesichts einer ausländischen Besatzungsmacht neue Verbündete gewännen. Osama bin Ladens zahlreiche Lager sind den Amerikanern sehr wohl bekannt, da er sie ursprünglich mit ihrem Geld und ihrer Unterstützung errichtet hat. Aber er ist ein bewegliches Ziel, mit weit verbreiteter Anhängerschaft und mit zahlreichen Verstecken, von denen viele tief in den Bergen liegen.[10]

10 Siehe den Analyseband „Afghanistan: Der vergessene Krieg", der die Situation fast zwei Jahre nach der Invasion untersucht. Die USA sind weder finanziell noch militärisch ausgeblutet, wie die hyperbolische Formulierung hier nahelegt. Alle anderen Vorhersagen haben sich als richtig erwiesen.

Ein wahrscheinliches Szenario ist eine Abfolge von massiven Bombenangriffen und gut organisierten Kommandooperationen, um die „Feinde" zu desorganisieren und aufzuweichen, wobei sehr viele Menschen getötet werden und man allenfalls hofft, dass viele der Getöteten Taliban und Mitglieder von Al-Qaida sind. Darauf könnte dann die tatsächliche Besatzung und die Übernahme von Geisterstädten folgen, aus denen die überlebende Zivilbevölkerung geflohen ist. Das wäre der Auftakt, um eine von den Vereinten Nationen unterstützte afghanische Verwaltung zu installieren, die sich aus Feinden der Taliban zusammensetzt, und um eine langfristige „Politik der verbrannten Erde" von einigen Stützpunkten innerhalb Afghanistans, aber hauptsächlich von außen, zu betreiben. Vor dem Hintergrund dieses möglichen Szenarios haben die Amerikaner in ihren bisherigen Statements zwei Akzente gesetzt. Einerseits betonte Bush gegenüber der amerikanischen Öffentlichkeit immer wieder, dass es diesmal Opfer geben wird und dass der Feldzug länger andauern könnte. Andererseits wird ein enormer Druck auf Pakistan, Aserbaidschan und Tadschikistan ausgeübt, Stützpunkte zur Verfügung zu stellen, und auf Russland, das seinen Einfluss in gleicher Hinsicht geltend machen soll. Die vom pakistanische Geheimdienst ISI (*Inter-Services Intelligence Agency*) beschafften Informationen, wären wahrscheinlich entscheidend für einen auch nur mäßigen Erfolg des amerikanischen Plans. Pakistans historisches Engagement in Afghanistan an der Seite der Amerikaner und seine dauerhaft wichtige geopolitische Lage könnten Jaswant Singhs Traum zerstören, Indien an Stelle Pakistans zu Amerikas „engstem Verbündeten" zu machen

Was bedeutet dies alles für Afghanistan? Es ist ein aufgrund von zwei Jahrzehnten brutalst geführter Kriege und, seitdem die Regierung der Demokratischen Volkspartei Afghanistans (PDPA) gestürzt wurde, durch ebenso brutale Formen der Herrschaft verwüstetes Land.[11] Bei einer Bevölkerung von rund 26 Millionen Menschen sind rund sechs Millionen Landminen in der Erde vergraben, die jede Woche mehr als hundert Menschen töten oder verstümmeln. Es gibt 3,6 Millionen afghanische Flüchtlinge in Pakistan und im Iran und etwa eine weitere Million Binnenflüchtlinge, die hungrig und obdachlos durch das Land ziehen, hoffend, einen weiteren Tag zu überleben. Das Land hat drei Jahre in Folge unter Dürre gelitten, und die kombinierten

11 Mit den USA verbündete Kräfte haben zwischen 1992 und 1996 schätzungsweise 50.000 Menschen in Kabul abgeschlachtet.

Auswirkungen von Krieg, Misswirtschaft sowie Dürre haben dazu geführt, dass das Welternährungsprogramm der Vereinten Nationen bis vor wenigen Tagen drei Millionen Afghanen auf dem Land und etwa 300.000 in Kabul versorgen musste. Praktisch die gesamte institutionelle Infrastruktur ist unter dem Druck der US-amerikanische Invasion zusammengebrochen. Diejenigen, die nicht einmal mehr diese magere Unterstützung durch die Vereinten Nationen erhalten, stehen kurz vor dem Tod, ohne dass die USA auch nur einen Schuss abgefeuert haben – genau wie die irakischen Kinder, die nicht an Kugeln sterben, sondern aus Mangel an Nahrungsmitteln und Medikamenten, die ihnen durch das von den USA verhängte Embargo vorenthalten werden. Der Zustand Afghanistans ist die Folge eines antikommunistischen, islamfeindlichen Kreuzzugs, den die USA zynisch geführt haben, bevor sie das Land seinem eigenen Elend überließen. Es ist jenes Land, welches das mächtigste Imperium der Menschheitsgeschichte immer noch samt all seiner technologischen und finanziellen Macht – jedoch mit wenig Aussicht auf Erfolg – zu unterwerfen versucht.

Amerika kann nicht gewinnen, wird aber auch nicht wesentlich unter seinem Misserfolg leiden. Die Afghanen wiederum werden nicht unterjocht, dafür aber leiden; vielleicht wird sogar ein Großteil von ihnen umkommen oder sein Obdach verlieren und ein Dasein als Untermensch fristen müssen. Das ist die Asymmetrie der Macht unserer Zeit: Diejenigen, die das Universum beherrschen, werden nicht über die Ärmsten und Elendsten dieser Erde siegen; diejenigen, die sich der Unterwerfung verweigern, werden Elend erleiden müssen, wie es keine Militärmacht in der Vergangenheit zu verursachen vermochte. Der Krieg wird permanent sein, weil der Krieg ohne Gerechtigkeit nicht enden kann, und Gerechtigkeit ist das, was die USA dauerhaft verweigern wollen. Der Krieg wird globalisiert sein, denn das Zeitalter der „Globalisierung" erfordert, dass Unterdrückungskriege auf der ganzen Welt geführt werden. Und ein Großteil dieses Krieges wird geheim sein, wie ein Großteil der Bewegungen des Finanzkapitals, denn das Finanzkapital ist es, dem dieser Krieg dient und das er daher imitiert. Bush hat Recht: Dies ist wahrlich „eine Aufgabe, die kein Ende hat" – bis sich jemand erhebt, um sie zu beenden.

Wird es einen organisierten Widerstand gegen diese imperialen Pläne geben? Das ist noch schwer zu sagen. Die israelische Zeitung *Haaretz* berichtet von einer Umfrage in dreißig Ländern, die zeigt, dass nur in den USA und in Israel eine Mehrheit für den Krieg ist: während 77 Prozent in Israel, einer ohnehin sehr kriegslüsternen Gesellschaft, dafür sind, schafft es die USA mit 54 Prozent nur auf eine sehr knappe Mehrheit. Wird selbst diese Mehrheit noch Bestand haben, wenn der unmittelbare Schock und die Trauer erst einmal verarbeitet und in eine gewisse Perspektive gerückt sind? Wird die Mehrheit schrumpfen oder sich vergrößern, wenn Amerikaner an weit entfernten Orten sterben? Es ist noch zu früh, um das zu sagen. Ermutigend ist, dass es bereits jetzt eine starke Opposition gegen Militäroperationen gibt, bei denen eine große Anzahl von Zivilisten ums Leben kommt, und dass sich an vielen Universitäten Anti-Kriegs-Studentenbewegungen zu formieren beginnen. Derselben Umfrage zufolge wollen 80 Prozent in Europa und 90 Prozent in Lateinamerika, dass Aktionen auf die Anwendung von Recht und Gesetz und auf ein Gerichtsverfahren beschränkt werden. Die große Koalition von westlichen Regierungen choreographiert ihren Totentanz auf den Fernsehkanälen, aber in der Masse der Bevölkerung hat diese Ideologie keinen Bestand.

Ich möchte an dieser Stelle noch ein paar Worte über jene besondere Form der Bedrohung, die als „Terror" bezeichnet wird, hinzufügen. Bush war vorsichtig genug, um zu sagen, dass Amerikas Feind dieser spezielle „Terror" ist, der „eine globale Reichweite" hat. Mit anderen Worten ging es ihm nicht um die vielen verschiedenen Formen des Terrorismus, zu denen die IRA in Irland, die LTTE in Sri Lanka und die RSS-Bruderschaft in Indien gehören. Auch „Fundamentalismus" ist hier nicht das Thema: Der Fundamentalismus der Taliban ist schlecht, aber der saudische Fundamentalismus ist gut, und Bush selbst spricht natürlich die Sprache des christlichen Fundamentalismus, der die extreme Rechte in den heutigen Vereinigten Staaten definiert. Der „Terror mit globaler Reichweite", der erklärte Feind, ist derjenige, der die amerikanische Macht herausfordert.

Dies ist ein komplexes und wichtiges Thema, auf das wir ein anderes Mal zurückkommen werden. Kurz gesagt, der „Terror", der die USA quält, entsteht, wenn sowohl die kommunistische Linke als auch der säkulare antikoloniale Nationalismus besiegt wurden, während die Frage des Imperialismus ungelöst und wichtiger denn je bleibt. Der Hass tritt an die Stelle revolutionärer Ideologie. An die Stelle von revolutionärer Kriegsführung und nationalen Befreiungskämpfen tritt privatisierte, kleinteilige Gewalt. Millenarismus und freischaffende religiöse Märtyrer ersetzen die besiegte Ideologie der disziplinierten Revolutionäre. Unvernunft entsteht dort, wo die Vernunft vom Imperialismus vereinnahmt und in ihrer revolutionären Form beseitigt wird. Es gab keine islamischen Terroristen in Afghanistan, bevor die Amerikaner sie als Gegengewicht zur säkularen Linken schufen. Der Islamismus entstand, um den Raum im Iran zu füllen, der durch die Beseitigung des säkularen antiimperialistischen Nationalismus und der revolutionären Linken durch das von der CIA unterstützte Regime des Schahs frei geworden war. In Ägypten erschienen islamische Geheimbünde, nachdem Imperialismus und Zionismus gemeinsam Nassers säkulares nationalistisches Projekt zu Fall gebracht hatten. Die Hamas entstand in Palästina, weil dem kosmopolitischen palästinensischen Nationalismus sein Traum von einem säkularen Staat im historischen Land Palästina, in dem Juden und Araber gleichberechtigt leben können, verwehrt wurde. Was heute als „Terror mit globaler Reichweite“ bezeichnet wird, ist ein Spiegelbild unserer eigenen Niederlage, aber auch jenes Monsters, das der faustische Erfolg des Imperialismus ermöglicht hat und das nun seinen eigenen Schöpfer heimsucht. Der Verlust von über 6.000 Menschenleben bei der Explosion und dem Einsturz des World Trade Centers ist der Preis, den die Opfer und ihre Familien für unsere Niederlage und den Sieg des Imperialismus bezahlt haben.

Die USA können den „Terror mit globaler Reichweite“ niemals besiegen, weil dieser religiös motivierte „Terror“ bei aller Barbarei und Irrationalität auch ein „Seufzer der Unterdrückten“ ist: fehlgeleitet, selbstmörderisch, barbarisch, aber eine *Antwort* auf die viel größeren Grausamkeiten des Imperialismus. Die einzige Möglichkeit, diesem „Terror“ ein Ende zu setzen, besteht darin, die revolutionäre Bewegung der Linken wieder aufzubauen, deren Platz er einnimmt und als deren Deckmantel er sich ausgibt.

Der Autor möchte zu Protokoll geben, dass er diesen Aufsatz im Gedenken an Taimur geschrieben hat, einen liebenswerten jungen Mann, der zuletzt im 92. Stock des World Trade Centers gesehen wurde.

9. NOVEMBER 2001

Die Neukartierung des Globus

Als ich am 18. Oktober 2001, am zwölften Tag des Krieges gegen Afghanistan, mit dem Schreiben dieses Aufsatzes begann, war mir bereits klar geworden, dass das eigentliche strategische Ziel nicht so sehr in einem Regimewechsel in Afghanistan bestand, sondern darin, eine Neuordnung der Machtverhältnisse in der Welt zu erreichen. Die Zerstörung des World Trade Centers stellt zweifelsohne den Akt einer Gruppe von Verzweifelten dar. Sie verfügten über so geringe Mittel, dass der so genannte „Terror mit globaler Reichweite" selbst nach zwölf Tagen andauernder Bombenangriffe, die die wichtigsten Städte Afghanistans (Mazaar-e-Sharif, Herat und sogar Kabul und Kandahar) an den Rand des Zusammenbruchs gebracht hatten, nicht in der Lage war, sich auch nur an einem einzigen Ort auf der ganzen Welt dafür zu rächen. Dennoch wird der Terroranschlag vom 11. September von den USA immer wieder als dasjenige Ereignis genannt, das sie ermächtigt, offene und verdeckte Kriege zu führen, wo und wann immer sie es wünschen. Und zwar in allen Ecken der Welt.

In seiner Fernsehansprache nach der gemeinsamen Sitzung des US-amerikanischen Kongresses, die einige Tage nach dem Anschlag, am 20. September 2001, stattfand, behauptete Präsident Bush, dass Zehntausende Terroristen sich in etwa sechzig Ländern versteckt hielten und die USA nun daran gingen, einen permanenten globalen Krieg zu führen, um sie aus jedem Winkel der Erde zu vertreiben. Als die Bombardierung Afghanistans begann, verfasste John Negroponte, der oberste Gesandte der USA bei den Vereinten Nationen, ein Schreiben an den Sicherheitsrat, in dem es hieß: „Wir könnten zu dem Schluss kommen, dass unsere Selbstverteidigung weitere Maßnahmen in Bezug auf andere Organisationen und andere Staaten erfordert." Dies war zweifellos die erste Ankündigung in der Geschichte der Vereinten Nationen, durch die ein Mitgliedstaat dem Sicherheitsrat seine Absicht mitteilte, Krieg gegen andere Mitgliedstaaten zu führen, ohne sie namentlich zu nennen oder auch nur zu verraten, wie viele zum Ziel werden könnten. Etwa zur gleichen Zeit enthüllten kanadische Medien, dass ein in Seattle ansässiges Unternehmen, das Landkarten erstellt, kurz nach dem Anschlag auf das World Trade Center von der US-amerikanischen Regierung die Anweisung erhalten hatte, alle vorhandenen Karten aller Regionen Afghanistans zu liefern. Ende des Monats erging dann die ähnliche Order, auch alle verfügbaren Karten vom Sudan und vom Jemen zu übermitteln. Waren diese Länder nun ebenfalls Ziel der Anschläge?

Eine Woche nach Beginn des Krieges gegen Afghanistan berichtete die *International Herald Tribune*, dass eine einflussreiche Gruppe im Pentagon, zu der möglicherweise auch Verteidigungsminister Donald Rumsfeld gehört, die Meinung vertritt, dass der nächste Schritt im Krieg der Sturz Saddam Husseins durch die amerikanischen Streitkräfte sein sollte. Und zwar im Rahmen einer Operation, die auch die Besetzung eines Teils des Irak umfassen könnte. Das Ziel wäre, eine „Regierung" aus US-affinen irakischen Exilanten einzusetzen sowie Ölfelder in der Nähe vom südirakischen Basra einzunehmen, um mit dem Verkauf des dortigen Öls die Kosten dieses Marionettenregimes zu decken. All dies wurde geplant, obwohl eine ganze Reihe von Geheimdiensten, darunter der israelische und der jordanische – ganz zu schweigen von Colin Powell, dem amerikanischen Außenminister – erklärt hatten, dass Saddam Hussein nichts mit den Anschlägen vom 11. September zu tun hatte. Das *Defence Policy Board*, ein angesehenes, überparteiliches Gremium nationaler Sicherheitsexperten, das das Pentagon berät, soll neunzehn Stunden lang in Anwesenheit von Henry Kissinger (Nixons Außenminister), Harold Brown (Carters Verteidigungsminister), James Woolsey (Clintons CIA-Direktor), Admiral David Jeremiah (ehemaliger stellvertretender Vorsitzender der Generalstabschefs), Newt Gingrich (berüchtigter republikanischer Kongressabgeordneter und ehemaliger Sprecher des Repräsentantenhauses) und anderen Koryphäen getagt haben, um diese Option zu erörtern. In Anbetracht seiner Karriere als Chefspion wurde Woolsey mit der Aufgabe betraut, „Beweise" zusammenzutragen, die Saddam Husseins Verbindungen zum „Terror mit globaler Reichweite" aufzeigen. Sie sollten dann dazu dienen, eine legale rechtliche Konstruktion zur Fundierung einer solchen Operation zu erfinden. Inzwischen haben die USA sogar einen Namen für diese neue globale Politik eingeführt: „Regimewechsel". Jedes Regime, das den USA nicht gefällt, kann mit einem solchen „Austausch" konfrontiert werden.

Im engeren Sinne ist dies natürlich keine neue Politik. Die USA verfügen über eine lange Geschichte offener und verdeckter Interventionen in der ganzen Welt mit dem ausdrücklichen Ziel, bestehende Regierungen zu stürzen. Der islamistische Dschihad in Afghanistan, aus dem schließlich die Taliban hervorgingen, war selbst das Ergebnis einer solchen Politik. Sie zielte darauf ab, die Regierung der Demokratischen Volkspartei Afghanistans (PDPA) zu stürzen – und war bereits lange bevor die Sowjetunion zur Verteidigung dieser Regierung intervenierte in Gang gesetzt worden. In den letzten Jahren wurde eine solche Politik erfolgreich in Jugoslawien und erfolglos in Somalia umgesetzt. Neu ist eine gewisse Globalisierung dieser Strategie, die Erklärung, dass die USA das alleinige Recht haben, Krieg gegen jegliche Regierungen zu führen, die sie als feindlich betrachten, und die Aufforderung an die Welt, diese Politik entweder zu unterstützen oder mit Vergeltung rechnen zu müssen. Kofi Annan, der in dieser Hinsicht die Wünsche der USA ausführt, wurde für seine Bemühungen sogar mit einem Nobelpreis ausgezeichnet.

Wie hoch sind die Kosten und die Erfolgsaussichten für die Umsetzung einer solchen Politik in Afghanistan? Schätzungen gehen davon aus, dass bereits vor Beginn des Bombardements viel mehr Afghanen ums Leben gekommen sind als bei den Anschlägen auf das World Trade Center insgesamt. Und zwar, weil das Chaos und die Verwüstung, die allein durch die Androhung von US-amerikanischen Angriffen verursacht wurden, neue Binnenflüchtlinge geschaffen hat und zum Zusammenbruch der Nahrungsmittelhilfeprogramme führte, auf die etwa eine halbe Million Afghanen angewiesen waren. Pakistan erwartet nun eine Million neuer Flüchtlinge; alle anderen Nachbarstaaten bereiten sich ebenfalls auf einen unvorhersehbaren Zustrom von Geflüchteten vor. Britische Kommandeure warnten bereits davor, dass der Feldzug gegen die Taliban „mindestens bis zum nächsten Sommer" dauern könnte. Das damit einhergehende unvermeidliche menschliche Leid, das ein solcher Feldzug mit sich bringen wird, ist schier unvorstellbar.

Afghanistan befindet sich nun also bereits inmitten des von uns vorhergesagten Szenarios. Dessen erste Phase umfasst eine Reihe massiver Bombardierungen und gut orchestrierter Operationen von „Spezialkräften", die den Widerstand der Taliban desorganisieren und das bisschen Infrastruktur zerstören sollen, das dieses verwüstete und von Dürre geplagte Land noch besitzt. Zum Zeitpunkt der Abfassung dieses Berichts hat der britische Premierminister Tony Blair bereits eine baldige neue Phase angekündigt. Alles deutet darauf hin, dass die Landung von Bodentruppen unmittelbar bevorsteht. Zunächst gilt es einige abgelegene Gebiete einzunehmen, um dort Operationsbasen einzurichten und dann Geisterstädte zu besetzen, aus denen die Bevölkerung durch Flächenbombardements in die Flucht geschlagen wird. Unabhängig davon, was die USA über ihre Absicht sagen, zivile Opfer zu vermeiden, werden die Bevölkerungszentren gerade deshalb bombardiert, weil die Taliban und ihre Verbündeten sich angeblich unter die allgemeine Bevölkerung gemischt haben.[12] Die USA würden es vorziehen, Afghanistan nicht allzu lange zu besetzen, denn die innenpolitische Unterstützung für diese Operation wird wahrscheinlich schwinden, wenn eine größere Zahl von Amerikanern auf den Schlachtfeldern stirbt. Sie übergäben das besetzte Land gerne den Vereinten Nationen; die müssten dann die Arbeit, die die USA selbst nicht erledigen können, zu Ende bringen.[13]

Das alles ist jedoch nicht ohne Probleme umzusetzen. Unabhängig davon, ob die spektakulären Angriffe in Wochen oder Monaten enden, wird auf sie kein Frieden folgen. Die Afghanen nehmen fremde Besatzung nicht gut an. Es wird zwangsläufig zu einer langen Periode niedriger Kriegsintensität, von kleinen Scharmützeln usw. kommen, in die nicht nur die verbliebenen Taliban verwickelt sind. Dies würde dann verkompliziert werden durch regionale, ethnische und Stammeskonflikte sowie wechselnde Allianzen zwischen den größeren Nationalitäten, aber auch unter den Paschtunen selbst, die etwa vierzig Prozent der Bevölkerung ausmachen. Die USA haben sich vier Antworten auf diese Schwierigkeiten einfallen lassen. Erstens setzt man große Hoffnungen auf Zahir Shah, den 86-jährigen ehemaligen König, der sich seit 1973 in Rom aufhält und den Richard Haas, ein hoher Beamter des Außenministeriums, vor Beginn der Bombardierungen besuchte, um ihm einen längst verfallenen Thron anzubieten. Zweitens soll diese betrügerische monarchische Restauration durch eine von den Vereinten Nationen geförderte *Loya Jirga* (große Versammlung der Ältesten und Repräsentanten ver-

12 Kandahar, die zweitgrößte Stadt Afghanistans, wurde so erbarmungslos bombardiert, dass 85 Prozent der Bevölkerung flohen und ein Großteil der Stadt in Schutt und Asche gelegt wurde, so dass sie genau die „Geisterstadt" wurde, die wir vorausgesagt hatten.

13 Am Ende setzten die USA ihre eigene, handverlesene „Interimsbehörde" ein, die dann die Vereinten Nationen „aufforderte", eine internationale Sicherheitstruppe zu genehmigen, was auch geschah. Im August 2003 übernahm die NATO selbst das Kommando über diese Truppe. Einen Überblick über diese späteren Entwicklungen findet sich im Kapitel „Afghanistan: Der vergessene Krieg" in diesem Buch.

schiedener ethnischer Gruppen) gestützt werden, um den Anschein einer auf breiter Basis stehenden, einheimischen Regierung zu erwecken.[14] Drittens wird eine vom Sicherheitsrat genehmigte „grüne Truppe", die sich aus einigen muslimischen Ländern zusammensetzt, als friedenserhaltende Kraft ins Auge gefasst, um den Übergang des Taliban-Regimes in eine neue Ordnung zu überwachen. Die Türkei, ein muslimisches Land, das über die zweitgrößte Armee der NATO verfügt, soll diese multilaterale Truppe anführen. Viertens und zu guter Letzt hoffen die USA, die Loyalität der besiegten Afghanen mit riesigen Mengen an humanitärer Unterstützung für die Bevölkerung und mit Entwicklungshilfe zu gewinnen.[15]

Jeder dieser Vorschläge ist jedoch problembehaftet. Ein schnelles Ende der Operationen scheint nicht nur deshalb unwahrscheinlich, weil auf die Einstellung der groß angelegten Bombardements ein langwieriger Krieg niedriger Intensität folgen würde, sondern auch, weil die USA zwar den Zusammenbruch der Taliban-Regierung wünschen, aber nicht wollen, dass die Nordallianz die Städte allein einnimmt. Die Allianz wird nicht nur von Indien unterstützt, was es Pakistan unmöglich macht, ihr den Sieg zu überlassen, sondern auch von Russland und dem Iran, denen die USA keine bedeutende Rolle bei der endgültigen Regelung zugestehen wollen. Musharraf behauptet, er habe „eiserne" Garantien von den USA erhalten, dass die Nordallianz im Falle eines Zusammenbruchs der Taliban keinen großen Vorteil erlangen wird. In der Tat soll Pakistan damit gedroht haben, seinen Luftraum für US-amerikanische Flugzeuge zu sperren und andere Arten der Unterstützung zu streichen, soll-

14 Die *Loya Jirga* (wortwörtlich: große Versammlung) ist streng genommen ein spezifisch paschtunischer Brauch, bei dem die Stammeshäuptlinge zusammenkommen. Die Usbeken oder Turkmenen haben keine solche Tradition, und die Tadschiken sind ohnehin eine weitgehend städtische Gruppe und haben keine Stammesführer zu bieten. Die trotzdem so bezeichnete *Loya Jirga*, die nach der US-amerikanischen Besatzung stattfand und für die die Deutschen einen Großteil des Sicherheitspersonals stellten, war eine Versammlung von Persönlichkeiten verschiedener Ethnien, die von den US-amerikanischen Behörden handverlesen wurden, und die dann unter Druck den US-amerikanischen Sondergesandten Zalmay Khalilzad Hamid Karzai zum neuen Herrscher Afghanistans ernannten.

15 Die Türkei stellte pflichtbewusst Truppen zur Verfügung, aber andere muslimische Länder lehnten dies ab, und stattdessen übernahm Deutschland die Führung der Sicherheitskräfte, die neben den Truppen der USA und des Vereinigten Königreichs zum Einsatz kamen. Es handelte sich im Wesentlichen um NATO-Truppen, und es war nur logisch, dass die NATO schließlich direkt das Kommando über sie übernahm. Die so genannte „humanitäre Hilfe" war dürftig, und die Mehrheit der Afghanen scheint nicht überzeugt worden zu sein, wie wir an anderer Stelle in diesem Buch erläutern.

te die USA es der Nordallianz erlauben, Kabul zu besetzen. Intern setzt sich die Allianz hauptsächlich aus Tadschiken und Usbeken zusammen, so dass ihr Sieg wahrscheinlich die meisten Paschtunen hinter den Taliban vereinen wird. Vor Ort ist die Lage also unklar.[16]

Die Kampffront zwischen den Taliban und der Nordallianz liegt etwa fünfundfünfzig Kilometer von Kabul entfernt. Anstatt sich aufzulösen, haben die Taliban Berichten zufolge Verstärkung an die Front geschickt, in der Annahme, dass die USA sie aus Angst, dass die Nordallianz Kabul einnehmen könnte, nicht bombardieren werden. Die USA stehen in der Tat vor einer schwierigen Wahl. Entweder sie bombardieren die Taliban-Stellungen und lassen zu, dass die Nordallianz in Kabul einmarschiert. Damit akzeptierten sie neben einem dauerhaften russischen Einfluss im Land, dass sich die Koalition um Pakistan auflöst. Oder sie lassen den Kern der Taliban-Kräfte intakt und schicken ihre eigenen Besatzungstruppen in die Städte, bevor sie sich mit diesen Kräften anlegen. Dabei hätten sie dann mit Guerilla-Angriffen auf ihre operativen Einheiten zu rechnen. Lückenhafte Berichte deuten darauf hin, dass die USA mit der Bombardierung der Taliban begonnen haben und dass Einheiten der Nordallianz unter der Führung des Usbeken Rashid Dostum sich auf Mazaar-e-Sharif, einer überwiegend usbekischen Stadt, zubewegen. Gleichzeitig sollen sich Truppen des Tadschiken Ismael Khan Herat nähern. Bezeichnenderweise werden sowohl Dostum als auch Ismael Khan vom Iran unterstützt, während insbesondere Dostum auch Hilfe von Russland und Indien bekommen hat. Die Haltung der USA zu all dem bleibt unklar.

16 In Anbetracht der Geschichte wechselnder Allianzen und interner Kriege zwischen den Fraktionen ist die Entstehung und Zusammensetzung der Nordallianz, die manchmal auch als Nationale Allianz bezeichnet wird, schwer zu fassen. Insgesamt besteht sie aus vielen, aber nicht allen der Gruppen – den so genannten *Mudschahedin* –, die von den USA gegen die PDPA-Regierung und die sowjetischen Truppen unterstützt wurden und die Afghanistan zwischen dem Zusammenbruch dieser Regierung und dem Aufstieg der Taliban regierten. Einige dieser Gruppen – vor allem die von Hekmetyar, dem wichtigsten paschtunischen Führer jener Zeit, angeführte Gruppe – gehören nicht zur Allianz. Die USA ließen die Nordallianz auf Kabul marschieren und nahmen die meisten ihrer Führer in die neue „Interimsbehörde" auf, setzten aber ihren eigenen Kandidaten, Hamid Karzai, als obersten Anführer ein. Am 6. Oktober 2001, einen Tag vor Beginn der US-amerikanischen Invasion in Afghanistan, veröffentlichte *Human Rights Watch* einen detaillierten Bericht über die Zusammensetzung dieser Allianz und ihre Bilanz massiver Grausamkeiten. Einzelne Führer, die direkt für diese Grausamkeiten verantwortlich sind, wurden darin genannt. Die wichtigsten von ihnen haben führende Positionen in der derzeitigen Karzai-Regierung inne. Dieser Bericht ist auf der Website von *Human Rights Watch* leicht zugänglich.

Aufgrund der Aussicht auf einen anhaltenden Krieg niedriger Intensität, in dem die einheimische Guerilla einen großen Vorteil hätte, sind die USA und das Vereinigte Königreich daran interessiert, sich so schnell wie möglich zurückzuziehen; die Vereinten Nationen aber möchten selbst nicht eingreifen, da sie unerträgliche Opfer befürchten. Es ist auch keineswegs klar, ob viele muslimische Länder freiwillig Truppen für ein solches Engagement bereitstellen würden. Zumindest auf dem Papier hat der Iran nicht einmal zugelassen, dass sein Luftraum für US-amerikanische Operationen genutzt wird. Es ist auch bekannt, dass Pakistan, bevor es den USA seine umfassende Unterstützung anbot, die USA dazu brachte, anzuerkennen, dass Pakistans eigene Truppen nicht für Operationen in Afghanistan zur Verfügung stünden. Die Türkei beklagt sich indessen darüber, dass ein Befolgen der von den USA verhängten Blockade des Irak, ihres bisher größten Handelspartners, sie bereits dreißig Milliarden Dollar gekostet hat. Die dortige Regierung kann auch nicht ignorieren, dass in einer kürzlich durchgeführten Umfrage nur 29 Prozent der Türken die US-amerikanischen Aktionen überhaupt unterstützen, geschweige denn den Einsatz eigener Truppen. Die arabischen Regierungen sind so furchtsam, dass Saudi-Arabien, der Erzfeind Osama bin Ladens, sich trotz des Drucks der USA aus Angst vor Repressalien weigert, Bankkonten von Unternehmen und Wohltätigkeitsorganisationen, die mit bin Laden in Verbindung stehen, einzufrieren. In allen muslimischen Ländern, von Indonesien bis Kenia, vom Iran bis Marokko, haben bereits beeindruckende antiamerikanische Aktionen stattgefunden. Vor allem aber in Pakistan sind nicht nur in den größeren Städten wie Karachi oder Peshawar oder Quetta Proteste ausgebrochen, sondern sogar in der kleinen Stadt Jacobabad im Landesinneren von Sindh. Dort zogen Tausende randalierend durch die Stadt und zwei Menschen wurden dabei getötet.

Die Probleme der Amerikaner betreffend ihre geplante, auf die Taliban folgende Regierung sind ebenso gewaltig. Es ist zweifelhaft, dass Zahir Shah über den Kreis der im Exil lebenden Honoratioren hinaus eine große Anhängerschaft besitzt oder dass einer der Anwärter auf die Macht in Afghanistan sich seiner Autorität unterwerfen möchte. Das iranische Regime, Erbe einer antimonarchischen Revolution, tat bereits seinen großen Unmut kund, und Pakistan war ebenfalls bereits in den Achtzigerjahren, als sowohl die Sowjets als auch die Amerikaner Ähnliches in Erwägung zogen, nicht begeistert von einer solchen Lösung. Die Verhandlungen über die Rückholung des Königs sind Berichten zufolge bereits ins Stocken geraten. Auch eine von den Amerikanern einberufene *Loya Jirga* zur Einsetzung einer von ihnen favorisierten Regierung wäre für keine der islamistischen Gruppen akzeptabel. Des Weiteren bleibt abzuwarten, ob die muslimischen Länder, die in Afghanistan Überzeugungsarbeit leisten könnten, bereit sein werden, die Verantwortung für die Beseitigung des von den Amerikanern verursachten Chaos zu übernehmen.

In Anbetracht all dieser Faktoren werden die USA nach derzeitigem Kenntnisstand entweder weiterhin bombardieren und töten im Namen dessen, was ihre Ideologen und Philosophen der Welt als „gerechten Krieg" verkaufen, weil sie nicht in der Lage sind, sich rasch aus dem Engagement zu befreien, das sie auf sich genommen haben; oder sie erklären ihren Krieg gegen Al Quaida irgendwann für gewonnen und ziehen sich dann zurück. Das würde Afghanistan eine menschliche Tragödie bescheren, die noch schlimmer anmutet als die, mit der das Land derzeit konfrontiert ist. Der einzige große Trumpf, über den die USA verfügen, ist Geld, und zwar in unvorstellbar großen Mengen. Mit diesem Geld können sie Anführer der Eliten kaufen oder einige Millionen Menschen ernähren, die durch ihre Politik der letzten zwanzig Jahre hungrig und hoffnungslos geworden sind. Also werden sie wahrscheinlich Geld auf die Leichen werfen und es „humanitäre Hilfe" nennen.

Der Zwang, sich zurückzuziehen, könnte auch vom Zustand der US-amerikanischen Wirtschaft verursacht werden, die im September den zwölften Monat in Folge rückläufig war und damit den längsten Niedergang seit 1975 erlebte. Der Anschlag auf das World Trade Center hat das Vertrauen der Anleger nur noch weiter ins Wanken gebracht: Die Investitionen sind bereits ein ganzes Jahr lang gesunken. Und das trotz neun Zinssenkungen durch die US-Notenbank, die den Kreditzins innerhalb dieses Jahres von fast 6 auf 2,5 Prozent gedrückt hat. Diese trotz großer Anreize fehlende Zuversicht der Investoren spiegelt den Verlust des Verbrauchervertrauens in einer Wirtschaft wider, in der in den letzten Monaten Hunderttausende von Arbeitsplätzen verloren gegangen sind: Millionen von Familien haben Angst vor dem Verlust stabiler Einkommen und zeigen sich daher bei den Ausgaben zurückhaltend. Diese Angst wird durch die Furcht vor Krieg und Terror noch verstärkt – ganz zu schweigen von den Warnungen der US-Notenbank selbst, die besagen, dass die Wirtschaft noch weiter zurückgehen wird, bevor eine sichere Erholung vorhergesagt werden kann.

Es wäre jedoch äußerst töricht, zu glauben, dass die USA auf ein politisches Scheitern zusteuern. Der Rückzug, wenn er denn kommt, wird ein geordneter sein, mit bereits erzielten Erfolgen. Denn die interne Regelung in Afghanistan oder das Wohlergehen der Afghanen umfasst einen eher unbedeutenden Teil der US-amerikanischen Ziele. Entscheidender ist das Projekt, die geostrategische und politische Landkarte der Welt neu zu zeichnen. Wenn die unerbittliche Zerstörung des Irak ein Projekt war, um die westliche Allianz zu konsolidieren und die Dritte Welt zum Schweigen zu bringen, indem ein Jahrzehnt lang demonstriert wurde, was die „einzige Supermacht" mit einem Land der Dritten Welt anstellen kann, nachdem die „andere Supermacht" – die Sowjetunion – zerschlagen wurde, dann zieht dieser so genannte „Krieg gegen den Terror", der mit einem der ärmsten und leidgeprüften Länder dieser Erde beginnt, die OECD-Länder aktiv in eine Juniorpartnerschaft bei der Kriegstreiberei hinein. Er soll der Dritten Welt begreiflich machen, dass sie nicht nur zu Schweigen, sondern aktiv dem imperialen Projekt zu dienen hat – ähnlich wie Armeen aus Einheimischen früher für die koloniale Eroberung aktiviert wurden.

Unter Blairs Führung wird zum Beispiel Großbritannien aktiv in eine Militäraktion hineingezogen, die für das unglückliche Land der Kolonialnostalgie so etwas wie den vierten Afghanistankrieg bedeutet, wobei die USA dieses Mal den Erfolg garantieren. In Deutschland wiederum, wo die Nachkriegsregelung die militärische Macht des Landes im Inland sowie die Militäroperationen im Ausland eingeschränkt hat, verkündete Gerhard Schröder an der Spitze seiner sozialistisch geführten Regierung eine „uneingeschränkte Solidarität" mit dem „Krieg gegen den Terror" der USA. Er erhielt in Umfragen 71 Prozent öffentliche Zustimmung und kündigte einen deutschen Truppeneinsatz im Ausland an, während seine Koalitionspartner, die vermeintlich pazifistischen Grünen, die die USA auch bei der Kosovo-Invasion unterstützten, tatenlos zusehen. In Japan, das nach dem Zweiten Weltkrieg ebenfalls in Bezug auf Kriegsmaßnahmen eingeschränkt wurde, hat ein parlamentarisches Gremium bereits ein neues Gesetz ausgearbeitet, das es ermöglicht, Truppen für Kriegseinsätze ins Ausland zu entsenden. China, das mächtigste Land der Dritten Welt, hat seine langjährige Politik der Opposition gegen jegliche Einmischung der Vereinten Nationen in innere Angelegenheiten von Mitgliedsstaaten aufgegeben. Es forderte letztere auf, eine aktive Rolle bei der Zusammenstellung der Regierungskoalition in Afghanistan zu spielen, nachdem es den Amerikanern gelungen ist, das Taliban-Regime zu stürzen.

Der Fall Russland ist der erbärmlichste. Afghanistan ist jenes Land, in dem zahllose russische Soldaten bei der Verteidigung der säkularen und fortschrittlichen Regierung der PDPA starben. Und zwar in einem Krieg, nach dessen Beendigung es den USA gelang, dem verwüsteten Land eine Bande islamistischer Mörder unterzuschieben. Dennoch verabschiedete die russische Duma eine Resolution, die Bushs Worte wiederholte, wonach nicht nur terroristische Organisationen, sondern auch Regierungen, die den Terrorismus unterstützen, bestraft werden müssen. Putin sträubte sich kurz gegen die Vorstellung, dass die Mitgliedstaaten der Gemeinschaft Unabhängiger Staaten (GUS) den Amerikanern irgendwelche Zugeständnisse gewähren sollten, fügte sich dann aber, da andere Staaten ihn einfach ignorierten. Tadschikistan, ein Mitglied des GUS-Vertrags über kollektive Sicherheit, bot seinen Luftraum an; Usbekistan ging noch weiter und offerierte seine Militärbasen; Kasachstan stellte Luftkorridore als Zugang zu Afghanistan zur Verfügung, ebenso wie Kirgisistan; und Turkmenistan, das eine Gaspipeline durch Afghanistan ins Auge gefasst hatte und damit seine Ölwirtschaft wieder mit den USA statt mit Russland in Einklang bringen möchte, öffnete ebenfalls Luftraum wie Territorium für militärische Operationen. Damit wurde Usbekistan für den amerikanischen Krieg gegen Afghanistan fast so wichtig wie Pakistan. Schließlich bot auch Russland seinen Luftraum für die so genannte „humanitäre Hilfe" der USA an.

Diese bruchstückhaften Nachrichten bedeuten in ihrer Gesamtheit in der Tat eine historische Neuausrichtung der globalen Machtverhältnisse. Denn Amerikas Afghanistankrieg, der in der Sowjetzeit begann und nun schon über zwei Jahrzehnte andauert, hatte immer die zentrale Dimension eines Kampfes um die Kontrolle über die immensen und weitgehend ungenutzten wirtschaftlichen Ressourcen der ehemals sowjetischen asiatischen Republiken. Der Wettbewerb um die Vorherrschaft in der Region zwischen Russland und den USA blieb auch nach der Auflösung der Sowjetunion hart. Sogar die Taliban wurden ins Land geholt, von den Pakistanis aber mit amerikanischer Unterstützung, mit dem Kalkül, dass ihre Abhängigkeit von Pakistan die amerikanisch-pakistanischen Wirtschaftsinteressen in der Region fördern würde. Insbesondere ging es dabei um Öl- und Gasvorkommen in Turkmenistan. Die Türkei selbst wurde einst ermutigt, dank ihrer historischen Beziehungen zu der Region, die bis in die osmanische Zeit zurückreichen, im Namen Amerikas eine Vorreiterrolle in der Region zu spielen. Wenn die Türkei nun zustimmt, in Afghanistan den Gendarmen zu geben, dann im Hinblick auf eben diese Rolle in einer Region, in der Afghanistan so etwas wie ein Schattendasein führt. Die gegenwärtige Phase des Afghanistankrieges hat dazu geführt, dass sich die ressourcenreichen zentralasiatischen Staaten auf Kosten Russlands wieder mit den USA verbünden, und das in einer Zeit, in der Russland selbst keine alternativen Partner hat.

Der Iran präsentiert sich uns als ein ebenso wichtiger und komplexer Fall. Chamenei, der nach dem Tod von Ruhollah Musawi Chomeini die Autorität des obersten Rechtsgelehrten im Iran geerbt hat, verurteilte die amerikanischen Angriffe auf Afghanistan. Die Regierung von Präsident Chatami hat daher den USA pflichtbewusst die Nutzung des iranischen Luftraums für diese Operationen verweigert. Dieselbe Regierung bot jedoch ihre Zusammenarbeit bei der Bergung und dem Schutz von Militärpersonal an, das in diesem Luftraum abgeschossen wird, und drängt die Nordallianz zur Zusammenarbeit mit den USA. Dieser paradoxe politische Rahmen hängt damit zusammen, dass der Iran 1998 beinahe Krieg gegen die Taliban geführt hätte, dass er stets um die unter der rabiat-sunnitischen Taliban-Herrschaft notleidenden schiitischen Minderheit besorgt war, dass er bereits über eine Million afghanische Flüchtlinge aufgenommen hat und den Zustrom weiterer Flüchtlinge, Drogen und Waffen fürchtet. Der Iran ängstigt sich auch, dass der Krieg zu einer Nord-Süd-Teilung Afghanistans und damit zu einem anhaltenden Bürgerkrieg führen könnte. Ebenso wird befürchtet, dass Pakistan eine Regierung aus seinen früheren und jetzigen klientilistischen Anführern zusammenstellen könnte, oder dass die Monarchie in Afghanistan wieder eingeführt wird. Die offizielle Position des Iran ist, dass die von den Vereinten Nationen anerkannte Regierung von Burhanuddin Rabbani die Macht übernehmen sollte, nachdem die Taliban besiegt sind. Und zwar als Übergangslösung, bevor eine Regierung auf breiter Basis gebildet werden kann. In diesem Zusammenhang wird berichtet, dass der Iran mit den USA Vereinbarungen über den Austausch von Geheimdienstinformationen getroffen hat und einen aktiven Dialog über die Frage der auf die Taliban in Kabul folgende Regierung führt. Die USA revanchieren sich, indem sie eine umfassende Überprüfung ihrer Politik durchführen, um eine „Annäherung“ zum Iran gegenüber dem Irak vorzubereiten. Die Feinde der jüngsten Vergangenheit werden schnell zu strategischen Verbündeten.

Es wurden außerdem weltweit Loyalitätstests verlangt. Die meisten Bombardements erfolgten von Flugzeugträgern auf hoher See, aber die Bodentruppen wurden in „Ländern in Angriffsdistanz" stationiert: In Saudi-Arabien, Kuwait, Oman, Tadschikistan, Pakistan und Diego Garcia. Die NATO wurde frühzeitig daran erinnert, dass die USA vertraglich das Recht haben, Zusammenarbeit einzufordern. Australien sah sich gedrängt, aktive militärische Unterstützung zu versprechen, während Kanada sogar seine eigenen Vorschriften für Einwanderung und Grenzkontrollen ändern musste. Indonesien musste angesichts einer so bedrohlichen Volksopposition seine Unterstützung zusagen, dass bereits US-Agenten im Lande stationiert sind, um die militanteren Widerstandselemente ausfindig zu machen. Selbst Nordkorea hat eine Erklärung abgegeben, die in Washington als Unterstützung für die USA verstanden werden konnte und auch so verstanden wurde.

Am wichtigsten ist für uns zweifellos die Neuordnung der Kräfte in Südasien selbst. Die Interessen der USA in Indien bleiben bestehen, aber in Bezug auf Afghanistan ist Indien in den Augen der USA ein peripheres Element. Die schamlose Leichtfertigkeit, mit der die Vajpayee-Regierung indischen Luftraum und Marineeinrichtungen anbot, war bestenfalls erbärmlich. Eigentlich brauchen die USA den indischen Luftraum angesichts der Verfügbarkeit Pakistans gar nicht, aber Indien ist eine bedeutende Kraft in asiatischen Angelegenheiten, und es hätte von den USA mindestens Garantien dafür verlangen müssen, dass Pakistan die Unterstützung der Militanten in Kaschmir einstellt. In Wirklichkeit hat Indien von diesem einseitigen Zugeständnis genauso wenig profitiert wie von der früheren, ebenso erbärmlichen Unterstützung des amerikanischen Raketenabwehrprogramms.

Musharraf hingegen war der Hauptnutznießer und hat seine Karten gut ausgespielt. Da er das Ausmaß der US-amerikanischen Abhängigkeit von ihm erkannte, konnte er seine eigene Amtszeit als Armeechef auf unbestimmte Zeit verlängern und sich der hochrangigen Generäle entledigen, die ihm überhaupt erst zur Macht verholfen hatten. Das Netzwerk des pakistanischen Geheimdienstes ISI (*Inter-Services Intelligence Agency*) in Afghanistan und die Informationen, über die dieser verfügt, sind von unschätzbarem Wert für die regionalen Ziele der USA. Die USA wissen auch, wie eng die afghanische Situation mit den Flüchtlingslagern, den afghanischen Siedlern, den religiösen Seminaren, dem islamistischen Establishment und der militärisch-bürokratischen Elite in Pakistan verknüpft ist, und dass die pakistanischen und amerikanischen Interessen nicht nur in der Golfregion, sondern auch in Zentralasien übereinstimmen. Da er weiß, dass er plötzlich fast so viel Einfluss hat wie General Zia zu Beginn des Afghanistankrieges 1978, konnte Musharraf in allen Bereichen große Zugeständnisse aushandeln.

Auf wirtschaftlicher Ebene erhielt Musharraf geschätzt bereits eine Milliarde Dollar an Hilfen, Umschuldungen und indirekten Vorteilen. Das ist eine Folge der Entscheidung Washingtons, die den Atomstreit mit Pakistan betreffenden Sanktionen aufzuheben. Parallel hat die Europäische Kommission im Eiltempo Handelszugeständnisse im Wert von 1,35 Milliarden Dollar durchgesetzt. Dazu wurden alle Zölle auf Textilexporte, die 60 Prozent der pakistanischen Ausfuhren in die EU ausmachen, abgeschafft, um den erwarteten Rückgang der Exporterlöse aufgrund der weltweiten Rezession und des starken Anstiegs der Versicherungskosten auszugleichen. Mit der Wiederbelebung des militärischen und strategischen Engagements der USA in Pakistan werden wahrscheinlich ebenfalls große Geldsummen fließen, die einen Großteil der Oberschicht und des Militärs zu Zugeständnissen zwingen dürften.

Was Afghanistan selbst betrifft, so hat Musharraf das entscheidende Entgegenkommen erhalten, dass die Nordallianz zurechtgestutzt wird und dass Teile der Taliban in die neue Regierung aufgenommen werden. In der gemeinsamen Pressekonferenz mit Powell erwies sich Musharraf als der lautstärkere Partner. Er skizzierte die Gesamtstrategie der aufeinander folgenden Phasen militärischer Zerstörung, der politischen Neuausrichtung und des wirtschaftlichen Wiederaufbaus als langfristige Lösung für das afghanische Problem: „Wir waren uns einig", sagte er, „dass ein dauerhafter Frieden in Afghanistan nur durch die Einsetzung einer multiethnischen Regierung auf breiter Basis möglich ist, die die demografischen Konturen Afghanistans repräsentiert". Im Klartext bedeutet diese Formulierung, dass die Tadschiken, Usbeken, Hazaras und andere ethnische Minderheiten den ihnen gebührenden Anteil erhalten sollen, die Vorherrschaft der Paschtunen aber bestehen bleibt. Dies dürfte nicht nur die paschtunische Bevölkerung in Afghanistan und in den Flüchtlingslagern beruhigen, sondern auch die 20 Millionen paschtunischen Einwohner Pakistans, einschließlich der 25 Prozent in den Streitkräften. Pakistan wird zweifellos eine herausragende Rolle in jeder auf die Taliban folgenden Regierung Afghanistans anstreben. Und man kann davon ausgehen, dass als US-amerikanische Truppen in den Stützpunkten in Sindh und Belutschistan eintrafen, bereits pakistanische Agenten stärker in Afghanistan präsent waren als amerikanische oder britische.[17]

Das bei weitem wichtigste Zugeständnis war, dass Musharraf Colin Powell dazu brachte, über Kaschmir in genau der Sprache zu sprechen, die Pakistan bevorzugt: nämlich, dass der Kaschmir-Konflikt „im Einklang mit den Wünschen des Kaschmirhirschen Volkes gelöst wird". Dies und die fortgesetzten Operationen der von Pakistan unterstützten Kämpfer in Kaschmir wird Musharraf bei seinen Attacken auf die einheimischen islamistischen Gruppen als Beweis dafür anführen, dass er die pakistanischen Interessen in Kaschmir nicht durch seine Unterstützung der amerikanischen Pläne in Afghanistan gefährdet hat. Auch ist es unwahrscheinlich, dass die USA Pakistan nun drängen werden, seine Einmischung in Bezug auf Jammu und Kaschmir zu beenden, so sehr sie auch über bestimmte terroristische Akte dort verärgert sein mögen. Das amerikanisch-pakistanische Bündnis ist endgültig wiederbelebt worden und wird es auch bleiben, es sei denn, ein islamistischer Aufstand in großem Stil macht es zunichte.

Diese Art von Aufstand scheint kurzfristig unwahrscheinlich. Musharraf hat die Kommandostrukturen neu geordnet und ist gegen die islamistischen Gruppierungen in die Offensive gegangen. Er ging so weit, dass Maulana Fazlur Rehman von der *Jamiat-ul-Ulema-e-Islam* (JUI), der berühmteste pro-Taliban-Geistliche in Pakistan, der erste Anführer ist, der wegen Aufwiegelung der Streitkräfte als Hochverräter angeklagt wurde. Diese lang erwartete Offensive eines Soldaten, der sich einst als Kemalist bezeichnete, ist das einzig Gute, das die globale Neuordnung der Kräfte hervorgebracht hat. Bislang ist die Offensive erfolgreich, weil die Islamisten in Pakistan eine lautstarke, gut organisierte, teilweise bewaffnete, aber immer noch sehr kleine Minderheit darstellen. Die öffentliche Empörung über Amerikas Kreuzzug in der Region steigt jedoch rapide an und kann nur noch weiter zunehmen, solange der

17 In der letzten Phase des Krieges und in der danach entstandenen Ordnung hielten die USA beide Versprechen nicht ein. Sie ließen zu, dass die Nordallianz die Macht in Kabul übernahm, und die anschließende „Interimsbehörde" wurde von Persönlichkeiten und Kandidaten dieser Allianz dominiert. Wir kommentierten das darauffolgende politische Durcheinander in Pakistan im Artikel *„Pakistan's Time of Reckoning"*, veröffentlicht in *Frontline* vom 19. Januar 2002. Karzai ist ein Paschtune, hat aber kein Ansehen unter ihnen, und alle wichtigen Ministerien sind mit Nicht-Paschtunen besetzt. Die ethnischen Rivalitäten verschärften sich, und nachdem Pakistan auf diese Weise wieder auf den Boden der Tatsachen zurückgeholt worden war, erfüllte es zwar alle wichtigen US-amerikanischen Forderungen, sah sich nun aber wieder mit einem größeren Handlungsspielraum konfrontiert, da die Taliban ein Comeback feierten.

Krieg andauert. Wenn sich die USA, wie von Bush vorgeschlagen, auf einen permanenten Krieg einlassen, könnten wir ein Pakistan erleben, in dem sich die Elite in ihrem Streben nach Reichtum und wirtschaftlichem Vorteil hinter Amerika gruppiert, während die Masse des Volkes in eine gefestigte und verbitterte Opposition gerät, die von einer neuen Generation des populistischen Islam vertreten wird. Dies ist umso wahrscheinlicher, da es keine ausreichend starke säkulare Kraft gibt, die diese antiimperialistische Stimmung für rationale Zwecke nutzt. Wie sich all dies auf die Streitkräfte selbst auswirken wird, insbesondere auf die unteren Ränge und die einfachen Soldaten, lässt sich noch nicht sagen. Das liegt daran, dass wir erst die ersten Scharmützel eines Krieges erleben, den der Imperialismus selbst als globalisiert und dauerhaft ansieht. Vieles wird sich in den nächsten Wochen, Monaten und Jahren verändern. Und Indien scheint auf die Unwägbarkeiten dieser Zukunft schlecht vorbereitet zu sein.[18]

18 Die islamistischen Parteien Pakistans waren zum Zeitpunkt der Abfassung dieses Artikels vor etwa zwei Jahren – wie seit Gründung des Landes – zweifellos Minderheitengruppen. Die unentgeltliche Unterwürfigkeit der Musharraf-Regierung gegenüber den USA in Fragen des Krieges gegen die benachbarten muslimischen Länder hat ihnen in Verbindung mit zwei Jahren amerikanischer Gräueltaten in Afghanistan und im Irak sowie israelischer Grausamkeiten gegen die Palästinenser geholfen, ihre Basis erheblich zu verbreitern. Nach den jüngsten Wahlen bildeten sie die Regierung in Baluchistan und NWFP, den beiden an Afghanistan grenzenden pakistanischen Provinzen, und wurden zum größten Block in der Nationalversammlung. Derselbe Maulana Fazlur Rehman, den Musharraf des Verrats bezichtigt hatte, stand kurz davor, Premierminister zu werden. Ideologisch gesehen vertritt er genau den populistischen Islam, der sich dank der amerikanischen Bemühungen um einen „Kampf der Kulturen" zum Hauptanwärter auf die Macht in Pakistan entwickelt.

28. SEPTEMBER 2002

Im Schatten des permanenten Krieges

Schon die Frage zu stellen, ob die Vereinigten Staaten in naher Zukunft in den Irak einmarschieren werden oder nicht, ist eine Obszönität. Die angloamerikanische Bombardierung des Irak dauert mittlerweile länger an als die amerikanische Invasion in Vietnam – und somit auch länger als die beiden Weltkriege zusammen. Vor vier Jahren, 1998, trat der Koordinator der Vereinten Nationen für humanitäre Hilfe im Irak, Dennis Halliday, entrüstet von seinem Posten zurück und behauptete, dass allein die Blockade des Landes, abgesehen von den Bombardements, mehr als eine Million Tote verursacht habe. Auf die Frage, ob der Tod einer halben Million Kinder den Preis für die Zerschlagung des Regimes von Saddam Hussein wert gewesen sei, leugnete die damalige US-amerikanische Außenministerin Madeline Albright die Todesfälle nicht und bestätigte lediglich, dass „der Preis es wert war".[19]

Die irakische Gesellschaft ist während dieser ganzen Zeit militärisch, wirtschaftlich und politisch belagert worden. Das Pro-Kopf-Einkommen sank auf etwa ein Fünftel des Wertes von vor zehn Jahren, mehr als ein Viertel der Bevölkerung leidet an Unterernährung, Schulen und Krankenhäuser sind verfallen; sechzig Prozent oder mehr der Bevölkerung haben keinen Zugang mehr zu sauberem Wasser – und das in einem Land, das den am weitesten entwickelten Wohlfahrtsstaat unter den bevölkerungsreichsten arabischen Ländern vorweisen konnte.[20] Große Teile des Nordiraks wurden der souve-

19 Die Kontinuitäten zwischen der Clinton- und der Bush-Regierung sind bemerkenswert. 1993 teilte Clinton den Vereinten Nationen mit, dass die USA „multilateral handeln werden, wenn möglich, aber unilateral, wenn nötig". Sechs Jahre später, 1999, erklärte Clintons Verteidigungsminister William Cohen, dass sich die USA zum „unilateralen Einsatz militärischer Macht zur Verteidigung lebenswichtiger Interessen" verpflichten, wozu auch die „Gewährleistung des ungehinderten Zugangs zu wichtigen Märkten, Energielieferungen und strategischen Ressourcen" gehört.

20 Die Dokumentation über die Verwüstung des Irak durch den Krieg und die nachfolgenden Sanktionen durch die Vereinten Nationen ist ansehnlich. Eine umfangreiche

ränen Zuständigkeit der irakischen Regierung entzogen, und zwar in einem Ausmaß, dass selbst irakische Flugzeuge diese Gebiete nicht mehr anfliegen dürfen, während amerikanische und britische Maschinen das gesamte Gebiet ungehindert patrouillieren. Berichten zufolge sind sowohl ausländische als auch Söldnertruppen bereits in der Region um Mosul eingetroffen.[21] Die Frage ist also nicht, ob der Irak überfallen werden soll oder nicht – das Land leidet bereits unter einer langanhaltenden Invasion; vielmehr geht es um den wahrscheinlichen Zeitpunkt, das Ausmaß und die Folgen einer weitreichenden Zerstörung, die die USA der drangsalierten Bevölkerung des Landes noch auferlegen wollen.

Die Rede von Präsident Bush vor der Vollversammlung der Vereinten Nationen am 12. September 2002, die in den westlichen Medien als geschickte Einladung zum Multilateralismus gefeiert wurde, war in Wirklichkeit ein faktisches Kriegsultimatum. Darin drohte er erneut mit einem „Regimewechsel" und stellte neun Bedingungen, die der Irak erfüllen müsse, um eine Invasion zu vermeiden. Dies geschah in einer Art und Weise, die dem Ultimatum der USA an die Taliban am Vorabend der Invasion Afghanistans bemerkenswert ähnlich ist. Das Wort „Regimewechsel" ist an dieser Stelle natürlich ein Euphemismus, den die USA für ihren Plan verwenden, eine bestehende Regierung durch eine Klientelregierung zu ersetzen, wie sie es auch im Falle Afghanistans taten. Und zwar, indem sie die Taliban vertrieben und die Karzai-Regierung einführten. Offensichtlich gibt es nichts, was Saddam Hussein im Gegenzug anbieten könnte. Auch die anderen Bedingungen – zum Beispiel eine vollständige Abrüstung – gehen weit über den Fokus der UN-Waffeninspektionen hinaus, die nur sicherstellen sollen, dass keine Anlagen zur Herstellung von Massenvernichtungswaffen in Betrieb sind. Kurz gesagt, Bush überschritt bewusst weit die Resolutionen des Sicherheitsrates, indem er Saddam Hussein Bedingungen stellte, die dieser nicht erfüllen kann. Der

Sammlung von Artikeln kurz nach dem Golfkrieg von 1991 findet sich in Phyllis Bennis und Michel Moushabeck (Hrsg.), *Beyond the Storm: A Gulf Crisis Reader*, New York: Olive Branch Press, 1991. Die beste Sammlung von Artikeln über die durch die Sanktionen verursachten Verwüstungen bietet Anthony Arnove (Hrsg.), *Iraq Under Siege: The Deadly Impact of Sanctions and War*, London: Pluto Press, 2002, aktualisierte Ausgabe; indischer Nachdruck aus New Delhi: Viva Books.

21 Anfang 2003 hatten sich die Beweise für diese Art der verdeckten Intervention so sehr verdichtet, dass sogar das *Time* Magazine am 3. Februar 2003 eine Titelgeschichte mit der Überschrift *„The CIA's Secret Army"* veröffentlichte.

Welt wiederum sagte er de facto, dass die USA mit anderen Ländern in diesem Unterfangen zusammenarbeiten würden, wenn diese die Politik der USA akzeptieren – widrigenfalls würden sie von nun an allein handeln.[22]

Als es den gemeinsamen diplomatischen Bemühungen der Arabischen Liga und einiger europäischer Staaten gelang, den Irak in einer Friedensinitiative, die von Kofi Annan bis Nelson Mandela begrüßt wurde, dazu zu bewegen, der Wiedereinreise der Waffeninspektoren bedingungslos zuzustimmen, kam die rasche Ablehnung durch die USA nicht sehr überraschend. Der umfassendere Plan der USA konnte ja durch die Lösung der Frage, die für alle anderen an erster Stelle stand, nur schwerlich abgewendet werden. In den letzten Wochen unternahmen die verschiedensten Kräfte der Welt außerordentliche Anstrengungen, um das scheinbar Unvermeidliche zu verhindern. Der französische Präsident Chirac und der deutsche Bundeskanzler Schröder sprachen sich in den renommiertesten Gefilden der amerikanischen Presse offen gegen eine umfassende Invasion aus. Russland hat erklärt, dass es gegen eine solche Resolution sein Veto einlegen würde, sollte sie dem Sicherheitsrat vorgelegt werden. Kofi Annan äußerte sich entsetzt über den Gedanken an einen solchen Krieg. Nelson Mandela, der vielleicht renommierteste lebende Politiker der Welt, erklärte, dass die derzeitige US-amerikanische Politik „eine Bedrohung für den Weltfrieden" sei. Weiter bezeichnete er den US-amerikanischen Vizepräsident Dick Cheney, den derzeitigen Anführer der Kriegslobby, als „Dinosaurier" – in der Tat harte Worte von einem Mann, der eigentlich für sein sanftes Auftreten bekannt ist. Von Katar über Saudi-Arabien bis hin zur Türkei haben die meisten Nachbarländer des Irak den Gedanken abgelehnt, den USA die Nutzung von Militärstützpunkten auf ihrem Gebiet für die geplante Invasion zu gestatten.[23] All dies geschah auf möglichst sichtbare

22 Die USA sind das einzige Land der Welt, das vom Weltgerichtshof wegen internationalen Terrorismus verurteilt wurde (in einem von der sandinistischen Regierung Nicaraguas angestrengten Verfahren wegen der Unterstützung der Contra-Terroristen durch die USA). Ungefähr zu der Zeit, als Bush vor den Vereinten Nationen sprach, übermittelte er dem US-Kongress auch ein umfangreiches Dokument, die „Nationale Sicherheitsstrategie der Vereinigten Staaten", in dem eine neuartige Doktrin des „Präventivkriegs" enthalten ist, die gegen mehrere Artikel der Charta der Vereinten Nationen verstößt und in der sich die USA das Recht vorbehalten, in jedwedes Land einzumarschieren, selbst wenn es keine Beweise für eine unmittelbare Bedrohung durch dieses Land gibt.

23 Später, als die Invasion unmittelbar bevorstand, gaben die meisten dieser Länder nach und die USA nutzten tatsächlich Stützpunkte in Katar, Kuwait usw. Nur eine öffentliche Massendemonstration hat die Türkei damals davon abgehalten, in den Krieg einzutreten. Inzwischen, im August 2003, hat der türkische Präsident grundsätzlich zugestimmt,

Weise, eben weil der Schritt der USA unmittelbar bevorzustehen schien. Die *Financial Times* berichtete sogar über den Rückzug saudischer Investitionen in Höhe von 200 Milliarden Dollar aus US-amerikanischen Banken; und auf dem Höhepunkt der Spannungen besuchte eine hochrangige saudische Delegation Bagdad, um über erweiterte Wirtschaftsbeziehungen, vielleicht sogar über eine künftige Freihandelszone mit dem Irak, zu sprechen.

Die Absichten der USA sind eigentlich schon seit einiger Zeit ein offenes Geheimnis. So begann eine typische Meldung im *Observer* vom 4. August 2002 mit folgenden Worten: Präsident George W. Bush wird in den nächsten Wochen ankündigen, dass er beabsichtigt, den irakischen Machthaber Saddam Hussein gewaltsam abzusetzen und damit die Voraussetzungen für einen Krieg am Golf in diesem Winter zu schaffen. „Es wird erwartet, dass Präsident Bush im Laufe des Augusts eine endgültige Entscheidung über den Zeitpunkt dieses Krieges treffen wird. Danach würden unter britischer Führung Anstrengungen unternommen, um bei den Vereinten Nationen ein Mandat für Maßnahmen zu erhalten, entweder im Rahmen bestehender Resolutionen oder einer neuen Resolution", verlautete aus einer hochrangigen Quelle. Die Enthüllung erfolgte zu einem Zeitpunkt, als der US-amerikanische Außenminister Colin Powell ein Gesprächsangebot des Irak an den Chef-Waffeninspektor der Vereinten Nationen zurückwies. „Es geht nicht um Inspektionen, sondern um Abrüstung, um sicherzustellen, dass die Iraker keine Massenvernichtungswaffen haben", sagte Powell bei einem Besuch in Manila.

John Bolton, US-amerikanischer Unterstaatssekretär für Rüstungskontrolle, wurde in demselben Artikel mit folgenden Worten zitiert: „Damit kein Missverständnis aufkommt: Wir bestehen zwar auch auf die Wiedereinführung der Waffeninspektoren, aber gleichzeitig besteht unsere Politik auf einen Regimewechsel in Bagdad, und diese Politik wird nicht geändert, ob die Inspektoren nun ins Land dürfen oder nicht." Anschließend heißt es in dem Bericht: „Als weiteres Indiz für die Kriegsvorbereitungen auf beiden Seiten des Atlantiks wird erwartet, dass Tony Blair im Herbst eine Kampagne zur Aufweichung der öffentlichen Meinung für einen Krieg startet."

den „verbündeten" Armeen im Irak unter dem Kommando der USA umfangreiche Truppen zur Verfügung zu stellen, obwohl die endgültige diesbezügliche Entscheidung des Parlaments noch aussteht.

In einer Analyse der Truppenkonzentration in der Region, die ich zu genau diesem Zeitpunkt, also Anfang August, las, wurde geschätzt, dass die USA bereits weit über 100.000 Soldaten in elf Ländern rund um den Irak positioniert haben. Zusätzliche Analysen zeigen, dass „weitere 100.000 oder mehr Soldaten und Unterstützungskräfte gerade eine große Übung für einen hypothetischen Konflikt abgeschlossen haben, der starke Ähnlichkeit mit jenem um den Irak aufweist. Diese Truppen können innerhalb von 96 Stunden zum Kampf in der Region bereitstehen. Die ‚heimliche' Mobilisierung von Einheiten der Reserve und der Nationalgarde, die nach dem 11. September begonnen wurde, deutet ebenfalls darauf hin, dass bis zu 150.000 weitere Militärangehörige innerhalb von Tagen oder Wochen nach einem ersten Überraschungsangriff einsatzbereit sind. […] Alles in allem, und einschließlich ausländischer Truppen, befinden sich somit potenziell 400.000 Soldaten entweder bereits im Einsatzgebiet oder können sehr kurzfristig verlegt bzw. eingesetzt werden. Es gibt außerdem noch viele andere Truppenkörper, die sich in den Stealth-Modus begeben haben und nicht auffindbar sind."

Ähnliche Vorhersagen waren etwa zehn Tage zuvor in einer öffentlichen Rede von Scott Ritter, einem ehemaligen Waffeninspektor der Vereinten Nationen, gemacht worden. Er war zuvor sieben Jahre im Irak stationiert gewesen, gehörte zwölf Jahre lang dem US Marine Corps an und hat im Golfkrieg gegen den Irak gekämpft. Anlässlich der Rede bezeichnete er sich als „ein(en) überzeugte(en)r Republikaner im konservativ-gemäßigten Bereich, der für George W. Bush als Präsident gestimmt hat". Zu der Zeit, als er als Waffeninspektor im Irak diente, war er dafür bekannt, häufig nach Tel Aviv zu fliegen und seine Politik eng mit dem israelischen Militärgeheimdienst abzustimmen. Im Laufe der Zeit gelangte er jedoch zu der Überzeugung, dass 90 bis 95 Prozent der Anlagen im Irak, die möglicherweise für die Herstellung chemischer und biologischer Waffen oder für Atomwaffen verwendet werden könnten, so gründlich zerstört worden waren, dass eine Fortsetzung der Blockade keinen Sinn machte; genau dies sagte er nun auch offen und deutlich. Auf Druck seiner eigenen Regierung wurde er wegen solcher Ansichten aus dem Team der Vereinten Nationen entlassen. In seiner Bostoner Rede meinte er außerdem noch Folgendes: „Die *Third Marine Expeditionary Force* in Kalifornien bereitet sich darauf vor, bis Mitte Oktober 20.000 Marines für Bodenkampfeinsätze in der Region (Irak) einzusetzen. […] Die Luftwaffe hat den größten Teil ihrer präzisionsgelenkten Munition für die Sprengung von Höhlen in Afghanistan bereitgestellt. Der Kongress hat soeben Mittel für Notfälle bewilligt und die Firma Boeing angewiesen, die Produktion der GPS-Satellitenbausätze bis zum 30. September 2002 zu beschleunigen. Und warum? Weil die Luftwaffe instruiert wurde, bis Mitte Oktober drei Luftexpeditionsgeschwader für Kampfeinsätze im Irak bereitzustellen. Wenn im Oktober 20.000 Marines im Einsatz sind, muss man im Oktober auch mit Krieg rechnen."

Ritter hatte auch eine Erklärung für all diese Kriegstreiberei: „Die nationale Sicherheit der Vereinigten Staaten von Amerika ist von einer Handvoll Neokonservativer gekapert worden, die ihre Autoritätsposition nutzen, um ihre eigenen ideologisch motivierten politischen Ambitionen zu verfolgen." Nicht schlecht für einen Republikaner und einen ehemaligen Marineoffizier! Ritter hat an anderer Stelle ausgesagt, der Irak habe sich zu Recht darüber beschwert, dass die Vereinigten Staaten versucht hätten, die Waffeninspektoren der UN-Sonderkommission (UNSCOM) zu Spionagezwecken und zum Sammeln von Informationen einzusetzen, die nichts mit Atomanlagen oder solchen zur Herstellung von Massenvernichtungswaffen zu tun hatten.

Ritter machte diese Äußerungen in Boston am 24. Juli. Fünf Tage später, am 29. Juli, berichtete die *Financial Times* über ein Interview des schwedischen Rundfunks mit dem angesehenen schwedischen Diplomaten Rolf *Ekéus*, der zuvor sieben Jahre lang die UNSCOM geleitet hatte. Darin meinte er, es bestehe kein Zweifel, dass Länder, insbesondere die USA, versuchten, ihren Einfluss auf die Inspektionen zu erhöhen, um ihre eigenen Interessen zu fördern. Im Laufe der Zeit wollten einige Länder, vor allem die USA, mehr über andere Aspekte der irakischen Kapazitäten erfahren. Laut der *Financial Times* sagte Ekéus weiter, dass die USA versucht hätten, Informationen über den Verbleib von Saddam Hussein zu erhalten. Außerdem drängten die USA und andere Mitglieder des Sicherheitsrates die Inspektorenteams, sensible Bereiche wie das irakische Verteidigungsministerium zu inspizieren, wenn sie es gerade für politisch günstig erachteten, dadurch eine Krisensituation zu schaffen. In einem separaten Interview mit der schwedischen Zeitung *Svenska Dagbladet* sagte Ekéus auch, er habe nach seinem Ausscheiden aus dem Amt erfahren, dass die USA zwei ihrer eigenen Agenten in die Gruppe der Inspektoren geschleust hätten.[24]

24 Der Fall von Rolf Ekéus ist äußerst kurios. Er genießt den Ruf eines liberalen, höflichen, unparteiischen Diplomaten und Staatsbeamten. Doch in einem Artikel mit dem Titel „*Meet the Real WMD Fabricator*: Ein Schwede namens Rolf Ekéus" in der Zeitschrift

Die Tatsache, dass der Irak angeboten hat, die Inspektoren ohne Vorbedingungen zurückkehren zu lassen, zeigt, dass das Land um jeden Preis versucht, einen Krieg zu vermeiden. In Anbetracht der Tatsache, dass sich die USA bereits ganz klar einseitig zu seinem (Saddam Husseins) Sturz verpflichtet haben („Regimewechsel"), soll damit offensichtlich vor allem auf andere arabische Regime, die Europäische Union, die Vereinten Nationen und die Weltöffentlichkeit insgesamt eingewirkt werden, damit sich diese nicht geschlossen hinter die Vereinigten Staaten stellen, wie es im Falle Afghanistans geschehen ist. Ein hoffnungsvolles Zeichen ist, dass sowohl Frankreich als auch Deutschland erklärt haben, dass für die rasche Entsendung von Inspektoren in den Irak, wofür die Vorbereitungen bereits begonnen haben, keine neue Resolution der Vereinten Nationen erforderlich ist. Des Weiteren ist die öffentliche Meinung in ganz Europa, einschließlich Großbritanniens, mit überwältigender Mehrheit gegen die von den USA geplante umfassende Invasion, und auch in der gesamten arabischen Welt lehnt man entschieden solch einen Schritt ab. Die europäische Stimmung spiegelt sich gut in der Bemerkung wider, die Deutschlands derzeitige Justizministerin Herta Däubler-Gmelin vor einer Versammlung von Gewerkschaftsführern gemacht haben soll. In dieser setzte sie Bush mit Hitler gleich, da beide den Krieg nutzten, um die öffentliche Aufmerksamkeit von innenpolitischen Problemen abzulenken (*International Herald Tribune*, 20. September 2002).[25]

Die wirkliche Gefahr liegt in dem umfangreichen Bekenntnis der USA zu unilateralem Handeln, in der Festigkeit und dem weiten Ausmaß des strategischen Konzepts der USA sowie in der Neigung der anderen Großmächte, ein-

Counterpunch vom 2. August 2003 enthüllte Alexander Cockburn, dass Ekéus, als er die UNSCOM leitete, von hochrangigen irakischen Beamten, die in den Westen übergelaufen waren, einschließlich Saddam Husseins Schwager, informiert wurde. Diese Quellen sagten ihm ebenso wie die CIA und andere westliche Geheimdienste, dass der Irak seine Bestände an chemischen und biologischen Waffen 1995 tatsächlich vernichtet hatte und dass der Irak kein Programm zur Herstellung von Atomwaffen mehr besaß. Ekéus gab diese Informationen nicht preis und fuhr mit seinen Inspektionen fort, als ob es diese Informationen nicht gäbe. Hätte er sie offengelegt, wäre die Grundlage für die Sanktionen der Vereinten Nationen zusammengebrochen, Zehntausende von irakischen Menschenleben wären gerettet worden, und die anschließende Invasion hätte möglicherweise vermieden werden können. Die Kollusion solcher „liberaler" Akteure ist Teil der Geschichte der Zerstörung des Irak.

25 Die besagte Justizministerin wurde jedoch kurz nach Bekanntwerden ihrer Bemerkung, die sie bei einem privaten Treffen mit einigen Gewerkschaftsführern gemacht hatte, ihres Amtes enthoben.

schließlich Russlands und Chinas, diesen Unilateralismus der USA schließlich in einem vermeintlich höheren Interesse zu akzeptieren. Worin besteht nun dieses starre strategische Konzept, das die USA nach den Ereignissen des 11. September 2001 mit dramatischer Vehemenz verfolgen? Und wie passt der Irak in dieses Konzept? Wir werden diese beiden Fragen nacheinander behandeln.

Was die strategische Planung betrifft, so können wir mit einem Kommentar beginnen, der am 19. September 2001 in der *Prawda* erschien, acht Tage nach dem Anschlag auf das World Trade Center, aber einen Tag bevor Bush seine berühmte Rede über den „globalen Krieg gegen den Terror" hielt. Der Kommentar trug bezeichnenderweise den Titel „Amerika führt Krieg um das Erbe der Sowjetunion" und lautete unter anderem: „Die regierende Republikanische Partei wird aufgrund des verheerenden Terroranschlags die Innen- und Außenpolitik Amerikas korrigieren. Die Reste der Demokraten werden vollständig aus den Militär- und Aufklärungsstrukturen entfernt und die Kontrolle über das private und öffentliche Leben des amerikanischen Volkes wird verschärft werden. […] Die USA werden ihren Schwerpunkt von den High-Tech-Bestandteilen auf die Rohstoffunternehmen verlagern – diejenigen, die sich in erster Linie mit Öl und Gasbrennstoffen befassen […] und das nationale Raketenabwehrprogramm (ABM) wird mit Sicherheit gestartet werden. […] Die USA werden diese Prioritätsverfahren bei der Verstärkung der Streitkräfte in der Region des Persischen Golfs, der Modernisierung der dortigen Stützpunkte und der Lieferung zusätzlicher Waffen und Verteidigungstechnologie anwenden. […] Amerika wird seine militärische Präsenz entlang des gesamten 40. Breitengrades verstärken, wie wir es jetzt bereits in Bosnien, im Kosovo und in Mazedonien sehen können; bald werden wir dies auch in den Republiken Georgien, Aserbaidschan, Turkmenien und Usbekistan beobachten. Der in der Türkei gelegene Militärstützpunkt Injirlik wird sicherlich modernisiert werden, und wird zu einem der wichtigsten Schnittpunkte amerikanischer Präsenz werden. Die Einrichtung von Reservesoldatenstützpunkten auf dem Gebiet mehrerer Länder der Gemeinschaft Unabhängiger Staaten wird in unterschiedlicher Form erfolgen. Der mittelkaspische Raum und die turkmenischen Vorkommen werden jedoch mit Sicherheit unter die Kontrolle der Vereinigten Staaten gestellt. Es sollte außerdem erwähnt werden, dass die Behörden der Republiken Aserbaidschan und Georgien bereitwillig mit der NATO und den Vereinigten Staaten in Kontakt stehen. […] Die USA werden die Republiken Mittelasiens dazu bringen, den Vertrag über kollektive Sicherheit der Gemeinschaft Unabhängiger Staaten zu überdenken, und die russischen Truppen werden auf russisches Gebiet zurückgerufen. Die Vereinigten Staaten werden die totale Kontrolle über Zentralasien und den Indischen Ozean erlangen, und das Land wird in der Lage sein, die Vorgänge in Indochina und in Indonesien effizient zu kontrollieren. All dies wird in der Tat die totale Kontrolle der Vereinigten Staaten von Amerika über die islamische Welt bewirken, da die Aktionen des Iran, Pakistans und des Iraks direkt von der militärischen Präsenz der Vereinigten Staaten beeinflusst werden."

Ich habe diese Passage ausführlich zitiert, weil das, was die USA im Laufe des letzten Jahres im Namen des „Krieges gegen den Terror" unternommen haben, in praktisch jedem Detail dem sehr nahekommt, was dieser bemerkenswert hellsichtige Kommentar prognostizierte. Im Januar 2002, kaum vier Monate nach den Ereignissen vom 11. September letzten Jahres, waren in dreizehn neuen Stützpunkten rund um Afghanistan und in der Nähe des Irak, einschließlich aller fünf zentralasiatischen Länder, die aus dem Zusammenbruch der Sowjetunion hervorgegangen sind, US-amerikanische Militärzeltstädte entstanden. Von Bulgarien bis Usbekistan und von Kuwait bis in die Türkei leben rund 60.000 US-amerikanische Soldaten auf diesen Vorposten. Und die ehemals winzigen Stützpunkte wurden schnell erweitert und modernisiert, wie zum Beispiel jener in Al Adid (Katar), wo im April 2000 mit einem bescheidenen Ausbau begonnen worden war, der dann aber zu einer Milliardeninvestition geriet: anschließend bekam dieser Stützpunkt noch eine 15.000 Fuß lange Start- und Landebahn, die auch die größten US-amerikanischen Flugzeuge in großer Zahl aufnehmen kann. Ein großes Kontingent von US-amerikanischen Truppen soll bald auch in Georgien eintreffen. Was den Irak selbst anbelangt, so zitierte die *Washington Post* vom 27. August General Tommy R. Franks, den Befehlshaber des US-amerikanischen Zentralkommandos, mit den Worten, dass die amerikanischen Soldaten dort „eine lange, lange Zeit" bleiben werden. Seine Aussage erinnert an Korea, wo etwa ein halbes Jahrhundert nach Ende des Krieges immer noch eine Vielzahl von US-amerikanischen Soldaten stationiert ist.

Diese neueren Entwicklungen können auch im Zusammenhang mit längerfristigen strategischen Perspektiven gesehen werden, die sich seit einigen Jahren herausgebildet haben. Dies zeigen zwei Dokumente, über die vor kurzem berichtet wurde: eines stammt von einem amerikanischen Think-Tank und das andere von einem israelischen. So verwies *The Guardian* am 3. September 2002 auf einen 1996 vom israelischen Think-Tank *Institute for Advanced Strategic and Political Studies* veröffentlichten Artikel, der für den ehemaligen israelischen Premierminister Binyamin Netanyahu verfasst wurde. Er trägt den Titel *„A Clean Break: A New Strategy for Securing the Realm"*. Darin wird dafür plädiert, die Osloer Abkommen mit den Palästinensern – bei gleichzeitiger israelischer Weigerung einer Räumung der besetzten Gebiete – zu kündigen. Stattdessen soll sich Israel vielmehr auf die Neugestaltung der Region konzentrieren. Diese Neugestaltung soll durch den Sturz Saddam Husseins und die Errichtung einer haschemitischen Monarchie in Verbindung mit Jordanien beginnen, was ebenfalls zur Eindämmung des Palästinenserproblems beitrüge. Zusammen mit der Türkei würde diese neu gestaltete israelisch-jordanisch-irakische Achse dann Syrien zurückdrängen und den Libanon neu organisieren, indem sie die dortige schiitische Bevölkerung mit der des neu monarchisierten Irak amalgamiert.

Das vielleicht interessanteste an diesem erstaunlichen Dokument ist allerdings, wer seine Verfasser sind: sein Hauptautor, Richard Perle, war der Vorsitzende des Verteidigungspolitischen Ausschusses im Pentagon.[26] Er wurde beim Schreiben von einem Team aus sieben weiteren Personen unterstützt, zu dem auch Koryphäen wie Douglas Feith gehörten. Feith ist ein Anwalt aus Washington, der heute einen der vier Spitzenposten im Pentagon als Unterstaatssekretär für Politik innehat. Mehrere dieser Autoren sind außerdem auf die eine oder andere Weise mit dem derzeitigen US-amerikanischen Vizepräsidenten Dick Cheney verbunden. Es ist also nicht unbedingt überraschend, dass einige der antizionistischen israelischen Kritiker von Scharon und Cheney das derzeitige strategische Konzept der USA als ein „amerikanisch-israelisches Konzept" bezeichnen.

Das zweite Dokument ähnlicher Art veröffentlichte am 15. September 2002 der *Sunday Herald* mit dem Titel *„Rebuilding America's Defences: Strategies, Forces and Resources for a New Century"* (Strategien, Streitkräfte und Ressourcen für ein neues Jahrhundert). Es wurde noch vor der Wahl Bushs

26 Anschließend trat Perle von seinem Posten als Vorsitzender des Verteidigungspolitischen Ausschusses im Pentagon zurück, obwohl er weiterhin Mitglied blieb, nachdem seine Verbindungen zu Waffenhändlern und Schmugglern wie Adnan Khashogi aufgedeckt worden waren. Er tritt weiterhin in der ganzen Welt als maßgeblicher Sprecher der US-amerikanischen Politik auf.

im September 2000 von der neokonservativen Denkfabrik *Project for the New American Century* (PNAC) für Dick Cheney (jetzt Vizepräsident), Donald Rumsfeld (jetzt Verteidigungsminister), Paul Wolfowitz (Rumsfelds Stellvertreter), Lewis Libby (Cheneys Stabschef) und Bushs Bruder Jeb geschrieben. In diesem Dokument heißt es unter anderem, dass „der ungelöste Konflikt mit dem Irak zwar die unmittelbare Rechtfertigung liefert, die Notwendigkeit einer substanziellen amerikanischen Truppenpräsenz am Golf jedoch über die Frage des Regimes von Saddam Hussein hinausgeht". Des Weiteren werden die USA dazu aufgefordert, „mehrere, gleichzeitig stattfindende große Kriege zu führen und entscheidend zu gewinnen"; dies stelle eine „Kernaufgabe" für die Vereinigten Staaten dar. Das Dokument warnt außerdem vor der zunehmenden Stärke und potenziellen Rivalität Europas und nennt China als ein Land, in dem ebenfalls ein „Regimewechsel" wünschenswert wäre; auch Länder wie Nordkorea, Libyen, Syrien und Iran stellen wiederum eine Bedrohung dar, die die Schaffung eines „weltweiten Kommando- und Kontrollsystems" erfordert. Das Dokument befürwortet schließlich noch die Schaffung von „US-amerikanischen Weltraumstreitkräften" und empfiehlt sogar die „biologische Kriegsführung" als ein „politisch nützliches Instrument".[27]

Dokumente dieser und ähnlicher Art gibt es in den Vereinigten Staaten zuhauf, aber wir haben unsere Argumentation hier auf diesen beiden speziellen Dossiers basiert, weil sie (a) in unverblümten und extremen Worten darlegen, was im Großen und Ganzen die Politik der USA ist, insbesondere seit dem Zusammenbruch der Sowjetunion; (b) tatsächlich von der wichtigsten politischen Gruppe in der gegenwärtigen Regierung (und für sie) verfasst wurden; und (c) auch den amerikanisch-israelischen Nexus in scharfen Konturen aufzeigen. Man kann an einem Tag einen Bericht für einen israelischen Think-Tank schreiben und am nächsten Tag eine Schlüsselposition im Pentagon besetzen. In diesem Zusammenhang hat der israelische Schriftsteller

27 In dem Dokument hieß es weiter, die vorgeschlagenen Änderungen seien so weitreichend, dass es lange dauern würde, sie umzusetzen, es sei denn, ein „apokalyptisches Ereignis" wie ein „neues Pearl Harbor" würde eintreten und den amerikanischen Willen untermauern. Die Ereignisse des 11. September wurden dann tatsächlich von der US-amerikanischen Regierung und den unterwürfigen Medien als „neues Pearl Harbor" dargestellt und zum Anlass genommen, eine US-amerikanische Politik anzukündigen, die sich erschreckend eng an das PNAC-Dokument anlehnt.

Uri Avnery betont, dass das, was die Bush-Regierung heute vorhat, etwas ist, wofür Scharon seit den 1980er Jahren eintritt.

Warum nimmt der Irak in den aktuellen Entwürfen nun eine so zentrale Stellung ein? Zum einen hatten die USA etwa ein Jahr vor dem Anschlag auf das World Trade Center eine seltsame Hassliebe zum Baath-Regime im Irak. Einerseits halfen die USA der Baath-Partei, an die Macht zu kommen, als Alternative zur damals sehr mächtigen irakischen kommunistischen Partei und zum Nasserismus auf panarabischer Ebene. Der Anspruch der Baath-Partei auf die Führungsrolle im arabischen Nationalismus – die sich aus einer bestimmten Art von wirtschaftlichem Öl-Nationalismus und unerbittlicher Feindschaft gegenüber Israel zusammensetzt – war anderseits auch eine große Quelle der Spannung zwischen den USA und dem irakischen Regime. Von den drei großen arabischen Erdöl produzierenden Ländern – neben Saudi-Arabien und Kuwait – war der Irak das einzige, das sich widersetzte. Das Land stürzte jene Art von Monarchie, die in den beiden anderen Ländern sowie in Jordanien und den Emiraten überlebte, allesamt elende Klientelregierungen der USA. Des Weiteren gehörte der Irak zusammen mit Ägypten und Syrien zu den drei arabischen Ländern, die während des Kalten Krieges auf der Seite der Sowjetunion standen. Nach dem Tod Nassers und der Aussöhnung Sadats mit den USA und Israel erhob nun der Irak Anspruch auf die Führung des säkularen arabischen Nationalismus, in welcher Form auch immer, und wähnte sich dank seiner Ölvorkommen relativ unabhängig.

Diese Spannungen zwischen den USA und dem Irak lösten sich nach der islamischen Revolution im Iran auf, und beide betrachteten das Khomeini-Regime als Bedrohung für ihre jeweiligen Interessen. Auf Betreiben der USA marschierte Saddam Hussein daher in den Iran ein und eröffnete einen Krieg, der fast ein Jahrzehnt dauerte, den Irak wirtschaftlich ruinierte und in beiden Ländern etwa eine Million Menschenleben kostete. Während des Krieges gegen den Iran versorgten die USA und das Vereinigte Königreich das Saddam Hussein-Regime mit Kapazitäten zur Herstellung chemischer und biologischer Waffen und halfen ihm auch auf andere Weise. Nach diesem Krieg beging Saddam Hussein jedoch eine fatale Fehleinschätzung, als er entschied, Kuwait zu besetzen. Das geschah zum einen aufgrund des historischen irakischen Gebietsanspruchs, wonach Kuwait ein Teil des Landes sei, der durch die Briten gewaltsam abgetrennt worden war, und zum anderen, um massive wirtschaftliche Ressourcen für den Wiederaufbau der irakischen Wirtschaft zu erhalten, die nach dem Krieg mit dem Iran in Trümmern lag. Saddam Hussein glaubte, dass sein Bündnis mit den USA eng genug wäre, um mit diesem Plan durchzukommen, und der damalige US-amerikanische Botschafter im Irak scheint ihm versichert zu haben, dass die USA keine großen Einwände dagegen erheben würden; ob die Zusicherungen des Botschafters mit Washington abgesprochen waren oder nicht, bleibt unklar. Aus langfristiger Perspektive der amerikanisch-israelischen Verflechtung betrachtet erwies sich Saddam Husseins Einmarsch in Kuwait auf jeden Fall als unverzeihlich. Und zwar, weil Kuwait ein treuer Vasall der USA war, während eine erfolgreiche irakische Besetzung Kuwaits – eines Fürstentums, das oft von Bagdad oder Basra aus verwaltet worden war, bis die Briten daraus eine eigene Monarchie machten – ein Fünftel der weltweit bekannten Ölressourcen unter einer der saudischen Monarchie feindlich gesinnt Regierung vereint hätte. Noch dazu einer, die sich selbst als Gegner Israels sowie als aufstrebender Riese in der Region sah. So viel zur politischen Seite, warum der Irak seit dem Golfkrieg das einzige Land war, das für die Missachtung des amerikanischen Willens exemplarisch bestraft werden musste. Und das, obwohl die Baathisten von der CIA einst an die Macht gebracht wurden und Saddam Hussein im Namen Amerikas einen Krieg gegen den Iran geführt hatte.

Die wirtschaftliche Seite war womöglich noch zwingender. Der nach Dick Cheney benannte und als „Cheney-Bericht" bekannte „*National Energy Policy Report*", der im Mai 2001 von der US-amerikanischen Regierung veröffentlicht wurde, zeigte, dass die Hälfte des US-amerikanischen Ölverbrauchs bereits aus Importen stammt und dass der Anteil dieser Importe bis 2020 auf zwei Drittel steigen könnte. Der Krieg um Afghanistan war, abgesehen von einem „Krieg um das sowjetische Erbe", wie es die *Prawda* formulierte, eine wichtige Auseinandersetzung um das Öl des Kaspischen Beckens. Er diente außerdem dem Ausbau der US-amerikanischen Militärpräsenz in Südostasien, insbesondere auf den Philippinen, und der Kontrolle über die Straße von Malakka. Das inkludierte auch die Seewege nach Ostasien sowie die Stationierung von Truppen in der Nähe des indonesischen Öls.[28] Mit seinen ausgewiesenen Reserven von 112 Milliarden Barrel spielt der Irak jedoch in einer ganz anderen Liga als etwa das Kaspische

28 Zur Frage der Philippinen siehe meinen Artikel "*The Philippines as the next US target*", veröffentlicht in *Frontline* am 19. Juli 2002.

Becken, wo die Reserven bei gesicherten knapp 15 Milliarden verharren und selbst spekulative Schätzungen von 95 Milliarden noch hinter dem zurückbleiben, was der Irak bekanntermaßen besitzt. Was die ihn bezüglichen Schätzungen betrifft, so gehen einige davon aus, dass das Land über die größten Kohlenwasserstoffvorkommen der Welt verfügt und damit selbst die von Saudi-Arabien übertrifft. Aufgrund dieser Erwartungen hat Saddam Hussein Explorationsrechte an europäische, russische und chinesische Unternehmen vergeben – ganz zu schweigen von den weitaus weniger bedeutenden aus Indien, Vietnam oder Algerien. Gleichzeitig bemühte er sich um deren politische Unterstützung bei der Eindämmung der amerikanischen Bedrohung. Auf der anderen Seite köderten die USA selbst diese Länder mit dem Versprechen, nach dem Krieg an der Beute teilzuhaben, wenn sie die USA dabei unterstützen, ihre Klientelregierung dort zu installieren – beziehungsweise droht die USA damit, ihnen den Anteil an der Beute zu verweigern, wenn sie dies nicht tun. In Anbetracht der Tatsache, dass die USA mit Sicherheit über die militärischen Fähigkeiten und offenbar auch über den politischen Willen verfügen, sich das irakische Öl einseitig anzueignen, fragen sich diese nicht-amerikanischen Unternehmen natürlich, ob es nicht klüger wäre, zu versuchen, die Gunst der USA in der Hoffnung auf künftige Zugeständnisse zu gewinnen, während die noch nach internationaler Unterstützung suchen. Berichten zufolge erörtern die Regierungen dieser nicht-amerikanischen Unternehmen derzeit die Zukunft des irakischen Öls sowohl mit US-amerikanischen Beamten als auch mit verschiedenen Marionetten, die die USA für die Zeit nach Saddam Hussein in Betracht ziehen. Ahmed Chalabi ist dabei in der Tat nur eine dieser in Frage kommenden Figuren. Die Palette des Drucks und der Verlockungen – Zuckerbrot und Peitsche –, die die USA bereithalten, veranschaulicht beispielsweise folgende Aussage des ehemaligen CIA-Direktors James Woolsey. Sie wurde in der *Washington Post* vom 15. September 2002 zitiert: „Frankreich und Russland haben Ölgesellschaften und Interessen im Irak. Man sollte ihnen sagen, dass wir, wenn sie den Irak auf dem Weg zu einer anständigen Regierung unterstützen, unser Bestes tun werden, um sicherzustellen, dass die neue Regierung und die amerikanischen Unternehmen mit ihnen zusammenarbeiten werden. Wenn sie ihr Los mit Saddam Hussein teilen, wird es schwierig bis unmöglich sein, die neue irakische Regierung zur Zusammenarbeit mit ihnen zu bewegen."

Bush und Cheney waren beide im Ölgeschäft tätig und verfügen über enge Beziehungen zu den großen Konzernen dieses Bereichs. Sie haben bereits Karzai, einen ehemaligen Mitarbeiter des UNOCAL-Konzerns, in Afghanistan eingesetzt. In Abstimmung mit dem Irakischen Nationalkongress (INC), einer Dachorganisation von Gruppen, die von den Vereinigten Staaten ins Leben gerufen und über Wasser gehalten wird, ist die Bildung eines Konsortiums von US-amerikanischen Konzernen geplant, das nach dem Krieg das irakische Öl bewirtschaften soll. Die Gruppe wird von Ahmed Chalabi geleitet, dem Spross einer zu Zeiten der Monarchie sehr prominent gewordenen Familie. Er lässt bereits fidel verlauten, dass „amerikanische Unternehmen eine große Chance auf irakisches Öl haben werden". Zum einen könnte eine US-kontrollierte Wiederbelebung der irakischen Erdölproduktion auf volle Leistung den Weg für den Zusammenbruch der OPEC ebnen. Damit verbunden wäre ein starker Preisverfall für Öl aus Russland, Venezuela oder dem Iran, was katastrophale Folgen für die Wirtschaft dieser Länder hätte. Dies alles könnte damit auch der wachsenden Nervosität Washingtons gegenüber Saudi-Arabien ein Ende bereiten.

Die Mehrheit derjenigen, die die Anschläge vom 11. September planten und durchführten, waren saudische Jugendliche aus der Mittelschicht. Die wichtigsten Mitglieder von Al-Qaida kommen aus wohlhabenden saudischen Familien, darunter Osama bin Laden, der zwar nicht aus der königlichen Familie stammt, aber aus einer sehr angesehenen, ihr nahestehenden. Osama bin Laden war bei der saudischen Jugend so beliebt, dass sich das Königreich trotz des Drucks der USA weigerte, sein Vermögen einzufrieren, weil es eine Rebellion befürchtete. Es heißt, dass er sogar von Teilen der königlichen Familie finanziert wurde, die der Meinung waren, dass eine bedingungslose saudische Loyalität gegenüber den USA ihren eigenen Interessen schadet. Die internationalen Finanzkanäle Osama bin Ladens waren so eng mit denen vieler prominenter saudischer Finanziers verflochten, dass die USA seine Gelder nicht isolieren konnten und begannen, eine ganze Reihe saudischer Konten bei US-amerikanischen Banken einzufrieren. Das führte angeblich wiederum eine Welle saudischer Abhebungen herbei, die zum jüngsten Wertverlust des Dollars beigetragen haben soll. Die königliche Familie hat unterdessen gewarnt, dass Scharons Politik in Palästina die Araber so sehr in Bedrängnis bringt, dass sie nicht auf Dauer die gesamte US-amerikanische Politik unterstützen können. Viele Experten sind der Meinung, dass Saudi-Arabien am Rande einer antimonarchistischen Revolution steht.

Mit anderen Worten, die Lage ist instabil. Der Zugriff auf irakisches Öl ist für die USA sowohl als alternative Quelle im Falle eines möglichen Zusammenbruchs der saudischen Wirtschaft wichtig als auch als Druckmittel falls sie rebellische Gedanken hegen. Da das Kaspische Becken bereits erobert ist, könnte der Fall des Irak den USA eine beispiellose Überlegenheit im Ressourcenkrieg verschaffen. Das gilt nicht nur gegenüber Russland oder China, sondern auch in Bezug auf ihre befreundeten Rivalen in Westeuropa und Japan, zumal die USA dann nicht nur die Produktion, sondern auch die Fließrichtung des größten Teils der weltweiten Ölströme kontrollierten; die Pipelines würden eher in die eine als in die andere Richtung führen.

Die Argumente, die für eine vollständige Eroberung des Irak sprechen, sind also überwältigend. Die Tatsache, dass praktisch die ganze Welt gegen einen solchen Schritt ist, insbesondere jetzt, da der Irak zugestimmt hat, den Inspektoren uneingeschränkten und bedingungslosen Zugang zu gewähren, ist sicherlich hemmend, aber keineswegs eine unüberwindliche Barriere, falls sich die USA zu einem einseitigen Vorgehen entschließen. Dennoch gibt es Hindernisse. Die Art der Besetzung, die zu den gewünschten Ergebnissen führen könnte, erfordert nicht nur eine viel größere Landarmee als in Afghanistan, sondern bedeutet auch beträchtliche Verluste an Menschenleben und eine viel längere Anwesenheit vieler amerikanischer Soldaten. Und das selbst dann, wenn der Sieg in irgendeiner Form errungen werden kann. Es ist keineswegs klar, dass die US-amerikanische Öffentlichkeit, so nachgiebig und dumm-patriotisch sie auch sein mag, bereit ist, ihren eigenen Jungs eine derartig langwierigen Kriegssituation zuzumuten. Und wenn die USA einfach nur einmarschieren, zerstören und wieder abziehen, ist das Ergebnis noch weniger vorhersehbar. Wird der Irak in drei Einheiten zerfallen – Kurden, Schiiten und Sunniten –, während alle möglichen Banden untereinander um den Zugriff auf die Ressourcen kämpfen? Das scheint das wahrscheinlichste Ergebnis zu sein, aber diese Art von Chaos ist einer langfristigen Ausbeutung der Ressourcen kaum förderlich. Scharon hat die Palästinenser mit unsäglicher Grausamkeit und völlig ungestraft umgebracht, und dennoch hat es in der arabischen Welt keine spürbaren Erschütterungen gegeben; wird die gleiche Ruhe auch nach der Zerstörung und Besetzung des Irak herrschen? Das kann man nicht genau vorhersagen. Möglicherweise sind wir jedoch in eine Situation geraten, in der die USA bereits zu weit gegangen sind, um sich jetzt zurückzuziehen. Zugleich könnten die Iraker den USA mehr Schwierigkeiten bereiten, als diese erwartet haben. Was dann?

Wann wird der Krieg kommen, wenn er denn kommen sollte? Wahrscheinlich nicht vor den US-amerikanischen Zwischenwahlen Anfang November dieses Jahres, aber auch nicht viel später, da Bush danach etwa achtzehn Monate Zeit hat, um sein Werben für eine Besetzung des Irak zu beenden, bevor die eigene Wiederwahlkampagne beginnt. So wirklich beantworten kann diese Frage also niemand.

31. JANUAR 2003

Die US-amerikanischen Pläne und globale Komplizenschaft

Angesichts der Tatsache, dass bereits 120.000 US-amerikanische Soldaten in der Golfregion stationiert sind, im ganzen Land Reservisten einberufen werden und die USA von einer Kriegshysterie ergriffen sind, die sich von den führenden Politikern über die Medien bis hin zur überwältigenden Mehrheit der Bevölkerung erstreckt, besteht kein Zweifel mehr daran, dass es eher früher als später zu einer umfassenden Invasion – und möglicherweise einer Besetzung – des Irak durch die USA kommen wird. Das alles geschieht, obwohl die von den Vereinten Nationen ernannten Waffeninspektoren, die auf Geheiß der USA arbeiten, bisher keine Beweise dafür erbracht haben, dass der Irak Massenvernichtungswaffen, seien es nukleare, biologische oder chemische, besitzt oder herstellen kann.[29] Die USA scheinen entschlossen zu sein, mit ihren Plänen fortzufahren, unabhängig davon, ob ihre Behauptungen belegt oder widerlegt sind, wobei es auch möglich ist, dass in absehbarer Zeit irgendwelche Beweise fabriziert werden. In jedem Fall wird die Invasion kommen, weil sie Teil eines viel größeren, unflexiblen globalen Plans ist, auf den wir weiter unten eingehen. Bevor wir mit dieser umfassenderen Analyse fortfahren, ist es jedoch wichtig, einige wichtige Punkte in Erinnerung zu rufen; hervorstechende Besonderheiten der Situation, wie sie sich in der unmittelbaren Vergangenheit darstellte.

29 In einem Bericht mit dem seltsamen Titel *„US Decision On Iraq Has Puzzling Past“* („Die US-amerikanische Entscheidung über den Irak hat eine rätselhafte Vergangenheit“) enthüllte die *Washington Post* vom 12. Januar 2003 folgendes: „Am 17. September 2001, sechs Tage nach den Anschlägen auf das World Trade Center und das Pentagon, unterzeichnete Präsident Bush ein zweiseitiges Dokument mit dem Vermerk ‚TOP SECRET‘ (‚streng geheim‘), in dem der Plan für einen Krieg in Afghanistan als Teil einer globalen Kampagne gegen den Terrorismus dargelegt wurde. Fast wie in einer bloßen Randbemerkung wies das Dokument das Pentagon auch an, mit der Planung militärischer Optionen für eine Invasion des Irak zu beginnen, sagten hochrangige Regierungsbeamte.“

In einem Artikel, der vor einigen Monaten veröffentlicht wurde („Im Schatten des permanenten Krieges", vorheriges Kapitel in diesem Band), hatte ich darauf hingewiesen, dass das anglo-amerikanische Bombardement des Irak bereits länger dauert als der Krieg der USA gegen Vietnam, ja länger als die beiden Weltkriege zusammen. Es begann mit dem Golfkrieg von 1991, der in einem sehr wichtigen Sinne nie zu Ende gegangen ist. Damals, vor etwa zwölf Jahren, legte Bush Senior, der Vater des jetzigen US-Präsidenten, erstmals fest, dass der Sturz von Saddam Hussein und die vollständige Herrschaft über den Irak ein Hauptziel sei. Die USA sind davon nie abgerückt. Der einzige Grund, warum die drohende Invasion nicht schon früher erfolgte, ist, dass das Ziel, Saddam Hussein zu stürzen und die irakische Armee zu besiegen, dank der überwältigenden militärischen Überlegenheit zwar sehr schnell erreicht werden könnte, die USA aber nie ganz sicher waren, was auf diesen Sieg folgen würde. Während die USA also mit verschiedenen mehr oder weniger fragwürdigen Szenarien jonglierten, nahmen sie mit ihrer unablässigen Kriegstreiberei ein Land mit 22 Millionen leidenden Menschen in Geiselhaft.

In einem Beitrag, den Victor Marshall am 5. Januar 2003 für die *Los Angeles Times* verfasste, erinnert er uns an einige dieser Leiden: „Eine Mission der Vereinten Nationen beschrieb im März 1991 die alliierten Bombenangriffe auf den Irak als ‚nahezu apokalyptisch' und sagte, sie drohten, ‚eine ziemlich stark urbanisierte und mechanisierte Gesellschaft in ein vorindustrielles Zeitalter zurückzuversetzen.' […] Eine spätere demografische Studie des *US Census Bureau* kam zu dem Schluss, dass der Irak wahrscheinlich bereits 145.000 Tote zu beklagen hat – 40.000 militärische und 5.000 zivile Opfer während des Krieges und 100.000 Tote in der Nachkriegszeit aufgrund von Gewalt und gesundheitlichen Problemen. Der Krieg verursachte auch mehr als fünf Millionen Flüchtlinge. Nach Angaben der Ernährungs- und Landwirtschaftsorganisation der Vereinten Nationen (FAO) und anderer internationaler Organisationen haben die nachfolgenden Sanktionen schätzungsweise mehr als eine halbe Million irakischer Kinder getötet." Gleichzeitig wurde die US-amerikanische Luftwaffe eingesetzt, um die irakische Infrastruktur und Industrie zu zerstören beziehungsweise zumindest lahmzulegen. Dazu gehörte die Vernichtung von Elektrizitätswerken und Raffinerien, wodurch der Irak 92 Prozent seiner Stromkapazität und 80 Prozent seiner Ölproduktionsfähigkeit einbüßte, ganz zu schweigen von den zerstörten petrochemischen Komplexen, Telekommunikationszentren (einschließlich 135 Telefonnetzen), Brücken (mehr als 100), Straßen, Autobahnen, Eisenbahnlinien, hunderten Lokomotiven und Güterwaggons, Rundfunk- und Fernsehsendern, Zementfabriken und Anlagen zur Herstellung von Aluminium, Textilien, elektrischen Kabeln und medizinischem Material. Die Schäden wurden vom Arabischen Währungsfonds auf 190 Milliarden Dollar geschätzt.

Nachdem dies alles vor etwa einem Jahrzehnt geschehen ist, hat die anglo-amerikanische Achse ihren Druck auf vielfältige Weise aufrechterhalten. US-amerikanische Beamte gaben insgesamt sieben Putschversuche bereits öffentlich zu; wie viele weitere es waren, wissen wir nicht. Das Scheitern dieser Putschversuche wird gelegentlich als Grund dafür angeführt, dass nichts anderes als eine umfassende Invasion Aussicht auf Erfolg hat. Zunächst wurde der gesamte Irak und später ein großer Teil zur Flugverbotszone erklärt, in der die anglo-amerikanischen Mächte es der Regierung des Landes nicht gestatten, ihre eigenen Flugzeuge zu nutzen. Das stellt eine eklatante Verletzung der irakischen Souveränität dar und hat keinerlei Grundlage im Völkerrecht oder in einer Resolution des Sicherheitsrates. Auch haben die USA und ihre Verbündeten den größten Teil des Landes nach Belieben bombardiert, wiederum ohne jegliche Zustimmung des Sicherheitsrates. Die Umwandlung des Sicherheitsrats in ein Instrument zur Durchsetzung der eigenen nationalen Interessen ist in der Tat ein einzigartiger Erfolg der Vereinigten Staaten und ihrer willenlosen Verbündeten in dieser Zeit. Das gilt sowohl in Bezug auf den Irak und Palästina als auch in Hinblick auf die verschiedenen Teile des ehemaligen Jugoslawiens. Nur auf Drängen der USA hat der Sicherheitsrat dem Irak die drakonischsten Sanktionen auferlegt, die je gegen ein Land verhängt wurden. Im Gegensatz dazu unternahm dieser absolut nichts, um die USA und Großbritannien für die jede völkerrechtliche Grundlage entbehrenden „Flugverbotszonen“ zu bestrafen. In der Zeitschrift *Foreign Affairs* (*„Sanctions of Mass Destruction“*, Mai/Juni 1999) wiesen Karl und John Mueller darauf hin, dass diese Sanktionen mehr Iraker töteten, als durch „alle Massenvernichtungswaffen in der Geschichte der Menschheit“ getötet worden sind. Denis Halliday, ehemaliger stellvertretender Generalsekretär der Vereinten Nationen und UN-Koordinator für humanitäre Hilfe im Irak von 1997 bis 1998, meinte in seiner jüngsten Rede in Kairo diesbezüglich: „Wir haben einen UN-Sicherheitsrat, der außer Kontrolle geraten ist. Ein Rat, der von den USA, der einzigen Hypermacht, korrumpiert und durch das Vetorecht der fünf ständigen Mitglieder unterminiert wird.“ Weiter sei die Behauptung, der Irak besitze

Massenvernichtungswaffen, eine „Washingtoner Fiktion", und die Sanktionen gegen den Irak, die seit zwölf Jahren in Kraft sind und unsägliches Leid über Millionen von Menschen gebracht haben, „beruhen auf US-amerikanischen Kriegsverbrechen" und seien eine „andauernde kollektive Bestrafung des irakischen Volkes".[30]

Unter dem Deckmantel der „Flugverbotszonen" und mittels unaufhörlicher Bombardierung haben die USA versucht, eine Parallelregierung ihrer Wahl zu installieren, die in den von den USA geschützten kurdischen Gebieten im Nordirak stationiert ist und aus dem Irakischen Nationalrat (INC) besteht. Letzterer wurde von den USA unter der Schatten-Führung von Ahmed Chalabi ins Leben gerufen. Er ist der Spross einer monarchistischen irakischen Familie und wurde vor einigen Jahren vom Zentralgericht in Amman wegen Veruntreuung von Geldern der jordanischen Petra-Bank in Abwesenheit zu insgesamt 34 Jahren Zwangsarbeit verurteilt. Dieser Chalabi gilt als großer Favorit der rechtsextremen Falken im Pentagon, die allgemein als „Wolfowitz-Kabale" bekannt sind – benannt nach dem stellvertretenden Außenminister Paul Wolfowitz. Er könnte dem Irak auf ähnliche Weise aufgezwungen werden, wie Afghanistan Hamid Karzai, der ehemalige Angestellte der UNOCAL Corporation, diktiert wurde. Die CIA soll 100 Millionen Dollar in die Unterstützung dieser Marionette und ihrer Basis im Nordirak investiert haben, die dann 1997 von der irakischen Armee zerschlagen wurde, wobei Chalabi nach Großbritannien entkam. Tausende seiner Anhänger flohen in die Türkei und vielleicht ebenso viele ließen ihr Leben im Kampf gegen die irakischen Truppen. Eine der Folgen dieses Missgeschicks war, dass die CIA das Vertrauen in Chalabi verlor, während die Anhänger der Wolfowitz-Verschwörung im Pentagon, die nur über wenig Erfahrung verfügen, noch an ihn glaubten. Als Folge verließ sich die CIA bei der Informationsbeschaffung weiterhin auf ihre eigenen professionellen Agenten, während die Vertreter im Pentagon, die von der CIA nicht die gewünschten Informationen erhielten, eine eigene parallele Agentur gründeten, die mehr auf Chalabi und seine „Dissidenten" hört. Die Informationen dieser angeheuerten „Dissidenten" sollen bald zur Rechtfertigung einer umfassenden Invasion verwendet werden. Die USA haben die UN-Waffeninspektoren auch angewiesen, irakische Wissenschaftler zum

30 Siehe Anhang: „Bericht an den UN-Sicherheitsrat: Irak" des ehemaligen US-amerikanischen Generalstaatsanwalts Ramsey Clarke.

Überlaufen zu bewegen. Sobald sie in US-amerikanischem Gewahrsam sind, sollen sie die selbstfabrizierten „Beweise" bestätigen, die von den Dissidenten vorgelegt werden.

Diese starke Fokussierung der USA auf den Irak hat in letzter Zeit noch einmal bemerkenswerte Wendungen genommen. Wir wissen heute, dass US-Verteidigungsminister Rumsfeld am Morgen des 12. September 2001, dem Tag nach den Anschlägen auf das World Trade Center, energisch für eine Invasion des Irak als primäres Ziel plädierte. Er ließ sich erst durch die Argumentation von Außenminister Colin Powell, dass Al-Qaida eindeutiger mit Afghanistan verbunden ist, dass Afghanistan leichter einzunehmen und zu erobern sei und dass die USA nicht auf zwei Kriegsschauplätzen gleichzeitig tätig sein sollten, davon abbringen. Ein Monat später, am 13. Oktober 2001, enthüllte die *International Herald Tribune*, dass das im Pentagon ansässige *Defence Policy Board*, eine einflussreiche, überparteiliche Gruppe nationaler Sicherheitsexperten, am 19. und 20. September neunzehn Stunden lang getagt hatte. Die Mitglieder des Gremiums waren sich schließlich einig, „dass es notwendig sei, sich dem Irak zuzuwenden, sobald *die Anfangsphase* des Krieges gegen Afghanistan und Osama bin Ladens Organisation beendet sei" (Hervorhebung hinzugefügt). Das Datum der Sitzung (19. und 20. September) ist bezeichnend: Sie fand zeitgleich mit der im Fernsehen übertragenen Rede vor der gemeinsamen Sitzung des US-Kongresses statt, in der Bush bekanntlich seinen „globalen Krieg gegen den Terror" erklärte. Die Zusammensetzung des 18-köpfigen, parteiübergreifenden Gremiums ist wohl noch signifikanter als die Sitzung selbst, da ihm Harold Brown, der Verteidigungsminister von Präsident Jimmy Carter, der ehemalige Außenminister Henry Kissinger, James Woolsey, der Direktor des zentralen Geheimdienstes in der Clinton-Regierung, Admiral David Jeremiah, der ehemalige stellvertretende Vorsitzende der Joint Chiefs of Staff, der ehemalige Vizepräsident Dan Quayle und James Schlesinger, ein ehemaliger Verteidigungs- und Energieminister, angehörten.

Bei diesem Treffen wurde der ehemalige CIA-Chef Woolsey angewiesen, nach Europa zu reisen, um (a) Informationen zu „finden", die den Irak mit den Ereignissen des 11. September in Verbindung bringen, und (b) sich mit den in London ansässigen irakischen „Dissidenten" (Chalabi und Co.) über die Möglichkeit zu beraten, im Irak Aufstände anzuzetteln. In demselben Bericht der *International Herald Tribune* wird Newt Gingrich, der berüchtigte ehemalige Sprecher des US-amerikanischen Repräsentantenhauses und Mitglied des *Defence Policy Board*, mit den folgenden Worten zitiert: „Wenn wir diesen Moment nicht nutzen, um Saddam Hussein zu ersetzen, nachdem wir die Taliban abgelöst haben, schaffen wir die Voraussetzungen für eine Katastrophe." In dem Bericht heißt es weiter, dass die Gruppe „den Grundstein für eine Strategie legen sollte, die den Einsatz von Luftunterstützung und die Besetzung des Südiraks durch amerikanische Bodentruppen vorsieht, um eine irakische Oppositionsgruppe mit Sitz in London an der Spitze einer neuen Regierung zu installieren. [...] Im selben Zug würden die amerikanischen Truppen auch die Ölfelder um Basra im Südosten des Irak erobern und das Öl verkaufen, um die irakische Opposition im Süden und die Kurden im Norden zu finanzieren."

Wir werden auf diese ziemlich fantastisch anmutende „Strategie" noch zurückkommen, aber diese Gruppe und insbesondere ihre führenden Köpfe wie Wolfowitz selbst und Richard Perle, der den Vorsitz innehatte, sollten uns noch etwas länger beschäftigen. Jene beiden, ebenso wie der jetzige Vizepräsident Cheney, waren während der Regierung von Bush Senior prominente Persönlichkeiten im Pentagon. Sie gründeten damals – zusammen mit Donald Rumsfeld, Lewis Libby (Cheneys Stabschef), William Bennet (Reagans Bildungsminister) und Zalmay Khalilzad (Bushs Botschafter in Afghanistan) – das wichtige Thinktank *„Project for the New American Century"* (PNAC). Es gehörte seinerseits zu einer Kette von rechten Denkfabriken wie dem American Enterprise Institute, dem Hudson Institute, dem Institute for Democracy usw. Jason Vest von *The Village Voice* (21.-27. November 2001), Neil Mackey vom *Sunday Herald* (15. September 2002) und John Pilger vom *New Statesman* (16. Dezember 2002) zählen zu den Journalisten, die unsere Aufmerksamkeit auf den bahnbrechenden Bericht des PNAC, *„Rebuilding America's Defences: Strategy, Forces and Resources for a New Century"* („Der Wiederaufbau der amerikanischen Verteidigung: Strategie, Streitkräfte und Ressourcen für ein neues Jahrhundert") aufmerksam machten. Er wurde als Entwurf amerikanischer Ziele für Bush Junior verfasst, bevor der die Präsidentschaftswahlen tatsächlich gewann – oder, besser gesagt, stahl. Pilger fasste inhaltlich zusammen: „Vor zwei Jahren wurde in diesem Bericht eine Erhöhung der Rüstungsausgaben um 48 Milliarden Dollar empfohlen, damit Washington ‚mehrere, gleichzeitig stattfindende Kriege auf großen Schauplätzen führen und gewinnen' könne. Dies ist nun geschehen. Der Bericht empfahl weiter, dass die Vereinigten Staaten ‚Bunkerbrecher'-Atomwaffen entwickeln und ‚Sternenkriege'

(*‚star wars‘*) zu einer nationalen Priorität machen sollten. Auch dies ist bereits geschehen. Und in dem Bericht heißt es schließlich, dass im Falle einer Machtübernahme durch Bush der Irak zum Ziel werden sollte. Und genau so ist es auch gekommen."

In dem PNAC-Bericht wurden die weltweit expandierenden US-amerikanischen Streitkräfte als „die Kavallerie an der neuen amerikanischen Grenze" bezeichnet. Es wird darin außerdem empfohlen, dass die USA die Vereinten Nationen bei „friedenserhaltenden" Projekten ersetzen; dass Stützpunkte in Saudi-Arabien, Kuwait und anderswo am Golf auch nach dem Sturz Saddam Husseins behalten werden; dass die USA einen „Regimewechsel" in China förderten und eine „Aufstockung der amerikanischen Streitkräfte in Südostasien" vornehmen; dass man „US-amerikanische Weltraumstreitkräfte" schaffen sollte, um die Vorherrschaft im All und auch die totale Kontrolle über den Cyberspace zu gewährleisten. Weiters wurde angeregt, dass die USA die Entwicklung „fortgeschrittener Formen der biologischen Kriegsführung" in Erwägung ziehen sollten; und der Bericht nennt Nordkorea, Libyen, Syrien und den Iran als diejenigen Staaten, die die Einrichtung eines „weltweiten Kommando- und Kontrollsystems" seitens der USA erforderlich machten. Neil Mackay weist darauf hin, dass „der PNAC-Entwurf ein früheres Dokument von Wolfowitz und Libby unterstützt, in dem es heißt, die USA müssten ‚fortgeschrittene Industrienationen davon abhalten, die Führungsrolle der USA herauszufordern oder gar eine größere regionale oder globale Rolle anzustreben'". Dieser Aspekt der Empfehlung richtet sich eindeutig gegen Japan und Westeuropa.

Es mutet heute, nach dem 11. September 2001, eher unheimlich und befremdlich an, dass dieser Bericht, der ein Jahr zuvor verfasst wurde, tatsächlich nahelegte, dass das, was Amerika als Rechtfertigung für die Umsetzung seiner globalen Ziele für das 21. Jahrhundert braucht, „ein katastrophales und katalysierendes Ereignis, wie etwa ein neues Pearl Harbor", wäre. Als die Bilder der Tragödie des World Trade Centers tagtäglich in der ganzen Welt gezeigt wurden, verglichen Dutzende von Kommentatoren dieses Ereignis dann in der Tat immer wieder mit Pearl Harbor, bis sich die Analogie – die beiden großen und bösen Angriffe auf Amerika – unauslöschlich in die Köpfe der Zuschauer, insbesondere in den Vereinigten Staaten, eingebrannt hatte. Und die Tragödie tausender trauernder Familien wurde bald zur großen Chance für das Imperium. Nicholas Lemann enthüllte im *New Yorker* im April 2002, dass Condoleeza Rice, Bushs Nationale Sicherheitsberaterin, ihm sagte, sie habe ihre hochrangigen Offiziere angerufen und sie gebeten, darüber nachzudenken, „wie man aus diesen Gelegenheiten Kapital schlagen kann".

Was das militärische Konzept betrifft, so drehten sich die Überlegungen im Wesentlichen um eine Frage: Sollen die USA mehrere Kriege gleichzeitig führen (eine Ansicht, die von vielen im Pentagon vertreten wird) oder sollen sie bestimmte kleine Feinde rund um den Globus einzeln angreifen (die Ansicht von Powell)? James Webb, ehemaliger stellvertretender Verteidigungsminister und Marineminister während der Reagan-Regierung, ist der Ansicht, dass diese Debatte und die unbeirrbare Konzentration auf den Irak schon seit über zehn Jahren andauern. Wie er es ausdrückt, handelt es sich um „ein Zerwürfnis, das bis zum Golfkrieg selbst zurückreicht, als die Neokonservativen lautstark eine MacArthur'sche Regentschaft in Bagdad' forderten" (*Washington Post*, 4. September 2002). Mit anderen Worten plädierten die USA all die Jahre für eine umfassende US-amerikanische Besatzung im Irak, die lange genug dauern solle, um das Land so umzugestalten, wie die USA den japanischen Staat nach dem Zweiten Weltkrieg umgestaltet haben. Webb selbst, der als ehemaliger Marineoffizier bekennt, überzeugter Republikaner zu sein, liefert unwiderlegbare Argumente, warum dies reine Fantasie ist. Dennoch hat diese Art von Argumenten nach dem 11. September großen Auftrieb erhalten, vor allem, weil die Vertreter dieser Ansicht nun die volle Kontrolle über die US-amerikanische Militärpolitik im Pentagon haben. So berichtete Jason Vest bereits im November 2001: „Laut Quellen aus dem Pentagon und den Geheimdiensten schickte das *Project for the New American Century* – eine kriegstreiberische, private politische Gruppe, deren Mitglieder sich mit dem offiziellen *Defence Policy Board* überschneiden – Mitte September nach einer zweitägigen Konferenz einen Brief an Präsident Bush. Darin wurde erklärt, dass das Versäumnis, Saddam Hussein unverzüglich zu beseitigen, eine ‚entscheidende Kapitulation im Krieg gegen den Terrorismus' bedeuten würde. Ominöserweise hieß es in dem Papier auch, dass ‚die Regierung angemessene Vergeltungsmaßnahmen gegen diese bekannten staatlichen Förderer des Terrorismus in Erwägung ziehen sollte, falls Syrien und der Iran sich weigerten, jegliche Unterstützung für die Hisbollah einzustellen.' […] Perles Rat für Verteidigungspolitik sandte Bush auch ein Schreiben, in dem er empfahl, alle Maßnahmen zu ergreifen, um den bis dahin dubiosen und ineffektiven Irakischen Nationalkongress von Ahmed Chalabi als neue Führung in Bagdad zu installieren, unterstützt durch die Entsendung US-amerikanischer Truppen zur Sicherung der irakischen Ölfelder."

Am 2. Dezember 2001 berichtete der *Observer*, dass „Amerika beabsichtigt, Saddam Hussein durch bewaffnete Unterstützung der irakischen Oppositionskräfte im ganzen Land zu stürzen. [...] Präsident George W. Bush hat die CIA und seine hochrangigen militärischen Befehlshaber angewiesen, detaillierte Pläne für eine Militäroperation auszuarbeiten, die innerhalb weniger Monate beginnen könnte [...] die Planung erfolgt unter der Schirmherrschaft des US-amerikanischen Zentralkommandos auf dem Luftwaffenstützpunkt McDill in Tampa, Florida, geleitet von General Tommy Franks, der auch den Krieg gegen Afghanistan angeführt hat." Derselbe Tommy Franks gab später zu Protokoll, dass die Nachkriegsregelungen für den Irak die Stationierung umfangreicher US-amerikanischer Truppen für eine lange Zeit nach dem Vorbild Südkoreas (wo US-amerikanische Truppen seit einem halben Jahrhundert stationiert sind) erfordern werden. Dies geht natürlich weit über die frühere Idee einer kurzfristigen „MacArthur'schen Regentschaft" hinaus. General Tommy Franks stellt sich offensichtlich vor, ein Prokonsul auf Lebenszeit zu sein, und dann von ähnlichen eingestellten Prokonsuln bis in die Unendlichkeit abgelöst zu werden.

Im Februar 2002 erklärte Colin Powell, der in Jamaika geborene und als gemäßigte und besonnene Stimme in der Bush-Regierung geltende Außenminister, dass die Frage der UN-Waffeninspektionen irakischer Einrichtungen irrelevant geworden sei und sich die USA in jedem Fall für die Beseitigung von Saddam Hussein einsetzen würden. Afghanistan war zu diesem Zeitpunkt bereits erobert, und die USA fühlten sich nun sicherer, sich auf diese andere, größere Beute zu konzentrieren. Seitdem produziert der militärisch-industrielle Komplex eine neue Generation von Waffen; die USA errichteten in der gesamten Region neue Militärstützpunkte und bauten die bestehenden aus; sie haben ihre eigenen Unternehmen vorbereitet und mit anderen Ländern die Parameter für die Aufteilung des irakischen Ölreichtums ausgehandelt; sie haben die mächtigeren Länder überredet und die schwächeren eingeschüchtert, ihnen eine Resolution des Sicherheitsrats zu ermöglichen, die leicht als Erlaubnis zum Krieg ausgelegt werden kann, falls der Irak eine der unmöglichen Forderungen der USA nicht erfüllt, einschließlich eines „Regimewechsels", also mit anderen Worten die Einsetzung einer von den USA bestimmten Klientelregierung. Inzwischen schlossen sich natürlich fast alle

Nachbarn des Irak, von Katar bis zur Türkei, den USA an, ebenso wie die Großmächte Frankreich, Deutschland und Russland.

Ich habe diese Vorgeschichte des Irakkriegs hier nachgezeichnet, um zu verdeutlichen, wie vorhersehbar die jüngsten Ereignisse waren und wie sehr der Irak im Mittelpunkt eines sich entfaltenden strategischen Plans von globaler Tragweite steht. Dieser Plan wurzelt in der Tatsache, dass wir in einer äußerst gefährlichen Phase der Geschichte leben, in der (a) die Vereinigten Staaten über mehr Macht verfügen als je ein imperiales Zentrum in der gesamten Menschheitsgeschichte, und das, ohne dass es nennenswerte Konkurrenten gibt; (b) die Vereinigten Staaten nicht nur von der üblichen republikanischen Rechten regiert werden, sondern von einem Regime, das so weit rechts steht, dass einige der berüchtigtsten US-Präsidenten dieses Jahrhunderts, von Teddy Roosevelt bis Richard Nixon, geradezu zivilisiert erscheinen; (c) der Kern dieser rechtsextremen Eiferer den US-amerikanischen Militärapparat so vollständig in Beschlag genommen hat, dass sich das Pentagon zu einer Art autonomem Machtzentrum entwickelt, das sogar die CIA als zu liberal und vorsichtig verachtet. (Perle soll gesagt haben, dass die Informationen, die sie von der CIA erhalten, „das Papier nicht wert sind, auf dem sie geschrieben stehen"; und er hat Rumsfeld dabei unterstützt, parallele Agenturen zu schaffen, die den rechtsextremen Vertretern gegenüber loyaler sind.)

In der *London Review of Books* hat Anatol Lievan, Senior Associate bei der Carnegie Endowment for Peace in Washington, diese rechtsextremen Eiferer ganz richtig als „die dominierenden neokonservativen Nationalisten" und, noch deutlicher, als Vertreter eines „antimuslimischen amerikanischen Nationalismus" bezeichnet. Jedes Mitglied dieser Kabale unterhielt und unterhält nach wie vor äußerst enge Beziehungen zu den Führern des Likud, der Regierungspartei Scharons in Israel. In deren eigenen politischen Formationen wiederum spielen Perle und Wolfowitz eine herausragende Rolle, so dass wir neben der historischen Angleichung der US-Politik und der Israels auch eine neue, äußerst gefährliche Konvergenz zwischen der politisch organisierten extremen Rechten in den beiden Ländern sowie eine historisch beispiellose Übereinstimmung zwischen dem expansionistischen Militarismus des Zionismus und dem amerikanischen christlich-fundamentalistischen Messianismus erleben. Abgesehen von der Schlüsselfrage des Öls ist der Irak deshalb so zentral in ihren Überlegungen, weil er, in Frieden und Wohlstand belassen, das letzte verbleibende arabische Land wäre, das sich Israel wirksam widersetzen könnte. Und zwar im Rahmen seines eigenen Bestrebens, als Führer des säkularen arabischen Nationalismus aufzutreten, der die einzige Ideologie darstellt, die in der Lage ist, die immense antiimperialistische Stimmung, die in der arabischen Welt vorherrscht, nutzbar zu machen.[31]

Umgekehrt wird Israel im Falle einer umfassenden Invasion des Irak wahrscheinlich nicht nur die Zerstörung der Palästinensischen Autonomiebehörde beschleunigen und den Palästinensern ein neues Regime aufzwingen, das aus seinen Kollaborateuren besteht. Es wird auch nach Möglichkeiten suchen, die Abwanderung möglichst vieler Palästinenser aus dem Westjordanland und dem Gazastreifen in Nachbarstaaten wie Jordanien und Ägypten zu intensivieren. Im schlimmsten Fall ist sogar ein israelischer Militäreinsatz in Syrien und im Libanon nicht auszuschließen. Sollte dieser Plan aufgehen, wäre der Iran das nächste Ziel. Etwa 12 Prozent der israelischen Luftwaffe befinden sich bereits in der Südosttürkei, und Teile davon fliegen routinemäßig über die iranische Grenze, um Geheimdienstinformationen zu sammeln, zu provozieren und so weiter. Die USA und Israel fördern auch den azarischen Separatismus im Iran, möglicherweise mit Unterstützung der Türkei. Ein Angriff auf den Iran unter dem Vorwand des iranischen Atomprogramms kann jederzeit vorbereitet werden.[32] Ähnlich gefährlich ist es, wenn Saudi-Arabien feststellt, dass es in seinem eigenen Interesse liegt, weniger nachgiebig zu sein oder wenn es im Land zu radikalen, antimonarchischen Entwicklungen kommt. Dann könnten die USA durchaus dazu übergehen, in der schiitisch dominierten Ostzone, wo sich ein Großteil der Ölvorkommen befindet, ein eigenes staatliches Gebilde zu schaffen. Dabei bleibt es natürlich unklar, welche Zukunft den Irak selbst dann erwartet.

31 Die US-amerikanische Politik in der Golfregion ist eng mit der Politik und den Interessen Israels abgestimmt, und das zionistische Element dominiert unter den Neokonservativen, die heute die US-Militärstrategie bestimmen. Es ist daher nicht wirklich möglich, die Pläne der USA in dieser Region vollständig zu verstehen, ohne gleichzeitig das Wesen des israelischen Staates, seiner Politik und seiner Strategie zu begreifen. Siehe meine Artikel *„Israel's Colonial War"* (*Frontline*, 1. März 2002), *„The Nazification of Israel"* (*Frontline*, 26. April 2002) und *„West Asia – the War that Never Ends"* (*Frontline*, 20. Juli 2002).

32 In der *New York Times* vom 16. Februar 2002 wurde US-Vizepräsident Dick Cheney mit den folgenden Worten zitiert: „Das iranische Volk sehnt sich sehr danach, die Beziehungen zu den USA und zum Westen wiederherzustellen und zu vertiefen. Gleichzeitig scheint die Regierung aber auch bestrebt zu sein, den Friedensprozess im israelisch-palästinensischen Konflikt zu zerstören. Und wir haben nur allzu viele Beispiele für ihre aktive Unterstützung des Terrorismus und ihre, wie der Präsident neulich in seiner Rede zur Lage der Nation sagte, ‚unermüdlichen Bemühungen um die Entwicklung von Massenvernichtungswaffen' gesehen."

Für die USA wäre es leicht, Saddam Hussein zu entmachten; und es ist sehr wahrscheinlich, dass die irakische Armee unter dem unerträglichen militärischen Druck zerfällt; einige Kommandeure dürften sogar zu den Vereinigten Staaten überlaufen. Es ist jedoch sehr unwahrscheinlich, dass Männer wie Chalabi in der Lage sind, im Irak eine stabile, auch nur annähernd populäre Regierung zu bilden. Viel wahrscheinlicher sind massive Unruhen, bei denen die verschiedenen Ethnien in einem nicht enden wollenden Kampf um die Kriegsbeute gegeneinander ausgespielt werden. Die andauernden Auseinandersetzungen zwischen kurdischen, turkmenischen und arabischen Gruppen in der ölreichen Region um Kirkuk, die auf den Zerfall der irakischen Zentralbehörde unter anglo-amerikanischem Druck zurückzuführen sind, bieten vielleicht schon einen Vorgeschmack auf die Dinge, die nach der vollständigen Invasion kommen werden. Lieven formuliert dies in dem bereits erwähnten Artikel wie folgt: „Der geplante Krieg gegen den Irak zielt ja nicht nur auf die Beseitigung von Saddam Hussein, sondern auf die Zerstörung der Struktur des sunnitisch dominierten arabisch-nationalistischen irakischen Staates, wie er seit Gründung des Landes besteht. Die ‚Demokratie', die im Irak eingeführt werden soll, wird vermutlich derjenigen Afghanistans ähneln – eine marode Koalition aus unterschiedlichen ethnischen Gruppen und Kriegsherren, die komplett von der US-amerikanischen Militärmacht abhängig und den Wünschen der USA (und Israels) völlig unterworfen ist." In der Zwischenzeit scheint es auch möglich, dass das Ausmaß der Unruhen einerseits und der hohe Einsatz für die Etablierung des eigenen Ölmonopols andererseits die Vereinigten Staaten dazu zwingen wird, eine beträchtliche Anzahl eigener Truppen im gesamten Irak zu stationieren und eine Art „indirekte Herrschaft" im Stil der Blütezeit des Kolonialismus über die ethnischen Gruppierungen zu errichten.

In einer viel umfassenderen geopolitischen Perspektive wird das vollständige Monopol über das Öl, den strategisch bedeutendsten Rohstoff der Welt, von diesen „neokonservativen, amerikanischen Nationalisten" als eine wichtige Waffe angesehen. Das gilt nicht nur für jenes in der Golfregion und im Becken des Kaspischen Meeres, sondern auch für das von Venezuela bis Indonesien. Verwendet wird diese Waffe, um Zwang und Manipulation in den Beziehungen zu den zweitrangigen Mächten unter den fortgeschrittenen Industrieländern, Westeuropa und Japan, auszuüben, aber sicherlich auch zunehmend gegenüber China. Dies ist jedoch ein umfangreiches und komplexes

Thema, auf das wir in einem späteren Beitrag zurückkommen, wenn wir auch einige der hervorstechenden Merkmale der neuen Waffensysteme sowie die Waffen-Dollar-Petrodollar-Verbindung im militärisch-industriellen Komplex der USA näher erläutern. Schließlich ist letztere die treibende Kraft, die die imperiale Autorität kontinuierlich zum permanenten Krieg antreibt.

14. FEBRUAR 2003

Weltfrieden im Ungleichgewicht

Dieser Artikel wurde am Nachmittag des 25. Januar verfasst, einen Tag bevor die Waffeninspektoren der Vereinten Nationen dem Sicherheitsrat ihren vorläufigen Bericht vorlegen sollten. Die Schätzungen der irakischen Toten während eines Jahrzehnts gesetzloser Belagerung durch die US-amerikanisch-britische Allianz schwanken zwischen einer und anderthalb Millionen. Es ist überhaupt nicht klar, wie viele Tausende oder Hunderttausende im Zuge der bevorstehenden Invasion und des anschließenden Krieges, Chaos und Elends, die sich unweigerlich über Monate und Jahre hinziehen werden, noch sterben müssen. Unter dem Vorwand, dieses Verbrechen gegen ein ganzes Volk im Namen des hehren Ziels zu begehen, einen Diktator loszuwerden und die Welt vor dem „internationalen Terrorismus" zu schützen, hat diese gesetzlose Allianz versucht, ihre Pläne als eine Art wohlwollenden Völkermord auszugeben; Millionen müssen sterben, damit die USA den verbleibenden Irakern das Geschenk einer von ihnen als Bauherren errichteten „Demokratie" machen können, die derzeit mit Chalabi ein verurteilter Verbrecher anführt.

Unter Zwang werden jene „wohlwollenden" Völkermörder natürlich bereit sein, selbst diesen Anschein fallen zu lassen. „Wenn das Problem nicht friedlich gelöst werden kann und die Vereinten Nationen versagen, was ich nicht hoffe, dann behalten sich die Vereinigten Staaten das Recht vor, das zu tun, was sie für angemessen halten, um ihre Interessen zu verteidigen", sagte Powell, die berühmte „Taube" der Bush-Regierung, laut *BBC News* vom 23. Januar.[33] Die Formulierung ist es wert, wiederholt zu werden: „Die Verei-

33 Der Ruf von Colin Powell als „Taube" [unter „Falken" im Weißen Haus, Anmerkung der Übersetzerin], und somit als „gemäßigt" ist rätselhaft. Powell wurde erstmals während des Vietnamkriegs bekannt, als er einen Bericht zur Rechtfertigung des Massakers von My Lai verfasste, das ansonsten das liberale Gewissen in den USA erschüttert hätte, als eine Art Jallianwalla Bagh des Vietnamkriegs. Er vertrat stets die Ansicht, dass die USA

nigten Staaten behalten sich das Recht vor, das zu tun, was sie für angemessen halten, um ihre Interessen zu verteidigen" – mit anderen Worten: das Völkerrecht ist dabei egal! Die jüngste Wendung läuft jedoch darauf hinaus, dass die Vereinten Nationen höchstwahrscheinlich „untätig" bleiben, ungeachtet der außergewöhnlichen Tollkühnheit des unzuverlässigen Hans Blix. Frankreich, Russland und China – drei der fünf Länder, die im Sicherheitsrat über ein Vetorecht verfügen – vertreten den Standpunkt, dass (a) der Rat eine neue Resolution verabschieden muss, die militärische Maßnahmen genehmigt, wenn solche Maßnahmen ergriffen werden sollen; (b) die USA bisher keine Beweise für den Besitz von Massenvernichtungswaffen durch den Irak erbracht haben und die Waffeninspektoren der Vereinten Nationen diese auch nicht geliefert hätten; (c) wenn solche Beweise erbracht werden, militärische Maßnahmen eine mögliche Option sein könnten, aber auch dann zunächst eine politische Lösung gesucht werden muss.

Auch Deutschland, das zwar kein Vetorecht besitzt, aber eindeutig der mächtigste europäische Staat ist, hat erklärt, dass es definitiv nicht für eine Resolution stimmen wird, die eine umfassende militärische Invasion des Irak fordert. „Krieg ist der Beweis für das Scheitern, und es muss alles getan werden, um ihn zu vermeiden", soll der französische Präsident Jacques Chirac gesagt haben. Der französische Außenminister Dominique de Villepin wiederum deutete an, dass es in der gesamten EU – mit Ausnahme Großbritanniens – genügend Unterstützung für eine friedliche Lösung gebe: „Es ist wichtig, dass Europa in dieser Frage mit einer Stimme spricht. Wir sind mobilisiert, wir glauben, dass ein Krieg vermieden werden kann." Das europäische Belgien und China auf der anderen Seite des Ozeans verkündeten sofort, dass sie ähnliche Positionen wie Frankreich vertreten – man sei „auf der gleichen Wellenlänge", so der belgische Außenminister. Die Sprecherin des chinesischen Außenministeriums, Zhang Qiyue, setzte sich dafür ein, „die Irak-Frage mit politischen und diplomatischen Mitteln zu lösen". Um nicht zurückzubleiben, hat auch Russland erklärt, dass es keine Beweise gibt, die einen umfassenden Krieg im Irak rechtfertigen würden. Putin teilte Präsident Bush in einem Telefongespräch mit, dass „das Hauptkriterium" bei der Beurteilung

eine so überwältigende militärische Überlegenheit aufrechterhalten müssen, dass kein Rivale oder Konkurrent jemals auftaucht, der die Verfolgung der nationalen Interessen in Frage stellt, weder regional noch global.

der Lage im Irak die Ergebnisse der Waffeninspektoren sein sollten. Unterdessen berichtete die kanadische Zeitung *Globe and Mail* am 24. Januar 2003 Folgendes: „Premierminister Jean Chretien meint, dass die Vereinigten Staaten noch keine Argumente für einen Krieg mit dem Irak vorgebracht haben, und dass er US-Präsident George W. Bush gesagt hat, dass Kanada nicht will, dass die Vereinigten Staaten ohne Mandat der Vereinten Nationen angreifen. Argumentierend, dass den Waffeninspektoren der Vereinten Nationen mehr Zeit eingeräumt werden sollte, stellte ein skeptischer Herr Chretien gestern fest, er habe keine Angst, sich von Kanadas engstem Verbündeten zu lösen." Ermutigt durch diese starke Stellungnahme von unerwarteter Seite, sprach sich ein Treffen von sechs muslimischen Ländern in der Türkei, zu denen auch Saudi-Arabien, Ägypten sowie der Iran – bezeichnenderweise jedoch nicht Pakistan – gehörten, gegen eine umfassende Invasion des Irak zum jetzigen Zeitpunkt aus und empfahl diplomatische Lösungen.

Wir werden auf die Ursachen und die wahrscheinlichen Folgen dieser – zumindest augenblicklichen und plötzlich erfolgten – Erosion der globalen Komplizenschaft mit den USA noch zurückkommen. Momentan ist die befremdende Tatsache jedoch die, dass die ungezügelte Kriegstreiberei des amerikanisch-britischen Bündnisses trotz dieser Erosion weitergeht. „Deutschland entwickelte sich zum Problem, und Frankreich ebenfalls", sagte der US-Verteidigungsminister Donald Rumsfeld hochtrabend und tat sie dann verächtlich als „altes Europa" ab – als ob nur die osteuropäischen Kleinstaaten das „neue" Europa wären. Was den Verlust der Unterstützung Kanadas betrifft, das eine noch sklavischere Beziehung zu den USA unterhält als Großbritannien, so zeigte er sich ebenso nonchalant: „Es ist Sache Kanadas, zu entscheiden, was es tun will." Richard Perle, ein ehemaliger stellvertretender Verteidigungsminister (unter Ronald Reagan), der jetzt das mächtige *Defence Policy Board* im Pentagon leitet, erklärte mit der gleichen Unbekümmertheit, dass die USA mit militärischen Maßnahmen fortfahren werden, unabhängig davon, was die Waffeninspektoren finden oder nicht finden. In der Zwischenzeit geht die außerordentliche Mobilisierung des US-Militärs weiter: Truppen strömen in die Region um den Irak und Reservisten werden überall in den Vereinigten Staaten zum Dienst gerufen. Im Gegensatz zu den anderen großen EU-Staaten hat der schwachsinnige Tony Blair weitere 26.000 britische Soldaten in den Krieg beordert und die größte britische Militäraktion seit dem ebenso sinnlosen Suez-Abenteuer von 1956 versprochen, wobei er anscheinend vergaß, dass jenes Abenteuer Anthony Eden, den damaligen britischen Premierminister, in die Bedeutungslosigkeit beförderte. Es könnte die Zeit kommen, in der Blair nicht nur zwischen den USA und der EU wählen muss, sondern auch zwischen seiner Loyalität zu Bush und dem eigenen politischen Überleben in einem Land, in dem die Antikriegsstimmung bei über achtzig Prozent liegt, wie auch in Frankreich und Deutschland.

Diese Antikriegsstimmung bringt uns zu der Frage zurück, warum der Dissens im Weltstaatensystem außerhalb der USA und des Vereinigten Königreichs so stark und so plötzlich gewachsen ist. Der erste und bei weitem wichtigste Grund ist eine praktisch globale Rebellion von unten gegen einen sich anbahnenden Völkermord. Zweitens wird der Aufschwung der Antikriegsstimmung in der ganzen Welt durch das sehr beeindruckende Auftreten von Antiglobalisierungskräften ergänzt, wie sie unter anderem Massenversammlungen z. B. der Sozialforen in der ganzen Welt verkörpern. Der Albtraum in den europäischen Hauptstädten ist, dass die Antikriegsbewegung mit der Antiglobalisierungsbewegung vollständig zusammenwächst und eine weltweite antikapitalistische, antiimperialistische Rebellion von noch nie dagewesenem Ausmaß und in historisch neuartigen politischen Formen hervorbringt. Drittens gibt es gegenwärtig einen neuen Aufschwung der Linken im politischen Bereich als solchem, abseits der Antikriegsdemonstrationen und der Antiglobalisierungsversammlungen, aber zusammen mit ihnen, wie die Regierung von Chavez in Venezuela und die Wahl von Lula zum brasilianischen Präsidenten symbolisieren.

Viertens hat der Irak mit den Waffeninspektoren der Vereinten Nationen so gründlich zusammengearbeitet und das ganze Land so sehr geöffnet, dass niemand, der nicht ohnehin schon um jeden Preis und gegen alle Beweise Krieg führen will, behaupten kann, dass das Scheitern der Inspektoren, glaubwürdige Beweise vorzulegen, der Unnachgiebigkeit des irakischen Regimes geschuldet sei. Wenn die Waffeninspektoren keine stichhaltigen Beweise für Massenvernichtungswaffen vorlegen können, dann ist es sehr wahrscheinlich, dass die Fähigkeit, solche Waffen herzustellen, nicht – oder zumindest nicht *mehr* – existiert. Fünftens hat Nordkorea dem Irak, ob unbeabsichtigt oder nicht, eine Galgenfrist beschafft. Während die USA mit der vollständigen Zerstörung des Irak drohen, unter der fadenscheinigen Begründung, das Regime von Saddam Hussein verfüge über (noch nicht nachgewiesene) Massenvernichtungswaffen, lehnte Nordkorea den Atomwaffensperrvertrag trotzig ab und äußerte sich bestenfalls zweideutig über die Fähigkeit bzw. Absicht, Atomwaffen zu produzieren. Hinzu kommt noch, dass die USA Nordkorea schon seit längerer Zeit offen beschuldigen, Atomraketentechnologie an Pakistan und den Iran zu liefern. Die USA wagen es jedoch nicht, gegen Nordkorea vorzugehen, weil Südkorea dies nicht zulassen würde, geschweige denn Japan, China oder Russland. Es zeigt sich also, dass die geplante Zerstörung des Irak nur deshalb ermöglicht wird, weil das Land so verwundbar ist und ein anderes Kaliber von Untergebenen des Imperialismus seine Nachbarn sind. Diese Untergebenen agieren weitaus willfähriger als selbst Südkorea, das immer noch 37.000 US-Soldaten auf seinem Boden stationiert hat, aber in aller Ruhe anbietet, im Streit zwischen den USA und Nordkorea zu „vermitteln".

Schließlich hat die Aussicht auf Krieg die Finanzmärkte der Kernländer, einschließlich Großbritanniens, durch Schockwellen erschüttert. Niemand kann sagen, was genau passieren wird, falls die übergeschnappten US-Amerikaner und Briten tatsächlich das tun, was sie zurzeit planen. Die unterschiedlichen Gegebenheiten wurden durch den Kontrast der beiden zeitgleich stattfindenden Weltwirtschaftsforen deutlich. Einerseits dem der Globalisierungsmanager in Davos, die in Pessimismus und Irrelevanz versanken, und andererseits dem der Globalisierungsgegner in Porto Alegre, die vor Begeisterung und Aufregung über die Stärke, die die Bewegung innerhalb von etwa fünf Jahren erlangt hat, feierten. Bezeichnenderweise war Präsident Lula, Sohn eines Landarbeiters und legendärer Gewerkschaftsführer, der Stargast bei beiden Veranstaltungen. Er feierte die Expansion der Antiglobalisierungskräfte in Porto Alegre und erklärte dann den versammelten Magnaten des globalen Kapitalismus in Davos, dass eine Globalisierung im Interesse der Konzerne kaum Überlebenschancen habe und dass der Kapitalismus sich selbst reformieren müsse, wenn er überhaupt überleben wolle.

Einige dieser Faktoren verdienen es, näher erläutert zu werden. Als ich im Dezember 2002 das letzte Mal in Nordamerika weilte, war das Ausmaß der Antikriegsbewegung bereits beeindruckend – ja, geradezu berauschend. In Washington, San Francisco und New York fanden die gewaltigsten Antikriegskundgebungen seit Vietnam statt: Auch in mehr als 400 kleineren und mittelgroßen Städten der USA kam es zu diesem Zeitpunkt bereits zu größeren Demonstrationen. Erstmals war es zu Antikriegsdemonstrationen dieser Größenordnung in den USA während des Vietnamkriegs gekommen, drei

Jahre nachdem Kennedy seine Truppen dorthin entsandt hatte; jetzt fanden sie noch vor dem Beginn einer vollständigen Invasion statt. Zweitens betrafen diese Demonstrationen nun nicht mehr nur die größeren, kosmopolitisch orientierten Städte, sondern das ganze Land; und sie fanden an unerwarteten Orten statt, von denen einige als Bastionen des rechten Republikanismus galten. Des Weiteren beschränkten sich diese Demonstrationen nicht auf den Campus von Colleges und Universitäten – obwohl auch dort einiges los war. Sie wurden auch nicht nur von denjenigen angeführt, die schon gegen den Vietnamkrieg aktiv waren – obwohl es für die zweifellos aufregend war, alte Freunde wiederzusehen, die sich nun nochmals in Bewegung zeigten. Noch spannender war aber die greifbare Tatsache, dass die Bewegung bereits diejenigen erreichte, die man in den USA als „Amerikas Mitte" bezeichnet – also die breite Bürgerschaft. Nicht nur die College-Rebellen, nicht nur die Linken oder linksgerichteten Radikalen protestierten, sondern einfach die Person auf der anderen Straßenseite, die keinen triftigen Grund sah, warum einer ihrer Landsleute sein Leben in einem sinnlosen Krieg riskieren sollte. Man hatte jedoch auch das Gefühl, dass die meisten Globalisierungsgegner in Nordamerika noch nicht Teil dieser wachsenden Antikriegsbewegung waren.

Die jüngste Anti-Kriegs-Demonstration in Florenz räumte allerdings die Befürchtung aus, dass die Anti-Kriegs-Bewegung und die Anti-Globalisierungs-Bewegung getrennt bleiben oder sogar in Konkurrenz zueinander geraten könnten. Sie fand zeitgleich mit dem Europäischen Sozialforum statt und brachte 400.000 Menschen auf die Beine, nachdem zuvor schon in London etwa eine Viertelmillion demonstriert hatte. Zu diesem Zeitpunkt hatten sich beide Bewegungen, zumindest in Europa, bereits sehr stark angenähert. Unter diesem Blickwinkel erhält die Demonstration vom 18. Januar in Washington, an der – zusammen mit den Demonstrationen in den übrigen Teilen der USA und in der ganzen Welt – fast eine halbe Million Menschen teilgenommen haben sollen, eine historische Bedeutung. Allein in Washington sind inzwischen fast eine Million Menschen aus New Mexico und Alaska angereist, um die Regierenden aufzufordern, von einem ebenso sinnlosen wie unmoralischen Krieg abzusehen. Inzwischen entwickelt sich auch eine von Veteranen früherer Kriege Amerikas getragene Antikriegsbewegung. Ein von hundert Kriegsveteranen unterzeichneter offener Brief, der sich an die derzeit dienenden Soldaten richtet und sie auffordert, nicht ihren Befehlshabern, sondern ihrem Gewissen zu gehorchen, macht derzeit die Runde und wird sicher Tausende von Unterstützern finden. Der Gedanke, dass sich die Helden früherer Kriege gegen einen neuen am Horizont aufziehenden Krieg stellen, hat in der amerikanischen Bevölkerung große Resonanz und Sympathie gefunden. Selbst die *New York Times* sah sich gezwungen, in einem Leitartikel festzustellen, dass die Antikriegsbewegung diejenigen erreicht hat, die sie als *„mainstream America"* bezeichnete. Die Zeitung weigerte sich zwar, das tatsächliche Ausmaß der Demonstrationen zuzugeben, betitelte den Artikel jedoch mit *„A Stirring in the Nation"* („Ein Aufruhr in der Nation") und räumte ein, dass „die offensichtlichen Wurzeln der Demonstranten im Mainstream beeindruckend waren". Noch nie in der Geschichte gingen so viele Bürger eines Landes, das im Begriff ist, einen Krieg zu führen, auf die Straße, um ihren Protest gegen einen Angriff zu äußern, der noch gar nicht begonnen hatte. (Dies sollte uns Inder übrigens beschämen, wenn man bedenkt, dass es auf den Straßen unserer Städte keine Antikriegsdemonstrationen gab, als unsere Machthaber 750.000 Soldaten an der indisch-pakistanischen Grenze aufstellten und 100.000 Milliarden Rupien verprassten, nur um das Image der BJP als Partei aufzubauen, die uns ein „starkes" Indien verschafft).

Unter diesem Druck sank die breite Unterstützung für den Krieg in Amerika rapide und man konnte ein altbekanntes Phänomen beobachten: die Massen, die in Bewegung sind, ziehen jene Massen mit, die es noch nicht sind. Zwei Tage nach der Demonstration ergab eine *ABC*-Umfrage mit der Frage „Glauben Sie, dass es einen Grund für einen Krieg im Irak gibt?", dass 82 Prozent der Befragten der Meinung waren, dass es keinen solchen Grund gibt, und nur 18 Prozent, dass es einen gibt. Eine weitere Umfrage, die vom 16. bis 20. Januar durchgeführt wurde, offenbarte, dass Bushs eigene Zustimmungswerte auf den niedrigsten Stand seit dem 11. September 2001 gefallen waren. Zum ersten Mal zeigte sich auch, dass die Zustimmung zu seiner Wirtschaftspolitik auf bis zu 43 Prozent fiel, während die Unterstützung für seinen Umgang mit der Irak-Krise „in nur sechs Wochen um 6 bis 8 Prozentpunkte zurückging". Dieser massenhafte Dissens hat sogar die Demokratische Partei gezwungen, nicht länger nur rumzudrucksen und zumindest einige Vorbehalte gegen die extremeren Pläne ihrer rechtslastigen Regierung zu äußern.

Möglicherweise unter diesem Druck, aber auch schon allein aus Gründen der Professionalität, scheint die Kluft zwischen den Fachleuten des Militärs und der CIA auf der einen Seite und den Ideologen um Rumsfeld und Wolfowitz auf der anderen Seite immer größer zu werden. Das reicht bis hin zu Gerüchten über eine Spaltung selbst unter den Stabschefs. Einige von ihnen behaupten, Amerika sei auf die Folgen seiner „überzogenen" militärischen Pläne nicht vorbereitet.[34] „Ich denke, dass alle Stabschefs in dieser Frage Schulter an Schulter stehen", sagte ein Offizier, der die zeitweise heftige Debatte verfolgt hat. Derartige Warnungen könnten aber dennoch auf taube Ohren stoßen, da der kriegsfixierte zivile Kern auf höchster Ebene der US-Regierung politisch die extreme Rechte vertritt und wirtschaftlich Teil der *„Petrodollar-Weapondollar"*-Koalition ist. Europa wird jedoch nicht von ähnlichen Kräften beherrscht, und die Tatsache, dass die öffentliche Meinung dort zu 80 Prozent gegen den Krieg ist, zieht Konsequenzen nach sich. Der deutsche Bundeskanzler Schröder beispielsweise gewann die Wahlen mit einem Antikriegsprogramm, versuchte dann, sich davon zu distanzieren, wurde aber schließlich durch die schiere Gewalt der öffentlichen Meinung zurückgezwungen. Und zwar nicht nur in seiner eigenen Partei und nicht nur durch die Grünen, die seine Koalitionspartner sind, sondern auch durch die deutschen Konservativen, die ebenfalls mit überwältigender Mehrheit dagegen sind, dem Beispiel der USA zu folgen und in einen Krieg zu ziehen, der den ganzen Planeten erschüttern könnte. Als Reaktion darauf, dass Rumsfeld Deutschland und Frankreich als „altes Europa" attackierte, ließ die konservative *Frankfurter Allgemeine Zeitung* eine Reihe europäischer Intellektueller wie Habermas, Derrida und Debray aufmarschieren, um dieses „Europa" zu verteidigen.

Dieser europäische Widerstand kann jedoch zusammen mit dem von China und Russland auch noch andere Dimensionen annehmen. Ich selbst habe mich sehr gewundert, dass dieser Widerstand nicht früher, konsequenter und energischer aufgetreten ist. Aus Platzgründen ist eine ausführliche Erörterung der Erdölinteressen, um die es in diesem Krieg, ebenso wie im früheren Krieg gegen Afghanistan, geht, an dieser Stelle nicht möglich. Allerdings

34 Wie die *Washington Post* vom 24. Mai 2002 berichtete: „Die Generalstabschefs haben eine entschlossene Kampagne hinter den Kulissen geführt, um die Bush-Regierung davon zu überzeugen, ihre aggressive Haltung gegenüber dem Irak zu überdenken, in der ein Krieg als nahezu unvermeidlich angesehen wurde. [...] In einer Reihe von Sitzungen in diesem Frühjahr haben die sechs Mitglieder des Vereinigten Generalstabs – der Vorsitzende, Luftwaffengeneral Richard B. Myers, der stellvertretende Vorsitzende, Marinegeneral Peter Pace, und die Chefs von Heer, Marine, Luftwaffe und Marineinfanterie – eine Position ausgearbeitet, die die Schwierigkeiten einer Irak-Kampagne betont und gleichzeitig die Sinnhaftigkeit einer militärischen Konfrontation mit Saddam Hussein vorsichtig in Frage stellt."

bin ich seit geraumer Zeit davon überzeugt, dass sich das Streben der USA nach vollständiger Monopolisierung der Ölressourcen des Nahen Ostens und des Kaspischen Meeres – sowie der Ölressourcen in so weit entfernten Gebieten wie Venezuela, Nigeria und Indonesien – zumindest teilweise gegen ihre Hauptkonkurrenten in der fortgeschrittenen kapitalistischen Welt selbst richtet: die EU, Japan, China und Russland (in Bezug auf den Kapitalismus Chinas müsste man wohl eher „auf dem Vormarsch“ als bereits „fortgeschritten“ sagen). Daher habe ich nie verstanden, warum sich diese Länder nicht entschiedener gegen die Pläne der USA stellen. Es kann gut sein, dass die Experten in den Unternehmen und Regierungen dort zu begreifen beginnen, dass ihre eigene wirtschaftliche Zukunft auf dem Spiel steht, dass ein vollständiges US-amerikanisches Monopol über die strategische Ressource Öl sie auf absehbare Zeit in die zweite Reihe drängt und dass der Zeitpunkt für eine Auseinandersetzung jetzt gekommen ist: In einem Moment, in dem sogar die Massen im Nahen Osten gegen die Aussicht auf ein von den USA beherrschtes Monopol aufbegehren und selbst die Golfregime Angst vor den Folgen des von der anglo-amerikanischen Achse geplanten Völkermords haben. Da diese anderen Länder nicht von der Verbindung zwischen christlich-fundamentalistischem Messianismus und zionistischem Expansionismus angetrieben werden, wollen sie sich vielleicht auch nicht dem zu erwartenden Terrorismus aussetzen, den die amerikanische Kriegstreiberei bei Teilen der arabischen Jugend auslösen wird.

Dann ist da noch die einfache Tatsache, dass das Geld diktiert. Es spricht zu den Bankern in Europa lauter als die Stimmen der Menschen. Und der Lärm, den es macht, wird umso eindringlicher, wenn die gesendete Botschaft dieselbe ist, die die Banker von der Straße hören. Sie sind dann am empfänglichsten, wenn die Forderungen der Masse und die Forderungen des Geldes zusammenzufallen scheinen. Die britische Zeitung *The Independent* stellte am 24. Januar fest, dass „der Aktienmarkt gestern die längste Verlustserie in seiner Geschichte verzeichnete“. Der FTSE 100 Index der führenden Aktien hatte seit dem 13. Januar 80 Milliarden Pfund Sterling an Wert verloren und schloss auf dem gefährlich niedrigen Stand von 3622,2 Punkten. Zu einem früheren Zeitpunkt hatte die *Financial Services Authority*, die als Aufsicht der City fungiert, davor gewarnt, dass ein Rückgang des Index unter die Marke von 3500 durchaus für eine Reihe von Pensionsfonds zu Problemen führen könnte. In ihnen haben viele Angestellte ihre Ersparnisse und Renten angelegt. Der Kursrückgang war auf jeden Fall der Angst der Anleger vor dem Krieg und seinen möglichen Folgen geschuldet. Andere Aktienmärkte, einschließlich des US-amerikanischen, verzeichneten ebenfalls Rückgänge, wenn auch nicht immer in gleichem Ausmaß. Niemand weiß genau, was passieren wird, falls der Krieg tatsächlich ausbricht. Wenn die USA ihn nicht schnell gewinnen, die Finanzmärkte dramatisch abrutschen und sogar die Pensionsfonds in Mitleidenschaft gezogen werden, dürfte der Unmut in den tonangebenden Mittelschichten und vielleicht sogar in jenen Teilen des Großbürgertums, die nicht so viel in die *„Petrodollar-Weapondollar"*-Koalition investiert haben, stark zunehmen. Die politische Zukunft der Bushs und der Blairs sowie der extremen Rechten in den USA im Allgemeinen wird dann auf dem Spiel stehen.[35]

Die extreme Rechte hat ihre eigenen feuchten Träume als wahrscheinliches Szenario für den Krieg selbst und für das, was danach kommt, projiziert. Dabei spielt sie auch die finanziellen Kosten des Krieges herunter. Es ist sicherlich richtig, dass eine kontrollierte Dosis militärischen Keynesianismus – sagen wir, 200 Milliarden Dollar, die in die Kriegswirtschaft gesteckt werden – das Investitionsklima in der schwächelnden US-Wirtschaft durchaus ankurbeln kann. Es ist auch so, dass die USA, wenn sie alle ihre Kriegsziele erreichen, die weltweiten Erdölressourcen monopolisieren und die Erdölpreise schließlich so weit nach unten drücken werden, dass sie nicht nur die OPEC, sondern auch die russische Wirtschaft in den Ruin treiben. Zudem werden sie das Produktionsniveau, die Preise und sogar den Zugang zu den zentralen Rohstoffressourcen der Welt kontrollieren, von denen sich etwa 70 Prozent in der Golfregion und im Becken des Kaspischen Meeres befinden dürften. Dabei werden nicht nur die verschiedenen US-amerikanischen Konzerne, son-

35 Im Nachhinein kann man sagen, dass drei Dinge passiert sind. Erstens war die praktische Demonstration der Antikriegsstimmung *vor* der Invasion, also als sie noch vermeidbar schien, unendlich viel stärker. Als die Invasion begann und Bagdad so schnell fiel, sammelte sich die Bevölkerung in den USA und im Vereinigten Königreich hinter ihren Führern und Armeen, wie es in Kriegszeiten üblich ist, während die meisten anderen, die gegen den Krieg waren, sich hilflos fühlten. Zweitens war die überwältigende wirtschaftliche und militärische Macht der USA für die potenziellen Konkurrenten schließlich unwiderstehlich, und auch sie fielen einer nach dem anderen in sich zusammen. Drittens hat die Instabilität der Märkte die Entschlossenheit gestärkt, einen verheerenden Angriff durchzuführen und ihn schnell zu beenden, damit das Vertrauen der Investoren zurückkehrt. Erst jetzt, einige Monate nach der großen Invasion, wo sich Widerstand regt und die Kosten des Krieges von Woche zu Woche steigen, nehmen sowohl die Antikriegsstimmung als auch die Ängste an den Märkten wieder zu.

dern auch Bush, Cheney, Condoleeza Rice usw., die alle eng mit den Öl- und Waffenproduzenten verflochten sind, enorme Gewinne erzielen.

Es gibt jedoch keine Gewissheit, dass der Krieg zwangsläufig in diese Richtung gehen wird. Die American Academy of Arts and Sciences, eine internationale Gesellschaft von Wissenschaftlern, Akademikern, Geschäftsleuten und Politikern, veröffentlichte im Dezember einen von ihren Forschern verfassten Bericht, in dem es heißt, dass es keine verlässliche Möglichkeit gibt, die Kosten des kommenden Krieges abzuschätzen, die sich über ein Jahrzehnt auf bis zu 2 Billionen Dollar belaufen könnten. Auch ist unklar, was in absehbarer Zeit mit dem irakischen Öl geschehen wird. Die irakischen Ölfelder standen infolge des viel begrenzteren Golfkriegs so massiv in Flammen, dass es mehr als acht Monate dauerte, bis die Produktion wieder auf ein vernünftiges Niveau gebracht werden konnte. Da die ganze Welt weiß, dass die US-amerikanischen und britischen Streitkräfte versuchen werden, sich des irakischen Öls dauerhaft zu bemächtigen und dabei sogar die territoriale Einheit des Landes zu zerstören, ist es alles andere als klar, welche Art von Verteidigung die Iraker vorbereitet haben. Und zwar nicht nur in den Städten, sondern auch rund um die Ölfelder. In der britischen Presse kursieren Gerüchte, wonach die Beschlagnahmung der Ölfelder britischen Truppen übertragen wurde, angeblich um die Behauptung zu widerlegen, dass es die USA sind, die sich dieser Ressourcen versichern wollen. Es ist ebenso wahrscheinlich, dass in diesem Gebiet mit hohen Verlusten zu rechnen ist und dass britische Truppen eingesetzt werden, um die schmutzige und gefährliche Arbeit für die Amerikaner zu erledigen und so die Zahl der amerikanischen Toten zu verringern.[36]

Es ist auch zweifelhaft, welche politischen Folgen dies in der Region haben wird. In Pakistan, wo die Bevölkerung den Fundamentalisten nie eine nennenswerte Vertretung im Parlament zubilligte, haben die Auswirkungen der amerikanischen Invasion in Afghanistan dazu geführt, dass diese in die Nähe einer Regierungsbeteiligung kamen, obwohl General Musharraf versuchte, sie davon fernzuhalten; eine umfassende Invasion im Irak und der

36 Die Iraker beschlossen, die Ölvorkommen ihres Landes nicht in die Luft zu jagen, aber der darauffolgende Widerstand hat es den Besatzungstruppen unmöglich gemacht, die Anlagen auch nur zu reparieren, geschweige denn sie in nennenswertem Umfang auszubeuten.

sich verschärfende Konflikt in Afghanistan werden das Land wahrscheinlich eher früher als später ganz in die Hände der Fundamentalisten treiben. Erschwerend kommt hinzu, dass Pakistan nicht nur über Atomwaffen, sondern auch über beträchtliche Öl- und Gasreserven verfügen soll. „Unter den entlegensten Wüsten Pakistans werden riesige unerschlossene Gasvorkommen vermutet, die jedoch von bewaffneten Stammesgruppen in Geiselhaft gehalten werden, um von der Zentralregierung einen ‚besseren Deal' zu fordern", schrieb *Agence France Presse* wenige Tage vor dem 11. September. Werden die USA dann auch unter dem Vorwand, Atomwaffen von den Fundamentalisten fernzuhalten, in Pakistan einmarschieren, in Wirklichkeit aber, um diese unerschlossenen Gas- und Ölreserven zu monopolisieren? Ist dies Teil dessen, was Musharraf meinte, als er vor ein paar Tagen warnte, dass Pakistan nach dem Irak das nächste Ziel sein könnte? Und an welchem Punkt überdehnt sich das Imperium selbst, wenn der Widerstand gegen seine teuflischen Pläne weltweit wächst, beträchtliche Teile der eigenen Bevölkerung eingeschlossen?

Es heißt, dass allein die israelischen Gräueltaten in Dschenin Tausende von Jugendlichen, viele von ihnen völlig säkular, in die weitmaschigen Netze von Al-Qaida getrieben haben, weil die Terrororganisation als einziger möglicher Widerstand gegen die Amerikaner wahrgenommen wird. In Jordanien soll es bereits heftig brodeln, die saudische Monarchie bangt um ihr Überleben, und der ägyptische Präsident Hosni Mubarak hat nicht nur vor einem „Feuersturm" gewarnt, der den Nahen Osten im Falle der erwarteten Invasion überziehen würde, sondern auch eine international beachtete Antikriegskonferenz in Kairo organisiert. Inmitten all dessen kehrt Scharon in Israel mit einem noch umfassenderen Mandat an die Macht zurück, mit eigenen Plänen, die Karten der gesamten Region umzugestalten, die sich mit den Wünschen der amerikanischen extremen Rechten überschneiden. Unter der Patronage dieser sich überlappenden Machtzentren bereitet sich Amerika möglicherweise nicht auf einen kurzen Exkurs mit dem begrenzten Ziel eines „Regimewechsels" in Bagdad vor, sondern auf etwas, das einem 30-jährigen Krieg ähnelt.

In diesem Klima größter Gefahr, in dem der Weltfrieden auf dem Spiel steht, wird Hans Blix morgen dem Sicherheitsrat seinen Zwischenbericht vorlegen. Zu den Teams der Waffeninspektoren der Vereinten Nationen gehörten in der Vergangenheit routinemäßig amerikanische und israelische Agenten, und Blix selbst war dafür bekannt, dass er innerhalb eines von den Vereinigten Staaten vorgegebenen Rahmens arbeitete. In jüngster Zeit haben sich jedoch Ideologen der amerikanischen extremen Rechten, wie Richard Perle, harsch über ihn geäußert. Angesichts der sich abzeichnenden scharfen Spaltung zwischen der EU und den USA könnte Blix feststellen, dass er selbst ein Mann mit geteilter Loyalität ist. Es ist noch zu früh, um zu sagen, ob sein bevorstehender Bericht – und seine künftigen Handlungen – die sich abzeichnende deutsch-französische Agenda oder die festgelegte US-amerikanische widerspiegeln werden. Das wird zum Teil davon abhängen, wie entschlossen die EU-Führer bei ihren derzeitigen Äußerungen bleiben.

14. MÄRZ 2003

Imperiale Machtübernahme und widerständige Massen

Fast eine Million Menschen demonstrierten am 15. Februar in Rom gegen die Kollaboration ihrer Regierung mit den USA bezüglich des bevorstehenden imperialen Blitzkriegs gegen den Irak; über eine Million Menschen hatten am selben Tag in London an der größten öffentlichen Demonstration in der britischen Geschichte teilgenommen. Am 20. Januar traf Tony Blair im Rahmen einer absurd frömmelnden Show mit seiner katholischen Frau im Schlepptau zu einer Audienz beim Papst ein; der Vatikan wiederum sorgte dafür, dass weithin bekannt wurde, der Papst habe ihm vom Krieg abgeraten. Zur gleichen Zeit hatten sich in Glasgow 90.000 Demonstranten vor der Halle versammelt, in der Blair auf einem Parteitag der Labour Party sprechen sollte. Umfragen ergaben, dass überwältigende 90 Prozent einen Krieg gegen den Irak ablehnen. Am 21. Januar nahm Blair nach seiner peinlichen Audienz beim Papst an einer Vierer-Telefonkonferenz mit Bush und den Premierministern Silvio Berlusconi (Italien) und José Maria Aznar (Spanien) teil, um nichtsdestotrotz Bushs Absichten zu unterstützen: die USA wollten dem Sicherheitsrat eine neue Resolution vorlegen, die sie zu einem Krieg ermächtigen würde. Und das alles trotz der größten Antikriegsdemonstration, die Großbritannien – ja die ganze Welt – je erlebt hatte.

Denn die protestierende Menge, die in einer Art globaler Kette auf die Straßen der Welt strömte, war wirklich riesig und beispiellos; Schätzungen zufolge handelte es sich um acht bis fünfzehn Millionen Menschen. Die Demonstrationen begannen in Auckland, also an der südöstlichen Spitze der imperialistischen Welt, und bescherten Neuseeland die mit Abstand größte Antikriegsdemonstration in der Geschichte des Landes. Als nächstes folgte Melbourne mit 200.000 Menschen auf den Straßen, und der Schwerpunkt dieser Menschenwelle verschob sich immer weiter, während die Sonne selbst nach Westen wanderte. Das Epizentrum lag in Westeuropa, insbesondere in den drei Ländern des „alten Europas", deren Regierungen sich weiterhin mit den USA identifizierten: Großbritannien, Italien und Spanien. Barcelona zum Beispiel hatte seit dem Sturz Francos vor drei Jahrzehnten nichts Vergleichbares gesehen. 150.000 Menschen in Paris und fast eine halbe Million in Berlin stellten hingegen nur ein Bruchteil dessen dar, was zu mobilisieren gewesen wäre, wenn die deutschen und französischen Regierungen nicht schon vorzeitig mit Washington gebrochen hätten.

Nordamerika lag in der nächsten Zeitzone, und in New York versammelten sich 400.000 Menschen, obwohl die Stadtregierung, gestützt auf eine außerordentliche richterliche Entscheidung, eine Demonstration verboten hatte. Dies geschah zeitgleich mit Protestmärschen in rund 300 kleinen und mittelgroßen Städten der USA. In Montreal kamen 100.000 und in Toronto 80.000 Menschen zu den größten Friedensdemonstrationen in der Geschichte der beiden Städte zusammen. Was in Auckland begonnen hatte, endete 48 Stunden später im benachbarten Australien, wo eine Viertelmillion Menschen in Sydney demonstrierte. Die Sonne hatte den Kreis geschlossen, und ein neuer Tag war angebrochen. Der Krieg gegen den Planeten hatte die erste planetarische Rebellion gegen ihn hervorgebracht.

Dieser Ausbruch von Menschlichkeit gegen einen imperialistischen Krieg, der noch nicht einmal in dem Ausmaß begonnen hatte, wie er geplant war, steht natürlich in engem Zusammenhang mit den Antiglobalisierungsbewegungen, die im Laufe der letzten Jahre ebenfalls weltweite Ausmaße angenommen haben. Sie verrichten ihre Arbeit an tausenden Orten auf allen Kontinenten und halten regelmäßig verschiedene Sozialforen ab, die dann im Weltsozialforum gipfeln. Tatsächlich fand zur Zeit des Europäischen Sozialforums (ESF) in Florenz die erste der wirklich großen Antikriegskundgebungen statt; 40.000 nahmen am ESF teil, aber zehnmal so viele demonstrierten gegen den Krieg. Dieses Zusammentreffen von Bewegungen gegen die Unternehmensglobalisierung und Bewegungen gegen den imperialistischen Krieg könnte sich als Vorreiter für die Entstehung einer authentisch antiimperialistischen Bewegung des 21. Jahrhunderts erweisen. Ein bemerkenswertes Merkmal dieser Antikriegsmobilisierungen, wie auch der Antiglobalisierungsbewegung, ist, dass sie überwiegend von jungen und auch älteren Menschen getragen werden, die noch nie zuvor in ihrem Leben protestiert haben. Das andere, ebenso wichtige Merkmal ist die schiere Breite der Antikriegsstimmung.

Dies spiegeln öffentliche Meinungsumfragen wider, in denen sich in den meisten europäischen Ländern um die 80 Prozent oder mehr gegen den Krieg aussprechen. In einigen weiteren Staaten sind es etwa 60 Prozent. Eine Forsa-Umfrage in Deutschland ergab, dass 57 Prozent der Deutschen meinen, dass „die Vereinigten Staaten eine Nation von Kriegstreibern" sind, während nur 6 Prozent daran glauben, dass Präsident George W. Bush sich um die „Erhaltung des Friedens" bemüht. Die Öffentlichkeit in Osteuropa, wo sich die meisten Regierungen hinter die USA gestellt haben, ist sogar noch kriegsfeindlicher als im Westen. Eine Umfrage von Gallup International ergab, dass dort nur 38 Prozent der Rumänen, 28 Prozent der Bulgaren und 20 Prozent der Esten einen Krieg befürworten. Und zwar selbst dann, wenn er von den Vereinten Nationen sanktioniert wird. In Russland lag der Wert bei 23 Prozent. In der Türkei sprechen sich einigen Umfragen zufolge sogar 94 Prozent gegen Krieg aus.

Was sich als entscheidend für den Aufbau einer wirklich antiimperialistischen Bewegung erweisen könnte, sind die massiven Unruhen und die Dissidenz in der Arbeiterklasse. In Großbritannien zum Beispiel haben fünf der größten Gewerkschaften mit 750.000 Mitgliedern – darunter die Eisenbahngewerkschaft Aslef, die *Rail, Maritime and Transport Union* und die *Communication Workers' Union* – mit umfassenden Arbeitskampfmaßnahmen, Boykotten und Streiks gedroht, falls Blair ohne ausdrückliche Genehmigung des Sicherheitsrats in den Krieg zieht. Am anderen Ende der Welt setzte sich der koreanische Gewerkschaftsbund aktiv für eine Massenmobilisierung zum Thema Krieg ein und gab eine Erklärung ab, in der es unter anderem wie folgt heißt: „Die USA sollten den Krieg gegen den Irak und die militärische Bedrohung der koreanischen Halbinsel sofort beenden. […] Die USA hatten Afghanistan nach dem 11. September unter dem Vorwand eines ‚Kriegs gegen den Terror' angegriffen. […] Nach der Invasion Afghanistans haben die USA ihr militärisches Ziel auf den Irak verlagert […] und die USA sprechen jetzt sogar von der Möglichkeit, Atomwaffen einzusetzen. […] Die USA treiben einen weiteren Krieg auf der koreanischen Halbinsel voran, indem sie sich mit der nordkoreanischen Atomfrage befassen. […] Ungeachtet der Forderungen des koreanischen Volkes nach einer friedlichen Lösung des Problems, haben die USA die militärischen Spannungen auf der koreanischen Halbinsel verschärft, indem sie die Stationierung weiterer Streitkräfte vorantreiben."

Die wirklich überraschende Entwicklung aber – ein potenziell historischer Wandel – hat in den Vereinigten Staaten selbst stattgefunden. Laut der aktuellen Ausgabe der *Village Voice* haben die Führer von mehr als 400 Gewerkschaftsorganisationen, die 4,5 Millionen Gewerkschaftsmitglieder (etwa 30 Prozent aller gewerkschaftlich organisierten Arbeitnehmer in den USA) vertreten, eine Resolution unterzeichnet, in der sie den Kriegskurs der Bush-Regierung eindeutig und scharf verurteilen. „Es gibt keine überzeugende Verbindung zwischen dem Irak und Al-Qaida oder den Anschlägen vom 11. September", heißt es darin. „Weder die Bush-Regierung noch die UN-Waffeninspektionen haben bewiesen, dass der Irak eine echte Bedrohung für die Amerikaner darstellt." Die Hauptopfer dieses Krieges, so die Resolution weiter, „werden die Söhne und Töchter von Arbeiterfamilien sein, die im Militär dienen" und „unschuldige irakische Zivilisten". Die dafür nötigen Dollarmilliarden werden aus den Budgets für „Schulen, Krankenhäuser, Wohnungen und der Sozialversicherung" abfließen. Der Kriegsvorstoß, so heißt es in der Schlussfolgerung der Resolution, diene bereits als „Vorwand für Angriffe auf die Arbeitnehmer-, Bürger-, Einwanderer- und Menschenrechte im eigenen Land" sowie als „Ablenkung von der rückläufigen Wirtschaft, der Korruption in den Unternehmen und den zahlreichen Entlassungen".

Die Resolution wurde ursprünglich auf einer Konferenz in Chicago im letzten Monat verabschiedet. Zu den Unterzeichnern gehören die nationalen Gewerkschaftsführer der Kommunikationsbranche, der Postangestellten, der Staats- und Gemeindebediensteten sowie die zentralen Gewerkschaftsräte von Los Angeles, Philadelphia, Washington, Cleveland, Sacramento, Albany und Nordwest-Indiana – kurz gesagt, von überall in den USA. Unabhängig davon taten mehrere große Gewerkschaftsverbände, darunter die riesige *Service Employees International Union*, ihre Besorgnis dem Weißen Haus gegenüber kund. In New York haben sich mehr als zwei Dutzend Gewerkschaften angeschlossen, angeführt von der Gewerkschaft 1199/SEIU für Beschäftigte im Gesundheits- und Krankenhauswesen, der inzwischen größten Gewerkschaft des Bundesstaates. Die *Service Employees International Union* hat den Organisatoren der Antikriegsproteste Büroräume zur Verfügung gestellt und Radiozeit gekauft, um die jüngste Kundgebung in der Nähe des Hauptquartiers der Vereinten Nationen zu bewerben. Dies ist in jeder Hinsicht eine außergewöhnliche Entwicklung, die darauf hindeutet, dass die Antikriegsstimmung unter den amerikanischen Arbeitnehmern heute so stark ist wie seit fast hundert Jahren nicht mehr, seit dem Ersten Weltkrieg. Bis zum 13. Februar hatten sich 90 Städte und Gemeinden – darunter Chicago und San

Francisco – gegen den drohenden Krieg ausgesprochen, und Dutzende andere erwägen ebenfalls ähnliche Resolutionen gegen den Krieg.

Dieser bemerkenswerte Wandel in den USA hin zu einer allgemeinen Antikriegsstimmung in den Gewerkschaften, Stadträten und in der Bevölkerung insgesamt vollzieht sich vor dem Hintergrund einer großen Skepsis unter Intellektuellen, Meinungsmachern und Fachleuten aus verschiedensten Bereichen. Er findet nicht nur in den größeren und kosmopolitischeren Städten statt, sondern tief in dem, was die Amerikaner als „mittleres Amerika" bezeichnen. Was die religiöse Seite betrifft, so haben wir bereits über den öffentlichkeitswirksamen Rat des Papstes an Blair gesprochen, der weltweite Beachtung fand. Im Vereinigten Königreich bündelten der designierte Erzbischof von Canterbury und das Oberhaupt der dortigen katholischen Kirche ihre Kräfte, um sich dem bevorstehenden Krieg entgegenzustellen. Ähnliche Stimmen erhoben sich in den USA seitens verschiedener religiöser Persönlichkeiten, bis hin zum Vorsitzenden der Vereinigten Katholischen Kirche. Hundert amerikanische Juraprofessoren haben Bush in einem Schreiben darauf hingewiesen, dass er, falls er seine Kriegspläne durchführt, wegen Kriegsverbrechen belangt werden kann; und ihm die Tatsache, dass die USA dem Internationalen Strafgerichtshof nicht beigetreten sind, nicht mehr Immunität verschafft als den Nazis, die in Nürnberg vor Gericht standen. Die juristischen Argumente gegen den Krieg wurden außerdem in der aktuellen Ausgabe der *London Review of Books* von Michael Byers, der an der Duke University Internationales Recht lehrt, in akribischer Weise dargelegt.

Einiges davon färbt auch auf ehemalige und aktive Militärangehörige ab. Eine Gruppe von US-Soldaten, Eltern von Soldaten und Mitgliedern des Kongresses reichten eine Klage ein, in der sie die Befugnis Bushs anfechten, einen Krieg ohne ausdrückliche Kriegserklärung des Kongresses zu führen. Ein von zahlreichen Veteranen unterzeichnetes Schreiben, das sich gegen den Krieg wendet, macht ebenfalls gerade die Runde. Und das mit gutem Grund, denn viele von ihnen haben vor nicht allzu langer Zeit grausame Erfahrungen im Golfkrieg 1991 gemacht. Oberflächlich betrachtet waren die US-amerikanischen Verluste, im Vergleich zu den Zehntausenden Irakern, die innerhalb weniger Wochen starben, sehr gering – 148 Tote und 467 Verwundete. Was jedoch nie ausgesprochen wird, ist, dass fast zwei von fünf der rund 540.000 Golfkriegsveteranen aufgrund von Krankheiten, die sie sich während dieses Konflikts zugezogen haben, für den Rest ihres Lebens mit Einschränkungen und Behinderungen leben müssen. Die Veteranen wissen dies sehr wohl. Etwa 161.000 Golfkriegsveteranen erhalten Invaliditätsentschädigungen von der US-Regierung, und etwa 209.000 haben Anträge beim staatlichen V.A.-System (*Veteran Affairs*) gestellt und warten noch auf Zusage. Sie, ihre Mitveteranen und eine unbestimmte Zahl von dienenden Soldaten sowie Offizieren, sind nicht davon überzeugt, dass ein noch viel größerer Krieg, der jetzt geplant wird, in ihrem Interesse liegt oder auch nur ansatzweise legal ist.

Auch einundvierzig amerikanische Nobelpreisträger aus Wissenschaft und Wirtschaft lehnten am 27. Januar in einer Erklärung einen Präventivkrieg gegen den Irak ohne breite internationale Unterstützung ab. Dabei handelt es sich keineswegs um Personen, die man mit einer Friedensbewegung in Verbindung bringen würde. Zu ihnen gehören Hans A. Bethe, ein Architekt der Atombombe; Walter Kohn, ein ehemaliger Berater der *Defence Advanced Research Projects Agency* im Pentagon; Norman F. Ramsey, ein Wissenschaftler des Manhattan-Projekts, der die Hiroshima-Bombe vorbereitete und später die NATO beriet; sowie andere Wissenschaftler mit ähnlichen Vorgeschichten. Als Laura Bush, die Frau des Präsidenten, versuchte, eine Dichterlesung im Weißen Haus zu organisieren, lehnten so viele, darunter auch ehemalige Nobelpreisträger, ab, dass die Veranstaltung abgesagt werden musste. Als Sam Hamill, einer der Verweigerer, einen Aufruf zur Einreichung von Antikriegsgedichten verschickte, erwartete er etwa fünfzig Einsendungen; er erhielt 2.000.

Zu dieser allgemeinen Unzufriedenheit in den kapitalistischen Kernländern kommen dann noch die Ängste in der unmittelbaren Nachbarschaft des Irak hinzu. Von den sechs an den Irak angrenzenden Staaten – Türkei, Syrien, Jordanien, Saudi-Arabien, Kuwait und Iran – steht nur Kuwait voll und ganz auf Seiten der Vereinigten Staaten. Die Türkei, die gerade an Bord kommt, verlangt einen so hohen Preis (fast 30 Milliarden Dollar an Hilfe) und eine so umfassende Rolle im Nordirak, dass sie damit die Pläne der USA, etwa 40.000 Kurden als Fußsoldaten für ihren eigenen, weitgehend aus der Luft geführten Angriff zu bewaffnen, verhöhnt. Im Übrigen weiß der Iran, dass er wahrscheinlich das nächste Ziel sein wird, wenn die USA im Irak erfolgreich sind; es ist bekannt, dass etwa 12 Prozent der israelischen Luftwaffe bereits in den Grenzgebieten gegen den Iran operieren. Syrien wiederum befürchtet, dass Israel den von den USA geführten Krieg nutzen könnte, um seine eigenen Armeen in weiteren syrischen und libanesischen Gebieten zu stationieren, ganz abgesehen von dem Versuch, so viele Palästinenser wie möglich nach Jordanien, Syrien und in den Libanon zu drängen; Jordanien teilt dieselben Befürchtungen. Die saudische Monarchie hat unterdessen mit zwei verschiedenen Albträumen zu kämpfen. Erstens sieht sie sich mit massiven innenpolitischen Unruhen konfrontiert, und zwar so sehr, dass die CIA die innenpolitische Situation mit der des Iran kurz vor der Revolution vergleicht. Sollte Saudi-Arabien eine amerikanische Besetzung des Irak dulden, besteht daher die Gefahr, dass die Monarchie eher früher als später von internen Kräften gestürzt wird. Zweitens: Selbst wenn die USA alle ihre Kriegsziele erreichen und die Monarchie überlebt, werden die Preise für saudisches Öl wahrscheinlich einbrechen, die Organisation erdölexportierender Länder (OPEC) wird zerschlagen und die zentrale Rolle Saudi-Arabiens im weltweiten Ölhandel gehört der Vergangenheit an.

All dies spiegelte sich in einem außergewöhnlichen zweistündigen Vortrag wider, den Scheich Ahmed Zaki Yamani, der erste Generalsekretär der OPEC und saudi-arabischer Minister für Erdöl und Bodenschätze von 1962 bis 1986, auf der Kairoer Buchmesse Anfang des Monats hielt. Er wurde berühmt, als er 1973 das Ölembargo – und damit den dramatischen Anstieg der Erdölpreise – in die Wege leitete. Yamani bezeichnete die arabischen Führer als „Hoheiten, Exzellenzen […], die ihre Macht nicht vom Volk ableiten" und als „Lakaien, die treu zur Zufriedenheit des großen Paten arbeiten". Wenn nun ein Mann von Scheich Yamanis Rang in Kairo öffentlich solche Worte äußert und sich damit sowohl über die ägyptische Regierung als auch über seine eigene hinwegsetzt, und wenn er dann auch noch mit stehenden Ovationen bedacht wird und diese Worte trotz offiziellen Missfallens in der führenden ägyptischen Zeitung veröffentlicht werden, dann weiß man, wie groß die Unzufriedenheit teilweise sogar auf höchster Ebene der saudischen und ägyptischen Gesellschaft ist.

Yamani skizzierte daraufhin drei mögliche Szenarien. Das eine ist: es gibt keinen Krieg und es gelingt den USA, Saddam Hussein mit anderen Mitteln zu stürzen. Sie setzen eine Regierung aus ihren bevorzugten Gefolgsleuten ein und integrieren den größten Teil der Baath-Partei in das neue Regime; alles andere bliebe gleich, außer dass die USA nun über die Zukunft des irakischen Öls bestimmen würden. Das zweite, noch düsterere Szenario wäre, dass die USA einmarschieren und Saddam Hussein die irakischen Ölquellen selbst in Brand setzt. In diesem Fall würde auf dem [internationalen] Markt ein Fehlbetrag von mehr als 10 Millionen Barrel erwartet, eine Lücke, die kein Land füllen könnte – nicht einmal teilweise. „In diesem Fall würden die Ölpreise 80 bis 100 Dollar pro Barrel erreichen", so Yamani. „Keiner der Ölvorräte in den Industrieländern der Welt würde aus dieser verheerenden Situation heraushelfen. Viele Fabriken auf der ganzen Welt wären gezwungen, die Produktion einzustellen, was zu einer massiven Welle von Arbeitslosigkeit führen würde, wie es sie in der Geschichte noch nie gegeben hat. Ganz zu schweigen davon, was mit unschuldigen Kindern, Frauen, älteren und auch allen anderen Menschen geschehen würde. Ich hoffe, dass dieses Szenario nicht eintritt, aber wir sollten es auch nicht ignorieren. Dieses Szenario würde das Ende für die USA, Europa und den Westen bedeuten."

Das dritte mögliche Szenario, das Yamani skizzierte, war nicht viel weniger düster: Nämlich, dass der Irak schnell besetzt und aufgeteilt würde. Die Ölproduktion könnte wieder aufgenommen und nach einem kurzen Intermezzo weiter gesteigert werden, so dass sie innerhalb eines Jahrzehnts bis zu 10.000 Barrel pro Tag erreicht und das Öl dann über Pipelines, die bis ins östliche Mittelmeer führen, in den Westen transportiert wird. Die Ölpreise würden einbrechen, die saudische Produktion und die Einnahmen drastisch sinken, Jordanien verlöre die enormen Subventionen, die das Land von Saddam Hussein erhält, und müsste mit dem Zustrom von Palästinensern allein fertig werden, die von Israel vertrieben werden. „Dann ist der Iran an der Reihe und Syrien würde fallen. Das Endergebnis wäre, dass Israel zum stärksten und mächtigsten Land in der Region aufsteigt", sagte Yamani und schloss mit einer warnenden Vision, die der Welt schon seit einiger Zeit das Gesicht erstarren lässt: „Die schrecklichen Auswirkungen eines Angriffs auf den Irak sind beängstigend. Es wird Hunderte von Osama bin Ladens geben". Wird es dennoch weiterhin Krieg geben? Die kurze Antwort lautet: sehr wahrscheinlich. Während ich diese Zeilen schreibe, haben die USA angekündigt, dass sie im Sicherheitsrat eine neue Resolution einbringen werden, gegen die kein ständiges Mitglied ein Veto einlegen wird. Wie aufs Stichwort hat Hans Blix, der Chefwaffeninspektor der Vereinten Nationen, den Irak aufgefordert, innerhalb einer Woche mit der Zerstörung seiner Al-Samoud-Raketen zu beginnen, andernfalls müsse das Land mit Konsequenzen rechnen. (Der Irak hat ihm angeboten, eine beliebige seiner Raketen auszuwählen und zu testen, um sich selbst davon zu überzeugen, dass die Reichweite aller Raketen innerhalb der von den Vereinten Nationen vorgeschriebenen Grenzen liegt; Blix aber ist nicht bereit, von dieser vernünftigen Option Gebrauch zu machen). Er kann jeden Tag vor die Vereinten Nationen treten und berichten, dass der Irak sich seinen Befehlen widersetzt, was den USA den nötigen Vorwand für den Krieg liefern würde. In der Zwischenzeit hat jedes Land in der Welt, auch außerhalb der anglo-amerikanischen Achse, und natürlich die globale Medienlandschaft, verkündet, dass eine Invasion im großen Stil in Ordnung wäre, wenn die Vereinten Nationen sie befürworten. In diesem Prozess wurde dem Überwachungsausschuss selbst ein völlig unverdienter, aber geradezu mystischer Heiligenschein verliehen, als ob er einen bemerkenswerten Ruf der Rechtschaffenheit hätte, wenn es darum geht, gerechte Urteile zu fällen, seine angeblich verbindlichen Resolutionen durchzusetzen und Kriege zu unterbinden.

Tatsache ist, dass die Vereinten Nationen noch nie einen größeren Krieg verhindert haben, und schon gar nicht einen, der von den USA oder Israel geführt wurde, sei es der Vietnamkrieg oder der israelische Angriff auf seine Nachbarn im Jahr 1967. Dieselben Mitglieder des Ständigen Rates haben tatenlos zugesehen, wie Israel sich über zahlreiche Resolutionen hinwegsetzte, seine Besetzung von Gebieten, die es 1967 illegal erobert hatte, einschließlich syrischer Gebiete, fortsetzte, ein Atomwaffenarsenal mit über 200 Atomsprengköpfen und modernen Trägersystemen aufbaute und in den besetzten Gebieten täglich Verbrechen gegen die Menschlichkeit beging. Eine Behinderung der US-Pläne im Ausschuss ist so heikel, dass Deutschland seine Bedenken, die richtige Zeit sei noch nicht gekommen, stets unter dem Hinweis, ja selbst 35.000 Soldaten zum US-amerikanischen Aufmarsch beigesteuert zu haben, vorbringt.

Ausschlaggebend sind also die USA, und die Faktoren, die sie in Richtung Krieg treiben, sind vielfältig. Die USA haben jetzt 180.000 Soldaten in der Nähe des Iraks, und weitere sollen kommen; ein Drittel des britischen Militärs ist entweder bereits dort stationiert oder auf dem Weg in den Irak. Diese Truppen sind nicht dort, um Kriegsspiele zu spielen oder um Saddam Hussein zu beeindrucken. Sie dienen auch nicht dazu, Druck auszuüben, während die Waffeninspektoren ihre Arbeit tun. Jeder, der in der Regierung Rang und Namen hat, vom „Extremisten" Wolfowitz bis zum „gemäßigten" Powell, sagt seit über einem Jahr, dass die USA das rechtmäßige irakische Regime stürzen wollen, unabhängig davon, was die Waffeninspektoren finden oder nicht finden (dies allein verstößt gegen die UN-Charta und das Völkerrecht im Allgemeinen).

Wir leben in der Tat in der vielleicht gefährlichsten Zeit der Geschichte des Imperialismus. Noch nie gab es eine imperiale Macht ganz ohne den einen oder anderen Rivalen; die militärische Überlegenheit der USA ist so überwältigend, dass ihr Militärbudget größer ist als das von 25 anderen amerikanischen Länder zusammen. Dank dieser enormen militärischen Überlegenheit, aber auch dank des Rausches, den der Sieg über die kommunistischen Staaten (insbesondere die Sowjetunion) ausgelöst hat, halten sich die USA für unbesiegbar. Und genau zu diesem Zeitpunkt werden die USA von einer Fraktion der extremen Rechten regiert, die so radikal ist, dass sich keine frühere US-Regierung der jüngeren Vergangenheit diesbezüglich mit ihr messen kann, nicht einmal die von Nixon oder Reagan. Um die Gefahr zu verstehen, die von Bush und seinen Kumpanen ausgeht, muss man sich einen Narendra Modi[37] im Besitz der militärischen und wirtschaftlichen Macht der USA vorstellen. Den Kern dieser herrschenden Gruppe bilden Personen – das Bush-Vater-Sohn-Duo, Dick Cheney, Condoleeza Rice und andere – deren Karrieren und persönlicher Reichtum eng mit Ölkonzernen verbunden sind. Die Welt ist also mit einer makabren Situation konfrontiert, in der die Ergreifung des irakischen Öls, koste es, was es wolle, von entscheidender Bedeutung nicht nur für die US-Hegemonie *an sich* ist, sondern auch für die US-amerikanischen Ölkonzerne im Allgemeinen und für die wichtigsten Mitglieder der Regierung im Besonderen. Das beginnt beim Präsidenten selbst, der dank der Geschäfte seines Vaters großen Reichtum anhäufen wird. Hinzu kommt, dass Bush und seine Führungsriege sogar ihr politisches Gewicht der Waffendollar-Petrodollar-Koalition verdanken.

Was die Erdöl- und Erdgasvorkommen betrifft, so muss in Zukunft erst eine umfassende Analyse vorgelegt werden. Einige wichtige Fakten sind die folgenden: In den 90er Jahren wurden in den USA zahlreiche Studien, Berichte und Pläne mit dem Ziel entwickelt, sich den Zugriff auf die weltweiten Ressourcen an diesen strategischen Rohstoffen zu sichern. Unter anderen war

37 Anmerkung der Übersetzerin: Der heutige (2023) indische Premier Modi stand damals im zweifelhaften Ruf, Indien mit extremen Mitteln in eine illiberale ethnische Demokratie oder sogar in ein autoritäres System transformieren zu wollen. Gegenwärtig scheint diese Gefahr relativiert zu sein und Modi lenkt die Geschicke Indiens – zumindest außenpolitisch – verantwortungsbewusst.

Dick Cheney eng in diese Vorhaben verwickelt. Das langjährige Interesse der USA an Afghanistan stand immer im Zusammenhang mit den Ressourcen im Becken des Kaspischen Meeres, die auf 5 Billionen Dollar geschätzt werden; diese bisher unerschlossenen Rohstoffe sollen 6,6 Billionen Kubikmeter Erdgas und 10 Milliarden Barrel Öl umfassen. Die jüngste Invasion in Afghanistan und die Errichtung von dreizehn neuen US-Militärstützpunkten in der kaspischen Region im Vorfeld hatten mit diesen Ressourcen zu tun, nicht mit den Taliban, mit denen die USA jahrelang, nämlich bis in den Sommer 2001, verhandelten.[38] Die USA selbst verfügen nur über 3 Prozent der weltweit bekannten Ölvorkommen, deren Förderung und Vermarktung auf jeden Fall weitaus teurer ist als die des Golföls. Gleichzeitig verbrauchen die USA ein Viertel des weltweiten Öls und importieren 60 Prozent ihres täglichen Bedarfs, 16 Prozent davon aus der Golfregion, die allein fast über 20 Prozent der weltweiten Ressourcen besitzt. Der Irak verfügt nach Saudi-Arabien über die zweitgrößten Reserven, und die USA waren in den letzten 35 Jahren nicht in der Lage, diese Ölvorkommen zu beherrschen, wie sie es in Saudi-Arabien und Kuwait tun. Dies ist nun das Ziel, nachdem man sich die Kontrolle über das Kaspische Becken gesichert hat.

Die USA sprechen nun von einem Anfangszeitraum von zwei bis drei Jahren, in dem der Irak unter direkter US-amerikanischer Verwaltung stehen soll, vielleicht mit einem muslimischen internationalen Beamten als Alibifigur in einer Schlüsselposition. Sie gehen davon aus, dass sie dort auf unbestimmte Zeit eine ständige Militärpräsenz haben werden; General Tommy Franks, der den Angriff wahrscheinlich leiten wird, hat vom „koreanischen Modell" gesprochen, wo US-Truppen seit einem halben Jahrhundert stationiert sind. Mit dieser Präsenz soll nicht nur die Kontrolle über den Irak, sondern über die gesamte Region, einschließlich Saudi-Arabien, das schnell unberechenbar werden könnte, sichergestellt sein. Scheich Yamani hat Recht: Wenn der Irak bereits als Sprungbrett für Militäraktionen in an-

38 Noch im Mai 2001 zahlten die USA 43 Millionen Dollar an die Taliban-Regierung, obwohl Osama bin Laden und seine direkten Anhänger glücklich in Afghanistan lebten und Afghanistan weiterhin unter den Sanktionen litt, die die Vereinten Nationen auf Druck der USA verhängt hatten. Die angesehene französische Zeitung *La Figaro* berichtete außerdem, dass der Leiter der CIA-Station in Dubai im Juli desselben Jahres mit Osama bin Laden in einem dortigen Krankenhaus zusammentraf, drei Monate bevor die USA in Afghanistan einmarschierten, angeblich um ihn – tot oder lebendig – zu fassen.

deren Ländern gesichert ist, wird es leichter sein, die Regime in Syrien und Iran zu stürzen.

Und dann ist da noch die US-amerikanische Wirtschaft selbst, die zugleich unter Stagnation, Überproduktion sowie starker Unterauslastung der Produktionsanlagen und liquiden Mittel leidet. Es wird erwartet, dass die Bereitstellung von etwa 200 Milliarden Dollar für die Kriegswirtschaft – was einige als „militärischen Keynesianismus" bezeichnen – die Wirtschaft insgesamt ankurbelt. Zweitens dürfte der Wiederaufbau und die rasante Expansion der kränkelnden irakischen Ölindustrie unter US-amerikanischer Kontrolle die Investitionen ankurbeln; dies gilt ergänzend zur Ausbeutung des Kaspischen Beckens, wo die US-amerikanischen Ölgiganten bereits tätig sind. Drittens wird die vollständige Kontrolle der USA über die Ressourcen der Golf- und der kaspischen Region in hohem Maße dazu beitragen, eine überlegene Wettbewerbsposition gegenüber den Konkurrenten in Westeuropa und Japan aufzubauen. Die USA werden dann nicht nur die Produktion und den Fluss des Öls aus diesen Regionen kontrollieren, sondern auch dafür sorgen, dass der Dollar die ausschließliche Währung für die Abwicklung des Ölhandels wird. In der Tat ist es für die wirtschaftliche Position der USA in der Welt von entscheidender Bedeutung, die Vorherrschaft des Dollars als Weltleitwährung zu sichern. Saddam Hussein sündigte in letzter Zeit nicht zuletzt dadurch, dass er das irakische Öl zunehmend in Euro gehandelt hat, der als konkurrierende Währung entstanden ist. Der Krieg gegen den Irak ist unter anderem ein Währungskrieg zwischen Dollar und Euro.

Werden die USA Erfolg haben? Es gibt zu viele Unwägbarkeiten. Was man in den Weltmedien zu lesen bekommt, ist eine unzuverlässige Mischung aus guter investigativer Berichterstattung, reinen Spekulationen, die als Nachrichten ausgegeben werden, und Desinformationen, getarnt als Offenlegung von Geheimdokumenten. Wir wissen nicht, wie loyal oder kampffähig die irakischen Streitkräfte sind, wenn sie erst einmal Amerikas völkermörderischer Feuerkraft ausgesetzt werden. Es ist durchaus möglich, dass ein Großteil der obersten Militärs überlaufen wird und deren Einheiten dann führerlos in der Einöde umherirren. Wir wissen auch nicht, wie die Kriegspläne der USA aussehen. Wir wissen hingegen, dass die bei den konventionellen Bombardements während des Golfkriegs 1991 abgeworfene Tonnage siebeneinhalb Hiroshimas entsprach; bei der bevorstehenden Invasion wird diese Tonnage wahrscheinlich bei weitem übertroffen. Und während nur 10 Prozent der Waffen im Golfkrieg präzisionsgelenkt waren, werden es jetzt 80 Prozent sein. In einem Bericht des amerikanischen Senders CBS hieß es Ende Januar: „Wenn das Pentagon an seinem derzeitigen Kriegsplan festhält, werden die Air Force und die Navy an einem Tag im März 300 bis 400 Marschflugkörper auf Ziele im Irak abschießen." Am nächsten Tag könnten sie die gleiche Anzahl verfeuern; 6.000 dieser Raketen sind derzeit bereits im Irak gelagert.

Dies ist Teil eines strategischen Plans, der als *„shock and awe"* („Schock und Ehrfurcht") bekannt ist und den Beamte des Pentagon gegenüber CBS mit der folgenden jubelnden Behauptung erläuterten: „Die schiere Größe dieses Vorhabens wurde noch nie zuvor gesehen, noch nie zuvor in Erwägung gezogen". Der Architekt dieses Plans, Harlan Ullman, wurde mit den Worten zitiert: „Man hat diese simultane Wirkung – ähnlich wie bei den Atomwaffen in Hiroshima – nicht in Tagen oder Wochen, sondern in Minuten". Obwohl die gleichen Effekte auch mit konventionellen Waffen erzielt werden können, sprechen die USA jetzt davon, vielleicht Atomwaffen für Tiefenbombardements einzusetzen. Und zwar unter dem Vorwand, dass dies den Weg zu dem Bunker bereiten könne, in dem sich Saddam Hussein versteckt hält, und zu den Fabriken für die Herstellung von Massenvernichtungswaffen. Zu jenen Waffen also, die die Inspektoren der Vereinten Nationen aus irgendeinem seltsamen Grund nicht finden können, obwohl sie vollständigen Zugang zu allem im Irak haben, was sie inspizieren wollen, und obwohl sie über die modernste Technologie und Ausrüstung für die gründlichste Suche verfügen.

Anderen Berichten zufolge sind Sättigungsbombardements in Bagdad selbst und in der Gegend von Bagdad bis Tikrit (Saddam Husseins Stammsitz) geplant, während der Rest des Territoriums schnell von Bodeneinheiten übernommen werden soll; insbesondere britische Truppen sollen die Ölfelder besetzen, was mit dem höchsten Todesrisiko verbunden ist. Ausführliche Berichte in den US-amerikanischen Medien, darunter auch in Massenmedien wie dem *Time Magazine*, lassen vermuten, dass US-amerikanische Spezialeinheiten sowie die Geheimarmeen der CIA bereits im gesamten Nordirak sowie in einigen zentralen Gebieten operieren, um genau eine solche Übernahme zu ermöglichen.

In früheren Plänen wurde davon ausgegangen, dass der Irak in drei Einheiten aufgeteilt wird: eine kurdische im Norden, eine schiitische im Osten und eine sunnitische im restlichen Gebiet. Die Ölfelder befinden sich praktischerweise in der nördlichen und östlichen Zone. Es stellte sich dann aber heraus, dass die Türkei eine souveräne oder auch nur halb-souveräne kurdische Einheit an ihren Grenzen nicht dulden würde und dass eine schiitische Einheit an der iranischen Grenze viel zu riskant wäre. In den jüngsten Versionen scheinen die USA eine territoriale Einheit des Irak in seiner jetzigen Form garantieren zu wollen. Das verärgert die Kurden, die einen Großteil der offensiven Kämpfe vom Norden aus bestreiten sollten, um im Gegenzug die (Halb-) Unabhängigkeit und einen Anteil an der Beute in Form einer Beteiligung an den Ölfeldern von Kirkuk zu erhalten. In diesen neuen Plänen scheinen die USA zugestimmt zu haben, dass die türkische Armee in den kurdischen Gebieten operiert. Unklar bleibt dabei, wie sie die Kurden behandeln und wann sie ihre Armee abziehen werden; die Geschichte völkermörderischer Grausamkeiten gegen die in der Türkei lebenden Kurden verheißt jedenfalls keine sichere Zukunft für die irakischen Kurden. Und dann sind da noch die Ölfelder in Irakisch-Kurdistan, das die Türkei als eine osmanische Provinz und damit als ihr eigenes, seit langer Zeit verlorenes Territorium betrachtet.

Das Schicksal des irakischen Öls ist ebenfalls unklar. Dass die USA es kontrollieren werden und dass sie eine „Koalition der Willigen" bilden wollen, indem sie Russland, Italien usw. einen Anteil an der Beute versprechen, ist deutlich genug. In früheren Berichten hieß es jedoch, dass ein Konsortium US-amerikanischer Ölkonzerne das Öl „treuhänderisch für das irakische Volk verwahren" wird. Die Produktion soll wiederhergestellt, ausgeweitet und vielleicht dabei geholfen werden, dass die Iraker die Kosten des Krieges – zwischen 2 Milliarden und 2 Billionen Dollar – bezahlen können, ehe die restlichen Ressourcen an ihre eigene, von den Vereinigten Staaten bestimmte Regierung zurückgeben würden. Neuen Berichten zufolge soll das irakische Öl vollständig privatisiert werden, gemäß der Privatisierung des öffentlichen Sektors in Russland nach dem Zusammenbruch der Sowjetunion. In dieser Frage beginnt jedoch das irakische Klientel der USA selbst zu rebellieren, mit der hochtrabenden Rhetorik, dass Privatisierung gut sei, aber das Privileg des Eigentums nur irakischen Staatsangehörigen und nicht Ausländern zugestanden werden soll; sie sind plötzlich Patrioten geworden, wie jede nationale Bourgeoisie.

Wir wissen also nicht wirklich, wie der Krieg aussehen wird und was danach kommt – wenn es überhaupt ein „danach" gibt. Vielleicht haben die Amerikaner selbst die Invasion aufgeschoben, weil sie nicht in der Lage sind, die Zukunft abzuschätzen. Aber vier Dinge wissen wir, während wir uns immer weiter auf den nächsten Völkermord zubewegen. Erstens: Der Sicherheitsrat ist ein zu schlüpfriges Gebilde, als dass man sich auf ihn verlassen könnte. Zweitens: Die Grausamkeit des Vorgehens wird auch für diejenigen, die nicht zu den direkten Opfern gehören, absolut unvorstellbar sein. Drittens werden die Amerikaner zweifelsohne wissen, wie man in den Irak hineinkommt, aber vielleicht nicht, wie man wieder herauskommt. Viertens wird der Boden der gesamten Region für weitere Explosionen bereitet sein. Der Imperialismus könnte sich also weit über das hinaus ausbreiten, was er bewältigen kann.

28. MÄRZ 2003

Krieg, Öl und der Dollar

Der Krieg gegen den Irak und die Besetzung des Landes durch die angloamerikanische Achse ist heute genauso wahrscheinlich wie zuvor, nur noch näher gerückt. Hier werden wir zunächst auf die weitere Stärkung der Antikriegsbewegung eingehen, die mittlerweile vom Papst bis zu den UN-Waffeninspektoren im Irak und von den größten Gewerkschaftsverbänden in Europa sowie den USA bis zu den Regierungen von Frankreich, Deutschland, China und Russland reicht. Anschließend gehen wir kurz auf die bemerkenswerte Einigkeit der herrschenden Klasse in den USA ein, die hinter der rechtsextremen Kabale der Bush-Regierung steht. Diese Einigkeit erklärt die Tatsache, dass der bevorstehende Krieg nicht nur eine rechtsextreme Offensive innerhalb des Machtgefüges der Vereinigten Staaten darstellt, sondern in der Tat von entscheidender Bedeutung ist für die fortgesetzte wirtschaftliche Vorherrschaft der Vereinigten Staaten über den Rest der Welt: Die beruht nämlich nicht nur auf der Kontrolle der strategischen Öl- und Gasressourcen der ganzen Welt, sondern auch auf einer Wiederherstellung des Dollar-Sterling-Währungskomplexes gegen die Herausforderung durch den Euro, die neue Währung der Europäischen Union, die zum ersten Mal seit dem Zweiten Weltkrieg die Hegemonie des Dollars in Frage stellt.

Die Konjunktur der Antikriegsbewegung, über die wir im letzten Beitrag berichtet haben, hält nach den Demonstrationen vom 15. Februar an. Damals demonstrierten und marschierten 15 Millionen Menschen in 2.000 Städten der Welt gegen den Krieg. Der Papst hat einen persönlichen Brief an Bush gerichtet, diesen wiedergeborenen christlichen Präsidenten, der nicht müde wird, Gott auf seine Seite zu ziehen. In diesem Schreiben bittet der Papst den amerikanischen Präsidenten, keinen Krieg zu führen; und er hat zusätzlich eine Milliarde Katholiken auf der ganzen Welt ersucht, sich ihm am Aschermittwoch im Gebet für den Frieden anzuschließen. In einem außergewöhnlichen Schritt, den die türkische Presse als „Erdbeben" bezeichnete, lehnte das türkische Parlament den Gesetzentwurf der Regierung ab, der den USA die Stationierung von 62.000 Soldaten auf türkischem Boden ermöglichen sollte. Das Parlament handelte damit sowohl gegen den Premierminister als auch gegen die oberste Militärführung, aber in Solidarität mit 94 Prozent der türkischen Bevölkerung, die den Krieg ablehnen, und mit den 100.000 Menschen, die zu diesem Zeitpunkt nur eine Meile vom Parlamentsgebäude entfernt demonstrierten.

In Großbritannien lehnten sich 120 Labour-Abgeordnete gegen ihren eigenen Premierminister Tony Blair auf. In den Vereinigten Staaten selbst verabschiedete die AFL-CIA, der größte Gewerkschaftsverband, der den Krieg in Vietnam nachdrücklich unterstützt hatte, eine Antikriegsresolution. Darin hieß es, Bush habe es versäumt, den Krieg zu begründen; die Frage der angeblichen irakischen Massenvernichtungswaffen sei ein kalkuliertes Ablenkungsmanöver von der katastrophalen wirtschaftlichen Lage, in der sich die arbeitende Bevölkerung der USA befinde. Drei der vier großen Zeitungen in den Vereinigten Staaten – die *Los Angeles Times* und der *Boston Globe* ausdrücklich, die *New York Times* eher widerwillig – haben sich gegen den Krieg gestellt und systematisch undichte Stellen innerhalb der Bush-Regierung zitiert, die die Positionen der Regierung untergraben. Es war in der Tat die *New York Times*, die nach den Demonstrationen vom 15. Februar feststellte, dass die Welt nun zwei Supermächte habe, die Vereinigten Staaten auf der einen Seite und die öffentliche Meinung auf der anderen. Sogar der amerikanische Generalstabschef sagte bei Anhörungen im Kongress aus, dass eine Besetzung des Irak im Laufe von zehn Jahren bis zu 400.000 Soldaten erfordern könnte. Er deutete damit an, dass der Krieg nicht zu gewinnen sei. Seine Aussage erzürnte die sogenannten „Falken" im Pentagon so sehr, dass der stellvertretende Verteidigungsminister, Paul Wolfowitz, der sich sein ganzes Leben lang vor dem Militärdienst gedrückt hat, erklärte, ein General habe kein Recht, Einschätzungen abzugeben, die im Widerspruch zu denen der Vorgesetzten im Pentagon stehen.

Jüngste Umfragen zeigen, dass die Antikriegsstimmung in ganz Europa zugenommen hat. Führende europäische Zeitungen prophezeien, dass der Ausbruch des Krieges einen unvergleichlich größeren Ansturm öffentlicher Proteste auslösen wird, als jenen bei den Demonstrationen vom 15. Februar: das Netzwerk von Organisatoren, das bereits die weltweiten Aktionen vom

15. Februar koordiniert hatte,[39] plant diese Proteste bereits, und sie werden massenhaft zivilen Ungehorsam, Arbeitsniederlegungen aller Art, Streiks und andere Widerstandsformen umfassen. Der Exekutivausschuss des Europäischen Gewerkschaftsbundes tagte am 6. und 7. März in Athen und bekräftigte den Widerstand der Gewerkschaften gegen den Krieg. Er rief zu Arbeitsniederlegungen in ganz Europa um die Mittagszeit des 14. März auf. Einen Vorgeschmack auf das, was kommen wird, wenn der Krieg tatsächlich ausbricht, gibt die Bewegung in Italien, die derzeit damit beschäftigt ist, Züge zu stoppen, die Kriegsmaterial von US-amerikanischen Stützpunkten auf italienischem Boden zu den Häfen transportieren, in denen US-amerikanische Schiffe angedockt sind. Solche Aktionen werden wahrscheinlich noch viel zahlreicher und viel weiter verbreitet stattfinden. In einigen Fällen werden sie zwangsläufig auch gewalttätig ablaufen. Unterdessen haben eine Sondersitzung der Bewegung Blockfreier Staaten (NAM), der Gipfel der Arabischen Liga und die Organisation der Islamischen Konferenz (OIC) einstimmig Resolutionen verabschiedet, in denen Krieg abgelehnt wird. Zugleich sagte das Sekretariat der Organisation erdölproduzierender Länder (OPEC) für den Fall eines Krieges völliges Chaos auf den Ölmärkten vorher. Der kanadische Premierminister, ein enger und treuer Verbündeter der Vereinigten Staaten, hat erklärt, dass die Resolution 1441 des Sicherheitsrates nur von Inspektionen und Abrüstung des Irak spricht, aber weder von einem Krieg noch von einem „Regimewechsel". Er sagte weiter, dass die Idee eines „Regimewechsels" mittels Krieges gegen ein anderes souveränes Mitglied der Vereinten Nationen „eine gefährliche Idee" sei, die zwangsläufig zu Instabilität in der Welt führen

39 Leider war das im Endeffekt nicht der Fall. Sobald die Invasion begann, schrumpfte die Zahl der Demonstrationen überall und versiegte dann, mit wenigen Ausnahmen in Ländern wie Griechenland. In London gab es nach dem Krieg eine recht große Demonstration, aber die Mehrheit der Bevölkerung ging dazu über, ihren Soldaten in der Fremde die Treue zu halten. Dieser dramatische Rückgang zeigte die Grenzen und die Unvorhersehbarkeit spontaner Massenaktionen in Ermangelung einer revolutionären Politik. Während der Vietnamjahre gab es in der gesamten Dritten Welt eine revolutionäre Welle, die auch in den imperialistischen Kernländern zu anhaltenden und militanten linken Bewegungen, insbesondere unter den Studenten, geführt hatte. Im Fall Irak konnte sich die moralische Empörung über die Grausamkeit der USA nicht mit der Bejahung einer revolutionären Entschlossenheit verbinden, und eine verzagte Mentalität á la „es gibt keine wirkliche Alternative" setzte recht schnell ein. Erst das Entstehen eines irakischen Widerstands und das Versagen der USA nach der Besetzung des Landes ließen einige Monate später den Anschein einer praktischen Opposition aufkommen, wie wir in einem späteren Beitrag in diesem Buch erläutern werden („Widerstand im Irak, Unordnung in den USA").

werde. Drei der fünf ständigen Mitglieder des Sicherheitsrates – Frankreich (explizit), Russland und China (implizit) – haben damit gedroht, ihr Veto gegen jede Resolution einzulegen, die einen Krieg billigt oder dem Irak sogar nur eine Frist zur Einhaltung seiner Verpflichtungen setzt. Zusammen mit Deutschland, das im Sicherheitsrat sitzt, aber kein Veto einlegen kann, argumentieren diese Länder nachdrücklich, dass der Irak ein ausreichendes Maß an Kooperation gezeigt hat und dass die Inspektionen notwendigerweise viele Monate Arbeit erfordern, so dass eine solche Resolution nicht gerechtfertigt wäre; die Drohung Frankreichs, sein Veto einzulegen, stellt natürlich eine gemeinsame deutsch-französische Position dar.[40] In der Tat haben viele Länder, allen voran Frankreich, darauf hingewiesen, dass jede einseitige Aktion der Vereinigten Staaten (oder der anglo-amerikanischen Achse) die Vereinten Nationen auf fatale Weise unterminieren würde, weil der Sicherheitsrat eben so umfassend in die Inspektions- und Abrüstungsfragen involviert ist. Die Welt hätte dann keine Institution mehr, durch die das Völkerrecht kollektiv durchgesetzt werden könnte.

Inmitten von all dem erfolgten die jüngsten Berichte der UN-Waffeninspektoren im Irak, die am 7. März auf einer Ministertagung des Sicherheitsrates vorgelegt wurden und die Argumente der USA in der Luft zerrissen. Noch vor seinem Auftritt im Sicherheitsrat und als direkte Antwort auf Bush, der am Vorabend der Sitzung erklärt hatte, dass die USA auf eine Resolution zur Ermächtigung eines Krieges drängen werden, sagte Hans Blix, der oberste UN-Waffeninspektor und Leiter der UNSCOM im Irak, dass die Zusammenarbeit seitens des Irak „aktiv, wenn nicht proaktiv" gewesen sei und den Inspektionen daher mehr Zeit eingeräumt werden sollte. Im Sicherheitsrat griff er anschließend direkt den Standpunkt der USA auf, dass eine Kriegsresolution erforderlich sei, weil der Irak die Resolution 1441, die eine „sofortige, bedingungslose und aktive Zusammenarbeit" forderte, nicht erfüllt habe. Blix räumte ein, dass die irakische Zusammenarbeit nicht „unverzüglich" gewesen sei, da der Irak zunächst versucht habe, Einschränkungen zu formulieren, dann aber jede Bedingung akzeptiert habe, die die Inspektoren

40 Auch diese Position fiel schließlich. Kurz vor Kriegsbeginn schlug Frankreich vor, den Inspektoren nur noch dreißig Tage Zeit zu geben, um dann einer Resolution zuzustimmen, die einen Krieg befürwortet. Bush zeigte diesem Positionswechsel jedoch die kalte Schulter und zog es vor, unilateral zu handeln und alle Macht in den Händen der USA zu behalten.

gestellt hätten; die Zusammenarbeit war also im Endeffekt „bedingungslos". Was die „aktive Zusammenarbeit" anbelangt, so wiederholte Blix seine Worte von vor einigen Tagen: Die Zusammenarbeit des Irak sei „aktiv, sogar proaktiv" gewesen.

Hans Blix sprach sogar von „irakischen Initiativen", die „professionelle, unangemeldete Inspektionen im gesamten Irak" und ein „erhebliches Maß an Abrüstung" ermöglicht hätten. Trotz dieser „proaktiven Zusammenarbeit" des Iraks und trotz der „Inspektionen im gesamten Land" sowie des Einsatzes modernster Radartechnologie wurden keine unterirdischen Anlagen für chemische und biologische Waffen gefunden – eine wiederholte Behauptung der USA fand damit direkte Widerlegung. Mit anderen Worten: Es gab keine Beweise dafür, dass der Irak gegen die Resolution 1441 verstoßen hat, wie Bush und Blair behaupteten. Zwei Schlussbemerkungen von Blix waren sogar noch bedeutsamer: Er verlangte, dass Länder wie die Vereinigten Staaten, die angaben, sie *wüssten* von der Existenz solcher Anlagen – die also über Mittel verfügen, solche Informationen zu sammeln – den Inspektoren diese Beweise vorlegen sollten. Damit forderte er die USA implizit heraus. Und auf den anglo-amerikanischen Vorschlag, dem Irak eine Frist von nur wenigen Tagen zu setzen und dann, wenn er sie nicht vollständig einhält, mit dem Angriff zu beginnen, antwortete Blix: „Abrüstung und auf jeden Fall Verifizierung können nicht sofort erfolgen. Sie werden weder Jahre noch Wochen, aber zumindest Monate dauern". Kurzum bekräftigte Blix die deutsch-französisch-russisch-chinesische Position: Die Inspektionen funktionierten, aber man müsse ihnen wesentlich mehr Zeit geben, da sie aufgrund ihres Umfangs und ihrer technischen Natur nicht in Tagen oder gar Wochen erledigt werden könnten.

Mohamed El Baradei, Generaldirektor der Internationalen Atomenergie-Organisation (IAEO) und Chefinspektor der Vereinten Nationen für den Irak mit Schwerpunkt Nuklearwaffen, folgte Blix und erklärte unumwunden, es gebe keine Beweise dafür, dass der Irak sein Atomwaffenprogramm wieder aufgenommen habe. Die Dokumente, mit denen die USA ihre Behauptungen untermauert hatten, der Irak habe heimlich und vermutlich zwecks Herstellung von Atomwaffen Uran aus Niger gekauft, seien von internationalen Experten geprüft und für gefälscht erklärt worden. Abschließend wies El Baradei alle von den USA vorgebrachten Darstellungen zurück, natürlich ohne die USA auch nur einmal namentlich zu nennen. Im Gegensatz zu Blix akzeptierte El Baradei somit keine einzige Forderung der USA.

Angesichts der Tatsache, dass die gesamte Argumentation der anglo-amerikanischen Achse unter dem Gewicht dessen, was die Waffeninspektoren berichteten, zusammenzubrechen drohte, hielt Colin Powell eine bockige Rede, in der er die Inspektoren beschimpfte; die substantielle Materie des vorgeschlagenen Ultimatums überließ er allerdings den Schauspielkünsten von Großbritanniens Außenminister Jack Straw, einem ehemaligen Trotzkisten, der sich in einen erbärmlichen Diener des Imperiums verwandelt hatte. Er ist jener Mann, der letzte Woche in einer Pressekonferenz erklärte, Europa müsse mit den USA deshalb zusammenarbeiten, weil die USA sonst internationale Institutionen wie die Vereinten Nationen und den Internationalen Währungsfonds zerstören würden. Wenn Europa nicht kooperiere, so sagte er weiters, werde es „einen Wirbelsturm ernten". Auf paradoxe Art und Weise hatte er in zweierlei Hinsicht durchaus Recht. Erstens kann, wie Frankreich es schon mehrmals hervorgehoben hat, die grundlegende Architektur der Vereinten Nationen und das mit ihr verbundene Völkerrecht gut überleben, wenn kleinere Mächte gelegentlich die Resolutionen der UN ignorieren; die Vereinten Nationen erweisen sich aber als völlig ineffektiv, falls die USA, die oberste Weltmacht, diese Resolutionen einfach komplett ignoriert, *und das obwohl die vom Sicherheitsrat mit vollem Wissen und anfänglicher Kooperation der USA geschaffenen Mechanismen für den Frieden tatsächlich funktionieren.* Zweitens, und noch entscheidender, ist der bevorstehende Krieg nicht nur gegen den Irak gerichtet, sondern auch der erste Krieg, den die USA für eigene Interessen führen, die gleichzeitig teilweise, wie wir weiter unten darlegen werden, mit den Interessen der Europäischen Union kollidieren. Nach britischer Auffassung sollte Europa kapitulieren und die Vorherrschaft der USA für die absehbare Zukunft akzeptieren; nach deutsch-französischer Auffassung ist es vielleicht an der Zeit, die extremeren Kräfte des Unilateralismus, die dieser Vorherrschaft innewohnen, herauszufordern und zu zeigen, dass die USA letztendlich die Zusammenarbeit mit ihren NATO-Verbündeten über Großbritannien hinaus – und sogar die formelle Zusammenarbeit mit dem Sicherheitsrat selbst – brauchen. Das deutsch-französische Kalkül scheint zu sein, dass (a) die USA den Krieg im Irak entweder sehr leicht und schnell gewinnen und der Euro auf absehbare Zeit eine zweitklassige Währung bleibt oder dass (b) die USA im Irak in einen nicht enden wollenden Sumpf geraten, der die Aussicht auf künftige Gewinne für die EU nicht nur in den Beziehungen zum Irak, sondern zur OPEC insgesamt eröffnet. In einem seiner vielen Aspekte ist dies daher auch ein Minikrieg zwischen dem Euro, der Währung der Europäischen Union, und dem Dollar-Sterling-Nexus, also den Währungen der beiden großen Imperien der Vergangenheit und Gegenwart, das heißt der angloamerikanischen Achse. Das globale Kapital, insbesondere das Finanzwesen, ist heute zu stark integriert, als dass sich jene Art von zwischenimperialistischen Rivalitäten herausbilden könnte, die es vor dem Zweiten Weltkrieg gab. Damals neigte das Kapital dazu, im Wesentlichen einen nationalen Charakter zu tragen, und die nationalen Bourgeoisien der kapitalistischen Kernländer verschanzten sich in gegensätzlichen – und zuweilen kriegerischen – Lagern. Mit dem Wegfall des Sowjetblocks und der Herausbildung der EU als eigenständige Einheit innerhalb des globalen Systems ist nun jedoch ein gewisses Maß an anhaltendem Wettbewerb zwischen den USA und den mächtigeren Ländern der EU wahrscheinlich.

Wir werden gleich auf diesen Punkt zurückkommen, und dann auf den wirtschaftlichen Impuls eingehen, der die Hauptantriebskraft dieses kommenden Krieges darstellt. Lassen Sie uns zunächst aber auf die Machtstruktur innerhalb der Vereinigten Staaten eingehen, die für die Kriegstreiber in der Tat sehr günstig ist. Wir haben in früheren Artikeln ausführlich über die Zusammensetzung der rechtsextremen, quasi faschistischen Gruppe geschrieben, die heutzutage in Washington die Macht ausübt, sowohl im Weißen Haus als auch im Pentagon. Dazu kommt die beklagenswerte Rolle der Demokratischen Partei, der angeblich liberalen Opposition, die es völlig versäumt hat, irgendeine Art von Widerstand gegen den drohenden Krieg zu organisieren – ja sogar irgendeine Debatte darüber zu führen. Und zwar unter dem falschen Vorwand eines Patriotismus, der verlangt, dass sich alle Parteien in Kriegssachen hinter die Regierung stellen. Dies ist ein Spiegelbild dessen, was in Indien geschieht, wo der Kongress sowie alle anderen Oppositionsparteien einfach hinter der BJP zurückweichen, sobald die nationale Sicherheit, der Terrorismus usw. ins Spiel kommen.

Und dann ist da noch der US-Kongress, der von der zionistischen Lobby, den christlichen Fundamentalisten, der Petrodollar- und Waffenindustrie sowie von korrupten Unternehmen kontrolliert wird; Enron war beispielsweise der größte Geldgeber für Bushs Wahlkampf und es gibt in den USA keinen einzigen Kongresswahlbezirk, in dem nicht mindestens eine Fabrik irgendwie mit der Beschaffung von Rüstungsgütern zu tun hat. Was General Eisenhower, der rechtsgerichtete 1950er-US-Präsident, in seiner Abschiedsrede sagte, gilt heute noch tausendfach: Es existiert kein industrieller Komplex in den USA, der nicht auch ein militärisch-industrieller ist. Auf offene und verdeckte Weise geben die USA etwa die Hälfte ihres Haushaltsbudgets für ihr Militär aus, ein Betrag, der höher ist als der, den fünfundzwanzig andere benachbarte Länder zusammen dafür aufwenden. Dies hängt sicherlich mit dem Welteroberungswahn zusammen, bedeutet aber auch, dass in den USA nichts so lukrativ ist wie das Geschäft mit dem Krieg und dass die dominierenden Teile der US-amerikanischen Bourgeoisie in der Regel direkt mit der Beschaffung von Kriegsmaterial verbunden sind.[41] Die innere Dynamik des US-amerikanischen Kapitalismus treibt die USA ebenso in den Krieg wie das imperialistische Streben nach Weltherrschaft.

Diese Kriegswirtschaft überschneidet sich sowohl in ihren internen als auch externen Aspekten mit der Petrodollar-Wirtschaft. *Frontline* hat immer wieder auf die direkte Beteiligung von Bush selbst sowie wichtiger Mitglieder seiner Regierung an den Ölkonzernen hingewiesen (siehe zum Beispiel V. Sridhars Artikel *„Bush & Co. Private Limited"* in *Frontline* vom 14. März 2003). Jedes einzelne Mitglied der Bush-Regierung würde von einer Ausweitung der US-amerikanischen Kontrolle über die Ölressourcen der Welt erheblich profitieren. Darüber hinaus gibt es den faktischen Charakter der Ölwirtschaft als Ganzes, der im Wesentlichen drei Aspekte umfasst: (a) die tatsächlichen Ressourcen und ihr Besitz, ihre Kontrolle und ihre tatsächliche Nutzung; (b) die Kontrolle über die Liefermengen und die Handelswege, d.h. wo die Pipelines verlaufen und wo das Öl dann landet; und (c) die Währung, in der der Ölhandel, der bei weitem bedeutendste Handel der Welt, abgewickelt wird und in der daher die Anhäufung des durch diesen Handel erzeugten Wohlstands stattfindet. Jeder dieser Aspekte ist es wert, eigens erörtert zu werden.

Beginnen wir mit dem Volumen der Ressourcen und den Verbrauchsmustern. Der größte Teil der weltweit bekannten Ölressourcen befindet sich im Nahen Osten. Das Becken am Kaspischen Meer gewinnt jedoch zunehmend an Attraktivität. Die Schätzungen der dortigen Ölvorkommen schwanken stark und liegen zwischen 35 Milliarden und 300 Milliarden Barrel; orientiert

41 Dick Cheney, Verteidigungsminister unter Bush Sr. und Vizepräsident unter Bush Jr., ist der ehemalige CEO von Haliburton, dem größten Rüstungsunternehmen. Auch die Carlyle Group, zu deren Vorstand Bush Sr. ebenso gehört wie sein Außenminister James Baker, verfügt über ein riesiges Waffenbeschaffungsgeschäft in der ganzen Welt. Solche Beispiele lassen sich *endlos* fortsetzen.

man sich am oberen Ende dieser Schätzung, würde dies bedeuten, dass die Region über mehr Reserven als Saudi-Arabien und über halb so viel wie der gesamte Nahe Osten verfügt. Auf die USA selbst entfallen dagegen nur zwei bis drei Prozent der Ressourcen, aber mit nur fünf Prozent der Weltbevölkerung auch ein Viertel des weltweiten Ölverbrauchs, von dem die Hälfte importiert wird. Das kaspische Öl nimmt in diesen Berechnungen einen besonderen Platz ein, denn während das Öl im Nahen Osten Staatseigentum ist und die US-amerikanischen Ölkonzerne dort im Wesentlichen nur als Vertragspartner fungieren, sind die Ölressourcen in der kaspischen Region immer noch Privateigentum und können direkt erworben werden. Allerdings hat dies auch zwei große Nachteile. Erstens sind die Ressourcen noch unerschlossen, ja sogar weitgehend unerforscht, und das Öl ist schwer zu fördern; Kostenschätzungen für die Entwicklung der erforderlichen Infrastruktur und Anlagen belaufen sich auf bis zu 60 Milliarden Dollar, eine Summe, die selbst für die reichsten Konzerne unerschwinglich ist. Zweitens, und das erscheint noch wichtiger, ist rechtlich noch nicht geklärt, welcher Anteil an diesem Öl welchem der neuen Anrainerstaaten zusteht. Erschwerend kommt hinzu, dass der Iran sich auf Verträge mit der Sowjetunion berufen kann, in denen das Kaspische Meer als „gemeinsamer See" beider Länder festgelegt worden ist; der Iran kann also einen erheblichen Teil für sich beanspruchen, und die Nachfolgeregime in der Region müssen mit ihm entlang des Völkerrechts verhandeln.

Auch der Irak nimmt in diesem Ressourcenkalkül einen besonderen Platz ein. Erstens machen seine der Öffentlichkeit *bekannten* Reserven etwa 16 Prozent der weltweiten Gesamtreserven aus, die zweitgrößten nach Saudi-Arabien. Sie sind damit weitaus größer als die *derzeit bekannten* Reserven in der kaspischen Region. Zweitens hat sich die irakische Ölindustrie in den letzten zwei Jahrzehnten so entwickelt, dass sie derzeit etwa zwei Millionen Barrel pro Tag fördert, verglichen mit acht Millionen Barrel in Saudi-Arabien, was bedeutet, dass die Reserven des Landes viel besser erhalten wurden, auch wenn die Kapazität zur Ölförderung zurückgegangen ist (die irakische Ölindustrie hat beispielsweise seit 1979 keine neuen Computer mehr installiert). Drittens sind die US-amerikanischen Ölkonzerne seit mehr als einem Jahrzehnt aus diesem rohstoffreichen Land ausgeschlossen und werden erst nach dem angestrebten „Regimewechsel" wieder hineingelassen. Viertens gibt es starke Gerüchte, dass die USA nach Beendigung der Besetzung des Irak versuchen werden, das irakische Öl zu privatisieren, entweder unter ihrer eigenen Militärverwaltung oder durch das Marionettenregime, das sie einsetzen werden. Die Bereitschaft bestimmter Gruppierungen, diese Aufgabe zu erfüllen, könnte darüber entscheiden, welche Klientel an die Macht gehievt wird.

Dann ist da noch die Frage der Pipelines, die wesentlich bestimmen, in welche Richtung das Öl fließt und wer unmittelbar davon profitiert. So gab es beispielsweise im Kaspischen Becken während der Sowjetzeit nur Pipelines, die nach Russland führten. Ein Teil des US-amerikanischen Konzepts für dieses Gebiet besteht nun darin, die Fließrichtung des Öls zu ändern. Die USA würden gerne Pipelines durch Afghanistan in Richtung Arabisches Meer bauen, um sowohl Russland als auch Europa von diesen Versorgungsrouten fernzuhalten. Das Problem dabei besteht darin, dass Afghanistan ein Binnenland ist und die Pipelines daher durch den Iran (die kürzeste Route) oder Pakistan verlaufen müssten, die beide von den USA derzeit nicht als zuverlässig angesehen werden. Daraus resultiert wahrscheinlich eine Verschärfung des so genannten „Kriegs gegen den Terror" in Pakistan und auch der verrückten Pläne für einen „Regimewechsel" im Iran. In der Zwischenzeit bevorzugen die USA den Bau eines Systems von Öl- und Gasleitungen, die durch Kasachstan und Turkmenistan verlaufen, dann unter dem Kaspischen Meer hindurch nach Baku und dann durch Georgien und die Türkei zum Mittelmeer. Dies würde Russland ausschließen, aber die Lieferungen nach Europa erleichtern. Der entscheidende Punkt ist in jedem Fall, dass die Fließrichtung der Pipelines herausragende geopolitische Bedeutung besitzt. So wäre es beispielsweise denkbar, dass unter anderen globalen Machtverhältnissen Pipelines vom Kaspischen Becken in die chinesische Provinz Xinjiang gebaut werden, die China „industriell" erschließen möchte. Dieselben Pipelines könnten quer durch China verlegt werden, um Öl und Gas in die chinesischen Küstenregionen und darüber hinaus nach Japan zu transportieren. Der Bau solcher Pipelines wäre sehr teuer, aber im Ergebnis könnten China und Japan im Wesentlichen von der ihre Versorgung betreffenden Vorherrschaft der USA befreit werden. Die würden dies freilich niemals zulassen, weil solche Entwicklungen einen ihrer beiden schlimmsten Alpträume nähren würden: Nämlich, dass die chinesischen und japanischen Interessen eines Tages zusammenfinden und beide gemeinsam eine riesige Zone von Industrieländern in Ost- und Südostasien anführen, der als Block selbst die USA in absehbarer Zeit überflügeln könnte.

Der andere und unmittelbarste Alptraum für die USA ist, dass die EU schnell zu einem solchen rivalisierenden Block aufsteigt. Dies kann jedoch nur geschehen, wenn Europa selbst sich von der Dominanz des Dollars lösen kann, der derzeit die primäre, praktisch ausschließliche Reservewährung für die gesamte Welt ist. Das wiederum ist nur möglich, wenn der Euro die Hauptwährung für den größten Handel der Welt, nämlich den Ölhandel, wird. Viele Dollars, die keine Petrodollars sind, erhalten ihren Wert und ihre zentrale Stellung in der Welt durch Petrodollars. Die Kardinalsünde Saddam Husseins besteht weder in der Herstellung von Massenvernichtungswaffen noch in der Förderung des Terrorismus, sondern darin, dass er, entnervt durch zehn Jahre amerikanischer UN-Sanktionen und anglo-amerikanischer Bombardierungen großer Teile seines Landes, den Irak am 6. November 2000 veranlasste, als *erstes ölproduzierendes Land vom Dollar auf den Euro als Währung für den Ölhandel und damit als Hauptwährung für seinen Außenhandel im Allgemeinen umzusteigen.* Damit zeigte er den anderen OPEC-Ländern, dass sie die Vorherrschaft des Dollars brechen können, indem sie zum Euro übergehen oder zumindest ihre Reservewährungen diversifizieren. Zu dem Zeitpunkt, als der Irak den Wechsel vollzog, war der Euro 82 Cent pro US-Dollar wert; heute liegt er bei 1,50 Dollar[42] und hat damit um 17 Prozent zugelegt. Die Entscheidung des Irak war ein Schlüsselmoment dafür, dass der Euro zum ersten Mal eine wettbewerbsfähige Währung wurde. Wenn die anderen ölproduzierenden Länder entsprechend umstellten, droht der US-Wirtschaft ein immenses Schrumpfen, ja sogar ein Zusammenbruch.

Das funktioniert folgendermaßen: Da der Dollar die Weltreservewährung ist, ist jedes Land gezwungen, Dollar zu importieren. Um diese zu erhalten, müssen Waren und Dienstleistungen an die Vereinigten Staaten verkauft werden, die ihrerseits einfach nur immer mehr Dollar zu drucken brauchen und so ihre Importe zu geringen Kosten tätigen. Auf diese Weise können die USA ihre Wirtschaft mit riesigen Defiziten betreiben, ohne dass sich diese nachteilig auf ihre eigene Wirtschaft auswirken. Da Öl für die meisten Länder der größte Einzelimportposten ist, benötigen sie immer mehr Dollars für ihre Einkäufe. Im Gegenzug häufen die ölproduzierenden Länder riesige Mengen an Dollars an, die dann zu den – meist in den USA ansässigen – Banken zurück-

42 Anmerkung der Übersetzerin: Es ist anzunehmen, dass sich hier ein Flüchtigkeitsfehler ins Manuskript eingeschlichen hat und der Autor eigentlich 1,05 Dollar meint.

fließen und zu dem werden, was wir Petrodollars nennen. Wenn der Ölhandel auf den Euro umgestellt würde, käme es weltweit zu einer Dollarschwemme. Der Dollar müsste dann unter hohem Verlust in Euro umgetauscht werden. Die US-Notenbank hätte in Folge die wertlos gewordenen Dollars einzulösen. Je mehr Dollar auf diese Weise eingelöst werden, desto geringer würde ihr Wert. Die USA zeigten sich nicht mehr in der Lage, ihre Wirtschaft durch Defizite am Laufen zu halten, wie sie es seit Jahrzehnten getan haben. Als größte Schuldnernation der Welt und als eine Nation, deren eigene Währung dann viel weniger gefragt wäre, müssten die USA damit beginnen, einen Teil ihrer Schulden zu bezahlen, ohne die Möglichkeit zu haben, einfach immer mehr Dollars zu drucken. Unterdessen befinden sich die Produktionskapazitäten und die städtische Infrastruktur Amerikas in einem fortgeschrittenen Stadium des Verfalls. Die Bundesstaaten und Städte sind ebenso verschuldet wie die Bundesregierung selbst, ganz zu schweigen von der Bürgerschaft, die ganz an Kreditkartenwirtschaft gewöhnt ist. Die USA stehen möglicherweise vor einem Zusammenbruch. Sie haben daher dafür zu sorgen, dass die ölproduzierenden Länder nicht zum Euro übergehen, auch wenn das bedeutet, dass sie einige von ihnen besetzen und andere ständig bedrohen müssen. Was passiert beispielsweise, wenn der venezolanische Präsident Chavez die gleiche Entscheidung wie Saddam Hussein trifft und zum Euro übergeht, zumal Venezuela ein wichtiger Öllieferant der USA ist?

Dieser Währungskrieg ist ebenso eine Komponente des geplanten Krieges gegen den Irak und des dortigen „Regimewechsels“ wie die Frage nach der Eroberung der Ölressourcen in der Region. Was wir erleben, ist in der Tat ein möglicher Riss im gesamten System der Dollar-Dominanz, das von den fortgeschrittenen kapitalistischen Ländern vor etwa fünfzig Jahren unter Führung der USA aufgebaut wurde. Wenn Frankreich davor warnt, dass der einseitige Wille der USA, in diesen Krieg einzutreten, die Vereinten Nationen ruiniert, werden wir daran erinnert, wie die Exzesse der Nazis den Untergang des Völkerbundes besiegelten. Die verschärften Spannungen zwischen den USA und den Kernländern der EU, die sich in diesem Währungskrieg zeigen, veranschaulichen, wie das Verschwinden der Sowjetunion eben nicht dazu verhalf, dem Imperialismus mehr Stabilität zu verleihen, sondern die inneren Konflikte des Systems verschärfte; im Nachhinein kann man umso deutlicher sehen, dass es nur die Existenz kommunistischer Staaten war, die die fortgeschrittenen kapitalistischen Länder zusammengeschweißt hatte, und dass die

Stabilität nach dem Verschwinden des kommunistischen Gegners nun brüchig wird. In der Zwischenzeit, in der die USA Afghanistan eroberten und dann auf den Müllhaufen warfen – in der Zeit also als sie sich darauf vorbereiteten, Krieg gegen das irakische Volk und um dessen Ressourcen zu führen, und in der Zeit, in der sie drohten, ein weiteres halbes Dutzend Länder zu bekriegen, um dort ebenfalls „Regimewechsel" herbeizuführen – beginnen die USA selbst immer mehr wie ein Viertes Reich auszusehen.

Diese Analyse der wirtschaftlichen Notwendigkeit, die dem kommenden Krieg zugrunde liegt, hilft auch, zwei andere Faktoren zu erklären. Erstens können wir jetzt sehen, warum die USA wirklich so entschlossen sind, Krieg zu führen. Und zwar selbst gegen eine globale Koalition von Antikriegskräften, die so groß ist, dass es in der Geschichte keinen Präzedenzfall dafür gibt. Gleichzeitig ermöglicht es uns auch, das ansonsten scheinbar sinnlose und rücksichtslose Verhalten von Blair & Co. nachzuvollziehen. Man kann die ideologische Grundlage für die Unterstützung Bushs durch die italienische und spanische Regierung verstehen; wie die USA werden auch Italien und Spanien von der extremen Rechten regiert. Aber warum handelt ein Labour-Premierminister in Großbritannien auf ähnliche Weise? Es ist die strukturelle Bindung zwischen dem Dollar und dem Pfund Sterling, die die persönliche Vertrautheit zwischen Blair und Bush sowie die Spannungen zwischen dem anglo-amerikanischen und dem deutsch-französischen Block erklärt. Es geht letztendlich nur um Geld.

11. APRIL 2003

Der Besatzungskrieg beginnt

Das Erwartete, das Gefürchtete, das Unaussprechliche ist eingetreten. Die anglo-amerikanische Achse führt seit weit über einem Jahrzehnt einen mutwilligen Krieg der Zerstörung und des Hungers gegen den Irak und sein Volk. Was nun aber begonnen hat, ist die neue und kulminierende Phase, die ihn zu einem Krieg macht, der in vollständiger Besetzung endet. Während ich dies am vierten Tag der Invasion schreibe, hat Bagdad bereits die schlimmsten Bombardements in der Geschichte der Menschheit erlitten: 1.000 Marschflugkörper wurden in einer Nacht auf die Stadt abgeworfen. Als die Verfechter der so genannten „*shock and awe*"-Strategie vorschlugen, Bagdad in den ersten beiden Tagen mit 800 Marschflugkörpern zu bombardieren, sagten sie, dass diese Intensität die gleiche Wirkung haben würde wie die Atombombe in Hiroshima. Allein in dieser einen Nacht wurde der „Hiroshima-Effekt" durch 200 zusätzliche Marschflugkörper übertroffen. Es folgte eine Nacht mit relativ – aber wirklich nur relativ – leichteren Bombardements. In den beiden Nächten zusammen flogen die US-amerikanischen Flugzeuge eintausend Einsätze, zusätzlich zu ferngesteuerten Raketenangriffen von land- und seegestützten Abschussrampen. Weitere Massenbombardierungen sind in Vorbereitung.

Das Bizarre daran ist, dass die Ziele selbst (der Präsidentenpalast, das Hauptquartier des Verteidigungsministeriums und des Geheimdienstes, die Häuser von Saddam Husseins Familie usw.) keinen militärischen Sinn ergeben, da sie schon längst evakuiert worden sind. Die Absicht ist einfach: Die Bevölkerung terrorisieren und zu suggerieren, dass wenn die majestätischsten Gebäude der Stadt in die Luft fliegen und in himmelhohe Trümmerteile zerschlagen werden, jedem Bewohner der Stadt das gleiche Schicksal ereilen könnte – falls sie nicht sofort fliehen oder sich ergeben. Was die Amerikaner wollen, ist, dass diese Stadt mit fünf bis sechs Millionen Einwohnern – bis vor kurzem eine der stolzesten und wohlhabendsten Städte der arabischen Welt – bereits eine Stadt der Leichen und Geister ist, bevor ihre Marines dort einmarschieren. Das Leben der Amerikaner ist zu kostbar für die übliche Art der Kriegsführung in Städten.

Die Absicht zu terrorisieren, ist so durchschaubar, dass selbst die Phalanx der so genannten Experten und Strategen, die in den Studios der Fernsehsender angetreten ist, dazu übergeht, sie als „psychologische Kriegsführung" zu bezeichnen. So als ob Tausende von Marschflugkörpern, die auf eine Stadt niederregnen, das gleiche bedeuteten wie ein Abwerfen von Flugblättern. Man hat sich an diese Art von Geschwätz auf CNN gewöhnt, das seit langem als Echokammer des Pentagons dient, aber auch die BBC scheint über Nacht eine Wandlung durchgemacht zu haben und nimmt mittlerweile eine Position etwas rechts von CNN ein. Das CNN des armen Mannes sozusagen! Die meisten wirklichen Nachrichten über den Krieg kommen jetzt von den alternativen Medien. Sie werden von Antikriegsgruppierungen im Netz über ihre Websites und Serverlisten gesammelt und verbreitet. Nur dort erfährt man zum Beispiel, dass die drei abgestürzten Hubschrauber, die etwa 40 Todesopfer unter den amerikanischen und britischen Militärangehörigen forderten, tatsächlich abgeschossen wurden und nicht durch Unfälle verloren gingen, wie die amerikanisch-britische Invasionsallianz behauptet. Nur aus diesen anderen Medien erfährt man auch, dass die Menschen überall in der arabischen Welt ihren tyrannischen Regierungen getrotzt haben und vom Jemen und Bahrain bis Kairo und Amman direkt mit der Polizei zusammengestoßen sind; dass im Jemen bei diesen Demonstrationen drei Menschen erschossen wurden; oder dass militante Predigten nicht nur von dschihadistischen Elementen in der muslimischen Welt, sondern auch an allen Orten des traditionell und historisch pazifistischen Islams gehalten werden. Das heißt von Al-Azhar, dem renommiertesten und ruhigsten Seminar des sunnitischen Islams, bis hin zu den Moscheen von Mekka und Medina in Saudi-Arabien. Alles Stätten, die ansonsten brutal von den monarchischen Klienten der USA kontrolliert werden. Die vorherrschenden elektronischen Medien hingegen haben sich gescheut, uns etwas von eben diesen Tatsachen zu erzählen, oder aber auch davon, dass Ayatollah Khamenai, das derzeitige iranische Staatsoberhaupt, das Wort „satanisch" für die Pläne der USA verwendete, obwohl er diese Rhetorik nach dem Tod Khomeinis aufgegeben hatte. Es wird auch nicht berichtet, dass neben China auch die indonesische Präsidentin Megawati Sukarnoputri und der amtierende Premierminister Malaysias, Abdullah Ahmad Badawi, erklärten, dass „der Einsatz militärischer Mittel gegen den

Irak ein Akt der Aggression ist, der gegen das Völkerrecht verstößt" – um mit Megawatis Worten zu sprechen.

Aus den Medien des Großkapitals erfahren wir auch nicht, dass jede Stadt in Griechenland von Demonstrationen erschüttert wurde oder dass 200.000 Menschen in Athen an der größten Kundgebung seit einer Generation teilnahmen; oder dass über 100.000 in Paris bzw. fast genauso viele in Berlin demonstrierten, während in jeder größeren Stadt in Deutschland ebenfalls Kundgebungen stattfanden; oder dass ein bemerkenswertes Merkmal dieser Kundgebungen die Teilnahme von Zehntausenden von Schulkindern war – sie trugen Schilder mit der Aufschrift „Nicht in unserem Namen". Erst durch die Website des Magazins *CounterPunch* erfuhr ich, dass die Zahl der Verhafteten in San Francisco 1.400 überstieg und dass Hubschrauber über der Stadt schwirrten, während die Polizei den ganzen Tag über Demonstrationen in der Stadt niederschlug. Die nüchternen Printmedien sind inzwischen so desorientiert, dass die elektronische Ausgabe des *Guardian* von heute Morgen in ihren Schlagzeilen von 200.000 Demonstranten in London und New York spricht, aber im ausführlichen Bericht die Zahl schnell auf 100.000 in London und 20.000 in New York herunterschraubt. Dasselbe Kunststück, also eine Null abzuziehen, um die tatsächliche Größe der Kundgebung auf ein Zehntel zu reduzieren, gelang auch der Polizei in Mailand, wo ein Marsch von etwa 150.000 als einer mit nur 15.000 Teilnehmern deklariert wurde. CNN brauchte mehr als vierundzwanzig Stunden, um die tatsächliche Größe der Londoner Demonstration (eine halbe Million nach Angaben der Organisatoren, 200.000 laut der Polizei) oder der Demonstration in New York (schätzungsweise 200.000) auch nur ansatzweise zu nennen. Und das alles am nur vierten Tag der Bombenanschläge von Bagdad und im Rahmen eilig organisierter Veranstaltungen.

Von den Medien, die die Proteste entweder einfach ignorieren oder sich hauptsächlich auf die Schätzungen der Polizei verlassen, werden wir nie erfahren, wie groß die Beteiligung von Turin bis Melbourne und von Sydney bis Karatschi wirklich war, und auch nichts über die Beharrlichkeit dieser Turbulenzen, wie sie Tag für Tag abebben und wieder aufleben, während der Krieg weitergeht. Stan Goff drückte es so aus: „Dies war keine leichte Zeit für Bush und seine Killer-Clowns. Auch für viele so genannte Liberale war es keine leichte Zeit. Eine Antikriegsbewegung ist auf den Plan getreten, und zwar nicht irgendeine Antikriegsbewegung. Sie ist schon jetzt die schnellste und breiteste internationale Bewegung ihrer Art in der Geschichte. Daran beteiligt sind Anarcho-Kids, Linke der alten Schule und Pazifisten, aber auch „*soccer moms*", schwarze Prediger, italienische Hafenarbeiter, Frauen, die Bücher schreiben, Nerds, Ärzte, indische Textilarbeiter, nigerianische Intellektuelle, brasilianische Kaffeepflücker, japanische Studenten, haitianische Bauern, philippinische Straßenkehrer […] jeder verdammte Mensch!"[43]

In dem Maße, in dem die BBC für CNN zu dem gerät, was Blair für Bush geworden ist, wird die Krise der anglo-amerikanischen Liberalen und insbesondere ihrer dominanten Medien immer deutlicher spürbar. Während der Marsch in London sich in vollem Gange befand, war alles, was man von der BBC zu sehen bekam, eine Luftaufnahme, die etwa fünf Sekunden dauerte, bevor der Sender wieder die Invasoren bejubelte. Von einem solchen Medium kann man kaum die Information erwarten, dass zahlreiche frühere und gegenwärtige Beamte der US-amerikanischen Geheimdienste und des Militärs außerhalb des Kreises von Bushs beschwingten Völkermördern stehen. Sie sind vielmehr der Meinung, dass das Projekt der Eroberung des Planeten, das diese Genozidisten verfolgen, unhaltbar ist und Amerikas eigenen nationalen Sicherheitsinteressen zuwiderläuft – und vielleicht sogar den umfassenderen Interessen der republikanischen Partei selbst, die ihren Glanz verlieren könnte, wenn der Krieg nicht so verläuft, wie er geplant ist. Die domestizierten und bezahlten Leitmedien leisten derweil ihr Möglichstes, die Tatsache herunterzuspielen, dass Amerikas oberster Terrorismusexperte und Assistent von Condoleeza Rice angewidert von seinem Posten im Nationalen Sicherheitsrat zurücktrat, als die ersten Bomben auf Bagdad fielen. Die Medien haben uns ebenfalls nicht gesagt, dass bereits drei weitere US-amerikanische Diplomaten zurückgetreten sind oder dass Armeeseelsorger von einer weit verbreiteten Unzufriedenheit mit den Kriegszielen unter den Soldaten selbst berichten. Es wird uns auch nicht mitgeteilt, dass Hans Blix,

43 Ich möchte mich öffentlich bei Stan Goff dafür entschuldigen, dass ich mich in dem ursprünglich in *Frontline* erschienenen Artikel, den ich mittlerweile gelöscht habe, hart und ungerechtfertigt über ihn geäußert habe. Als ich die amerikanische Szene aus der Ferne von Neu-Delhi beobachtete, war mir sein umfangreicher Hintergrund in den US-Streitkräften bekannt, aber ich wusste nichts von seiner späteren Arbeit in der Antikriegsbewegung im Allgemeinen und unter den Veteranen im Besonderen. Er leistet derzeit großartige Arbeit bei der Organisation der Familien der US-Soldaten, die derzeit im Irak im Kriegseinsatz sind, um eine Bewegung zur Beendigung der Besatzung und zum Rückzug der US-Truppen aufzubauen.

der frühere UN-Chefwaffeninspektor (der sich um die Vereinigten Staaten so verdient gemacht hat, indem er das Wenige, was von den irakischen Verteidigungskapazitäten übrig geblieben ist, zerstören ließ – insbesondere die Al-Samoud-Raketen und die dazugehörigen Trägersysteme), jetzt sagt, dass die USA immer „ungeduldig waren, in den Krieg zu ziehen", von Anfang an kein Interesse an einer friedlichen Abrüstung hatten und den Waffeninspektoren daher schlampige oder falsche Informationen lieferten. Blix' Kollege Jörn Siljeholm, der in den Vereinigten Staaten lebt, aber in den US-amerikanischen Medien kein Gehör findet, sagte der norwegischen Zeitung *Dagbladet* über die Behauptungen von Colin Powell im Sicherheitsrat: „Sie stimmten überhaupt nicht mit unseren Informationen überein. Die ganze Rede war irreführend. [...] Vieles von dem, was über Massenvernichtungswaffen behauptet wurde, hat sich als reiner Unsinn erwiesen." So eine Aussage wird man bei BBC oder CNN nie hören, da die Existenz der Waffen ebenso Teil der „psychologischen Kriegsführung" ist wie der Beschuss von Bagdad und Mosul mit Marschflugkörpern.

Heute, am vierten Tag des Krieges, sind allerdings selbst die enthusiastischsten Cheerleader auf BBC und CNN unter dreifachen Druck geraten. Erstens ist das schiere Ausmaß des Widerstands so groß und weltweit so weit verbreitet, dass die Medien ihre Glaubwürdigkeit verlieren, wenn sie diesen anhaltenden Aufstand der Kriegsgegner ignorierten. Nach dem großen globalen Aufstand vom 15. Februar, der vielleicht 15 Millionen Demonstranten auf die Straßen der Welt gebracht hat, ist die Antikriegsbewegung weit davon entfernt, zu erlahmen. Aus der ganzen Welt werden Straßenkämpfe zwischen Demonstranten und der Polizei gemeldet, von New York bis Brüssel, von Bahrain bis Mexiko-Stadt. Dieser Aufschwung kann nicht länger ignoriert werden.[44]

Zweitens werden viele der Mythen, die die amerikanischen Desinformationsagenturen ausgeheckt haben, entlarvt. Tausende von Marschflugkörpern, Tausende von Bombardements, unzählige „*shock and awe*"-Angriffe, und dennoch hat es keinen Exodus der Bevölkerung aus Bagdad gegeben. Vier Tage lang sind Panzer und Infanterie in die schiitischen Gebiete des Ostiraks ein-

44 Wie wir an anderer Stelle festgestellt haben, sollte diese Wiederbelebung des Antikriegsaufstands den Fall von Bagdad, der die meisten Menschen in Verwirrung, Verzweiflung oder einfach nur in Erstarrung versetzte, nicht überdauern.

gedrungen, die angeblich nur auf die anglo-amerikanischen Befreier gewartet haben, und niemand ist gekommen, um sie zu begrüßen. Nicht einmal die kleinste Stadt hat sich dieser größten Macht in der Geschichte der Menschheit vollständig ausgeliefert: Stattdessen sehen wir ein verprügeltes und hungerndes Volk, das so lange durchhält, wie es kann. Die kleine Stadt An-Nasiriyah, die die Invasoren vor zwei Tagen eingenommen haben sollen, kämpft immer noch, während ich diese Zeilen schreibe.

Und drittens: Während sich jede Behauptung der Iraker entweder als richtig erwiesen hat oder als glaubwürdig eingestuft wurde, stellen sich die von der anglo-amerikanischen Achse verbreiteten Geschichten als falsch heraus. Erst wurde behauptet, die 51. Division habe sich ergeben, dann hieß es, es handele sich um ein Bataillon, dann um den Kommandeur der Brigade, dann wieder um die gesamte Brigade – für keine dieser Aussagen konnten stichhaltige Beweise vorlegt werden. Aufgetischt wurde somit offensichtlich eine Lüge oder, um es höflicher auszudrücken, eine „Desinformation". Die anglo-amerikanische Allianz behauptete weiter, dass bestimmte Städte gefallen seien, was aber auch nicht der Fall war. Als ein Granatenangriff auf ein Infanterielager nicht geleugnet werden konnten, wurde die Geschichte verbreitet, dass ein vorübergehend verwirrter amerikanischer Soldat diesen Angriff selbst verursacht hätte. Als der erste Hubschrauber abgeschossen wurde, sagte man, es sei ein Unfall gewesen. Nach dem Abschuss von zwei der besten und neuesten Helikopter Großbritanniens hieß es, sie seien versehentlich zusammengestoßen. Als die Royal Air Force (RAF) ein Flugzeug verlor, schwieg sie zunächst einige Stunden lang und erklärte dann, eine US-amerikanische Rakete habe es versehentlich abgeschossen. Es wurde auch verkündet, dass die kleine Grenzstadt Umm Qasr erobert worden sei und dass Basra, die zweitgrößte Stadt des Irak, kurz vor dem Fall stehe. Vierundzwanzig Stunden später hielt Umm Qasr immer noch stand. Basra, wo im Stadtzentrum so stark bombardiert wurde, dass es in einer Nacht 77 getötete Zivilisten und 366 Verletzte gab, war so weit davon entfernt, zu fallen, dass eine weitere Meldung berichtete, die Stadt sei gerade umzingelt und umgangen worden. In der Zwischenzeit hat es trotz aller Luft- und Bodenangriffe und trotz der Tatsache, dass die überwiegend schiitische Bevölkerung eigentlich nur darauf warten sollte, sich zu erheben, um die anglo-amerikanischen „Befreier" zu begrüßen, noch keinen Exodus der Menschen aus Basra gegeben.

Angesichts des Drucks einer wieder erstarkenden Antikriegsbewegung sowie der Mythen und Lügen der Invasionsstreitkräfte haben sogar die herrschenden Medien begonnen, sich von der ihnen zugewiesenen Rolle als reine Echokammer der kriegstreibenden Mächte zu distanzieren. Die BBC stellte mittlerweile zumindest *einen* Kommentator ein, der die Skepsis aufrechterhält.

Warum ist es also zu diesem Krieg gekommen, und was sind die wahrscheinlichen Folgen? Über die größeren Ziele der USA haben wir in früheren Artikeln bereits geschrieben. Wir werden auf diese Ziele zurückkommen und unsere Argumentation weiter ausbauen. Gleich zu Beginn muss jedoch festgestellt werden: Der Sicherheitsrat, der Generalsekretär der Vereinten Nationen und die so genannte „internationale Gemeinschaft", einschließlich Frankreichs und Deutschlands, die sich jetzt vermehrt zu Wort melden, sind voll und ganz mitschuldig. Und zwar, weil sie die Irak-Politik von drei aufeinander folgenden US-Regierungen – Bush Senior, Clinton und jetzt Bush Junior – begleitet haben. Auf Beschluss des Sicherheitsrates wurden Sanktionen verhängt und aufrechterhalten, die im Irak den Tod von anderthalb Millionen Menschen gekostet haben, die Gesundheit und die Lebenschancen seiner Bürger ruinierten, ihnen lebenswichtige Güter wie Medikamente vorenthielten und zum Niedergang seiner Ölindustrie sowie aller anderen Industriezweige und zum Zusammenbruch seiner Infrastruktur führten. In diesen Jahren verhängte dieselbe anglo-amerikanische Achse über weite Teile des Nord- und Ostiraks so genannte Flugverbotszonen. Darin durfte der Irak sein eigenes Territorium nicht überfliegen, was hingegen der anglo-amerikanischen Achse nach Belieben erlaubt war – eine vollständige Verletzung des die Souveränität der Nationen regelnden Völkerrechts. Der Sicherheitsrat unternahm nichts und duldete den jahrzehntelangen Verstoß gegen die UN-Charta stillschweigend. In diesem Jahrzehnt verging kaum eine Woche, in der die anglo-amerikanische Achse nicht irgendetwas im Irak bombardiert hat, ohne dass der Sicherheitsrat auch nur eine einzige Sitzung abhielt, um diese wöchentliche Gesetzlosigkeit zu verurteilen oder wenigstens darüber zu befinden.

Die USA verlangten, der Sicherheitsrat beschloss. Ausnahmslos alle Länder der Welt sprachen die widerliche Forderung aus, der Irak solle „entwaffnet" werden. Der Irak besetzte seit dem Golfkrieg kein fremdes Territorium mehr; Israel hat fast vierzig Jahre lang syrisches Land okkupiert (und sogar nach seinem eigenen nationalen Recht „annektiert"), aber Israel soll nicht entwaffnet werden. Großbritannien und die USA haben den Irak bombardiert, militärisches Material und Berater an Separatisten und an die von den USA geförderte „Opposition“ im Nordirak geliefert. Selbst das *Time*-Magazin hat vor einigen Wochen berichtet, dass geheime US-amerikanische Armeen, einschließlich ihrer Spezialeinheiten, seit vielen, vielen Monaten in verschiedenen Teilen des Irak operieren. Aber weder Großbritannien noch die USA wurden „entwaffnet“ oder auch nur verurteilt, ganz gleich, wie sehr sie die Souveränität des Irak missachteten oder Bomben und Tod über seine Bürger brachten.

Und nicht nur das. Die USA schreien seit über einem Jahr von den Dächern, so laut und so oft wie möglich, dass sie zu einem Zeitpunkt ihrer Wahl in den Irak einmarschieren werden, mit dem einzigen Ziel eines „Regimewechsels“ (also dem Sturz einer rechtmäßig gebildeten Regierung eines anderen souveränen Landes durch einen einseitigen Kriegsakt), unabhängig davon, was die UN-Waffeninspektoren gefunden haben oder nicht. Dennoch schickte derselbe Sicherheitsrat Inspektoren, wohl wissend, dass sie die wenigen Verteidigungsmöglichkeiten, die der Irak noch besaß, zerstören sollten, um den Eroberungskrieg für die anglo-amerikanische Achse zu erleichtern. Als die USA beschlossen, mit der Invasion zu beginnen, wiesen sie die Inspektoren direkt an, den Irak zu verlassen; Kofi Annan „riet“ ihnen ganz allein und ohne Erlaubnis des Sicherheitsrats, der sie entsandt hatte, sich an die Anweisungen der USA zu halten. Kurz bevor die Amerikaner Mitte März den Entwurf ihrer Resolution aus dem Sicherheitsrat zurückzogen, bot Jacques Chirac, der gerissene und unzuverlässige französische Präsident, eine Kompromisslösung an, wonach der Irak innerhalb von dreißig Tagen vollständig entwaffnet werden sollte oder mit einem von den Vereinten Nationen genehmigten Krieg rechnen müsste. Den Amerikanern war diese Kapitulation des deutsch-französischen Blocks egal, denn ihr Zeitplan für den Krieg richtete sich weder nach Abrüstungsfragen noch nach Überlegungen eines ohnehin schon schwachen Sicherheitsrats, sondern nach den für eine Invasion günstigsten Wetterbedingungen. Mitte April hätten die großen Sandstürme eingesetzt und der Krieg wäre etwas schwieriger geworden.

Diese Empörung hält an. Wir sind erfreut, dass China eine deutliche Erklärung abgegeben hat, in der es ausdrücklich heißt, dass der Krieg gegen den Irak eine Verletzung der UN-Charta darstellt; dass Putin die Worte „Aggression“ und „verurteilen“ verwendete; dass Deutschland und Frankreich ihre

„Warnungen" wiederholen und zur „Vorsicht" raten, damit „Opfer" auf ein Minimum reduziert werden; und so weiter und so fort. Keines dieser ständigen Mitglieder des Sicherheitsrates und auch nicht Kofi Annan, der aktuell eigentlich Hüter der UN-Charta sein sollte, hat bisher angedeutet, dass eine einseitige Kriegshandlung gegen ein souveränes Land, die Bombardierung seiner Städte, die Besetzung seiner Gebiete, die Tötung seiner Zivilisten in den Stadtzentren allesamt Kriegsverbrechen sind. Kein Wort auch darüber, dass die Führer der USA und Großbritanniens vor dem Internationalen Gerichtshof angeklagt werden müssen, der genau zu diesem Zweck eingerichtet wurde.

Vielmehr ist bekannt, dass Kofi Annan vor etwa drei Monaten in aller Stille ein Komitee für die Planung der so genannten „humanitären" Hilfe nach der US-amerikanischen Besatzung ernannt hat. Gleich nach Beginn der Bombardements begannen Deutschland und Frankreich auch mit Verhandlungen darüber, wie viele Verträge sie für den „Wiederaufbau nach dem Krieg" im Irak erhalten würden. An dem Tag, an dem die Amerikaner ihren Einmarsch ankündigten, beendete Annan dann das von den Vereinten Nationen verwaltete „Öl-für-Lebensmittel"-Programm und damit die lebenswichtigen Lieferungen, auf die der von den Sanktionen betroffene Irak angewiesen ist, um den täglichen Bedarf seiner Bevölkerung zu decken. Es ist irakisches Geld, das durch den Verkauf irakischen Öls verdient wurde, aber der Irak darf es nicht verwenden, um Lebensmittel für seine Bürger zu kaufen, weil ein Bürokrat der Vereinten Nationen dies auf Anweisung der USA so bestimmt. Kofi Annan wies auch die Hilfsorganisationen an, den Irak zu verlassen und die Bevölkerung ohne diese Unterstützung zurückzulassen. Die Perspektive von Hunger sollte die Bevölkerung dazu bringen, das Land zu verlassen, was Millionen von „Flüchtlingen" produzieren sollte, die als Opfer Saddam Husseins bezeichnet würden und denen dann die wohlwollenden Vereinten Nationen und die noch wohlwollenderen westlichen Länder „humanitäre Hilfe" gewähren. Mittlerweile ist Annan, der treue Diener der USA, damit beschäftigt, eine Resolution für den Sicherheitsrat zu entwerfen, die es den USA erlaubt, den Eroberungsakt zu vollenden, jedoch die hässliche Aufgabe der Besetzung im Namen der Vereinten Nationen durchzuführen. Der anhaltende Guerillakrieg, den die Iraker nach der Besetzung höchstwahrscheinlich beginnen werden, muss dann nicht von den US-amerikanischen Truppen geführt werden, sondern von Soldaten anderer Länder, die zwar die Flagge der Vereinten

Nationen schwenken, aber auf Geheiß der USA handeln. Annan kann also belangt werden, weil er seine Pflichten als Verteidiger der UN-Charta verletzt hat, aber auch wegen Beihilfe zu den Kriegsverbrechern der Bush- und Blair-Administration.

Der einzige Akt substanzieller Dissidenz kam bisher aus Russland. Präsident Putin und Außenminister Igor Iwanow wurden am 22. März vom Fernsehsender Al Jazeera mit den Worten zitiert, Russland werde sich „zusammen mit anderen Ländern" an die Rechtsabteilungen der Vereinten Nationen wenden, um festzustellen, ob die anglo-amerikanische Invasion im Irak gegen das Völkerrecht verstößt und welche Maßnahmen in diesem Zusammenhang ergriffen werden können.

Wir wissen immer noch nicht, wie ernst die Absicht hinter solchen Erklärungen war beziehungsweise ist. Denn auch diese könnten sich als bloßes taktisches Geplänkel zwischen den USA und den oppositionellen Mitgliedern des Sicherheitsrates herausstellen. Genau solche Anfechtungen sind jedoch notwendig. Die vier ständigen Mitglieder des Sicherheitsrates sowie zahlreiche andere Länder auf der ganzen Welt haben erklärt, dass die anglo-amerikanische Aggression im Irak gegen die UN-Charta und andere Gründungsprotokolle des Völkerrechts verstößt. Diese Worte müssen nun durch Taten bekräftigt werden.

Was die Massenvernichtungswaffen betrifft, so ist die Faustregel ganz einfach: Wenn der Irak sie besäße, wären die Amerikaner nicht einfach einmarschiert und hätten das Risiko gemieden. Sie hätten die Angelegenheit so lange wie nötig den UN-Waffeninspektoren überlassen. Sie wussten, dass der Irak keine hatte, jedenfalls nicht genug, um ein nennenswertes Problem darzustellen. Dann bestätigten die Inspektoren Woche für Woche, was die USA bereits wussten. Sie gaben den Inspektoren falsche und irreführende Hinweise, weil sie keine konkreten Informationen hatten, die auf irgendetwas Reales hindeuteten; sie hatten nur einige Verdachtsmomente und wollten diese ausräumen. Blix kam dem nach.

Umgekehrt werden die USA natürlich nicht in Nordkorea einmarschieren. Und zwar, weil dieses Land sowohl Atomwaffen als auch Trägersysteme entwickelt hat, die Sprengköpfe mindestens bis nach Japan tragen können. Das war es, was auch der Irak zu entwickeln versuchte: eine kleine Anzahl solcher Waffen, die bis nach Israel reichen, als minimales Gegengewicht zu den mindestens 200 Atomsprengköpfen, über die Israel, die große Bedrohung der arabischen Welt, *bekanntermaßen* verfügt. Das Prinzip war dasselbe: Man bedroht einen wichtigen Verbündeten der USA – Japan im Fall von Nordkorea, Israel im Fall des Irak – und die USA werden es nicht wagen, dort einzumarschieren. Das nordkoreanische Pokerspiel hat funktioniert, das irakische nicht – in diesem Fall, wie auch in vielen anderen, waren der Sicherheitsrat, die „internationale Gemeinschaft“ usw. fest auf der Seite der USA und gegen den Irak.

Was sind nun die strategischen Ziele und wie stehen die Aussichten auf ihre Verwirklichung?

Zunächst ist die Frage nach den *unmittelbaren* Aussichten im Irak hier und jetzt zu klären. Dazu muss man vorerst wissen, dass der Irak angeschlagen, erschöpft und verarmt ist, dass seine Verteidigungsfähigkeit bereits zerstört wurde und dass er keine praktische Hilfe von außen erhält. Zwei Drittel der Bevölkerung waren auf die direkte Verteilung von lebenswichtigen Gütern wie Lebensmittel und Medikamente durch den Staat angewiesen. Die Invasion hat dem ein Ende gesetzt. Es ist sehr unwahrscheinlich, dass die irakischen Streitkräfte den mit modernster Technik ausgestatteten Angreifern lange Zeit irgendeine Form von konventioneller Verteidigung entgegenstellen können. Die einzige Stärke des Irak, die noch auf die Probe gestellt werden muss, ist der Kampfgeist seines Volkes. Werden die Menschen aufstehen und kämpfen? Die irakischen Behörden geben an, dass sie sieben Millionen bewaffnet haben, ein Drittel der Gesamtbevölkerung des Irak. Stimmt das? Wird dies zu einem populären, langwierigen Krieg des antiimperialistischen Widerstands führen? Wird es stattdessen zu bewaffneten interethnischen Konflikten kommen? Zwischen den Mitgliedern der Baath-Partei und ihren Gegnern? Zu einer allgemeinen Anarchie, in der die Bevölkerung, die nicht einmal mehr Lebensmittel und andere lebenswichtige Güter besitzt, umherirrt und um das tägliche Überleben kämpft, jeder gegen jeden? Es ist zu früh, um hierüber etwas definitiv sagen zu können.

Umgekehrt ist all das, was die USA alsbald erwartet hatten, nicht eingetreten. Es gab keine Aufstände gegen Saddam Hussein, kein herzliches schiitisches Willkommen für die Invasoren, keine schiitisch-sunnitischen Auseinandersetzungen, keinen Exodus aus den Städten. Die Menschen haben erlebt, wie Tausende Bomben und Raketen, die Hunderttausenden von Tonnen TNT gleichkommen, auf ihre Stadt niedergingen, und sie haben sich nicht bewegt. Es gibt sogar Berichte, dass die irakischen Botschaften im Libanon und in Jordanien, von Bewerbern überschwemmt werden, die im Irak gegen die USA kämpfen wollen. Selbst CNN hat Bilder von Irakern in Amman gezeigt, die ihre Autos beladen, um nach Bagdad zu fahren und in ihrer Stadt zu sein, wenn die Bomben fallen. Die Amerikaner hatten eine Spaltung der Armee, eine Spaltung der Regierungspartei und eine Spaltung des Regimes selbst vorausgesagt. Sie behaupten immer noch, dass sie mit hochrangigen Militärs und Parteiführern verhandeln, die auf ihre Seite wechseln wollen. Seit Monaten verkünden sie, dass sie die gesamte Baath-Partei in ihren eigenen Apparat aufnehmen, wenn Saddam gestürzt wird. Nichts davon ist bisher geschehen. Vielleicht wird es noch geschehen, vielleicht auch nicht.[45]

Während monströse Militärkonvois in Richtung Bagdad rumpeln und die Luftangriffe auf die Stadt weitergehen, ist es für die Amerikaner ein Alptraum, dass sie im direkten Kampf Straße gegen Straße, Haus gegen Haus kämpfen müssen, wodurch die Zahl der amerikanischen und britischen Opfer steigt. Die Amerikaner wissen, dass die öffentliche Meinung im Vereinigten Königreich durchwegs gegen den Krieg ist und dass sich die Regierungspartei selbst in dieser Frage tief gespalten zeigt. Ein längerer Krieg mit hohen amerikanischen Verlusten wird die Kriegsbefürworter auch in den USA recht schnell schwächen; im Falle Vietnams brauchte diese Erosion Jahre, im vorliegenden könnte sie vielleicht nur Monate dauern. Die mangelnde Bereitschaft, erhebliche Verluste hinzunehmen, bringt den anglo-amerikanischen Block also in ein Dilemma. Konventionelle Armeen kapitulieren, aber was macht der Angreifer im Falle von Armeen, die einfach mit der Bevölkerung verschmelzen und ohne feste Stellungen kämpfen? Nun, wenn der konventionelle Kampf vor Ort am Boden als politisch zu kostspielig erachtet wird, bleibt nur ein Vernichtungskrieg: alle aus der Luft töten. Die Invasoren haben sicherlich die militärischen Mittel, um dies zu erreichen. Aber die politischen Folgen sind noch weniger vorstellbar. Eine Nacht terroristischer Bombardements sorgfältig ausgewählter

45 Die plötzliche kampflose Kapitulation von Bagdad deutete darauf hin, dass ein Teil des militärischen und politischen Establishments tatsächlich eine Abmachung mit den Amerikanern getroffen hat, während sich der übrige Teil des Regimes schnell in seine Verstecke zurückzog; dies hat sich mittlerweile als richtig erwiesen. Die Töchter von Saddam Hussein erhielten schließlich Asyl in Jordanien und sagten in Interviews, dass ihr Vater von den Generälen, denen er am meisten vertraute, verraten wurde. Die Art des Widerstands, der sich einerseits so schnell formierte, und andererseits das Auftauchen einer recht großen Zahl von Sicherheitskräften, die bereit waren, mit den Amerikanern zusammenzuarbeiten, zeigte wiederum auch eine ähnliche Spaltung in den unteren Rängen, auch wenn bei weitem nicht klar war, ob alle diese Personen tatsächlich den Amerikanern gegenüber loyal waren und es auch bleiben würden.

unbewohnter Gebäude hat weltweit vielleicht drei Millionen Menschen auf die Straße gebracht, und in ein paar Dutzend Städten sind Straßenkämpfe ausgebrochen. Die Einäscherung ganzer Bevölkerungsgruppen, noch dazu im Fernsehen übertragen, droht sicherlich die Städte des Nahen Ostens und Europas, möglicherweise auch einige amerikanische Städte, in Schutt und Asche zu legen, und es wäre eine nicht zu stoppende Bewegung geboren, um Bush und Blair als Kriegsverbrecher vor Gericht zu stellen.[46]

Die Amerikaner hoffen also immer noch, dass irgendetwas in ihrem Sinne funktioniert: Die Bevölkerung wird fliehen, Politiker und Offiziere werden ihre Loyalität ändern, jemand wird Saddam Husseins Leiche vorzeigen oder ähnliches. Die amerikanisch-britische Allianz sagt, dass ihre Streitkräfte am 27. März die Stadtgrenze von Bagdad erreichen werden. Spätestens dann sollten wir einige Antworten liefern können.

Bleibt noch die Frage, was dieses Bündnis bisher zustande brachte: Nun, seine Streitkräfte bewegen sich durch die Wüste, aber sie haben zum Zeitpunkt der Niederschrift dieses Artikels, am vierten Tag des Angriffs, darüber hinaus nur wenig erreicht. Anderweitig erzielten die USA hingegen drei wesentliche Erfolge. Erstens konnten sie die Heimatfront im Wesentlichen sichern. In den USA, wo die Bevölkerung vor dem Krieg gespalten war, hat der patriotische Eifer Bush geholfen, eine Dreiviertelmehrheit auf seine Seite zu ziehen. Als der demokratische Senator Byrd, der dem US-Kongress fast fünfzig Jahre lang – und somit länger als jeder andere – angehört, aufstand, um seine feierliche Anklage dieses Krieges vorzutragen („Heute weine ich um mein Land"), war der Senatssaal praktisch leer; selbst viele seiner eigenen Parteikollegen machten sich nicht die Mühe, ihm zuzuhören. Im Vereinigten Königreich kam es nicht zu der lang ersehnten Rebellion in der Labour-Party; zwar stimmten 139 Abgeordnete gegen Blair, aber er gewann nichtsdestotrotz mittels einer komfortablen Mehrheit in seiner eigenen Partei und eines überwältigenden Übergewichts im Repräsentantenhaus, da er dort von den Tories massiv unterstützt wurde.

46 Die rasche Kapitulation von Bagdad beendete die Möglichkeit dieser Art von urbaner Kriegsführung sowie die Notwendigkeit für das amerikanisch-britische Bündnis, einen solchen Vernichtungskrieg zu führen. Möglicherweise ist es auch so, dass die Technologie, über die die USA heute verfügen, die traditionellere Art der Kriegsführung in Städten nicht mehr zulässt. Diese Technologie ist jedoch weit weniger wirksam gegen Guerillaangriffe, wie wir sie seit der Besetzung erlebt haben.

Zweitens gelang es den Vereinigten Staaten, die EU zu spalten, was derzeit ein wichtiges politisches Ziel ist. Und zwar glückte das mithilfe des Vereinigten Königreichs, Spaniens, Italiens, Portugals und einer Reihe kleinerer Länder, die sie gegen die deutsch-französische Position unterstützen. Darüber hinaus haben ein halbes Dutzend arabischer Länder den USA Stützpunkte zur Verfügung gestellt (darunter auch Jordanien, das dies in aller Stille tat), während andere die amerikanischen Operationen stillschweigend tolerierten. Die einzige Ausnahme stellt diesbezüglich Syrien dar. Dies ist der eigentliche Kern dessen, was die USA als „Koalition der Willigen" bezeichnen und in die sie 45 Ländern reklamieren; die meisten von ihnen sind unbedeutende kleine Klientelstaaten wie Eritrea, El Salvador und Estland. Wenn es den USA infolge dieses Krieges gelingt, den Dollar als ausschließliche Währung des Ölhandels auch gegen die Herausforderung durch den Euro zu stabilisieren, kann diese Spaltung der EU langfristige Folgen zeitigen. Drittens haben sie die Vereinten Nationen mindestens irrelevant gemacht, indem sie nicht die Ermächtigung des Sicherheitsrates einholten, sondern ihn umgingen und die Schmutzarbeit in den Vereinten Nationen Kofi Annan und seine Bürokratie erledigen ließen. Die anderen Mitglieder des Sicherheitsrates haben nun die Wahl, sich damit abzufinden und lediglich um einen Anteil an der künftigen Beute zu betteln – oder die Rechtmäßigkeit der amerikanisch-britischen Aggression konkret in Frage zu stellen und sie zu zwingen, sich vor dem Völkerrecht zu verantworten. Und zwar zu Bedingungen, die nicht von ihnen selbst, sondern von Gerichten mit internationaler Zuständigkeit festgelegt wurden. Die Vereinten Nationen können also auf zwei Arten wieder „relevant" werden. Entweder auf die bisherige Weise, nämlich als Werkzeug der Amerikaner, an die sich die „Verbündeten" anschließen. Oder sie weigern sich tatsächlich, diese Rolle zu spielen, und ziehen die USA zur Rechenschaft. All dies wird von zwei Faktoren abhängen. Erstens müssen wir abwarten, ob sich das deutsch-französische Bündnis in einer politischen Schlacht, in der es um alles oder nichts geht, als stark genug für die Verteidigung des Euro gegenüber dem Dollar erweist. Zweitens bleibt zu prüfen, ob die deutsch-französisch-chinesisch-russische Koalition, die sich während der jüngsten Beratungen im Sicherheitsrat flüchtig abzeichnete, wirklich eine langfristige Bedeutung als dauerhafter Block gegen die einseitige Vorherrschaft der USA in der Welt hat. Keine dieser Entwicklungen ist wahrscheinlich. Die Tatsache, dass sich die Allianz zwischen den USA und Großbritannien dem Sicherheitsrat widersetzte und kein anderes ständiges Mitglied auch nur eine Sitzung zur Erörterung dieser schwerwiegenden Angelegenheit beantragt hat, deutet darauf hin, dass der Wille, es mit den Vereinigten Staaten aufzunehmen, zum jetzigen Zeitpunkt nicht vorhanden ist. Auch dies ist eine Angelegenheit, die sorgfältig beobachtet werden muss. Für den unwahrscheinlichen Fall, dass Russland seine Drohung wahr macht, die Rechtmäßigkeit der gegenwärtigen Aggression gegen den Irak von internationalen Gremien prüfen zu lassen, werden wir in eine neue Phase des Kampfes um das globale Gleichgewicht der Kräfte eintreten.

Was die langfristigen strategischen Ziele der USA anbelangt, so thematisierten wir bereits früher das größere geopolitische Konzept, das dieser Politik zugrunde liegt, sowie die Ölpolitik und den damit verbundenen Währungskrieg zwischen dem Dollar und dem Euro. Wir haben wiederholt betont, dass die US-amerikanische Außenpolitik unter Bush in erster Linie nicht vom Außenministerium oder gar der CIA formuliert wird, sondern von einer Gruppe rechtsextremer Denkfabriken. Unter diesen spielt das *Project for the New American Century*, die Heimatbasis der derzeitigen Spitzenbeamten des Pentagon, eine zentrale Rolle. Dazu gehören aber auch andere Thinktanks wie die *Heritage Foundation* und das *American Enterprise Institute*. In Bezug auf die Frage, was nach der Eroberung des Irak kommt, können wir daher sehr gut mit einem Zitat aus jenem Artikel schließen, den Michael Ledeen, der den sogenannten „Freedom Chair" am *American Enterprise Institute* innehat, veröffentlichte. Er erschien in der *New York Sun* vom 19. März, also kurz nach Beginn der Invasion, trägt den Titel *„After Baghdad: Teheran, Damaskus, Riad"* und lautet auszugsweise: „Es gab einmal eine Zeit, in der es möglich gewesen wäre, mit dem Irak allein fertig zu werden, ohne sich mit den mörderischen Kräften der anderen Terrorherrschaften in Teheran, Damaskus und Riad auseinandersetzen zu müssen, aber diese Zeit ist vorbei […] ihr Untergang ist besiegelt. Es ist nur noch eine Frage der Zeit, bis die Völker dieser Länder die gleiche Befreiung fordern, die wir Afghanistan und dem Irak gebracht haben. […] Der Irak ist eine Schlacht, kein Krieg."

Wir wissen also, wo die Marschflugkörper als nächstes niedergehen werden.

25. APRIL 2003

Die Barbaren warten vor dem Stadttor

DIE SCHLACHT UM BAGDAD BEGINNT

Die Plünderung Bagdads durch die Mongolen ist in der arabischen Erinnerung als der Moment bekannt, in dem der Niedergang ihrer prächtigen mittelalterlichen Zivilisation begann, was den Weg für die spätere Vorherrschaft und Kolonisierung durch westliche Mächte nach dem osmanischen Zwischenspiel ebnete. Dies ist jenes Gedenken, das – zusammen mit dem jüngeren an die Besetzung des Irak durch die Briten in der ersten Hälfte des 20. Jahrhunderts – nun in der gesamten arabischen Welt wieder auflebt. Denn die Araber durchleben gerade eine bemerkenswerte Phase ihrer modernen Geschichte. Zum ersten Mal seit der Gründung Israels vor mehr als einem halben Jahrhundert droht einem arabischen Land, dessen Hauptstadt noch dazu jenes einst von den Mongolen devastierte Bagdad ist, die tatsächliche Besetzung und faktische Kolonisierung durch eine nicht-arabische Macht. Diejenigen, die schon 1982 mit Entsetzen die Zerstörung von Beirut durch die Israelis im Fernsehen verfolgten, müssen nun seit der ersten Nacht dieses andauernden Besatzungskrieges die noch viel spektakuläreren und brutaleren Bombenangriffe auf Bagdad mit ansehen. Angesichts einer möglichen längeren Belagerung der Stadt durch die anglo-amerikanischen Invasionstruppen und der bevorstehenden Verteidigung der Stadt durch eine angeschlagene und schlecht bewaffnete Bevölkerung, haben einige Bagdad bereits als ein wahrscheinliches „Stalingrad der Wüste" bezeichnet. Dieser Vergleich hinkt allerdings. Am Ende wird Bagdad vielleicht nicht so sehr Beirut oder Stalingrad ähneln, sondern Algier während des Befreiungskrieges gegen die französische Kolonialbesetzung: eine okkupierte Stadt, die sich langsam zum Widerstand organisiert.

Berauscht von Mythen, die sie selbst schuf, begann die anglo-amerikanische Allianz diesen Besatzungskrieg mit einer Vielzahl von Illusionen. Sie hat sich zum Beispiel vorgegaukelt, dass die schiitische Mehrheit sich erheben würde, um sie als Befreier von der sunnitischen Autokratie zu begrüßen. Stattdessen hat Ayatollah al-Husainy al-Sistani, der am meisten verehrte schiitische Geistliche im Irak, von seinem Sitz in der heiligen Stadt Nadschaf aus erklärt, dass Widerstand gegen die ausländische Invasion eine „religiöse Pflicht" für alle Schiiten der Welt sei. Die Theologen und Ayatollahs von Qom, dem Hauptsitz des schiitischen Islams im Iran, folgten ihm rasch und gaben eine gemeinsame Erklärung desselben Inhalts ab. Die anglo-amerikanische Allianz hat natürlich schon ihre Verbündeten im Irak; angefangen bei dem verurteilten Kriminellen, Ahmad al-Dschalabi, der ihr Favorit für die Nachfolge Saddam Husseins ist, bis hin zu Intellektuellen wie Kenan Mekiya von der Harvard University, der erklärte, dass die Geräusche der Bomben, die auf Bagdad fallen, „Musik in seinen Ohren" sind. Aber die Allianz gab sich auch der Illusion hin, dass ihre Invasion in einer Stadt nach der anderen Aufstände gegen die Baath-Herrschaft auslösen würde. In Wirklichkeit hat sich keine arabische Gruppe gemeldet, die sich „befreien" lassen will. Somit kämpft niemand auf der Seite der anglo-amerikanischen Allianz, während Tausende aus Jordanien, Syrien und dem Iran in den Irak geströmt sein sollen, um sich an der Verteidigung Bagdads zu beteiligen. Weit davon entfernt, eine Rebellion im überwiegend schiitischen Südirak hervorzurufen, ist es der anglo-amerikanischen Allianz bisher in der gesamten Region nicht gelungen, eine Stadt von nennenswerter Bedeutung einzunehmen.

Des Weiteren hat die Invasion dazu geführt, jene beiden Fraktionen der Baath-Partei zusammenzubringen, die seit etwa vierzig Jahren erbitterte Rivalen sind, da sie den Irak bzw. Syrien regierten. Der US-Verteidigungsminister hat Syrien beschuldigt, militärische Ausrüstung an den Irak zu liefern, darunter Nachtsichtgeräte japanischer und US-amerikanischer Hersteller. Ariel Scharon wiederum, der kriminelle Ministerpräsident Israels, drohte eine Invasion in Syrien an. Bereits im Dezember 2002, als die USA ihre Einmarschpläne perfektionierten, erhob Scharon den Vorwurf, der Irak habe seine so genannten „Massenvernichtungswaffen" auf syrisches Territorium gebracht – ein Vorwurf, den die anglo-amerikanische Allianz in absehbarer Zeit zur Rechtfertigung einer Invasion in Syrien nutzen könnte. Diese Anschuldigungen sind ebenso frei erfunden wie die Behauptung, dass der Irak überhaupt noch über solche Waffen verfügt. Was wir wissen, ist, dass Syrien einer unbestimmten Zahl von arabischen Kämpfern erlaubte, von seinen eigenen Gebieten aus in den Irak einzudringen. Dadurch hat das Land Vergeltungsmaßnahmen der USA und Israels riskiert.

Noch bedeutsamer sind Berichte über eine neue Zusammenarbeit zwischen Syrien, Iran und der Türkei in der Nordirak-Frage, betreffend die amerikanischen Pläne, ihre kurdischen Verbündeten dort mit einem autonomen, vielleicht sogar halbsouveränen Gebiet zu belohnen. Dies ist bezeichnend, wenn man bedenkt, dass die Türkei und Syrien 1998 aufgrund politischer Differenzen in der Kurdenfrage kurz vor einer militärischen Auseinandersetzung standen und dass die Beziehungen zwischen der Türkei und dem Iran seit der dortigen islamischen Revolution vor einem Vierteljahrhundert sehr angespannt sind. Inzwischen mehren sich die Anzeichen für eine verstärkte politische Koordinierung und den Austausch nachrichtendienstlicher Erkenntnisse zwischen diesen bis dahin verfeindeten Staaten, wenn auch nur in der Kurdenfrage, während andere Feindseligkeiten fortbestehen. Iran wird natürlich von den anglo-amerikanischen Invasoren beschuldigt, Elemente irakischer Nationalität in den Nordirak einzuschleusen. Sie sind dem iranischen Regime gegenüber loyal, kämpfen nun aber auf der Seite der irakischen Armee gegen die kurdischen Klienten der Invasoren. Inzwischen hat die Türkei, Mitglied der NATO und bisher ein zuverlässiger Verbündeter der USA in der Region, den USA die Nutzung ihres Territoriums zur Versorgung ihrer Truppen im Nordirak gestattet. Gleichzeitig bereitet sie sich aber darauf vor, die türkische (die so genannte turkmenische) Bevölkerung im Nordirak gegen die zu erwartende Aggression der kurdischen Separatisten zu verteidigen.

Von der Gefechtsfront selbst ist es praktisch unmöglich, vernünftige Informationen zu erhalten. Die Amerikaner werden zwar nicht müde, die Pressefreiheit zu predigen, aber sie erlaubten keinen unabhängigen Berichterstattern, über ihre Aktionen zu berichten oder ihre Behauptungen zu überprüfen. Stattdessen sind die Journalisten, wie sie selbst sagen, in ihre eigenen Einheiten „eingebettet" und haben sich vertraglich verpflichtet, nichts ohne die vorherige Zustimmung der anglo-amerikanischen Kommandeure zu veröffentlichen. Das Ergebnis ist eine bemerkenswerte Fernsehberichterstattung rund um die Uhr, angeführt von CNN und BBC, die entweder aus den Lügen dieser „eingebetteten" Journalisten oder aus den Kommentaren der weniger Integrierten besteht, die weit vom Kampfgeschehen entfernt sind. Der Zuschauer ist darauf beschränkt, kleine Informationsfetzen aus den Pressekonferenzen irakischer Offizieller, aus russischen Geheimdienstberichten oder aus Nachrichtenbrocken, die über die arabischen Kanäle, insbesondere Al-Jazeera, durchgesickert sind, zu sammeln. Angesichts der enormen Diskrepanzen zwischen den Behauptungen der Journalisten und dem, was vor Ort zu geschehen scheint, haben amerikanische Beamte öffentlich ganz im Sinne der von der Hitler-Propaganda aufgestellten Grundsätze erklärt, dass „Desinformation“ eine legitime Kriegswaffe sei. Sie sind sogar so weit gegangen, die Website von Al-Jazeera zu hacken und zu blockieren. Dieser unabhängige Nachrichtensender wird von 45 Millionen Menschen in der arabischen Welt gesehen und hat seit Beginn dieses Besatzungskrieges vier Millionen neue Abonnenten in Europa gewonnen.

Trotz dieser starken Kontrolle über die Nachrichten stehen die anglo-amerikanischen Besatzungsmächte vor einer gähnenden Glaubwürdigkeitsleere. Ken Adelman, der US-amerikanische Direktor für Rüstungskontrolle unter Reagan, schrieb im Februar 2001 in der *Washington Post,* dass ein „Regimewechsel“ im Irak „ein Kinderspiel“ wäre. Führende Mitglieder der Bush-Regierung, insbesondere Vizepräsident Dick Cheney und Verteidigungsminister Donald Rumsfeld, versprachen einen kurzen Feldzug von zwei bis drei Wochen. General Tommy Franks, der Mann, der den gegenwärtigen militärischen Angriff auf den Irak leitet, erklärte immer wieder, dass der Krieg wie vorgesehen und gemäß Zeitplan verlaufe. Auch Tony Blair hat dies im Parlament bestätigt. Die vorgelegten Beweise, während diese Zeilen am 18. Tag des Angriffs geschrieben werden, beziehen sich nur auf die Tatsache, dass die Besatzungsmächte schnell durch den Südirak vorgerückt sind und die US-amerikanischen Truppen tatsächlich die Stadtgrenzen Bagdads erreicht haben. Die USA behaupten, der internationale Flughafen Bagdads sei erobert worden, die Stadt sei eingekesselt, und die Elitestaffeln der US-amerikanischen Streitkräfte operierten im Zentrum von Bagdad.

Die Fakten scheinen allerdings anders zu sein. Der Fall von Umm Qasr, einer kleinen Hafenstadt nahe der Grenze zu Kuwait, wurde am zweiten Tag des Angriffs verkündet; der Fall von An-Nasiriyah, einer etwas größeren Stadt mit 500.000 Einwohnern, ebenfalls nahe der Grenze zu Kuwait, wurde zwei Tage später bekannt gegeben. Beide halten sich noch immer, wobei vor allem aus der letztgenannten Stadt heftige Kämpfe gemeldet werden, während die britische Stellung in Umm Qasr durch regelmäßige Explosionen und häufiges Scharfschützenfeuer ständig unterminiert wird. Selbst als die US-amerikanischen Truppen durch weite Teile der Wüste stürmten, um die Außenbezirke von Bagdad zu erreichen, ist ihnen keine einzige Stadt von Bedeutung in die Hände gefallen, und der irakische Widerstand ist überall dort sowie entlang der gesamten 450 km langen irakisch-kuwaitischen Grenze weiterhin aktiv. Aus den heiligen Städten Nadschaf und Karbala, die von den Amerikanern als absolut notwendig für die Verteidigung ihrer dünn verstreuten Versorgungslinien durch die Wüste angesehen werden, wurden Straßenkämpfe und Nahkampfgefechte gemeldet.

Die USA behaupten, dass die sechs Divisionen der Republikanischen Garde, der Kern der irakischen Verteidigungskräfte, dezimiert oder anderweitig operationsunfähig gemacht wurden und dass sich bisher mehr als 9.000 Iraker ergeben haben. Doch selbst westliche Journalisten, die ihre Berichte nicht von den anglo-amerikanischen Behörden absegnen lassen müssen, haben vermeldet, dass es offenbar keine nennenswerten Gefechte mit den Republikanischen Garden gab. Es bleibt auch unklar, wie viele der 9.000 Kriegsgefangenen Zivilisten sind. Bezeichnend ist jedoch, dass selbst das US-amerikanische Kommando behauptet, nur einen General gefangen genommen zu haben, und dass an jenem Tag, an dem die USA bekannt gaben, dass sich angeblich 2.500 irakische Soldaten ergeben hatten, das maßgebliche russische Nachrichtenbulletin meldete, dass die Gesamtzahl der Kapitulationen in der ganzen Woche die Zahl 1.000 nicht überschritten habe. Als die USA verlautbarten, dass sie den internationalen Flughafen von Bagdad eingenommen hatten, fuhren die irakischen Behörden mit einem Bus voller Journalisten bis auf 150 Meter an den Flughafen heran, um zu zeigen, dass sich dort keine US-amerikanischen Truppen befinden. Und als die USA bekannt gaben, dass ihre Streitkräfte im Zentrum Bagdads operierten – „um dort zu bleiben", wie sie sagten – berichtete einer der beiden BBC-Hauptkorrespondenten in der Stadt, dass er ohne jegliche behördliche Behinderung durch die ganze Stadt gefahren sei und dort nirgendwo Amerikaner gesehen habe. Das Leben funktioniere trotz der unsagbar brutalen Bombardierungen aus großer Höhe durch die angloamerikanische Allianz praktisch rund um die Uhr normal.

Die USA sagten allerlei Dinge voraus. Sie scheinen ihre eigenen Planungen auf die Annahme gestützt zu haben, dass ihre Strategie des so genannten *„shock and awe"*-Krieges – also die historisch beispiellose Intensivierung von Bombardements der Hauptstadt sowie Basras – die Moral der Zivilbevölkerung brechen und einen raschen Zerfall des Regimes herbeiführen würde. Das wiederum sollte in eine Massenflucht münden. In Wirklichkeit haben bisher bemerkenswert wenige Flüchtlinge die Städte verlassen, obwohl die Zahl der Opfer vor allem in Basra und den übrigen kleineren Städten des Südiraks zunimmt. Das irakische Regime hat zusammengehalten, und Minister sowie hohe Beamte treten regelmäßig im irakischen TV auf, um dies zu untermauern. Das Fernsehen zeigte sogar Saddam Hussein, wie er sich unter den Zivilisten in den betroffenen Gebieten Bagdads bewegte. Die Meinungsverschiedenheiten zwischen einigen der ranghöchsten Generäle und den zivilen Leitern des Pentagon haben währenddessen solche Intensität erreicht, dass eine Gruppe republikanischer Mitglieder des US-Kongresses sich Berichten zufolge mit Präsident Bush traf, um ihn aufzufordern, nicht so sehr auf Rumsfeld und Wolfowitz, den Verteidigungsminister und den Unterstaatssekretär im Pentagon, zu vertrauen. Stattdessen solle er den Fachleuten der Streitkräfte und der Nachrichtendienste ernsthaft Gehör schenken, die diesen Ideologen sehr skeptisch gegenüberstehen.

Wir wissen heute, dass die Pläne von Rumsfeld und Wolfowitz, die gerade im Irak umgesetzt werden, von vielen der höchsten Militär- und Geheimdienstbeamten nicht unterstützt wurden. Rumsfeld musste aus diesem Grund viele dieser Beamten systematisch aus Schlüsselpositionen entfernen und durch nachgiebigere Beamte ersetzen, die seine Pläne akzeptierten. Die Frustration dieser abgesetzten, andersdenkenden Beamten offenbarte sich in der Tatsache, dass während der Monate vor den jüngsten Invasionen eine bemerkenswerte Reihe von streng geheimen Dokumenten an die Presse durchgesickert war. Darin wurde von Plänen abgeraten, die auf der Annahme basierten, dass sich die Städte im Südirak problemlos unterwerfen würden, so dass die USA in die Lage gerieten, loyale lokale Verwaltungen in den eroberten Städten zu belassen, während sie sich mit gesicherter Rückendeckung und Versorgungslinie auf Bagdad zubewegten. Diese Pläne waren auch davon ausgegangen, dass die USA in der Lage sein würden, über einen türkischen Korridor eine große eigene Armee im Nordirak aufzustellen. Der erste Schock kam, als das türkische Parlament sich weigerte, die geplante Truppe von 62.000 US-Soldaten durch sein Territorium ziehen zu lassen und dieses zu nutzen, um strategische Tiefe zu gewinnen. Inzwischen liegen uns zuverlässige Berichte vor, wonach selbst Tommy Franks – jener General, der das *United States Southern Command* befehligte und die Invasion im Irak leitete, und der einer der wenigen Spitzengeneräle gewesen war, der Rumsfeld unterstützte – nach dem türkischen Votum empfahl, die geplante Invasion zu verschieben. Und zwar bis eine viel größere Truppe in Kuwait zusammengezogen werden könnte. Die Kritiker hatten damals natürlich bereits argumentiert, dass militärische Planungen, die auf der zweifelhaften politischen Erwartung basierten, dass die irakischen Massen eine anglo-amerikanische Invasionstruppe und einen raschen Zerfall des irakischen Regimes begrüßen würden, unrealistisch seien. Ebenso wurde hinterfragt, ob die in Kuwait zusammengezogenen Streitkräfte für die Besetzung des Irak ausreichen würden und ob Pläne, eine Stadt von der Größe Bagdads tatsächlich zu besetzen, militärisch überhaupt realisierbar wären.

Diese Skepsis hat in der Tat eine eigene Geschichte. Bereits 1996, fünf Jahre nach dem ersten Golfkrieg, sagte Präsident Bush Sr., der Vater des jetzigen Präsidenten, in einem BBC-Interview Folgendes: „Eine Besetzung des Irak würde unsere Koalition sofort zerbrechen, die gesamte arabische Welt gegen uns aufbringen und einen gebrochenen Tyrannen in einen arabischen Helden der Neuzeit verwandeln." Dick Cheney, der derzeitige Vizepräsident und eine führende Figur in der rechten, zionistischen Kabale, die diesen Krieg steuert, war damals der Verteidigungsminister in der Regierung von Bush Sr.; auch er hatte 1997 gesagt, dass die internationale Koalition auseinanderbräche, wenn die USA in einen weiteren Golfkrieg ziehen würden, um Saddam Hussein zu beseitigen. Er deutete damit an, dass die europäischen Großmächte sich einem solchen Schritt widersetzen würden, wie es Deutschland, Frankreich und Russland in jüngster Zeit tatsächlich getan haben. Cheney hatte damals auch gesagt: „Den Krieg in die bevölkerungsreiche irakische Hauptstadt Bagdad zu tragen, wo Saddam Hussein seinen Sitz hat, hätte eine andere Art von Militäroperation erfordert als in der Wüste und sie hätte eine große Zahl irakischer Zivilisten und Hunderttausende unserer Soldaten dem Risiko ausgesetzt, getötet zu werden." Zur Schlüsselfrage der Beseitigung Saddam Husseins wiederum meinte Cheney damals, dass „der einzige Weg, um sicherzugehen, dass man ihn erwischt, wäre, den gesamten Irak zu besetzen und die Iraker zu sortieren, bis man Saddam Hussein findet".

Dass derselbe Dick Cheney nun gegen den Rat einiger der ranghöchsten US-amerikanischen Generäle genau diese Art von Kriegsplan anführt, zeigt, wie stark der Einfluss der extremen Rechten in Washington (insbesondere im Pentagon) inzwischen ist. Es beweist aber auch, wie sehr die derzeitige Politik von einer Gruppe geprägt wird, die ebenso für die Interessen Israels arbeitet wie sie ihre eigenen Welteroberungsphantasien verfolgt, bei denen die Besetzung des Irak lediglich als ein erster Schritt konzipiert ist. Dieser Kriegsplan besteht auf jeden Fall aus zwei wesentlichen Komponenten. Die politische Komponente ging davon aus, dass sich die Iraker auflehnen, dass die irakische Armee und das Regime zerfallen und dass die loyalen Teile der Bevölkerung unter dem Schock der Bombardierungen fliehen. In Folge würde Saddam schnell isoliert werden und die US-amerikanischen Truppen könnten unter dem Jubel der Massen in Bagdad einmarschieren, ähnlich wie die Alliierten in Paris nach der Befreiung von der Nazi-Besatzung. Die militärische Komponente basierte auf dem Kalkül, dass massive Bombardements, High-Tech-Feuerkraft am Boden und eine relativ kleine Landarmee, die durch das Land fegt, ausreichen würden, um einen schnellen Sieg zu erringen.

Die Tatsachen sehen jedoch anders aus. Basra sollte demnach mühelos fallen, ja, die Stadt hätte die „Befreier" willkommen zu heißen, was aber nicht geschehen ist. Die Tatsache, dass nicht einmal die kleinsten Städte kapituliert haben, bedeutet, dass die Truppen, die Bagdad in einem Blitzangriff erobern sollten, die Städte auf dem Weg einschließen und dort Kontingente zurücklassen mussten, um diese zu sichern. Dadurch erstrecken sich die anglo-amerikanischen Versorgungslinien über feindliches Gebiet und für die Schlacht um Bagdad steht nun nur noch eine relativ geringere Anzahl von Truppen zur Verfügung. Die ungünstige Kombination aus Sandstürmen und dieser Art hartnäckigem Widerstand führte dazu, dass die Invasionsarmee täglich Verluste hinnehmen musste und ein großer Teil der zur Verfügung stehenden Ausrüstung außer Gefecht gesetzt wurde. Die Truppen mussten immer wieder anhalten, um Nachschub zu holen und Reparaturen vorzunehmen. Nun, da sie die Stadtgrenzen von Bagdad erreicht haben und wir diese Zeilen am Morgen des 7. April schreiben, stehen diese Verbände vor einem Dilemma. Sie sind erschöpft von der ständigen Bewegung und den andauernden Gefechten und brauchen Ruhe, Reparaturen, Nachschub und Verstärkung. Nur wenige Einwohner Bagdads sind aus der Stadt geflohen. Der Großteil der irakischen Kampftruppen wurde in die Stadt zurückgezogen, um sie angeblich länger verteidigen zu können, und eine unbestimmte Anzahl neuer Kämpfer soll von anderswo zu Hilfe geeilt sein. Es kam bereits zu Scharmützeln und sogar zu kleineren Gefechten. Der Krieg beginnt nun also erst richtig.

Es wird wahrscheinlich eine Pause von einigen Tagen geben, in denen die Amerikaner ihre Stellungen sichern, ihre Truppen ausruhen, ihre Ausrüstung reparieren, mehr Nachschub aus Kuwait holen – und auf Verstärkung warten, die erst in einigen Tagen in nennenswerter Zahl eintreffen kann. Die Invasoren haben zwar die Feuerkraft, um in die Stadt einzudringen, die Bevölkerung zu terrorisieren und ihre Panzer an Straßenecken zu parken, aber sie sind nicht in der Lage, die Stadt in ausreichendem Umfang zu besetzen. Für einen Guerillakrieg gibt es zwei Faustregeln: Auf jeden Guerillakämpfer müssen mindestens sechs Soldaten kommen, und die Besatzungsmacht muss bereit sein, über Wochen und Monate, vielleicht sogar Jahre hinweg eine große Zahl von Opfern zu verkraften.

Wir können die Kampfkraft der irakischen Streitkräfte immer noch nicht einschätzen, weder die der regulären noch die der irregulären. Es ist durchaus auch möglich, dass sie zusammenbrechen und der amerikanische Traum von einem „Kinderspiel" wahr wird. Die Tatsache, dass die anglo-amerikanischen Streitkräfte nicht in der Lage waren, selbst kleine Städte sicher zu besetzen, deutet jedoch darauf hin, dass eine „Befriedung" Bagdads in den nächsten Tagen unwahrscheinlich anmutet. Und dann ist da noch das Wetter. Wenn die Iraker noch etwa einen Monat lang durchhalten, werden die Temperaturen auf bis zu 60° C steigen, und wirbelnde Sandstürm verringern die Wirksamkeit der Luftwaffe, der tragenden Säule anglo-amerikanischer Angriffspläne. Mehr Soldaten könnten an der Hitze sterben als im Kampf, und die Einschränkung der Luftabwehr wird ihre überdehnten Versorgungslinien angreifbar für Guerilla-Aktionen machen. Und zwar selbst in der Wüste und in der Umgebung zahlreicher Städte. So war es nicht geplant, aber so ist es nun einmal.

Im Großen und Ganzen haben die Amerikaner drei Probleme. Das erste ist schlichtweg ihre Gier. Ihre Augen sind so sehr auf die immensen Gewinne gerichtet, die nach dem erfolgreichen Abschluss dieses Besatzungskrieges zu erwarten sind, dass sie die Beute mit niemandem teilen wollen. Der US-Kongress hat gerade ein Gesetz verabschiedet, das es ausdrücklich verbietet, Nachkriegsaufträge im Irak an Unternehmen zu vergeben, die sich im Besitz von Frankreich, Deutschland, Russland und Syrien (allerdings nicht China) befinden oder auch nur dort tätig sind. Der Rest Europas ist zwar nicht ausgeschlossen, aber die Unzufriedenheit unter den europäischen Verbündeten nimmt in Ländern wie etwa Italien zu, weil sie sich nicht an den Kriegskosten beteiligen wollen. In Washington und London ist man daher geneigt, als rein angelsächsische Phalanx einen Alleingang zu wagen. Das geht so weit, dass selbst Kofi Annan, der sich mehr und mehr darum bemühte, den USA das Feigenblatt der UNO vorzuhalten, selbst nicht mehr an einer Rolle der Vereinten Nationen interessiert ist, die über das hinausgeht, was euphemistisch als „humanitäre Hilfe" bezeichnet wird.

Zweitens sind die USA nicht in der Lage gewesen, eine glaubwürdige Opposition aufzubauen, die Saddam Hussein ablösen könnte. Natürlich haben sie Verbündete, die in den USA, London, Kuwait, Doha usw. verstreut sind. Die Erwartung aber, dass diese Gruppe diskreditierter Klienten durch neue ergänzt wird, die sich aus freundlichen Eliten im Südirak und desertierten Funktionären der Armee sowie der Baath-Partei rekrutieren, hat sich bisher als nicht realisierbar erwiesen. Diese Kombination – der gierige Drang, alle Profite abzuschöpfen, und das politische Versagen, eine ausreichend große Gruppe von Verbündeten zu gewinnen – zwingt die Vereinigten Staaten, an ihrem ursprünglichen Plan festzuhalten, die Regierung Saddam Husseins zu stürzen und im Nachkriegs-Irak eine anglo-amerikanische, d.h. amerikanische, Verwaltung einzusetzen. Im Laufe des letzten Jahres wurden uns verschiedene Versionen dieses Plans vorgestellt. Tommy Franks, General und Oberbefehlshaber in diesem Krieg, sagte vor vielen Monaten, dass der Nachkriegs-Irak nicht nur eine direkte US-amerikanische Militärverwaltung, sondern auch die Stationierung einer beträchtlichen Anzahl von US-amerikanischen Truppen auf irakischem Boden – „nach dem Vorbild Südkoreas", d.h. auf Jahrzehnte hinaus – benötigen werde.

Drittens sind die Amerikaner auch durch ihr Selbstbild belastet, nämlich als Wohltäter und „Befreier" in den Irak gekommen zu sein. Sie können daher den unergründlichen Wunsch der Orientalen, nicht von anderen besetzt, kolonisiert und beherrscht zu werden, kaum nachvollziehen. Dörfer und Städte haben sich als „undankbar" erwiesen und lassen sich weder bestechen noch widerstandslos bombardieren. Basra sollte sich in einer Rebellion gegen Saddam Hussein erheben und über die Ankunft britischer Truppen jubeln. In Wirklichkeit war die gesamte militärische Macht von Blairs neoimperialistischem Großbritannien nicht in der Lage, auch nur in nennenswertem Ausmaß Fuß in der Stadt zu fassen. Und zwar trotz der unsäglichen Grausamkeit ihrer Bomben- und Panzerangriffe und ihres Artilleriebeschusses. In An-Nasiriyah, einer Stadt, die nur ein Zehntel so groß ist wie Basra, aber ebenso wenig besetzt werden will, geht die Zahl der Toten und Verletzten bereits in die Tausende.

Und dann ist da noch Bagdad. Die Iraker haben immer gesagt, dass sie die Wüste aufgeben und die Invasoren in der Hauptstadt selbst bekämpfen werden. Wie wir bereits erwähnt haben, stellt dies die mächtigen Amerikaner vor eine unmögliche Wahl. Entweder müssen sie sich auf einen langwierigen

Krieg in den Städten einlassen, der vorhersehbar viele Opfer fordern wird, was die Unterstützung der amerikanischen Zivilbevölkerung für diesen Krieg und die vielen anderen Kriege, die die Bush-Regierung plant, schwächen wird. Oder sie bombardieren die Stadt aus der Luft und bringen alle um – ein Völkermord vom Himmel aus sozusagen –, was nicht nur in Teilen der US-amerikanischen Bevölkerung, sondern in der ganzen Welt, auch in Europa, zu massiver Empörung führen würde. Das könnte in Großbritannien unter anderem zum Sturz von Blair und seiner New Labour-Partei (zusammen mit ihren Tory-Verbündeten) führen und gleichzeitig zur Stärkung der kommunistisch-sozialistisch-grünen Allianz im Europäischen Parlament. Keine dieser beiden Optionen scheint für die USA besonders günstig zu sein. Deshalb haben sie sich einen genialen neuen Plan ausgedacht, bei dem laut *Washington Post* ein „Sieg" verkündet werden soll, auch wenn es keinen Sieg gibt.

Dieser „Sieg" wird aus drei Komponenten bestehen. Erstens ist es so, dass ein großer Teil des Nordiraks bereits effektiv unter Kontrolle der US-amerikanischen Spezialkräfte und ihrer kurdischen Verbündeten steht; und dass auch ein großer Teil der Wüste und der ländlichen Gebiete im Südirak der verheerend überlegenen amerikanischen Feuerkraft überlassen wurde. In bloßen Kilometern gemessen, kann man sicherlich sagen, dass die anglo-amerikanischen Streitkräfte und ihre kurdischen Verbündeten den größten Teil des irakischen Territoriums außerhalb des fruchtbaren Tigris-Euphrat-Kerngebiets besetzt haben; die Ölressourcen liegen praktischerweise in den okkupierten Gebieten. Zweitens sind die Städte tatsächlich eingekesselt und stehen unter ständigem Beschuss. Mit weiteren Verstärkungen und Nachschub kann diese Einkreisung in absehbarer Zeit aufrechterhalten werden, und die belagerten Städte – ohne Lebensmittel, Wasser, Strom und Gesundheitsversorgung – werden wahrscheinlich eher früher als später untergehen. Drittens können die USA die Einkreisung und Belagerung Bagdads durch regelmäßige Einfälle und Rückzüge einfach verlängern, in der Hoffnung, die Bevölkerung zu erschöpfen und auszuhungern, den Verfall der Infrastruktur zu beschleunigen und mit ausreichender Regelmäßigkeit genügend Opfer zu verursachen, um immer mehr Flüchtlinge zu generieren, hoffend, dass die Stadt irgendwann kapituliert.

Dank dieser drei Komponenten können die USA einfach den „Sieg" über den Irak verkünden, den Stellungskrieg um die Städte als „Aufräumaktion" darstellen, und eine US-amerikanische Militärverwaltung nicht in Bagdad, sondern außerhalb der Stadt, vielleicht am Stadtrand oder sogar in einem Ort wie Basra einrichten – falls Basra fällt. In den Medien wird sich die Aufmerksamkeit dann von den täglichen, kaum intensiven Kriegshandlungen in den Städten und auf dem Land wegbewegen. Stattdessen konzentriert sie sich auf die Tätigkeit der US-amerikanischen Militärverwaltung, ihre so genannten „Wiederaufbau"-Aktivitäten und die Besetzung und Wiederbelebung der Ölfelder durch US-amerikanische Konzerne und deren lokalen Klienten. Der Krieg wird somit als etwas Alltägliches bzw. weitgehend Unsichtbares institutionalisiert und sogar naturalisiert, so wie er insbesondere im Norden während der letzten zehn Jahre unsichtbar gemacht wurde. Die so genannte „internationale Gemeinschaft" – Kofi Annan, der Sicherheitsrat, das Desinformationsregime von CNN und BBC usw. – soll den kommenden Krieg des nächsten Jahrzehnts in dieser Form akzeptieren, wie sie die Sanktionen und den Krieg des letzten Jahrzehnts bereitwillig, ja enthusiastisch, angenommen hat. Die Sanktionen, die von jedem einzelnen Mitglied dieser so genannten „internationalen Gemeinschaft" voll und ganz unterstützt wurden, haben anderthalb Millionen Iraker getötet und ein weiteres Drittel der Bevölkerung der Unterernährung, Epidemien, Fehlgeburten, sinkender Lebenserwartung, dem Mangel an Trinkwasser und dem Elend durch zerstörte Schulen und Krankenhäuser ausgesetzt. Diese Grausamkeiten könnten sich in den kommenden Jahren des „Wiederaufbaus nach dem Krieg", an dem sich auch die Schröders und die Chiracs dieser Welt gerne beteiligen werden, noch vervielfachen.

Das ist es, was die Amerikaner zumindest derzeit zu planen scheinen. General Richard B. Meyers, Vorsitzender der Generalstabschefs, sagte, dass Bagdad, wenn es einmal vom Rest des Landes isoliert ist, „fast irrelevant" sein wird. Er meinte auch, dass „was auch immer übrigbleibt, für nichts anderes als für die eigene Verteidigung gut wäre, und es würde dann ziemlich klein anmuten im Vergleich zum Rest des Landes und zu dem, was dort geschieht". Viele Spitzenbeamte der US-Regierung führen bereits das Beispiel von Hamid Karzai an. Dessen Regierung wurde von den westlichen Regierungen akzeptiert, obwohl sie nur einen kleinen Teil des afghanischen Territoriums kontrolliert und obwohl sogar die persönliche Sicherheit von Karzai nicht in den Händen von Afghanen, sondern in denen einer Einheit US-amerikanischer Spezialkräfte liegt. In diesem Szenario wird der Irak also nicht formell geteilt, sondern es wird faktisch eine doppelte Autorität geben, nämlich die der derzeitigen irakischen Regierung betreffend die Streitkräfte und Teile der Bevölkerung in den belagerten Städten und die der amerikanischen Militärverwaltung in den von ihr kontrollierten Territorien, vor allem in den Ölfördergebieten. Es ist auch wahrscheinlich, dass das von den USA kontrollierte Gebiet allmählich zu einem Mosaik aus lokalen Lehen, autonomen Zonen und wechselnden Loyalitäten wird, ganz nach dem Muster des heutigen Afghanistans, während die Amerikaner mit dem Öl machen, was sie wollen.

Dies ist das überarbeitete Kriegsszenario. Es führt zu der absurden Situation, dass die USA trotz des Unvermögens, auch nur eine einzige bedeutende Stadt, geschweige denn die Großstädte des Iraks, einzunehmen, bereits die Grundstruktur dieser Militärverwaltung ankündigen, die sie euphemistisch als „Amt für Wiederaufbau und humanitäre Hilfe" („*Office of Reconstruction and Humanitarian Assistance*") bezeichnen. Geleitet wird es von Jay Garner, einem General im Ruhestand, der derzeit sein Geld im Waffenhandel verdient. Auch die wichtigsten Beamten dieses Amts wurden bereits benannt. In einer Variante des Kriegsszenarios heißt es außerdem, dass vielleicht bis zu 23 „Ministerien" eingerichtet werden sollen, die jeweils von amerikanischem Personal geleitet werden. Wir sind zurück in der Blütezeit der kolonialen Eroberungen, der Kronkolonien, der vom Völkerbund sanktionierten Mandate, der kaiserlichen Verwaltungen, die sich auf lokale Häuptlinge stützen, und so weiter. Die Ironie der Situation besteht nicht zuletzt darin, dass der erste Golfkrieg im Namen der „Befreiung" Kuwaits geführt wurde, um die Fürsten wieder in ihr Scheich-Dasein zurückzuführen, während der Irak nun von Kuwait aus sozusagen von sich selbst „befreit" und in eine umfassende Fremdherrschaft transferiert wird. Blair sieht sich in diesem Szenario nach guter alter britischer Kolonialtradition als rechtmäßiger Prokonsul des Irak, aber eben in den Diensten der neuen Washingtoner Kolonialherren.

Das ist zumindest der derzeitige amerikanische Wunschtraum. Es bleibt abzuwarten, ob und wie und wann die Iraker ihn durchkreuzen werden. Denn vielleicht sind wir nicht Zeuge der Entstehung einer neuen Kolonie, sondern einfach eines anderen Palästinas. Imperiale Träume können auch zu Albträumen werden.

9. MAI 2003

Kriege der Zukunft

Umm Qasr ist eine kleine Stadt mit ein paar tausend Einwohnern, nahe der kuwaitischen Grenze und nur wenige Kilometer von dem Punkt entfernt, an dem die mächtigen anglo-amerikanischen Streitkräfte in den Irak einmarschierten. Es war die erste Stadt, die diese Truppen einzunehmen versuchten, aber sie hielt in einer heftigen Schlacht, die zwei Wochen lang dauerte, stand. In dieser Zeit behaupteten sich die irakischen Streitkräfte auf der gesamten Halbinsel Fao gegen massive Panzer- und heftige Luftangriffe, ohne selbst Luftunterstützung zu haben. In denselben zwei Wochen tobten Kämpfe um An Nassiriyah, Basra, Kerbala, An Nadschaf und zahlreiche andere große und kleine Städte, von denen keine fiel. Die gleiche Geschichte wiederholte sich im Norden, der dank zehnjähriger Bombardements durch die anglo-amerikanische Allianz, die ihre kurdischen Verbündeten gegenüber der irakischen Staatsverwaltung und den Streitkräften forciert hatte, weitgehend unter kurdischer Kontrolle stand. Weder Kirkuk noch Mosul fielen in diesen Wochen des Widerstands.

Die Einkreisung der südlichen Städte erforderte den Einsatz großer Truppen- und Waffenkontingente, so dass die anglo-amerikanischen Streitkräfte, die durch die Wüste in Richtung Bagdad drängten, immer weiter dezimiert wurden. Sie mussten relativ ungeschützt unerträglich lange Wege bewältigen. Die meisten Militärbeobachter waren der Meinung, dass zwei Wochen Kampf und die Überwindung von Hunderten Kilometern die verbliebenen Kräfte womöglich erschöpft hätten. Man glaubte, dass die Invasoren wahrscheinlich neuen Nachschub brauchten, und dass sie mindestens noch eine weitere Woche der Sammlung benötigen würden.

Weiter rechnete man damit, dass vor einem Angriff auf Bagdad einhunderttausend Soldaten zur Verfügung stehen müssten, und dass es daher eine Pause von vielleicht drei Wochen geben würde. All das wäre nötig, um einen Angriff auf eine Stadt mit vielleicht sechs Millionen Einwohnern vorzubereiten. Eine Stadt, die auch die Zitadelle einer Regierung war, die noch nicht ihre Luftwaffe, und auch noch nicht den größten Teil ihrer Ressourcen eingesetzt hatte. Das betrifft Panzer und Artillerie, ihre berühmten und gefürchteten Republikanischen Garden, die Fedayeen-e-Saddam, und die baathistischen Freischärler, die angeblich für den Krieg in den Städten voll bewaffnet waren. Es wurde erwartet, dass Bagdad eine Festungsstadt sein würde, die in einer langen Schlacht mit einer viel größeren Armee erobert werden müsste, als sie der anglo-amerikanischen Allianz bei ihrem Eintreffen in den Vororten zur Verfügung stand, es sei denn, man würde sie noch weitaus intensiver als Dresden mit Brandbomben traktieren.

Aber es gab weder eine Ruhepause noch einen Angriff größeren Ausmaßes, keine irgendwie gearteten Kämpfe, auch nicht in der Größenordnung der Kleinstädte, wo die Invasoren erfolgreich in Schach gehalten worden waren. Die Amerikaner fuhren einfach weiter, einige ihrer Panzer verirrten sich in verschiedene Teile der Stadt, dann kamen weitere, besetzten einen Teil, dann einen anderen, und dann noch einen. Bagdad hat sich nicht gewehrt. Die Invasoren feierten ihren Sieg in diesem Nicht-Krieg, indem sie eine Plünderung zuließen und anstifteten, die jener durch die Mongolen im 13. Jahrhundert in mancher Hinsicht gleichkam. Das Regime verschwand einfach. Die angehäuften Schätze einer ganzen Zivilisation wurden geplündert und Bibliotheken niedergebrannt. Und zwar in einem Ausmaß, das selbst die marodierenden Mongolen nicht gewagt hatten. Das geschah nicht nur in Bagdad, sondern in einer Stadt nach der anderen, die nun nach der Kapitulation von Bagdad fiel.

Es lohnt sich, dies zu wiederholen. Umm Qasr, eine staubige Grenzstadt ohne militärische Bedeutung, wehrte sich zwei Wochen lang; Kerbala und An Najaf, verschlafene Städte mit Schreinen, Gebetsstätten und heiligen Männern, ebenfalls. Das Gleiche gilt für zahlreiche andere Ortschaften. Keine fiel. Die große Stadt Bagdad aber kapitulierte innerhalb von drei Tagen, ohne Kampf. Jetzt wird vor unseren Augen ein Mythos geschaffen, dem selbst Leichtgläubige in der Anti-Kriegs-Bewegung auf den Leim gehen: Bagdad sei angesichts der überlegenen Waffen, der größeren Feuerkraft und der historisch beispiellosen Intensität der Bombardements, die in der ersten Nacht schon begannen, zusammengebrochen. Tatsache ist jedoch, dass Bagdad nicht durch diese Waffen fiel, sondern dank eines Deals, den das Baath-Regime mit den Amerikanern schloss: erstere verzichteten auf die Verteidigung der Stadt und im Gegenzug gewährten die USA ihnen eine ganze Reihe von Gefälligkeiten. Das gilt für die Baath-Führer und -Minister, die militärischen Befehlshaber, einschließlich der Kommandeure der republikanischen Elitetruppen und möglicherweise auch für Saddam Hussein sowie seine Familie. Einzelheiten sind noch nicht bekannt, lassen sich aber leicht erahnen: Geheimtransporte in sichere Häfen, Truhen voll Gold und Bestechungsgelder, und für viele lukrative Posten in dem neuen Post-Saddam-Hussein-Regime, das die USA jetzt zusammenstellen.[47] Die Amerikaner haben die ganze Zeit gesagt, dass sie einen Großteil der Baath-Partei und der Bürokratie in das neue Regime übernehmen werden – und genau so geschieht es gerade auch.[48]

Saddam Hussein begann seine grausame, schändliche Karriere als Verräter, als 22-jähriger bezahlter CIA-Agent, der 1959 angeheuert worden war, um Abdel Karim Kassem zu ermorden, den Mann, der im Jahr zuvor die antimonarchische Revolution angeführt hatte. Nachdem die Baathisten 1968 ihre Macht gefestigt hatten und Saddam Hussein das Amt des Vizepräsidenten und des stellvertretenden Vorsitzenden des Revolutionären Kommandorates übernahm, nutzte er von den westlichen Geheimdiensten bereitgestellte Listen, um Kommunisten hinzurichten. Es wird weithin angenommen, dass die USA ihn bei seiner Machtergreifung 1979 in einem Palastputsch gegen den Präsidenten al-Bakr unterstützten, um ihn nach der islamischen Revolution gegen das neue iranische Regime in Stellung zu bringen. Tatsächlich marschierte er im darauffolgenden Jahr in den Iran ein. Und zwar in enger Absprache mit den Vereinigten Staaten, die ihn auf vielfältige Weise förder-

47 Im Nachhinein hat sich dies als etwas zu pauschal herausgestellt. Dass viele der Top-Generäle und der Kern des Baath-Regimes einen Deal gemacht haben, ist klar genug. Ebenso klar ist aber auch, dass genügend Menschen Saddam Hussein persönlich die Treue hielten und sich für die Verteidigung des Irak im Allgemeinen einsetzten, so dass es zu einem geordneten Rückzug und zur allmählichen Entfaltung genau der Art von Widerstand kam, die wir in diesem Artikel unmittelbar nach der Besetzung Bagdads vorausgesagt hatten.

48 Im September 2003 hatten die USA nicht nur die höheren Beamten wieder eingestellt, sondern auch eine große Zahl von Polizei- und Sicherheitskräften sowie – was noch anrüchiger ist – Mitarbeiter der *mukhabbarat*, des gefürchteten und verhassten Geheimdienstes des Saddam-Hussein-Regimes, der bekanntlich jahrzehntelang ein abscheuliches Terror- und Folterregime unterhielt. Im November behauptete Rumsfeld, dass 100.000 irakische Sicherheitskräfte nun von den USA ausgebildet würden. Diese Politik der „Irakisierung" wird wahrscheinlich noch weniger erfolgreich sein als die „Vietnamisierung" unter Richard Nixon, und wahrscheinlich schon bald scheitern. Die Baath-Partei wird diese Einheiten wahrscheinlich ziemlich effektiv infiltrieren, und der Rest dieser Truppe besteht ohnehin nur aus Söldnern, die kaum daran interessiert sind, für die Amerikaner zu sterben.

ten, u. a. durch die Lieferung von Technologie für die Herstellung chemischer und biologischer Waffen. Dies geschah im Rahmen des Bestrebens der USA, den Iran zu schwächen, indem sie dafür sorgen, dass sich der Irak und der Iran, beides gegen Israel positionierte wichtige Erdölproduzenten, gegenseitig lähmen. Mit den Amerikanern geriet Saddam Hussein erst in Konflikt, als er in Kuwait, einem engen Verbündeten der USA, einmarschierte, um sich die dortigen enormen Ölvorkommen anzueignen und so zu einem der mächtigsten Männer des Nahen Ostens aufzusteigen. In dieser Hinsicht ähnelt die jüngste Entschlossenheit der USA, ihn zu stürzen, früheren Fällen wie denen von Diem in Vietnam, Marcos auf den Philippinen oder Noriega in Panama. Sie alle waren Agenten und Verbündete, die später zu Feinden wurden. Angesichts dieser Vorgeschichte ist es nur folgerichtig, dass Saddam Husseins Regime nun dank eines Abkommens mit den Vereinigten Staaten zusammenbrach. Ob diese Abmachung von ihm selbst getroffen wurde, um seine Haut zu retten, oder von seinen Untergebenen, die gegen ihn handelten, ist unklar. Unklar ist auch, wer die Vereinbarung ausgehandelt hat. Wahrscheinlich waren es Putins Leute, so wie Jelzins Leute Milesovic schließlich zum Aufgeben überredeten. Es kommt häufig vor, dass Verräter schließlich von ihren eigenen Freunden verraten werden.[49]

Einige Details dieses Deals kommen jetzt ans Licht, auch wenn die relevanten Fakten in ihrer Gesamtheit noch immer im Dunkeln liegen. Die Indizien, die auf ein Geschäft hindeuten, sind jedoch erdrückend. Das gesamte politische und militärische Oberkommando des Iraks ist spurlos untergetaucht. In der Tat verschwand der größte Teil dieses Oberkommandos schon unmittelbar nach Kriegsbeginn von der Bildfläche. Wichtige Führungspersönlichkeiten wie die beiden berüchtigten Söhne Saddam Husseins, Vizepräsident Taha Yassin Ramadan, der stellvertretende Premierminister Tariq Aziz und

49 „Verräter werden häufig von ihren eigenen Freunden verraten". Als ich diese Worte schrieb, wusste ich nicht, wie wahr sie waren. Einen Monat später sollten die Töchter von Saddam Hussein (dem „Verräter", um den es hier geht) von ihrem neu gefundenen sicheren Zufluchtsort in Amman aus Interviews geben, in denen sie sagten, dass ihr Vater von seinen vertrauenswürdigsten Generälen hintergangen worden sei. Man könnte hinzufügen, dass König Abdullah, den die Amerikaner aufpäppelten, bevor sie ihn auf den jordanischen Thron setzten, diesen Töchtern ohne vorherige amerikanische Zustimmung wohl keinen sicheren Unterschlupf gewährt hätte. Es dürfte eine ganze Generation dauern, um auch nur die Konturen der ausgeklügelten und vielschichtigen Intrigen aufzudecken, die mit der Kapitulation von Bagdad, der Zeit davor und danach, verbunden sind.

die Minister für Verteidigung, Gesundheit usw. sind unsichtbar geworden. US-Verteidigungsminister Rumsfeld wiederholte in den letzten Wochen in seinen Erklärungen immer wieder, dass die USA mit führenden Parteigranden und ranghohen militärischen Befehlshabern „verhandeln" und ihnen sicheres Geleit sowie Positionen in der Nachkriegsordnung anbieten würden. Ist das der Grund, warum wir diese Eminenzen von einst nicht mehr sehen? Niemand weiß, was aus der republikanischen Garde geworden ist; sie scheint sich einfach aufgelöst zu haben. Selbst die „eingebetteten" Journalisten und Fotografen vermeldeten keine großen Schlachten oder militärische Gemetzel mehr – wie wir sie im Fernsehen gesehen hatten, als die zurückgezogene irakische Armee während des Golfkriegs 1991 durch US-amerikanische Bombardements dezimiert wurde und US-amerikanische Bulldozer Tausende von Toten in Massengräber schoben. Saddam Hussein hatte während jenes Krieges ein spektakuläres Feuer aus Ölquellen gemacht; dieses Mal wurden sie zwar wieder mit Sprengsätzen verkabelt (für den Fall, dass der Deal nicht zustande käme), aber nie angezündet (weil die USA den Handel einhielten).[50]

Der Irak soll über etwa 500 Militärflugzeuge verfügen, und wie die Zerstörung des World Trade Centers gezeigt hat, können Flugzeuge als Raketen verwendet werden, die in Ziele einschlagen, auch wenn sie es nicht mit den überlegenen Luftstreitkräften der USA und Großbritanniens aufnehmen können. Keines wurde eingesetzt. US-amerikanische Panzer rollten auf Autobahnen, die nie vermint waren, auch nicht in der Nähe von Bagdad; sie fuhren über Brücken in die Stadt, die zur Zerstörung verkabelt waren, aber nie gesprengt wurden. Sie kamen auf die Boulevards und trafen nur auf sporadisches Feuer von Handfeuerwaffen. Sie parkten ihre Panzer auf öffentlichen Plätzen, und nichts geschah. Sie saßen auf ihren Tanks und sahen den Bränden und Plünderungen zu. Vom ersten bis zum letzten Tag rätselten unabhängige Journalisten, die auf eigene Faust in Bagdad arbeiteten, warum sie

50 Im Nachhinein könnte man spekulieren, dass Saddam Hussein, als die Verteidigung Bagdads (dank des Verrats) undurchführbar wurde und er sich zusammen mit den loyalen Elementen seines inneren Kreises für einen geordneten Rückzug und einen Guerillakrieg entschied, auch klug genug war, um zu erkennen, dass ein spektakuläres Abbrennen der Ölquellen ihnen weit weniger politischen Nutzen bringen würde als eine anhaltende Sabotage der Produktionsanlagen und Pipelines, solange die US-amerikanische Besatzung und die Herrschaft ihrer verbündeten Klienten andauerte. Bisher sind keine Dokumente aufgetaucht, die Aufschluss darüber geben, warum die Entscheidung getroffen wurde, die verkabelten Brücken und Pipelines nicht in Brand zu setzen.

keinerlei Anzeichen für die Verteidigung der Stadt bemerkten. Und das, obwohl Mohammed Saeed al-Sahaf, der unsäglich brutale Informationsminister, immer wieder alle möglichen Behauptungen über bevorstehende Schlachten in der Stadt verbreitete – bis auch er verschwand und in eine Dunkelheit abtauchte, die vielleicht von vornherein für ihn vorbereitet war.

Es ist von großer politischer Bedeutung zu verstehen, dass Bagdad nicht wegen der überwältigenden militärischen Überlegenheit der USA keinen Widerstand geleistet hat, sondern weil zumindest Schlüsselelemente des Regimes einen Deal geschlossen haben, noch bevor eine Schlacht um Bagdad beginnen konnte. Diese Tatsache sagt uns mindestens drei Dinge. Erstens war das Regime von Saddam Hussein so barbarisch repressiv, so wenig gewillt, eine von ihm unabhängige Kraft zu dulden, dass das Regime allein – und niemand sonst – alle Ressourcen kontrollierte und daher ganz exklusiv über die Mittel verfügte, um eine Schlacht zur Verteidigung Bagdads anzuführen. Sobald das Regime zerfiel bzw. wegen dieses Deals zerbrach, gab es keine alternative Kraft, die eine Verteidigung dieser Größenordnung hätte organisieren können. Zweitens, und das ist das Entscheidende, bedeutet dies, dass die Beseitigung *dieses Regimes* – d.h. die Entfernung derjenigen führenden Politiker und militärischen Befehlshaber, die mit den USA konspiriert haben – tatsächlich die *Voraussetzung* für das Entstehen eines Volkskampfes ist. Drittens sagt die schnelle Kapitulation nichts über den Willen des irakischen Volkes aus, für seine Freiheit zu kämpfen, oder gar über die diesbezügliche Bereitschaft der unteren Ebenen der Streitkräfte oder der einfachen Kader der Baath-Partei selbst. Sie sind wahrscheinlich zugleich erleichtert über den Sturz des Regimes und empört über die erneute Kolonisierung ihres Landes. Ihr Widerstand wurde aufgeschoben, der Krieg steht ihnen noch bevor. Und die Führung hierfür wird sich in den nächsten Monaten herauskristallisieren. Die USA planen, in wenigen Tagen offiziell einen Sieg zu verkünden. Das ist zu früh. Der Krieg ist noch nicht vorbei, er hat noch nicht einmal wirklich angefangen.

Aber: In gewissem Sinne hat dieser neue Krieg wohl dennoch bereits begonnen; und zwar in Form eines außergewöhnlichen Ausdrucks von Massenwiderwillen gegen die US-amerikanische Präsenz als solche. Dieser Ton wurde bereits am 15. April angeschlagen, als die Besetzung und Plünderung Bagdads in vollem Gange war. Die USA versuchten zu diesem Zeitpunkt, ein Treffen einiger ihrer wichtigsten Klienten in An Nassiriyah abzuhalten, das erste seit Beginn der Invasion und sicherlich das erste auf irakischem Boden. Jay Garner, der pensionierte General und aktuelle Waffenhändler, der mit der Leitung der US-amerikanischen Verwaltung im Irak betraut wurde, eröffnete die Konferenz, die in der Nähe der Stadt Ur, dem biblischen Geburtsort des Propheten Abraham, stattfand, mit der folgenden großspurigen Aussage: „Welchen besseren Ort als den Geburtsort der Zivilisation könnte man sich für den Beginn eines freieren Irak vorstellen?" Zu seiner großen Bestürzung wurde seine kleine Versammlung in der eher schmal dimensionierten Stadt von 20.000 Demonstranten begrüßt, die „Nein zu Amerika, Nein zu Saddam" skandierten.

Als die Baathisten an die Macht kamen (kurzzeitig 1963, nachhaltiger durch einen Putsch 1968), gab es im Irak eine große kommunistische Partei, die größte in der arabischen Welt, die dann mit Massenverhaftungen, Folter, Hinrichtungen, Exil und allgemeiner Dezimierung konfrontiert wurde. Andere moderne politische Kräfte ereilte das gleiche Schicksal, als Saddam Hussein sein brutales Macht- und Politikmonopol in der Zivilgesellschaft perfektionierte. Hingegen gelang es ihm nicht, die religiöse Opposition vollständig zu unterdrücken, die in ihren Moscheen und Seminaren, ihren informellen zivilen Netzwerken, ihrem Monopol auf Heiligtümer und Pilgerfahrten Zuflucht fand. Jetzt, nach dem Ende des Regimes von Saddam Hussein, gibt es keine säkulare Kraft, die organisiert genug wäre, um das Vakuum zu füllen, und zum ersten Mal in der modernen irakischen Geschichte wird die Moschee zum Ort der Opposition, zum Mittelpunkt der antikolonialen Organisation und zum Anwärter auf den Aufbau eines parallelen, in der Zivilgesellschaft verwurzelten Regierungssystems. Eines, das sich gegen die koloniale Verwaltung und ein untergeordnetes Netzwerk von Verbündeten der Invasoren richtet, wie es die USA gerade aufbauen. Weniger als zwei Wochen nach Beginn der kolonialen Besatzung sind die Freitagsgebete zum Ort der Mobilisierung eines Massenaufstandes geworden.

Am Freitag, den 18. April, beteten Sunniten und Schiiten gemeinsam in der Abu Haneefa Al Nu'man Moschee in Bagdad (eine echte sunnitische Moschee, deren Kuppel durch amerikanische Bombardierungen zerstört wurde). Sie hörten antiamerikanische Predigten, gingen auf die Straße, um friedlich zu marschieren und zum gemeinsamen Kampf von Schiiten, Sunniten und Kurden gegen die ausländische Besatzung aufzurufen. Einige skandierten wiederholt „Kein Bush, kein Saddam – Ja zum Islam", andere trugen Plakate auf Englisch und Arabisch mit Aufschriften wie „Verlasst unser Land. Wir wollen Frieden" und „Wir lehnen die amerikanische Hegemonie ab". Die überwiegend sunnitischen Organisatoren bezeichnen sich selbst als *„Iraqi National Movement"*.

In den ärmeren Teilen Bagdads, in denen die Schiiten vorherrschen, sollen sich inzwischen überall lokale Milizen gebildet haben, die den Besatzungstruppen feindlich gesinnt sind. Sie übernehmen nachts die Kontrolle über die Straßen und organisieren tagsüber Wohltätigkeitsaktionen, wie zum Beispiel Lebensmittellieferungen, medizinische Hilfe oder Beerdigungsvorbereitungen. Im weit entfernten Nadschaf, der Stadt, in der Chomeini etwa 15 Jahre im Exil lebte und von der aus er seine Revolution für den Iran plante, hat sich der hoch angesehene Klerus zur Formierung eines Entscheidungsgremiums zusammengefunden. Es wurde ein landesweites Kommunikationssystem für die Übermittlung von Instruktionen durch Boten organisiert. Außerdem wurde die Bildung von Verteidigungskomitees in allen Distrikten des Irak eingeleitet. Angeblich geschieht das, um die Normalität wiederherzustellen und die leidende Bevölkerung zu versorgen, aber offensichtlich geht es darum, eine parallele Verwaltung an der Basis zu schaffen, die als Parallelstaat und als Netz lokaler Organisationen für den bewaffneten Kampf des Volkes fungieren soll. Dies alles erfolgt, während die USA versuchen, ihre eigene Verwaltung zu installieren und dabei vorgeben, eine angeblich „demokratische" Regierung einzusetzen, die aber nur aus US-freundlichen Klienten und Verbündeten besteht. In manchen Städten, wie z. B. in Kut, sind einige unternehmungslustige Geistliche einfach in die Bürgermeisterämter spaziert, um die örtlichen Verwaltungen zu übernehmen, was von der Bevölkerung in bemerkenswertem Maße akzeptiert wird. An den Verbindungsstraßen zwischen verschiedenen Städten im Südirak wiederum entstehen Kontrollpunkte, die von diesen neuen Gruppierungen besetzt werden, und es gibt bereits Berichte über Konfrontationen mit den Amerikanern, die sich auf diese Art von Herausforderung vor Ort einfach nicht vorbereitet zeigen. Es sind Militante aus verschiedenen islamistischen Gruppierungen zu sehen, und einige sollen gesagt haben, dass sie bereit sind, sich als Selbstmordattentäter zu betätigen, falls die Amerikaner ihnen vor Ort entgegentreten würden. Die meisten dieser Gruppierungen sind schiitisch, aber es werden wahrscheinlich auch sunnitische Gruppen auftauchen. Berichten zufolge entstehen in bestimmten Stadtvierteln auch völlig säkulare bewaffnete Gruppen. Alle diese Formationen werden die Milizen von morgen sein.[51]

In unserem letzten Essay auf diesen Seiten („*Barbarians at the Gate*" [„Die Barbaren warten vor dem Stadttor"], *Frontline*, 12.-25. April 2003) haben wir darauf hingewiesen, dass Bagdad keineswegs ein „Stalingrad in der Wüste" sein wird, wie es einige Leute fantasievoll erwartet haben, sondern dass es eher Algier unter französischer Besatzung, Palästina unter zionistischer Okkupation oder Beirut in der Zeit der israelischen Herrschaft und des anhaltenden Bürgerkriegs ähneln könnte. Bagdad gleicht also nicht einer Stadt, die sich gegen eine Belagerung durch eine fremde Armee erbittert verteidigt und die Eindringlinge nach einigen Wochen oder Monaten hinauswirft. Es ist vielmehr eine tatsächlich vollständig besetzte Stadt, in der die Kosten dieser Besatzung erst im Laufe der Zeit unerträglich werden und die eine Art der Kriegsführung betreibt, gegen die auch modernste Waffen weitgehend nutzlos sind. Zudem umgibt die Stadt ein rebellisches Hinterland bestehend aus anderen Städten, Dörfern und Gemeinden. Gleichzeitig wird Bagdad aber, wie zum Beispiel auch Beirut, von den eigenen kommunalen Spaltungen zerrissen. Kriegerische Verbände kämpfen in der Stadt um ihr Revier und die Geschäfte von Waffenhändlern florieren, indem sie die vielen Milizen versorgen. Es gilt: je mehr kriegerische Gruppierungen es gibt, desto prächtiger präsentiert sich der Waffenbasar. Nicht die schiere rohe Kraft der amerikanischen Waffen, sondern die interne kommunale Zersplitterung wird in dieser neuen Phase die größte Herausforderung für die antikoloniale Einheit im Irak darstellen. Denn so wie die Einrichtung einer Kolonialverwaltung dazu führt, die verschiedenen gegnerischen Gruppen zusammenzubringen, wird der plötzliche Zusammenbruch der Zentralbehörde und das Fehlen einer nachfolgenden zentralen Organisationskraft

51 Schon bald nach der Abfassung dieses Artikels verdichteten sich die Hinweise darauf, dass der Iran die mit ihm verbündeten angesehenen Teile des hochrangigen schiitischen Klerus dazu drängte, sich von den radikaleren Formen des Protests zu distanzieren und den Amerikanern und ihren Stellvertretern zumindest eine minimale Zusammenarbeit anzubieten. Sie sollen die Ergebnisse als Insider der sich entwickelnden Ordnung und nicht als kompromisslose Kriegspartei beeinflussen. Diese Rolle des Irans bei der Mäßigung des Widerstands ganz erheblicher Teile der irakischen Schiiten kann im Hinblick auf seine eigenen immensen Ängste verstanden werden, als Reaktion auf die neokonservative Kabale im Pentagon sowie das israelische Scharon-Regime, die begannen, Bush Jr. zur diplomatischen Isolierung und zu militärischen Maßnahmen auch gegen Syrien und den Iran zu drängen.

beitragen, die kommunalen Differenzen und den Wettbewerb um knappe Ressourcen zu verstärken.

Denn, was die Amerikaner gebracht haben, ist nicht nur das „Geschenk" der Kolonisierung, sondern auch die ganze Palette einer Kommunalisierung und Fraktionierung der irakischen Gesellschaft: Es stehen nun Turkmenen gegen Kurden, Kurden gegen Araber, Sunniten gegen Schiiten, ja sogar eine schiitische Fraktion steht gegen die andere. Ganz zu schweigen ist von der Differenzierung in Baathisten und Nicht-Baathisten. Hier treten einander die Folterer von gestern und ein geschundenes Volk gegenüber, die US-Verbündeten und die Patrioten. Der einzige positive Aspekt von Saddam Husseins autoritärer Herrschaft war sein militanter Einsatz für den Säkularismus und gegen religiöse Zwietracht, ebenso wie sein gegen spaltende Lokalismen gerichteter staatszentrierter Nationalismus. Ohne diesen nationalistischen Kitt ist ein Zerfall in lokale Lehen, die auf ursprüngliche Loyalitäten zurückgehen, sehr wahrscheinlich. Die Kolonialmacht wird wohl alles tun, um diese Konflikte zu verschärfen, da sie das sicherste Mittel sind, um antikoloniale Kräfte zu desorganisieren und die Anwesenheit der Kolonialmacht als Hüterin des Friedens zu rechtfertigen. Diese sich abzeichnende Kommunalisierung der irakischen Gesellschaft ist keineswegs eine unbeabsichtigte Folge der Kolonisierung, sondern etwas, das die USA vorausgesehen haben und erreichen wollten. Einen Vorgeschmack auf die blutige Natur dieser kommunalen Zersplitterung gibt die gegen Araber gerichtete ethnische Säuberung, die im Nordirak durch kurdische Eiferer bereits im Gange ist.

Berauscht von dem Ausmaß und der Leichtigkeit des Sieges haben die USA außerdem bereits begonnen, unheilvolle Anschuldigungen gegen Syrien zu äußern. Innerhalb einer Woche beschuldigten Bush, Powell und Rumsfeld das Land, Flüchtlingen des irakischen Regimes Unterschlupf zu gewähren, chemische und biologische Waffen herzustellen und Stützpunkte und Ausbildungseinrichtungen für verschiedene „terroristische" Organisationen wie die Hisbollah bereitzustellen. Jeder von ihnen warnte vor Repressalien, und Rumsfeld wies das Pentagon an, Notfallpläne für Invasionen in Syrien zu erstellen. Diese Dispositionen werden in der Tat fortgesetzt, und Syrien ist mit Sicherheit durch eine Intervention bedroht, insbesondere jetzt, da es sich geweigert hat, sich der Farce von solchen Inspektionen zu unterwerfen, die den Weg für die Invasion des Irak ebneten. Eines scheint jedoch auch wahrscheinlich: Dass die Amerikaner angesichts der Entstehung einer weit verbreiteten religiös-politischen Opposition im Irak und aufgrund der Tatsache, dass das religiöse Establishment bereits mit der Schaffung einer Doppelherrschaft begonnen hat, noch bevor die USA ihre eigene Regierung zusammenstellenkonnten, zu der Einsicht gelangt sind, dass die Befriedung des Landes unendlich viel schwieriger wird als die militärische Eroberung. Die neokonservative Kabale im Pentagon und in den Denkfabriken wird nun in ihren Plänen für eine rasche Eroberung anderer Länder der Region (Syrien, Iran, vielleicht sogar Saudi-Arabien) möglicherweise zurückhaltend sein, und eine Invasion Syriens dürfte bis nach den US-Präsidentschaftswahlen im November 2004 verschoben sein. Das Schicksal Syriens wird sich in jedem Fall im Irak entscheiden. Wenn sich der Widerstand nur langsam formiert und die USA sicher sind, ihn eindämmen zu können, wird die Invasion eher früher als später erfolgen.

In der Zwischenzeit wird eine einseitige koloniale Besatzung und Verwaltung mit großer Eile strukturell aufgebaut, wobei die Verbündeten der USA im Irak eine sehr untergeordnete Rolle spielen, die Vereinten Nationen aus allen wichtigen Entscheidungsprozessen herausgehalten werden und selbst Großbritannien nur eine marginale Rolle erhält. Jay Garner, der die Kolonialbehörde leiten soll, ist bereits eingeflogen worden, und manche US-amerikanische Medien haben ihn passenderweise als „Vizekönig" bezeichnet. Er ist General im Ruhestand und ein auf Raketen spezialisierter Rüstungsunternehmer, der Israel nahesteht und dafür Bekanntheit erlangte, vom Pentagon Aufträge zu erhalten, die nicht dem Wettbewerb unterliegen. Allein in diesem Jahr erhielt er einen Rüstungsauftrag im Wert von 1,5 Milliarden Dollar sowie einen Vertrag über den Bau von Patriot-Raketensystemen in Israel.

Garner soll insgesamt 23 Ministerien beaufsichtigen, die alle von hochrangigen Mitarbeitern des US-amerikanischen Militärs geleitet werden, wobei jedem Ministerialdirektor drei Assistenten und acht Berater – allesamt Amerikaner – zur Seite stehen. Der „Wiederaufbau" des Irak mit einem erwarteten Volumen von 100 Milliarden Dollar wird von der US-amerikanischen Agentur für internationale Entwicklung monopolisiert, die diese Aufträge an transnationale US-amerikanische Konzerne vergibt. Eine ganze Reihe dieser Unternehmen, von den kleinen wie *Stevedoring Services of America* bis hin zu Giganten wie Bechtel und Haliburton – die alle eng mit den höchsten Amtsträgern der Bush-Regierung verbunden sind – schnappen sich diese Verträge bereits. Dabei soll alles, was im Irak bisher staatlich war – Häfen, Wasserwerke und Stromnetze, Straßen- und Brückenbau, Züge und Telekommunikation, die Pharmaindustrie und medizinische Einrichtungen usw. – privatisiert werden und sich ausländischen, vor allem amerikanischen Investitionen und Eigentümern, öffnen. Der irakische Dinar wird vorläufig als unzuverlässige und wertlose Währung ausrangiert, stattdessen werden Dollars als Teil der so genannten „humanitären Hilfe" und als Belohnung verschiedenster Art eingesetzt. Der Dollar ist im Libanon bereits ein paralleles gesetzliches Zahlungsmittel; die USA möchten, dass dies auch in der viel größeren, ölbasierten und lukrativen Wirtschaft des Irak der Fall ist. Wenn Saddam Hussein die Unverfrorenheit besaß, den Euro als Währung für seinen Außenhandel und seine Devisenreserven einzuführen, revanchieren sich nun die USA, indem sie den Dollar sogar zum *inländischen* Zahlungsmittel für den Irak machen.

Der stellvertretende Verteidigungsminister Paul Wolfowitz, der oberste Befehlshaber der Neokonservativen und der eigentliche Pate dieses Krieges, erklärte Anfang April, dass die direkte US-amerikanische Herrschaft mindestens sechs Monate und „wahrscheinlich [...] länger als das" dauern werde. Ahmed Chalabi, ein „Kumpel" von Wolfowitz und Chef des von den USA unterstützten Irakischen Nationalkongresses, wurde zusammen mit einer Reihe anderer irakischer Klienten aus London, New York und anderswo in den Irak eingeflogen. Im Einklang mit seinen Washingtoner Chefs hat Chalabi erklärt, dass die Vereinten Nationen im Irak keine Rolle spielen, und dass eine direkte US-amerikanische Herrschaft noch bis zu zwei Jahre lang erforderlich sein könnte. In diesen zwei Jahren fallen dann natürlich alle grundlegenden wirtschaftlichen Entscheidungen und es wird eine völlig neue, privatisierte, von transnationalen US-Konzernen dominierte neoliberale Wirtschaftsstruktur geschaffen. Pläne für die Privatisierung des irakischen Öls sind ebenfalls bereits in Verwirklichung. Ein kleineres Mitglied des Chalabi-Clans, Fadhli Chalabi, ehemaliger Beamter des irakischen Erdölministeriums, sagte: „Wir brauchen eine riesige Menge an Geld, das ins Land kommt. Die einzige Möglichkeit ist eine Teilprivatisierung der Industrie."

Die Privatisierung der irakischen Ölvorkommen und der Verkauf an transnationale Konzerne war ein Hauptziel dieses Krieges. Und zwar als ein erster Schritt in der – notfalls militärisch unterstützten – umfassenden Kampagne zur Privatisierung des Öls im Iran, in Saudi-Arabien, Kuwait und anderswo, natürlich auch im Becken des Kaspischen Meeres. Ein weiterer Aspekt dieser Umstrukturierung der irakischen Petroindustrie besteht darin, dass der rasche Bau einer Pipeline angestrebt wird, über die irakisches Öl nach Israel geliefert werden kann, das derzeit von den arabischen Staaten boykottiert wird und den größten Teil seines Öls aus dem fernen Russland bezieht. Es wird erwartet, dass eine direkte Pipeline aus dem Irak die israelische Ölrechnung um etwa ein Drittel senkt, während weitere Gewinne aus dem Absturz der Ölpreise erwartet werden, sobald die irakische Produktion vollständig wiederhergestellt ist. In diesem Zusammenhang steht die Planung einer echten Dreierachse Irak-Jordanien-Israel, wobei das irakische Öl im jordanischen Hafen von Akaba angeliefert wird, der dem israelischen Eilat gegenüberliegt.

Angesichts dieser großen Pläne ist es geradezu unanständig zu fragen, was mit all den Begründungen geschehen ist, die zur Rechtfertigung der Invasion angeführt wurden. Saddam Hussein soll den „internationalen Terrorismus" unterstützt haben; der einzige „Terrorist", den die Amerikaner bisher gefangen genommen haben, ist ein alternder Palästinenser, dessen letzte Tat auf das Jahr 1984 zurückgeht. Vorhersehbarerweise wurden die so genannten Massenvernichtungswaffen nicht gefunden, und die USA scheinen es weder eilig zu haben, nach ihnen zu suchen, noch sind sie durch ihre Nichtexistenz in Verlegenheit gebracht worden. Die „Tyrannei" von Saddam Hussein war das andere Thema. Anstatt sein Regime zu stürzen, schlossen die USA einen Deal mit seinen Befehlshabern und versprachen, den größten Teil dieses Regimes in ihre eigene Verwaltung zu integrieren. Es hieß, die USA würden die „Demokratie" einführen. Stattdessen haben wir es mit einer veritablen Kolonialverwaltung zu tun, die bereits seit zwei Jahren im Amt ist. General Tommy Franks, der die Invasion leitete, hat gesagt, dass die US-amerikanischen Truppen noch viele, viele Jahre auf irakischem Boden stationiert sein werden, „nach dem Vorbild Koreas". In der Zwischenzeit gefällt den Amerikanern die Demokratie nicht, die sie auf den Straßen der irakischen Städte in Form von Protesten und entstehender Volksverwaltungen, die sich gegen das US-amerikanische Konzept stellen, erleben.

Wir haben bewusst nicht versucht, das Ausmaß der Gräueltaten und des Leids zu beschreiben, das diese Invasion dem irakischen Volk zugefügt hat, und das verbrecherische Schweigen der so genannten internationalen Medien, in das diese Gräueltaten gehüllt waren. Zum ersten Mal in der Geschichte der modernen Kriegsführung haben sich Journalisten aus dem gesamten Spektrum dieser internationalen Medien, von CNN bis *Le Monde,* bereit erklärt, sich der militärischen Kommandostruktur unterzuordnen und freiwillig auf ihr Recht zu verzichten, über das zu berichten, was sie sehen. Dieses internationale Schweigegelübde hat etwas Mafiöses an sich: Nur am Rande berichteten einzelne Mutige zumindest über einige der grausamen Details der massenhaften Tötungen von Zivilisten, der organisierten Plünderung des nationalen Erbes und der Schätze des Iraks, informierten über Verbrennung von Büchern und seltenen Manuskripten, die selbst die Nazis beeindruckt hätten. Jeder einzelne Artikel der Genfer Konvention und der Charta der Vereinten Nationen wurde verletzt, und eine ganze Reihe von Kriegsverbrechen blieben ungestraft. Dennoch hat sich kein einziges Mitglied der so genannten „internationalen Gemeinschaft" zu Wort gemeldet: nicht Kofi Annan und seine Bürokraten bei den Vereinten Nationen, nicht die Führer der deutsch-französischen Allianz oder irgendein anderes Mitglied des Sicherheitsrates, nicht ein einziges Oberhaupt eines arabischen Staates. Der moralische Bankrott des gesamten Staatensystems der Welt ist für alle sichtbar. Diese globale Komplizenschaft hat die Invasion überhaupt erst möglich gemacht.

Doch in den abgelegenen und schmutzigen Gassen dieses geschundenen und besetzten Landes ist Widerstand im Entstehen. Es wird einige Monate dauern, bis er organisatorische Gestalt annimmt, und weitere Monate, bis er zu glaubwürdigen Formen des bewaffneten Kampfes übergeht. Langfristig haben sich die USA jedoch möglicherweise nicht allein einen Klientelstaat geschaffen, dessen Vermögenswerte für einen Spottpreis aufgekauft werden können, sondern ein veritables Palästina im großen Stil. Wie die gesamte Geschichte der antikolonialen Bewegungen gezeigt hat, endet die Historie nicht mit der Eroberung. Danach beginnt meist eine ganz andere Geschichte.

15. AUGUST 2003

Widerstand im Irak, Unordnung in den USA

In einem Artikel, den ich unmittelbar nach der Besetzung Bagdads durch die USA in *Frontline* veröffentlichte („Kriege der Zukunft", 9. Mai 2003), schrieb ich, dass „die schnelle Kapitulation nichts über den Willen des irakischen Volkes aussagt, für seine Freiheit zu kämpfen, oder gar über die diesbezügliche Bereitschaft der unteren Ebenen der Streitkräfte oder der einfachen Kader der Baath-Partei selbst. Sie sind wahrscheinlich zugleich erleichtert über den Sturz des Regimes und empört über die erneute Kolonisierung ihres Landes. Ihr Widerstand wurde aufgeschoben, der Krieg steht ihnen noch bevor. Und die Führung hierfür wird sich in den nächsten Monaten herauskristallisieren. Die USA planen, in wenigen Tagen offiziell einen Sieg zu verkünden. Das ist zu früh. Der Krieg ist noch nicht vorbei, er hat noch nicht einmal wirklich angefangen."

Präsident George W. Bush verkündete pflichtgemäß am 1. Mai den „Sieg", obwohl der neue Krieg – der Krieg des Widerstands – gerade erst angefangen hatte. Da ich den vorliegenden Artikel nun etwa drei Monate später, am 28. Juli, verfasse, lohnt es sich, den Inhalt einiger offiziell anerkannter Statistiken über die amerikanischen Opfer im Irak zu wiederholen.

In den letzten acht Tagen wurden im Irak vierzehn US-Soldaten getötet, im Mittel also fast zwei pro Tag. Vor einem Monat war es noch durchschnittlich einer alle zwei Tage. Seit der Verkündung des „Sieges" der USA sind mehr US-Soldaten gestorben als während der drei Wochen des technologisch spektakulären anglo-amerikanischen Besatzungskrieges im März und April. Seit diesem „Sieg" sind außerdem fast so viele Soldaten getötet worden wie US-Soldaten während des ersten Golfkriegs. Die Zahl der Schwerverwundeten seit der Besetzung Bagdads am 9. April übersteigt wiederum die Gesamtzahl der Toten während der dreiwöchigen Invasion davor. Dies alles wurde offiziell anerkannt. Nicht jeder Angriff der Widerstandskräfte wird jedoch protokolliert, und zwar aus dem einfachen Grund, weil eben nicht jeder irakische Angriff zur Tötung oder Verwundung eines amerikanischen Soldaten führt. Zahlreiche weitere Berichte deuten aber auf so hohe Verluste hin, dass die USA die Zahl der Verwundeten systematisch zu niedrig angeben.[52] Einer Zählung zufolge sind die Amerikaner durchschnittlich 13 Angriffen pro Tag ausgesetzt. Die meisten dieser Attacken finden im Zentralirak statt. Familien, die in Mosul und Basra, also im Norden bzw. Osten des Irak leben, berichteten mir Anfang des Monats, dass sie jede Nacht wiederholte, oft anhaltende Serien von Schüssen hören.

Die US-amerikanischen Beamten wissen nicht mehr, wie sie diese Angriffe der Öffentlichkeit verkaufen sollen. Vor der Invasion rechneten sie mit einer 30- bis 60-tägigen direkten Besetzung und der anschließenden Installation einer irakischen Regierung ihres Geschmacks, wobei danach nicht mehr als vielleicht 30.000 Soldaten für einige Monate im Land bleiben sollten. Jetzt, mehr als hundert Tage später, sitzt die Hälfte der international operierenden US-amerikanischen Kampftruppen immer noch im Irak fest, unterstützt von 17.000 „verbündeten" Soldaten und weiteren 30.000, die sich noch auf dem Weg in den Irak befinden. Des Weiteren drängen die USA gerade eine Reihe von Ländern rund um den Globus, darunter Indien, Pakistan und Bangladesch, weitere 30.000 Soldaten zu stellen. Der stellvertretende Verteidigungsminister und Anführer der neokonservativen Kabale im Pentagon, Paul Wolfowitz, sagt, dass die Dinge im Irak besser laufen, als er erwartet hatte, und dass Saddam Hussein Leute aus seinem Versteck anheuert, um amerikanische Soldaten zu töten. Er bezeichnet diese Tötungen als „Auftragsmorde", die aufhören werden, sobald Saddam Hussein beseitigt oder gefasst ist. Der neu ernannte US-amerikanische Militärbefehlshaber im Irak, General John Abizaid, beschreibt den Widerstandskrieg dagegen

52 Einen Monat nachdem dieser Artikel verfasst wurde, veröffentlichte der *Observer* einen gut recherchierten Bericht, wonach insgesamt etwa 6.000 US-Soldaten aus dem Irak in verschiedene Krankenhäuser in der Region evakuiert wurden. Das ergibt über tausend Verwundete pro Monat seit der „Sieg" verkündet wurde. Die Zahl der Angriffe pro Tag ist inzwischen auf 35 gestiegen, darunter der Abschuss von US-amerikanischen Hubschraubern und ein heftiger Angriff auf das Hauptquartier der US-amerikanischen Besatzungstruppen in Bagdad, dem der stellvertretende Verteidigungsminister Wolfowitz nur knapp entkam. Als Bush den Irak besuchte, um sich im Rahmen einer Public Relations-Kampagne mit den dort stationierten G.I.'s fotografieren zu lassen, wurde er aus Angst, dass er getötet werden könnte, unter höchsten Sicherheitsvorkehrungen und ohne vorherige Ankündigung ins Land ein- und ausgeschleust.

als „klassische Guerilla-Kampagne". Verteidigungsminister Rumsfeld, dem sowohl Wolfowitz als auch Abizaid unterstellt sind, möchte sich – wie für ihn typisch – nicht festlegen und bezeichnet den Krieg sowohl als ein „letztes Aufbäumen" der „Baathisten" als auch als „Guerilla-Aktion"; außerdem macht er Tausende von Kriminellen, die nach der US-amerikanischen Besetzung aus irakischen Gefängnissen geflohen seien, für die „Unordnung" verantwortlich.

Vertreter des Militärs selbst sind wie üblich realistischer als die zivilen Ideologen der extremen Rechten, von denen sie instruiert werden. Wochen vor dem Krieg hatte der scheidende Generalstabschef der Armee, General Shinseki, vor einem Gremium des US-Kongresses erklärt, dass „mehrere Hunderttausend" Mann erforderlich sein würden, um den Irak nach der Invasion auf unbestimmte Zeit zu besetzen. Und General Tommy Franks, Leiter des Zentralkommandos, der auch die Invasion des Irak anführte, hatte in ähnlicher Weise vorausgesagt, dass die US-amerikanischen Kontingente nach dem Vorbild Koreas jahrelang, vielleicht sogar jahrzehntelang, im Irak bleiben müssten. Etwa sieben Wochen nach dem „Sieg", am 27. Juni, sagte ein pensionierter Oberst der Luftwaffe, Richard Aitchison, der *Washington Post* Folgendes: „Ich dachte bis zu dieser Woche, dass wir uns behaupten würden, aber jetzt bin ich mir nicht mehr sicher." Der pensionierte Marinegeneral Carlton Fulford stieß fast in dasselbe Horn. Er prognostizierte „einen langen, harten Kampf im Irak. Je länger dieser andauert, desto gewalttätiger werden die Ereignisse". Der pensionierte General William Nash, ehemaliger Befehlshaber der US-Streitkräfte in Bosnien und jetzt *Senior Fellow* des *Council of Foreign Relations*, erklärte am 22. Juni gegenüber dem *Observer*, dass die Besetzung des Irak „ein Unterfangen ist, das die Regierung von Anfang an nicht verstanden hat. [Wir] erleben gerade das Wiederauftauchen einer einigermaßen organisierten militärischen Opposition – in bescheidenem Umfang, aber das könnte schnell eskalieren". Er sagte weiter, dass die Opposition nicht nur aus Saddam Hussein-Anhängern besteht: „Wir haben es heute mit einem Zusammenschluss verschiedener Kräfte zu tun, die den Unmut der Bevölkerung kanalisieren."

Unbeeindruckt von diesen Ratschlägen der Fachleute wirkt die neokonservative Kabale weiter. Paul Bremer, der zivile amerikanische Prokonsul im Irak, selbst ein Veteran der konservativen Denkfabrik *Heritage Foundation* und auch ehemaliges Mitglied von *Kissinger Associates*, frohlockt etwa: „Wir werden sie bekämpfen und ihnen unseren Willen aufzwingen, und wir werden sie gefangen nehmen oder [...] töten, bis wir diesem Land Recht und Ordnung auferlegt haben. Wir beherrschen die Lage und werden diesem Land auch weiterhin unseren Willen aufzwingen." Zu diesem Zweck hat er einen „Regierungsrat" ernannt, der aus 25 bis 30 Irakern seiner Wahl besteht. Wahlen oder auch nur breit angelegte Konsultationsverfahren könnten das Land weiter destabilisieren, meint er, und hat daher eine Proklamation erlassen, in der alle „Versammlungen, öffentlichen Äußerungen oder Veröffentlichungen" verboten werden, die entweder zur Rückkehr der Baath-Partei oder zum Widerstand gegen die US-Besatzung aufrufen. So viel zur „Einführung der Demokratie" im Irak!

Die Anzeichen für Druck und Verwirrung sind jedoch vielfältig. Unzählige Soldaten haben Journalisten Interviews gegeben und Briefe an ihre Senatoren zuhause geschrieben, in denen sie ihre Rückkehr in die Vereinigten Staaten fordern. Und zwar mit der Begründung, sie seien für den Kriegseinsatz ausgebildet worden und nicht für die Verwendung in einer gegen eine feindliche Bevölkerung gerichteten Besatzungsarmee. Einer von ihnen meinte im Fernsehen, dass er, sollte er Rumsfeld jemals treffen, dessen Rücktritt fordern würde. Ein Infanterist namens O'Dell sagte der *New York Times*: „Rufen Sie Donald Rumsfeld an und sagen Sie ihm, dass unsere jämmerlichen Ärsche bereit sind, nach Hause zu gehen." Nicht wenige Frauen, die in der US-Armee im Irak dienen, kommen unter dem Vorwand einer unvorhergesehenen Schwangerschaft nach Hause. Und es wurde bekannt, dass Familien von Soldaten auf einem Militärstützpunkt in Georgia so gewalttätig geworden sind, dass die Offiziere, die zu ihnen sprachen, von einer Militäreskorte begleitet werden mussten. Auch einige britische Soldaten haben erklärt, sie zögerten, weiter im Irak zu dienen, weil sie befürchteten, später vor dem Internationalen Gerichtshof wegen Kriegsverbrechen angeklagt zu werden.

Und es häufen sich inzwischen tatsächlich die Beweise für Kriegsverbrechen. Ein Artikel im US-Magazin *Rolling Stone* dokumentiert die Fälle mehrerer US-Soldaten, die gestanden, Zivilisten aus Angst getötet zu haben, darunter sogar in ihrem Gewahrsam befindliche Verwundete. Psychiater und Seelsorger, die den US-Streitkräften zugeordnet sind, berichten über weit verbreitete Fälle von emotionalem Zusammenbruch und grundlosen Tötungen. Ein Geistlicher, der sich über die Bereitschaft der US-Soldaten zu Amokläufen empörte, bemerkte, dass „Christus für diese Soldaten nicht mehr als ein

Fußabtreter ist". Es geht also ganz und gar nicht darum, „die Herzen und Köpfe der Menschen zu gewinnen", wie die US-amerikanischen Propagandamaschinerie verheißt.

Erschwerend kommt hinzu, dass die USA eine Freiwilligenarmee stellen und die Hälfte ihrer 1,3 Milliarden[53] Mann starken Truppe aus Reservisten besteht. Die zunehmenden Verluste, das wachsende Empfinden der Illegalität dieser Besatzung, und die anhaltenden Berichte über weit verbreiteten physischen und psychischen Stress unter den dienenden Soldaten könnten die Moral brechen. Und zwar in einem Ausmaß, dass, wie viele US-amerikanische Militärexperten jetzt schon befürchten, das Militär mit einem massiven Exodus konfrontiert wird. Diese Moral ist bereits unter Druck, da bekannt ist, dass Zehntausende Vietnam-Veteranen noch immer unter psychischen Traumata leiden, während wiederum zahlreiche Veteranen des ersten Golfkriegs von 1991 über eine Fülle von Beschwerden berichten, die durch verschiedene chemische Substanzen in den eigenen US-Waffen verursacht wurden.

Das alles gilt vor allem für den Unterbau der Streitkräfte. Aber auch in den höheren Positionen gibt es Probleme. Thomas White, ein General im Ruhestand, der als Armeesekretär diente, wurde im Mai aus dem Dienst entlassen. Der Grund war, dass er sich auf die Seite des Generalstabschefs, General Shinseki, gestellt hatte, der meinte, für die Besetzung des Irak seien „mehrere hunderttausend Mann" erforderlich. White wirft der Regierung nun vor, dass sie nicht bereit sei, sich mit den wirklichen Verhältnissen im Irak auseinanderzusetzen. Shinseki selbst durfte sich in private Verbitterung und halböffentlich bekundete Schande zurückziehen. General Tommy Franks wiederum, der „Eroberer des Irak", der lange als nächster Stabschef der Armee gehandelt wurde, trat auf dem Höhepunkt seines Ruhms plötzlich zurück. Shinsekis Stellvertreter, General John Keane, hat Berichten zufolge das Angebot abgelehnt, zum Chef befördert zu werden. Diese Entscheidung fiel inmitten eines heftigen Streits über grundlegende Fragen der US-amerikanischen Strategie. Rumsfeld und seine Leute hatten ihr Amt mit dem Plan übernommen, die US-Militärpräsenz auf der ganzen Welt erheblich auszuweiten. Gleichzeitig sollte die US-amerikanische Armee verkleinert und als Kompensation technologisch mit allen modernen automatisierten Waffen (Schlagwort: *Star Wars*)

53 Anmerkung der Übersetzerin: Im Original benutzt der Autor hier „billion", es sollte aber „million" heißen und somit „1,3 Millionen".

ausgestattet werden. Die Besetzung des Irak und der wachsende Widerstand haben diese Planung zunichte gemacht.

Die Hälfte der US-amerikanischen Kampfkraft ist dort bereits gebunden, ein weiteres Drittel ist über den ganzen Globus verstreut, und niemand weiß, wie viele weitere Einsatzkräfte in naher Zukunft im Irak erforderlich sein werden. Das Pentagon spricht bereits davon, dass womöglich ein beträchtlicher *Ausbau der Streitkräfte* notwendig sein wird. Experten fragen sich dabei, ob eine solche Aufstockung, die für das erklärte Ziel, mehrere Kriegsschauplätze gleichzeitig zu bekämpfen, erforderlich ist, überhaupt ohne Wiedereinführung der Wehrpflicht erreicht werden kann. Die derzeitige US-Armee ist überwiegend eine Armee der Armen und der rassischen Minderheiten, die aus finanzieller Not und ausgestattet mit Gewaltfantasien, die das reale Elend ihres Lebens kompensieren sollen, militärische Jobs wählten. Bei vielen von ihnen dürfte sich sehr schnell Ernüchterung einstellen, wenn das Kriegsleid zunimmt. Und es ist keineswegs klar, ob die weiße gebildete Mittelschicht angesichts steigender Verluste bereit wäre, einen unfreiwilligen Militärdienst in einem Krieg mit zweifelhaften und illegalen Grundlagen zu akzeptieren.

An der zivilen Front sieht es für das Bush-Blair-Duo nicht wesentlich besser aus. Die Pressesprecher der beiden, Ari Fleischer und Godric Smith, waren nicht mehr bereit, täglich Lügen zu verteidigen, und traten Mitte Juni am selben Tag zurück. Ein Artikel, auf den ich damals gestoßen bin, listet mehrere andere politische und Karrierebeamte der Bush-Regierung auf, die zurückgetreten sind: Richard Haass, der als Direktor für politische Planung sozusagen die Nummer drei im US-amerikanischen Außenministerium war; Christine Todd Whitman, die Verwalterin der Umweltschutzbehörde der USA; Rand Beers, der leitende Direktor des Nationalen Sicherheitsrats für Terrorismusbekämpfung; Charlotte Beers, die Leiterin der Abteilung für internationale öffentliche Diplomatie, ebenfalls im Außenministerium angesiedelt, sowie die Berufsbeamten des Außenministeriums John H. Brown, John Brady Kiesling und Mary A. Wright. Auf der anderen Seite des Atlantiks verlor Blair seinen Außenminister und ehemaligen Vorsitzenden des Unterhauses, Robin Cook, und das noch vor Beginn der Invasion des Iraks. Kurz danach ging dann seine Entwicklungsministerin Clare Short, als das Ausmaß des Betrugs für sie unerträglich wurde. Dies ist bezeichnend, denn beide Persönlichkeiten waren während des Kosovo-Krieges, der mit einem nicht minder schäbigen Maß an Täuschung geführt worden war, treue Diener von Blairs Regime der Unwahrheit. Ihr kluges und zynisches Kalkül dabei lautete, dass zwar niemand großes Interesse daran habe, die Lügen aufzudecken, die sie und ihr Chef über den Kosovo erzählt hatten, ihnen aber der Irak um die Ohren fliegen könnte.

Diese Empörung oder zumindest Bestürzung eines Teils der Fachleute in den militärischen und diplomatischen Diensten des anglo-amerikanischen Blocks wurde, wenn überhaupt, nur noch durch das anhaltende Entsetzen der Fachleute in den Geheimdiensten übertroffen. Schließlich waren es die von *ihnen* gelieferten Informationen, die vom Bush-Blair-Verbund verdreht und sogar gefälscht wurden. *Ihre* Karrieren und *ihr* Ruf sind es nun, die bei den Untersuchungen auf dem Spiel stehen, die jetzt – allmählich, zähneknirschend und mit Verspätung – vom US-Kongress und dem britischen Parlament eingeleitet werden. Als die Vorbereitungen für die Invasion aufgrund falscher Behauptungen getroffen wurden, gelangten beiderseits des Atlantiks außergewöhnlich viele vertrauliche und teilweise sogar streng geheime Dokumente verschiedener Geheimdienste an die Öffentlichkeit, von der CIA und der *Defence Intelligence Agency* (DIA) in den USA bis zum MI-6 und MI-5 in Großbritannien. Die Liste der durchgesickerten Papiere, in denen mehrere der wichtigsten Behauptungen der amerikanischen und der britischen Regierung systematisch widerlegt wurden, ist in der Tat lang, und man munkelt, dass Sir Richard Dearlove und Eliza Menningham-Buller, die Leiter des MI-6 beziehungsweise des MI-5, mit ihrem Rücktritt gedroht haben, weil Blair behauptet hatte, dass der Irak in der Lage sei, innerhalb von 45 Minuten einen chemisch-biologischen Angriff auf Großbritannien zu starten – eine Aussage, die diesen Lügner, der heute die britische Regierung führt, mittlerweile verfolgt. Aus den durchgesickerten Dokumenten geht auch hervor, dass die CIA stets argumentiert hatte, es gebe keine glaubwürdige Verbindung zwischen Saddam Hussein und Al-Qaida oder dem Anschlag auf das World Trade Center. Ebenso ging daraus hervor, dass die Behauptungen über die chemischen und biologischen Waffen des Irak nicht nachprüfbar und übertrieben waren, und dass Ahmed Chalabi, die Hauptquelle der Falschinformationen und Rumsfelds Favorit für die Nachfolge Saddam Husseins, nicht nur ein verurteilter Krimineller, sondern auch ein politischer Betrüger ist. Es ist inzwischen auch bekannt, dass die Berichte der CIA und DIA so sehr im Widerspruch zu dem standen, was Rumsfeld hören und/oder als Rechtfertigung für die Invasion fabrizieren wollte, dass er eigens eine Sonderbehörde im Pentagon, das *Office of Special Plans* (OSP), schuf, um die Informationen so umzuformen, wie er und seine neokonservativen Kollegen es wünschten. Die Feindseligkeit zwischen den CIA-Fachleuten und den OSP-Ideologen ist mittlerweile so groß, dass Larry Johnson, ein ehemaliger CIA-Offizier, das OSP, die neue Lieblingseinrichtung des US-Verteidigungsministers, als „gefährlich für die nationalen Interessen der USA und als eine Bedrohung für den Weltfrieden" bezeichnete.

Gestützt auf diese grundlegenden Fakten möchte ich mich der eigentlichen Thematik des vorliegenden Aufsatzes nähern. Die einzigartige Leistung des irakischen Widerstands besteht nicht darin, dass er so viele Besatzungssoldaten getötet und verwundet hat, auch wenn seine anderen Erfolge ohne diese Fähigkeit, den Feind militärisch zu fordern und ihm täglich Verluste zuzufügen, nicht möglich gewesen wären. Innenpolitisch ist die wichtigste Errungenschaft, dass der irakische Widerstand sich noch schneller formierte, als wir erwartet hatten, und dass er weiter verbreitet auftritt, als man es in so kurzer Zeit für möglich gehalten hätte. Hinzu kommt, dass er sehr unterschiedliche Elemente der irakischen Gesellschaft einzubeziehen scheint, anstatt eine sektiererische oder spezifisch religiöse Basis zu kultivieren; und dass er schnell von sporadischen Anschlägen zu einer konzertierten Strategie täglicher Angriffe in weiten Teilen des Landes übergegangen ist. Der Widerstand hat die Pläne der USA zunichte gemacht, ein Klientelregime zu installieren, die Ölproduktion wiederherzustellen und mit der unternehmerischen Verwertung bzw. Ausbeutung der irakischen Ressourcen zu beginnen. All das sollte geschehen, um eine weltweite Koalition hinter sich zu bringen, bevor die Wut der Massen zur Entladung kommt. Der Widerstand hat die anglo-amerikanischen Truppen außerdem zu weit verbreiteten Durchsuchungsaktionen, willkürlichen Tötungen sowie allgemeiner Feindseligkeit gegenüber der Zivilbevölkerung samt einer moralisierenden Rund-um-die-Uhr-Überwachung getrieben, wie sie für Besatzungsarmeen und Operationen der Aufstandsbekämpfung typisch sind. Er hat eine Armee von über hundertfünfzigtausend Mann in die Enge manövriert und sie dazu gezwungen, die Dienstzeiten der Soldaten zu verlängern. Verstärkung wurde sogar schon angefordert und es gibt die Überlegung, einen noch viel größeren Teil der US-Streitkräfte im Irak auf Rotationsbasis einzusetzen.

Nach außen hin hat der irakische Widerstand den Druck auf Syrien und den Iran rasch entlastet. Rumsfeld und Co. hatten sich eine schnelle Befriedung des Irak als Vorspiel für eine Invasion und Besetzung dieser beiden

Länder vorgestellt, wenigstens aber sollte eine Besetzung Syriens und die Ausübung von unerträglichem Druck auf den Iran ermöglicht werden. Man hatte sich auch vorgestellt, dass ein Großteil der Truppen aus Saudi-Arabien abgezogen werden könne, wenn der Irak zur wichtigsten Militärbasis in der Region wird. Und zwar bevor sich die saudische Empörung gegen diese Truppen zu einer revolutionären Situation ausweitet. Stattdessen sind nun Saudi-Arabien, Katar und Kuwait die Stützpunkte für die Invasion und Besetzung eines großen arabischen Landes geblieben, das nun selbst mit unabsehbaren politischen Folgen für die Nachbarländer einen Befreiungskrieg gegen die USA führt.

Nicht zuletzt provoziert der irakische Widerstand auch eine umfassende institutionelle Krise in den USA und im Vereinigten Königreich. In Großbritannien sah sich Blair vor der Invasion mit einer massiven Opposition in der breiten Öffentlichkeit und einem beträchtlichen Dissens innerhalb seiner eigenen Labour-Party konfrontiert; erst als die Invasion begann, stellte sich die britische Gesellschaft geschlossen hinter den Regierungschef, die Massenopposition brach zusammen und die Popularitätswerte für den Krieg stiegen auf über 80 Prozent. Der irakische Widerstand nach dem Sturz Saddam Husseins, die von Monat zu Monat steigende Zahl der Opfer und die Aussicht auf einen weiteren Einsatz dort haben nun aber zu einer ausgewachsenen Krise geführt, in der jedes von Blairs Worten, ob in der Vergangenheit oder in der Gegenwart, hinterfragt wird. Ein Drittel der britischen Bevölkerung sagt nun, dass nichts von dem, was er von sich gibt oder tut, zu glauben ist. Es war immer bekannt, dass seine „Lügen" wirkliche Lügen sind. Schon lange vor der Invasion wusste man zum Beispiel allgemein, dass das Dossier über Saddam Husseins Regime, das Blair dem Parlament als Rechtfertigung für die Invasion vorgelegt hatte, gefälscht war: Es kombinierte eine große Menge wertloser Informationen aus einer zehn Jahre alten Doktorarbeit mit anderen im Internet kursierenden Bruchstücken und fabrizierten Behauptungen, die von seinen eigenen Geheimdiensten diskreditiert wurden. Nichts davon war damals von Bedeutung. Gäbe es im Irak keinen nennenswerten bewaffneten Widerstand, hätte er den Schwindel in Sachen Massenvernichtungswaffen mit einem Achselzucken abgetan und die Briten dazu gebracht, sich vor Stolz darüber zu brüsten, dass sie den dankbaren irakischen Barbaren das Geschenk der „Demokratie" machten. Das Sterben der britischen Soldaten nach dem „Sieg" hat Blair nun aber erneut unter Druck gesetzt und er ist abermals als Lügner entlarvt worden.

Die institutionelle Krise, die sich währenddessen gerade in den USA entwickelt, könnte sich noch verschlimmern und nicht nur für Bush, sondern auch für Blair und viele andere die Situation weiter verkomplizieren. Nach nur drei Monaten Besatzung und täglich steigenden Verlusten ist die Moral der US-Armee angeknackst, einige Soldaten sind zu Pazifisten geworden, andere zu psychotischen Mördern. Die strategische Planung liegt in Trümmern. Die Generäle können sich nicht mit ihren zivilen Vorgesetzten einigen, ein Geheimdienst will sich vor dem anderen schützen, und niemand weiß, wen man für das Debakel und den Sumpf, in den die USA im Irak hineingeraten sind, verantwortlich machen soll. Auch die Informationen, die jetzt verwendet werden, um den Wahrheitsgehalt der Aussagen des US-Präsidenten und seiner höchsten Beamten in Frage zu stellen, sind nicht neu. Die Behauptung, der Irak habe in Niger Material gekauft, das für die Herstellung von Atomwaffen verwendet werden sollte – die Bush immer wieder vorgebracht hat und die jetzt die Mainstream-Medien in den USA so erzürnen –, wurde lange vor der Invasion vom obersten Atominspektor der Vereinten Nationen im Sicherheitsrat als falsch zurückgewiesen. Selbst irakische Überläufer hatten vor Jahren ausgesagt, dass Saddam Hussein seine verbliebenen chemischen und biologischen Waffen 1995 vernichtet habe. Im Zuge der jahrelangen UN-Waffeninspektionen, die danach stattfanden, wurde kein einziges derartiges Material gefunden. Dennoch hatten dieselben Medien damals alle Behauptungen von Bush akzeptiert, weil sie, das betrifft insbesondere die elektronischen Medien, geschlossen hinter der Invasions-Politik standen. Erst jetzt, nach dem spektakulären Scheitern dieser Invasion, das den USA tagtäglich in Form von Leichen vor Augen geführt wird, ist die imperiale Einheit zerbrochen. Selbst John Dean, Richard Nixons Anwalt, der den Watergate-Skandal aufgedeckt hatte, sagt, dass Watergate im Vergleich zu den Lügen, die Bush erzählt hat, „verblasst" und dass die Argumente für ein Amtsenthebungsverfahren in diesem Fall stärker sein könnten als die Argumente, die zum Rücktritt von Nixon führten.

Die Fakten waren nämlich aus mindestens vier Gründen die ganze Zeit über gut bekannt. Erstens hatten einige mutige investigative Reporter sie immer wieder für etablierte Zeitungen wie den *Guardian* und den *Independent* in Großbritannien – manchmal auch für die *Los Angeles Times* in den USA – aufgedeckt; die elektronischen Medien waren hingegen weltweit viel unterwürfiger, aber auch der in Katar ansässige Fernsehsender Al Jazeera stellte stets eine tapfere und effektive Herausforderung für Desinformationsmaschinerien wie Fox News, CNN und BBC dar. Zweitens diente das Internet als unbezähmbares Alternativmedium. Was Millionen und Abermillionen von Menschen auf der ganzen Welt über diese Kanäle des demokratischen Dissenses erfuhren, konnte nicht einfach gelöscht werden. Drittens haben die UN-Inspektoren, egal wie wortkarg oder vorsichtig sie waren, die anglo-amerikanischen Behauptungen nicht bestätigt und ihnen gelegentlich widersprochen. Viertens erkannten einige Fachleute in den Staatsapparaten der USA und des Vereinigten Königreichs, dass ihre Chefs auf Grundlage dieser gefälschten Berichte zu weit gingen, und sie versuchten, die Öffentlichkeit durch geleakte Informationen zu warnen. Diese letzte Tatsache ist der Grund für den Tod von Dr. David Kelly, dem britischen Mikrobiologen, der mit den UN-Inspektoren zusammengearbeitet hatte. Er wusste, dass die Behauptungen seines Premierministers falsch waren, und willigte ein, sich ohne ausdrückliche Erlaubnis seiner Vorgesetzten mit Investigativjournalisten zu treffen, um zumindest einen Teil der Wahrheit zu enthüllen. Er wurde dann an einem regnerischen Nachmittag tot aufgefunden. Ob er sich selbst die Pulsadern aufgeschnitten hat oder ob es jemand anderes tat, ist aus heutiger Sicht irrelevant; er starb unter dem Gewicht der Lügen, von denen er wusste, dass sie von seiner Regierung verbreitet wurden – und ist somit nur ein weiteres Opfer der New Labour-Party und Großbritanniens unerträglichem Premierminister. Die für uns relevante Tatsache besteht darin, dass es auf beiden Seiten des Atlantiks zahlreiche solcher mutigen Menschen gibt, die das Gleiche getan haben und vielleicht noch mehr Fakten ans Licht brächten, wenn in Washington und London ernsthafte Ermittlungen eingeleitet würden. Ein weiteres wesentliches Faktum ist: Das Wissen, dass die Invasion des Irak auf einem Haufen Lügen beruht, wäre aus dem Gedächtnis verschwunden, wenn der anglo-amerikanische Plan Erfolg gehabt hätte. Es sind der irakische Widerstand und die dadurch ausgelöste Krise, die diesem Wissen neues Leben einhauchten. Diejenigen, die diese Lügen einst in den Mainstream-Medien und im politischen Establishment der beiden Länder willig aufsogen, hinterfragen sie nun, weil sie in einen Sumpf historischen Ausmaßes geführt haben.

In dem Maße, in dem der Weltöffentlichkeit gerade klar wird, dass die Argumente für die Invasion auf Unwahrheiten beruhten, dass der Irak keine Massenvernichtungswaffen besaß und keine Bedrohung für amerikanische oder europäische Länder darstellte, dass die anglo-amerikanischen Armeen dort nicht als willkommene Befreier, sondern als verhasste Besatzer gesehen werden und dass die Iraker jetzt in einem nationalen Widerstands- und Befreiungskrieg kämpfen, werden auch andere Regierungen in Schwierigkeiten geraten. Das reicht von Australien über Dänemark, die Truppen zur Invasionsarmee beigesteuert haben, bis hin zu Spanien und Italien, die zwar keine Soldaten schickten, aber Befürworter der Besetzung waren.[54] Die USA hatten gehofft, dass sie die Eroberung vollenden und dann, um ihren Willen im Irak durchzusetzen, eine globale imperiale Armee nach dem Vorbild der britischen Kolonialzeit aufstellen könnten – mit Soldaten, die hauptsächlich aus den asiatischen und afrikanischen Dependenzen stammen. Vor dem Hintergrund, dass die Verluste der gegenwärtigen Besatzungsarmee nur noch weiter zunehmen und der Wille des irakischen Volkes an Aggressivität gewinnt, werden zahlreiche andere Länder überdenken müssen, ob es klug ist, ihre Männer zu schicken, damit sie in einem anderen Land der Dritten Welt für das US-Imperium sterben. Und zwar unabhängig davon, ob die Vereinten Nationen ihre Fahne zur Legitimierung der anglo-amerikanischen Besatzung hergeben oder nicht.

Der Widerstand im Irak scheint seine Wurzeln tief in den Boden zu schlagen. Er hat auf höchster Ebene bereits eine globale Krise des Glaubens an die Legitimität anglo-amerikanischer Aktionen ausgelöst. Der Weg, der vor uns liegt, wird jedoch ein schwieriger sein. Der Irak ist eine Gesellschaft, die von einem seit 1991 andauernden anglo-amerikanischen Angriff geschädigt wird. Er wurde somit sowohl unter den Tories als auch unter der Labour-Partei in Großbritannien geführt wie auch unter den Demokraten und Republikanern in den USA. Ob eine derart verwundete Gesellschaft in den kommenden Monaten und Jahren einen nachhaltigen Befreiungskrieg führen kann, lässt sich schwerlich vorhersagen. Des Weiteren scheint der Konsens der herrschenden Klasse in den USA und Großbritannien noch intakt zu sein. Auch wenn die Mainstream-Medien jetzt vor Zweifeln und Fragen nur so strotzen, haben lediglich der ehemalige Präsident Jimmy Carter und einige hohe Ex-Beamte seiner Regierung die Politik von Bush Jr. offen angeprangert. Der Rest des Establishments der Demokratischen Partei, einschließlich aller ihrer potenzi-

54 In einem außergewöhnlichen Schritt hat der australische Senat kürzlich seinen eigenen Premierminister dafür getadelt, dass er Australien mit falschen Begründungen an der Invasion des Irak an der Seite der USA beteiligt hat.

ellen Präsidentschaftskandidaten, ist entweder unverbindlich geblieben oder hat Bush in der Irak-Politik aktiv unterstützt; keiner stellte bis dato die Lügen offen in Frage, die Bush erzählt hat.[55] Es ist bezeichnend für diesen parteiübergreifenden Konsens in der Irak-Frage, dass selbst Clinton Bush erneut unterstützt hat, obwohl dieser von anderer Seite einem Sturm der Kritik ausgesetzt ist. Jenseits des Atlantiks stehen die Tories, also die offizielle Opposition, noch vehementer hinter Blair als die Hälfte seiner eigenen Partei.[56] In der arabischen Welt wird jedes Land von illegitimen Minderheitsregimen beherrscht, die den Irak lieber im Meer versinken sehen würden als einer nationalen Befreiungsbewegung in ihrer Mitte zum Aufschwung zu verhelfen; selbst Syrien ist dafür bekannt, irakische Dissidenten auszuweisen, um den Vereinigten Staaten zu gefallen und die bestehende innenpolitische Machtstruktur unter Präsident Bashar al-Assad zu retten, einem Mann, der sich noch weniger als sein verstorbener Vater für antiimperialistische Kämpfe engagiert. Einige Länder, von Deutschland und Japan bis Indien und Pakistan, scheinen nur darauf zu warten, dass sich die Vereinten Nationen voll und ganz mit der Aufgabe der Besatzung identifizieren, bevor sie ihre eigenen Truppen entsenden. Vielleicht erleben wir noch, wie indische und pakistanische Soldaten Seite an Seite, als Mitstreiter im Dienste der Pax Americana kämpfen und den irakischen Widerstand niederschlagen.[57]

55 Von den Präsidentschaftskandidaten der Demokratischen Partei in den USA versucht Gouverneur Dean aus Vermont am entschiedensten auf der Welle der Unzufriedenheit gegen den Krieg zu reiten, die jetzt in den USA aufkommt. Es ist jedoch bezeichnend, dass selbst er gesagt hat, dass jetzt, da die USA bereits im Irak sind, ein „überstürzter Rückzug" vor der „Normalisierung" des Iraks nur Schaden anrichten kann.

56 Blairs Schwierigkeiten in seiner eigenen Labour-Party haben keinen Antikriegskandidaten hervorgebracht und nur die Konkurrenzstellung seines Schatzkanzlers Gordon Brown gestärkt, dessen eigene Positionen sich kaum von denen Blairs unterscheiden. Robin Cook, Blairs ehemaliger Außenminister und damaliger Vorsitzender des Repräsentantenhauses, war in der Hoffnung zurückgetreten, die Anti-Blair-Kampagne innerhalb der Labour-Partei anzuführen, nachdem das Ausmaß des Fiaskos deutlicher geworden war. Aber auch das ist nicht gelungen.

57 Das türkische Parlament hat vor kurzem eine Resolution verabschiedet, die die Entsendung türkischer Truppen in den Irak an der Seite der USA mit oder ohne UN-Ermächtigung erlaubt, und zwar gegen den Widerstand einer Bevölkerung, die laut Meinungsumfragen zu 90 Prozent gegen den Krieg ist. Die Entsendung türkischer Truppen scheiterte jedoch am Widerstand des von den USA ernannten irakischen Regierungsrates selbst. In Japan löste die Debatte über die Entsendung von Truppen in den Dienst der Amerikaner im Parlament derartige Leidenschaften aus, dass der Premierminister nur knapp einer Tracht Prügel entging. Die Regierungen von Pakistan und Bangladesch würden gerne Truppen entsenden, haben aber Angst vor ihrer eigenen Bevölkerung. In Indien scheint selbst das Militär beunruhigt zu sein bei dem Gedanken, Truppen in ein Land zu

In meinem letzten Artikel habe ich unmittelbar nach dem Einmarsch der US-Soldaten in Bagdad geschrieben, dass Bagdad nicht Stalingrad ähneln wird, also nicht einer Stadt unter ständiger Belagerung, sondern dass der Irak als Ganzes bald eher Algerien unter französischer oder Palästina unter zionistischer Besatzung gleichen könnte. Im Irak gibt es bis zum heutigen Tage keine Friedenssicherung, sondern nur Krieg. Wenn Indien also in naher Zukunft über die Frage der Entsendung von Soldaten in den Irak entscheidet, ist zunächst die grundlegende Überlegung wichtig, ob der indische Soldat erneut auf Seite der Kolonialmacht oder doch auf jener der Kolonisierten kämpfen soll. Vor etwa einem Jahrhundert gingen indische Soldaten in den Irak, um den Briten zu dienen. Sollen unsere Soldaten nun wieder denselben Herren von damals zur Seite stehen, und jetzt auch noch dazu ihren transatlantischen Vettern? Schämen wir uns als Nation nicht, eine solche Möglichkeit auch nur in Erwägung zu ziehen?

schicken, in dem die Amerikaner so viele Opfer zu beklagen haben. In der Zwischenzeit haben spektakuläre Angriffe auf UN-Büros und -Mitarbeiter im Irak zum Rückzug des UN-Personals aus dem Irak geführt und sogar Kofi Annan den Willen genommen, den Amerikanern im Sicherheitsrat zu geben, was sie wollen.

26. SEPTEMBER 2003

Afghanistan: Der vergessene Krieg

Das Ausmaß des Grauens und der Grausamkeiten, die dem Irak widerfahren – und nun auch das Ausmaß des sich formierenden irakischen Widerstands – ist so groß, dass sich unsere ganze Aufmerksamkeit derzeit auf die Tragik dieses Landes konzentriert. Deshalb neigen wir dazu, den permanenten Krieg – und Widerstand – in Afghanistan zu vergessen, wo Amerikas berüchtigter „Krieg gegen den Terror" begann. In seiner schicksalhaften Rede vom 20. September 2001 bezeichnete Bush diesen „Krieg" als „eine Aufgabe, die niemals enden wird" und die in bis zu 50 oder 60 Ländern ausgetragen werden könnte. Etwa zwei Jahre später sind die Streitkräfte der von den USA geführten Koalition in nicht enden wollende Konflikte in Afghanistan und im Irak verstrickt, die zuerst in den Fokus dieses Sturms gerieten. Andere Länder – insbesondere Syrien und Iran, die ebenfalls für eine sofortige Invasion und einen „Regimewechsel" vorgesehen waren – blieben dank dieses sich vertiefenden Sumpfes vorerst verschont.

Das Schicksal dieser beiden Länder war von Beginn dieser Kriege an verwoben. Am Morgen nach dem Anschlag auf das World Trade Center vom 11. September sprach sich US-Verteidigungsminister Donald Rumsfeld für einen sofortigen Angriff auf den Irak aus, während Außenminister Colin Powell überzeugend argumentierte, dass Afghanistan ein unkomplizierteres Ziel sei, da es mit Osama bin Laden, Al-Qaida usw. in Verbindung zu bringen wäre. Ein Angriff auf den Irak könne warten. Es wurde sofort eine Kampagne gestartet, um *beide* Länder mit einem globalen Netzwerk in Verbindung zu bringen, in dessen Mittelpunkt Al-Qaida steht. Die Geheimdienste der USA und Großbritanniens wurden angewiesen, Beweise für diese Behauptung zu erbringen. Niaz Naik, der ehemalige Außenminister Pakistans, behauptete wenig später im BBC, amerikanische Diplomaten hätten ihm im Juli gesagt, dass eine Militäraktion gegen Afghanistan für „irgendwann im Oktober" vorbereitet werde. Powell argumentierte also einfach, dass es zu keiner Änderung der Pläne komme: Erst Afghanistan, dann der Irak.

Nachdem die Entscheidung, in Afghanistan einzumarschieren, gefallen war, konnte die USA nichts mehr von ihrem Weg abbringen. Noch am 23. September, kaum zwei Wochen vor Beginn der Invasion, berichtete der *Observer* Folgendes: „Die Tausenden von Geheimdienst-, Sicherheits- und Polizeibeamten, die die Angriffe auf Amerika auf beiden Seiten des Atlantiks untersuchen, rennen gegen eine unbekannte Frist an: Bevor die westlichen Militäraktionen beginnen, müssen sie genügend Beweise für die Beteiligung Osama bin Ladens vorlegen, um die Weltöffentlichkeit zu überzeugen. [...] Unterschiedlichste Quellen aus allen wichtigen Behörden – dem amerikanischen FBI und der CIA sowie dem britischen MI6 und MI5 – beharren darauf, dass es derzeit nichts gibt, was auch nur annähernd dem Standard an Beweisen entspricht, der erforderlich wäre, um eine Jury vor einem Strafgericht zu überzeugen." Es war in der Tat mehr als schwierig, die Taliban mit den Ereignissen des 11. September in Verbindung zu bringen; sie verurteilten den Anschlag sofort und versprachen unmissverständlich, bei der Suche nach den Schuldigen zu helfen. Das Fehlen von Beweisen spielte aber damals ebenso wenig eine Rolle wie später im Zusammenhang mit den angeblichen „Massenvernichtungswaffen" des Irak.

Die USA verlangten, dass Osama bin Laden an sie ausgeliefert wird. Die Taliban forderten daraufhin zunächst Beweise, da ohne Beweise für kriminelle Handlungen auch kein Auslieferungsgrundsatz gelte. Als die USA sich weigerten, ließen sie selbst diese grundsätzliche Forderung fallen und boten an, Osama bin Laden den pakistanischen Behörden und der Islamischen Konferenz (OIC, der 52 Länder angehören) auszuliefern, damit er „in Übereinstimmung mit dem islamischen Rechtssystem" vor dieses kollektive Gericht gestellt wird. Diese Vereinbarung war zwischen den Führern zweier pakistanischer religiöser Parteien und Mulla Omar, dem Staatschef der Taliban, ausgehandelt worden und Osama bin Laden billigte sie selbst ausdrücklich. General Musharraf, der pakistanische Staatschef, lehnte die Vereinbarung auf Druck der USA ab. Die waren nicht an der Ergreifung Osama bin Ladens, sondern an der Besetzung Afghanistans interessiert. Bezeichnenderweise hatten die Taliban schon viel früher, im Februar 2001, also lange vor den Bombenanschlägen auf das World Trade Center, ein ähnliches Angebot gemacht. Sie zeigten sich damals schon bereit, Osama bin Laden im Gegenzug für die offizielle Anerkennung ihrer Regierung durch die USA und etwas Wirtschaftshilfe auszuliefern. Die USA hatten das Angebot damals ebenfalls abgelehnt. Dies unterscheidet sich wiederum nicht wesentlich von dem Beharren der USA auf Waffeninspektionen im Irak und dem anschließenden Einmarsch, nachdem die irakischen Behörden den Inspektoren uneingeschränkten Zugang zu allen Stätten gewährt hatten, die sie kontrollieren wollten. Es wurde ihnen sogar erlaubt, alles zu zerstören, was ihrer Meinung nach gegen die UN-Auflagen verstieß.

Mit anderen Worten: Beide Kriege wären durchaus vermeidbar gewesen. Hätten die Vereinigten Staaten das frühere Angebot der Taliban angenommen, Osama bin Laden auszuliefern und im Gegenzug die Taliban offiziell als Regierung Afghanistans anzuerkennen, wäre die Tragödie des 11. September vielleicht gar nicht erst passiert – vorausgesetzt, Al-Qaida steckte tatsächlich hinter diesem Anschlag. Was für die USA zählte, war jedoch nicht die Vermeidung von Krieg oder Elend für die Opfer – sie hatten diese beiden Länder in der Tat seit vielen Jahren auf verschiedene Arten bekämpft – sondern eine sehr ausgeklügelte imperiale Strategie. Über diese imperiale Strategie habe ich in mehreren Irak-Artikeln und auch in den beiden Beiträgen, die ich unmittelbar nach den Ereignissen des 11. September veröffentlichte (*Responding with Terror, Frontline,* 29. September 2001, und *Remapping the Globe, Frontline,* 27. Oktober 2001), bereits ausführlich geschrieben. Diese Strategie entwickelt sich rasch weiter, und von Zeit zu Zeit kommen neue Elemente zum Vorschein. Ein Schlüsselmoment, das sich immer deutlicher abzeichnet, ist die allmähliche Bildung einer historisch neuartigen imperialen Armee, die von den Vereinigten Staaten angeführt wird, sich aber aus Soldaten verschiedener Länder zusammensetzt, um den Willen des als Totalität begriffenen globalen kapitalistischen Imperialismus durchzusetzen. Auch dies ist in Afghanistan bereits deutlich geworden, und wird im Irak ebenfalls in absehbarer Zeit massive Ausmaße annehmen.

Als die USA beschlossen, in Afghanistan einzumarschieren, ignorierten sie absichtlich den Sicherheitsrat sowie die NATO-Verbündeten mit Ausnahme ihrer angelsächsischen Cousins im Vereinigten Königreich. Nachdem die anglo-amerikanische Besetzung Afghanistans im Oktober 2001 vollzogen war, versammelten die USA ihre afghanischen Klienten, unter den wohlwollenden Augen des deutschen Bundeskanzlers Schröder in Bonn, und brachten sie dazu, Hamid Karzai zum Leiter einer „Interimsbehörde" zu wählen. Dann veranlassten sie diese „Behörde", „den Sicherheitsrat der Vereinten Nationen zu ersuchen, die Genehmigung für die baldige Entsendung einer Truppe nach Afghanistan unter dem Mandat der Vereinten Nationen zu prüfen". In der „Bonner Vereinbarung" hieß es weiter: „Diese Truppe soll bei der Aufrechterhaltung der Sicherheit in Kabul und den umliegenden Gebieten helfen. Sie könnte gegebenenfalls schrittweise auf andere städtische Zentren und weitere Gebiete ausgedehnt werden". Der Sicherheitsrat stimmte dem natürlich zu und verlieh damit der anglo-amerikanischen Eroberung und der in diesem Kontext geschaffenen Institution, der „Interimsbehörde", Legitimität. Die Soldaten für diese Internationale Sicherheitstruppe (ISAF) wurden dann von einigen NATO-Ländern gestellt, insbesondere von Deutschland, das einen Großteil der Kontroll- und Überwachsungsaufgaben übernahm, damit die USA ihre Eroberung konsolidieren konnten. Dies ist das erste Mal seit dem Zweiten Weltkrieg, dass deutsche Truppen in einem Kriegsgebiet eingesetzt wurden.

Diese Tatsache an sich ist eigentlich schon außergewöhnlich. Noch außergewöhnlicher mutet aber an, dass die NATO selbst seit dem 11. August dieses Jahres das Kommando über die ISAF übernommen hat – der erste Einsatz dieser Art außerhalb Europas in der 54-jährigen Geschichte der NATO. Schon der Name – Nordatlantische Vertragsorganisation – hat immer bedeutet, dass Nordamerika und Westeuropa die Regionen sind, in denen das Bündnis operiert. Nach dem Zusammenbruch des Kommunismus in Südosteuropa wurde die NATO dann um eine Reihe von Ländern aus dieser Region erweitert, und so entlegene Staaten wie Usbekistan haben nun die Mitgliedschaft in der als „Partnerschaft für den Frieden" bezeichneten Organisation beantragt. Inzwischen geriet die NATO natürlich zum wichtigsten militärischen Instrument bei der endgültigen Zerstörung Jugoslawiens. Als die Invasion in Afghanistan vorbereitet wurde, begannen Berichte über die Ausbildung tadschikischer und usbekischer Truppen auf US-amerikanischen Stützpunkten in Alaska und Montana zu kursieren, während US-Ranger mit dem Training von Soldaten in Kirgisistan und vielleicht auch in Tadschikistan begannen (*Guardian*, 26. September 2001). Mit anderen Worten stellten diese kleinen Staaten nicht nur Stützpunkte zur Verfügung, sondern bereiteten ihre Truppen auch auf die Teilnahme an den Kriegen der imperialen Armee vor. Dies ist jetzt auch im Irak deutlich geworden, wo polnische und ukrainische Truppen ohne jede Diskussion über eine Zustimmung des Sicherheitsrates eingesetzt wurden.

Bezeichnenderweise leitete die NATO eine von Polen geführte Division an, obwohl sie dort noch keine offizielle Rolle übernommen hatte.

Mehrere Aspekte dieser direkten Übernahme der ISAF in Afghanistan durch die NATO sind bemerkenswert. Erstens stellte der stellvertretende NATO-Generalsekretär Alessandro Minuto Rizzo in Kabul Folgendes fest: „Diese neue Mission ist Ausdruck der laufenden Umgestaltung und der Entschlossenheit der NATO, den sicherheitspolitischen Herausforderungen des 21. Jahrhunderts zu begegnen." Die Schlüsselwörter sind „Umgestaltung" und „sicherheitspolitische Herausforderungen". Was hier verkündet wird, ist, dass die NATO „umgestaltet" wird, um eine globale Rolle zu übernehmen, die weit über diejenige hinausgeht, für die sie ursprünglich konzipiert wurde. „Sicherheitspolitische Herausforderungen des 21. Jahrhunderts" wiederum ist eine Umschreibung für das, was Bush „Terrorismus mit globaler Reichweite" nennt. Dies verdeutlicht die wirkliche Haltung des deutsch-französischen Bündnisses, das sich der einseitigen US-Entscheidung, in den Irak einzumarschieren, zu einem anderen Zeitpunkt und auf eine selbst bestimmte Art und Weise kurzzeitig widersetzte. Beide Länder hatten sich bereits über mehr als ein Jahrzehnt hinweg an der Zerstörung des Irak beteiligt, durch die von den USA verhängten Sanktionen unter der Ägide der Vereinten Nationen und die illegalen anglo-amerikanischen Bombardierungen. Sie lehnten eigentlich auch die Idee einer US-amerikanischen Invasion im Irak nicht generell ab; Deutschland hatte sogar seinen Luftraum für den Fall einer solchen Invasion etwa fünf Monate vor deren Beginn angeboten. Sie beklagten lediglich, dass die USA nicht ausreichend anerkannten, dass die US-Bourgeoisie zwar die hegemoniale imperiale Macht auf globaler Ebene darstellt, dabei aber in der gegenwärtigen Phase des globalen Kapitalismus, zusammen mit den europäischen Bourgeoisien, selbst nur Teil einer voll integrierten transatlantischen herrschenden Klasse ist. Was bedeutet, dass Europa eine angemessene Rolle bei der Verwaltung des Imperiums zukommen sollte.

Der zweite Aspekt der Übernahme des ISAF-Kommandos durch die NATO besteht darin, dass dieses absichtlich als „unbefristet" angekündigt wurde. Die ISAF wird im Einsatz bleiben, bis das „imperiale Reich" vollständig gesichert ist. Drittens war Deutschland das Land, das am nachdrücklichsten darauf bestanden hat, dass die NATO das Kommando direkt übernimmt, und der erste Befehlshaber seit Inkrafttreten der neuen Regelung ist tatsächlich ein deutscher General. Und schließlich soll sich die Zuständigkeit der

ISAF zunächst auf Kabul und Umgebung beschränken, wie es der Sicherheitsrat festgelegt hat, aber es wird erwartet, dass diese Zuständigkeit im Laufe der Zeit auf andere Teile Afghanistans ausgedehnt wird. Im Juni nächsten Jahres sollen in Afghanistan allgemeine Wahlen abgehalten werden. Es ist wahrscheinlich, dass die dann installierte Regierung genauso aus US-Klienten besteht, wie die derzeitige – und die NATO dann offiziell um eine erweiterte Rolle ersucht, ohne dass dazu eine neue Resolution des Sicherheitsrates erforderlich ist. Obwohl eine solche leicht zu erhalten wäre, hat doch der UN-Sonderbeauftragte für Afghanistan, Lakhdar Brahimi, selbst eine umfangreichere Rolle für diese Sicherheitstruppe gefordert.

Warum dieser Wandel zum jetzigen Zeitpunkt? Der offensichtliche Grund ist, dass sich der Widerstand gegen die US-amerikanische Besatzung im letzten Jahr enorm ausgebreitet hat. Die Taliban hatten wirklich keine Vorstellung von der Feuerkraft, die die USA auf sie ausüben konnten, und schienen bis zum Beginn der Invasion zu glauben, dass sie dem US-Angriff genauso standhalten würden wie die so genannten Mudschaheddin der sowjetischen Armierung. Dabei vergaßen sie allerdings, dass es US-amerikanische Waffen waren, die den Krieg gegen die Sowjets überhaupt erst möglich gemacht hatten, und dass sie kein solches Rüstzeug gegen die USA besaßen. Aber sie scheinen schnell gelernt zu haben. Nach einigen Gefechten, in denen die Taliban viele Opfer beklagen mussten, gelang es dem Regime und seinen Hauptstreitkräften, sich in die Berge Afghanistans und Nordpakistans zurückzuziehen und dort zu verschwinden. Als die Amerikaner mit ihren Bombardements auf ihre Hochburgen in den Bergen begannen, wussten die Taliban zunächst nicht, wie sie sich verstecken oder wehren sollten und erlitten unzählige Verluste. Im Laufe der nächsten Monate gelang es ihnen und ihren Verbündeten allerdings, sich neu zu formieren und eine ganz neue Art von Guerillakrieg zu führen.

Die Besetzung Afghanistans war im Oktober/November 2001 rasch vollzogen worden. Weniger als ein Jahr später waren die internationalen Medien dann wieder voll von Nachrichten über den Widerstand in weiten Teilen des Landes. Zu diesem Zeitpunkt kehrte Gulbuddin Hekmatyār, der ehemalige afghanische Ministerpräsident, den die CIA und der pakistanische Geheimdienst ISI als Hauptvermittler für Waffen und Soldaten gegen die sowjetischen Truppen benutzt hatten, aus seinem iranischen Exil zurück. Er schloss sich den Taliban an, spielte den islamischen Charakter des Widerstands herunter, konzentrierte sich auf die Frage des nationalen Widerstands gegen die ausländische Besatzung und forderte einen legitimen Platz für die Paschtunen, die etwa 40 Prozent der afghanischen Bevölkerung ausmachen. Die Sicherheitslage der US-Besatzung und des Klientelregimes, das von einer Schläger- und Vergewaltigerbande der Nordallianz dominiert wurde, hatte sich mittlerweile stark verschlechtert. Große Teile der Bevölkerung, die die ausländische Besatzung in jeder Hinsicht ablehnten, begannen sich wehmütig an die Herrschaft der Taliban zu erinnern, die mehr persönliche Sicherheit gewährleisteten, als die Afghanen zu irgendeinem anderen Zeitpunkt seit Beginn des amerikanischen Dschihads gegen die Sowjets vor etwa zwanzig Jahren erlebt hatten. In der Zwischenzeit tauchten in zahlreichen kleineren Städten und Dörfern zudem wieder Taliban-ähnliche Gruppen auf.

Im September 2002 organisierte sich Hekmatyārs Hezb-e-Islami-e-Afghanistan (HIA) auf beiden Seiten der pakistanisch-afghanischen Grenze mit neuen Kommandostrukturen. Sie erhielt erhebliche Unterstützung in den Provinzen Kandhar, Ghazni, Kunar und Logar, während die Herrschaft von Karzais Bande in den entlegenen Provinzen so schwach war, dass die lokale Verwaltung keine andere Wahl hatte, als mit der wiedererstandenen Macht dieser islamischen Partei in ganz Ostafghanistan zu kooperieren. Es gibt Grund zu der Annahme, dass Ismail Khan, der Gouverneur von Herat, der die vielleicht effizienteste Verwaltung im heutigen Afghanistan leitet und sowohl Russland als auch dem Iran nahesteht, eine Art Absprache mit der HIA getroffen hat. Viele Berichte aus Afghanistan deuten auch darauf hin, dass die Institutionen von Karzais eigenem Regime sowohl von den Taliban als auch von Hekmatyārs Männern unterwandert sind. Für Karzai persönlich ist die Lage so düster, dass er afghanischen Soldaten nicht traut und sich von 46 Leibwächtern schützen lässt, die US-amerikanischen Spezialeinheiten angehören.

Eine bemerkenswerte Geschichte in der *Washington Post* vom 8. November 2002 begann mit den Worten: „‚Das US-Militär verliert im Krieg gegen den Terrorismus in Afghanistan die Überhand, weil die Überbleibsel von Al-Qaida und den Taliban sich erfolgreicher an die US-amerikanischen Taktiken angepasst haben als das US-Militär an ihre‘, sagte der Vorsitzende der Stabschefs diese Woche.“ Das wunderbare Wort „Überbleibsel“ bezieht sich hier natürlich auf die Taliban, so wie alle Widerstandsaktionen im Irak angeblich von „Überbleibseln“ der Baathisten durchgeführt werden. In dem Bericht wird jedenfalls die Einschätzung der CIA zitiert, dass „die Sicherheit in kleineren Städten und einigen ländlichen Gebieten am prekärsten sei", also in Regionen weit entfernt von den Zuständigkeitsbereichen der ISAF. Unter Verwendung des Allzweckbegriffs „Al-Qaida" für jeden in Afghanistan, der es wagt, sich den USA zu widersetzen, heißt es in dem Bericht weiter: „In einer soeben vom *US Army War College* veröffentlichten detaillierten Analyse wird berichtet, dass sich die Al-Qaida-Kämpfer schnell an die High-Tech-Waffen angepasst haben, die die Vereinigten Staaten bei ihrem Angriff auf das Netzwerk einsetzten." Stephen Biddle, der Autor des Berichts, ergänzte, dass diese Kräfte bereits im März letzten Jahres erfolgreich alle klassischen Guerillataktiken wie Deckung, Tarnung, Geheimhaltung, Zerstreuung, Kommunikationssicherheit usw. angewandt hätten.

Drei Tage später, am 11. November, begann ein Artikel im *Time Magazine* mit folgender unverblümter Feststellung: „Die USA räumen ein, dass sie in Afghanistan an Schubkraft verloren haben, während ihre Feinde immer mutiger werden." Der Artikel endete mit der Frage: „Entgleitet Afghanistan der Kontrolle Amerikas?" Dieser Aspekt ist zu einer Zeit, in der die Planer des Pentagons Afghanistan als Vorbild für einen möglichen „Regimewechsel" im Irak ansehen, besonders wichtig. Der Artikel erschien vier Monate vor der groß angelegten anglo-amerikanischen Invasion im Irak, und inzwischen hat sich der Widerstand im Irak noch schneller formiert als in Afghanistan. Solche Schlagzeilen und Artikel sollten in den nächsten Monaten zur Routine werden. Im Februar 2003, einen Monat vor dem Einmarsch in den Irak, schrieb Robert Fisk, der großartige und vielleicht wichtigste britische Reporter, über „den Beinahe-Zusammenbruch des Friedens und die stetige Erosion der US-amerikanischen Streitkräfte in Afghanistan – die nächtlichen Angriffe auf amerikanische und andere internationale Truppen, die Anarchie in den Städten außerhalb Kabuls, die Warlord-Strukturen und den Drogenhandel sowie die ständig steigende Zahl an Morden". In einer neueren Kolumne im *New Statesman* (19. Juni 2003) berichtet Fisk erneut Ähnliches: „‚Wir befinden uns in einem Kampfgebiet, sobald wir diesen Stützpunkt verlassen', sagte mir ein amerikanischer Oberst auf dem Luftwaffenstützpunkt Bagram in der Nähe von Kabul. ‚Wir werden jeden Tag beschossen, mehrmals am Tag.' Als ich sagte, er sei doch gekommen, um die Menschen zu befreien und zu beschützen, lachte er sich kaputt. Amerikanische Truppen sind in den Städten Afghanistans nur selten zu sehen. Sie eskortieren US-amerikanische Beamte mit hoher Geschwindigkeit in gepanzerten Transportern mit geschwärzten

Scheiben und Militärfahrzeugen, die vorne und hinten mit Maschinengewehren bestückt sind. Selbst der riesige Stützpunkt Bagram wurde von Verteidigungsminister Donald Rumsfeld bei seinem jüngsten Kurzbesuch als zu unsicher eingestuft."

Ein besonderer Aspekt dieses Dilemmas der Amerikaner ist die Tatsache, dass drei Viertel der so genannten Spezialkräfte in Afghanistan in Wirklichkeit Angehörige der Nationalgarde und der Reserveeinheiten sind, da der größte Teil der dortigen Elitesoldaten entweder in den Irak oder an einen anderen Ort, von dem aus Truppen in den Irak gelangen, abgezogen wurde. Auch dies ist wahrscheinlich ein wichtiger Aspekt der Situation, in der die NATO beschlossen hat, das Kommando über die ISAF direkt zu übernehmen, was zweifelsohne auf eine viel umfassendere Kampfrolle der NATO in naher Zukunft vorbereitet. Was die Amerikaner nicht zustande bringen, sollen ihre europäischen Vettern tun. Zumindest hoffen sie das.

Es scheint sehr unwahrscheinlich, dass sie Erfolg haben werden. Die Afghanen waren ausländischen Truppen noch nie wohlgesonnen. Hamid Karzai, der von den USA ernannte Chef der provisorischen Regierung, ist eine Nullnummer und selbst unter den Paschtunen, die er eigentlich vertreten soll, weithin verhasst. Er hat in Indien studiert und ist dann nach Peschawar gezogen, wo er einst ein kleines Restaurant besaß. Es ist nicht klar, wann die Amerikaner ihn aufgegabelt haben, aber es ist bekannt, dass er den Taliban nahestand, während die USA sie unterstützten, und mit ihnen brach, als sie mit den USA in Konflikt gerieten. Irgendwann zog er in die USA, half seinen Brüdern und Schwestern, dort mehrere Restaurants zu eröffnen, und tauchte als Berater des US-amerikanischen Energiekonzerns UNOCAL wieder auf, als dieser versuchte, mit der Taliban-Regierung den Bau einer Ölpipeline durch Afghanistan auszuhandeln. Zalmay Khalilzad, der US-amerikanische Sondergesandte für Afghanistan, der Karzais Aufstieg zum Staatschef förderte, war ebenfalls Berater bei UNOCAL. Der Einfluss dieser Bande reicht nicht weit über Kabul hinaus, so dass der Rest des Landes ein Fleckenteppich aus etwa zwei Dutzend von lokalen Machthabern geführten regionalen Verwaltungen ist, die in den Medien gemeinhin als „Warlords" bezeichnet werden. Es sind Männer mit wechselnden Loyalitäten und Allianzen, die mit jedem in- oder ausländischen Machtzentrum zusammenarbeiten, das in ihrer Region aufsteigt, egal ob es der Iran, Pakistan oder Indien, die Taliban, Hekmatyār oder eben die Kabuler Bande ist.

Das einzige lukrative Geschäft in Afghanistan ist heutzutage neben dem Waffenhandel der Handel mit Opium und Heroin. Die Taliban hatten die Mohnproduktion verboten, die nun unter US-Besatzung und unter voller Beteiligung der verbündeten Nordallianz erneut aufblüht. Statistiken der Vereinten Nationen zufolge ist Afghanistan wieder der weltweit führende Exporteur von Heroin, das nach Zentralasien, Europa und in die USA geliefert wird. Es geht um Milliarden von geschmuggelten Dollars, und jeder Kriegsherr ist daran beteiligt, vor allem diejenigen, die am engsten mit der Karzai-Regierung verbündet sind. Hinter all dem Reichtum, der Korruption und der Warlord-Strukturen verbirgt sich das wahre Afghanistan, das schon vorher arm und unterentwickelt genug war, aber immer mehr ruiniert wurde, seit die Amerikaner 1980 begannen, ihre Dschihad-Truppen zusammenzustellen. Straßen und Brücken, Schulen und Krankenhäuser, Häuser und Ackerland wurden zerstört. Sechs bis sieben Millionen Afghanen, etwa ein Drittel der Bevölkerung, waren zu Beginn der US-amerikanischen Invasion am Rande des Verhungerns, und die Invasion produzierte einen weiteren Flüchtlingsstrom. Seitdem ist die Gefahr einer unmittelbaren Hungersnot geringer, aber zwei Millionen Flüchtlinge sind in ein Land zurückgekehrt, das größtenteils eine riesige Masse aus Schutt und Staub ist; die US-amerikanische Bombardierung von Kandahar war so heftig, dass etwa 80 Prozent der Bevölkerung aus der Stadt flohen und die meisten Gebäude einfach einstürzten. In Afghanistan sind mehr Landminen pro Quadratkilometer vergraben als in jedem anderen Land der Welt; die Straße von Kabul nach Kandahar, die wichtigste Fernstraße des Landes, ist aufgrund dieser Minen weitgehend unbenutzbar. Nur 5 Prozent der Landbevölkerung haben Zugang zu sauberem Wasser, 17 Prozent zu medizinischer Versorgung und nur 13 Prozent zu Bildung. 25 Prozent aller Kinder sterben vor ihrem fünften Lebensjahr. Die Lebenserwartung beträgt 43 Jahre und ist damit nur halb so hoch wie in den NATO-Ländern, die das Land besetzt haben.

In einem Territorium, das noch nicht einmal eine Regierung hat, von „Wahlen" zu sprechen, ist ein grausamer Scherz; wenn sie wirklich abgehalten werden sollten, dürften sie nur eine Versammlung von gesalbten Persönlichkeiten hervorbringen, die gleichzeitig Verbündete und Feinde sind. Von „Entwicklung" zu sprechen ist ein noch brutalerer Schabernack. Die Profiteure der Besatzung sind als Gefangene ihrer Stützpunkte kaum in der Lage, das eigene Gelände zu verlassen. Bei den einheimischen Kollaborateuren, die sie ausgewählt haben und die größtenteils der Nordallianz angehören, handelt es sich um Gauner und Kriminelle, die mehr an Vergewaltigung, Kindesmissbrauch und Heroinverkauf interessiert sind als an „Entwicklung". Die einzige Frau im Kabinett musste gehen und fürchtet so sehr um ihr Leben, dass sie sich unter strenge Bewachung begab. Die Taliban sind wieder aufgetaucht und werden wegen der Anarchie und der Kriminalität, die eben jene Leute, die momentan an der Macht sind, verbreiten, mit Erleichterung begrüßt; dieselben Taliban avancieren somit zu Nationalhelden, gerade weil ihr Untergang von ausländischen Besatzern und deren Freunden herbeigeführt wurde. Sie sind sogar so selbstbewusst geworden, dass sie Journalisten die Namen ihrer regionalen Befehlshaber preisgeben, und überraschenderweise handelt es sich bei den meisten von ihnen um dieselben Personen, die unter der Taliban-Regierung ebenfalls Schlüsselpositionen innehatten. Es ist erstaunlich, wie viele dieser Taliban-Befehlshaber die heftigen Bombardements der USA und Großbritanniens nicht nur in den Städten, sondern sogar in den Bergregionen überlebten. Und dann ist da noch Hekmatyār, der potenziell viel mächtiger erscheint als Osama bin Laden, da er ein paschtunischer Führer und ehemaliger Premierminister ist, der in seinem Land über eine Basis verfügt, die kein ausländischer „Gast" wie Osama bin Laden je besitzen könnte. Eine Kombination aus den Taliban und der HIA von Hekmatyār, sollte sie Bestand haben, dürfte für die NATO zu mächtig sein. Die europäische Bevölkerung wird einen solchen Krieg, wie er sich jetzt anbahnt, wohl kaum verkraften können. Und Hekmatyār ist clever: Er spricht momentan nicht vom Dschihad, sondern von nationaler Befreiung.

Wir werden die Situation historisch nie richtig einordnen können, wenn wir nicht die Parallelen zwischen Afghanistan und dem Irak sehen, zwei Länder, die sich ansonsten stark voneinander unterscheiden. Beide wurden durch rund zwanzig Jahre amerikanischer Einmischung verwüstet. Alle Fundamentalisten, die in Afghanistan an die Macht gelangten, haben dies nur dem von den USA organisierten antikommunistischen Dschihad zu verdanken, so wie auch die Baath-Partei mit amerikanischer Unterstützung entgegen dem wachsenden Einfluss der irakischen Kommunistischen Partei zur Herrschaft kam. Etwa zu der Zeit, als die USA um 1980 ihre Fundamentalisten für den Dschihad gegen die fortschrittliche und säkulare Regierung der Demokratischen Volkspartei Afghanistans (PDPA) organisierten, stifteten sie Saddam Hussein zum Einmarsch in den Iran an und versorgten ihn zusammen mit den Briten mit allem möglichen Kriegsgerät, einschließlich der Technologie zur Herstellung chemischer und biologischer Waffen. Dieser von den USA und Großbritannien angezettelte Krieg zerstörte den Irak in den 1980er Jahren, so wie der von den USA initiierte Dschihad in den 1980er Jahren Afghanistan ruinierte. Hekmatyār kam in Kabul mit amerikanischer Unterstützung an die Macht, ebenso wie einige Jahre später die Taliban und viele Jahre zuvor Saddam Hussein in Bagdad; schließlich wurden sie alle zu Feinden, wie auch Osama bin Laden, der saudische Millionär, der einst ebenfalls von der CIA angeworben wurde. Die Nordallianz, die den Taliban vorausging und jetzt als dominierende Fraktion in der Regierung Karzai wieder an die Macht gekommen ist, war weitaus raffgieriger als selbst Saddam Hussein, wenn das überhaupt möglich ist; so ist auch Ahmed Chalabi, Rumsfelds Lieblingskandidat für die Herrschaft über den Irak, ein Krimineller, der von einem jordanischen Gericht in mehreren Fällen wegen Veruntreuung usw. verurteilt wurde.

Beide Länder litten unter den von den USA diktierten und von den Vereinten Nationen erzwungenen Sanktionen, der Irak über einen längeren Zeitraum und bedroht von ständigen Bombardements durch die anglo-amerikanische Besatzung, Afghanistan nicht ganz so lange. Allerdings waren Gesellschaft und Wirtschaft in Afghanistan viel ärmer und anfälliger, so dass das Land bereits durch den Krieg in den 1980er Jahren und die nachfolgenden Bürgerkriege, die zwischen den ursprünglich von den USA geschaffenen Gruppierungen dann tobten, gründlicher Verwüstung zum Opfer fiel. Die Sanktionen gegen die Taliban verschlechterten also nur eine ohnehin schon schlimme Situation. Aber das Elend eines Drittels der Bevölkerung, das zum Zeitpunkt der Invasion am Rande des Verhungerns stand, ist vergleichbar mit jenem der etwa eine Million Iraker, die aufgrund der Sanktionen in diesem leidgeprüften Land schließlich starben.

Die Entscheidung, in Afghanistan und im Irak einzumarschieren, wurde bereits vor den Ereignissen des 11. September 2001 getroffen. Die neokonservative/christlich-fundamentalistische/zionistische Kabale, die die US-Regierung unter Bush beherrschte, hatte Clinton während seiner gesamten Präsidentschaft gedrängt, in den Irak einzudringen, und der US-Kongress verabschiedete das Gesetz zur Befreiung des Irak bereits 1998. Wir wissen aus unanfechtbaren Quellen, dass die USA Afghanistan bereits das ganze Jahr 2001 hindurch mit einer Invasion gedroht haben, beginnend im Februar, aber besonders lautstark im Sommer des Jahres, lange vor den Anschlägen auf das World Trade Center und das Pentagon.

Nachdem Ende September 2001 die Entscheidung für die jeweiligen Invasionen gefallen war, konnten die Regierungen der USA und des Vereinigten Königreichs durch nichts mehr davon abgehalten werden, diese durchzuführen. An dem Tag, an dem Blair dem Parlament erklärte, dass es keinen friedlichen Weg gäbe, Osama bin Laden zu fassen, berichtete die Presse seines Landes über die wiederholten Angebote der Taliban, ihn auszuliefern. Während die beiden Regierungen die Invasion damit begründeten, dass die Taliban für den 11. September verantwortlich seien, erklärten ihre eigenen Geheimdienste, dass es keine glaubwürdigen Beweise gäbe. In gleicher Weise warnten die Geheimdienste ihre jeweiligen Regierungen, dass keine glaubwürdigen Beweise dafür existierten, dass Saddam Hussein Massenvernichtungswaffen besitze, die das Vereinigte Königreich oder die USA gefährden könnten. Bush und Blair gaben vor der Invasion in Afghanistan wie auch im Irak nichtsdestotrotz Dossiers mit so genannten „Beweisen" heraus. In beiden Fällen taten Experten die Dossiers mit Verachtung ab, und die Geheimdienste wurden in Verlegenheit gebracht. In beiden Fällen war die grundlegende Strategie dieselbe: massive Luftangriffe, Versuche, ethnische Gruppen gegeneinander auszuspielen, aus den USA eingeflogene Verbündete (Karzai, Chalabi), eine „Interimsbehörde" in Afghanistan, ein handverlesener Regierungsrat im Irak, und so weiter. Auch die Rhetorik – „wir kommen nicht als Besatzer, sondern als Befreier" – war in beiden Fällen die gleiche und ähnelte somit auch der Rhetorik, die Kolonisatoren schon seit etwa zweihundert Jahren benutzen. Und als sich nationaler Widerstand zu formieren begann, hörten wir in Bezug auf beide Länder ständig etwas von „Überbleibseln" – der Taliban, der Baath-Partei – während die „zivilisatorische Mission", die „Bürde des weißen Mannes", ihren Höllentrip fortsetzte.

Erstaunlich ist, dass Länder, die so tief verletzt und erschöpft sind, trotzdem für die Welteroberer so schnell zu uneinnehmbaren Sümpfen geraten. Es soll also eine neue Art von imperialer Armee aufgebaut werden. Der Einmarsch der NATO in Afghanistan wäre lächerlich, wenn die zu erwartenden Folgen nicht so düster wären. Dasselbe zynische Drama wird sich im Irak in viel größerem Maßstab abspielen, und der jüngste Bombenanschlag auf das UN-Gelände in Bagdad, bei dem unter anderen ein hochrangiger internationaler Beamter brasilianischer Herkunft ums Leben kam, wird nun zweifellos als Vorwand zur weiteren Verstärkung einer solchen Armee genutzt werden. Kofi Annan und seinesgleichen sind nicht fähig, zuzugeben, dass der Sicherheitsrat im Irak verhasst ist, weil es die vom Rat verhängten Sanktionen waren, die eine halbe Million irakischer Kinder töteten. Stattdessen wird es jetzt heißen, dass wir eine internationale Streitmacht brauchen, aber eben nicht unter der Ägide der UN, weil die blaue Flagge der Vereinten Nationen die Sicherheit derer, die sie tragen, nicht mehr garantiert. In ähnlicher Weise wird die jüngste Ermordung von Ayatollah Mohammad Baqir al-Hakim, dem ranghöchsten schiitischen Geistlichen im Irak, der für das stillschweigende amerikanisch-iranische Einvernehmen stand, genutzt, um noch lauter für die Internationalisierung der Sicherheitskräfte gegen die „Überbleibsel" des Regimes von Saddam Hussein zu argumentieren. Und zwar, ohne anzuerkennen, dass die Tatsache, dass der Ayatollah dem von den USA auferlegten Regierungsrat beigetreten ist, etwas damit zu tun haben könnte, dass er ins Visier genommen wurde. Die Ermordung geschah also nicht unbedingt durch diese so genannten „Überbleibseln", sondern vielmehr durch eine jener zahlreichen Kräfte, einschließlich mächtiger schiitischer Gruppierungen, die sich heute im Irak gegen die Kollaborateure der US-amerikanischen Besatzungstruppen stellen. In einer Atmosphäre, in der jede Kriegshandlung des nationalen Widerstands als „Terrorismus" dargestellt wird, könnte es durchaus zu einer die Bildung einer internationalen militärischen Einheit billigenden Resolution des Sicherheitsrats kommen. Einer Truppe, die sich aus Soldaten aller Teile des Imperiums zusammensetzt und die von den Vereinten Nationen beauftragt, von den USA angeführt und formal von der NATO geleitet wird – eine echte imperiale Armee also, die nicht nur dieses oder jenes imperialistische Land repräsentiert, sondern den gemeinsamen Willen der herrschenden Klassen dieser Welt. Das Ziel wäre, einen Krieg zu beenden, den die USA begonnen haben, aber nicht in der Lage sind, zu beenden. Die „internationale Gemeinschaft", die „freie Welt", ist immer bereit, den Willen ihres Anführers zu erfüllen, der allein nicht in der Lage ist, auch nur einen Haufen halbgebildeter Mullahs in den Städten und Dörfern Afghanistans zu bekämpfen, weil diese Mullahs in Ermangelung einer alternativen Führung den nationalen Willen verkörpern.

III

Der Imperialismus unserer Tage

> Horkheimer, der sich schon früh gegen den Totalitarismus-Begriff wandte, schrieb: „Wer nicht über den Kapitalismus diskutieren möchte, soll über den Faschismus schweigen." Streng genommen ist das falsch: Wer nicht über den *Imperialismus* diskutieren möchte, soll über den Faschismus schweigen.
>
> Nikos Poulantzas[1]

Ich beginne mit der Redewendung „der Imperialismus unserer Zeit" als einer Hommage an Michal Kalecki, der seinen bahnbrechenden Aufsatz *„Fascism of Our Time"* („Der Faschismus unserer Zeit") zu einem Zeitpunkt schrieb, als die amerikanische extreme Rechte mit dem republikanischem Kandidaten Barry Goldwater im Zuge der US-Wahlen 1964 einen ernsthaften Versuch unternahm, die Präsidentschaft zu erobern.[2] Kalecki bezog sich nicht direkt auf Mussolini, obwohl er dies hätte tun können, denn schließlich war es Mussolini, der als erster sagte, Faschismus sei einfach diejenige Herrschaftsform, in der sich die Regierung mit den „Unternehmen" vereinigt – womit Mussolini etwas ähnliches ausdrückte wie Präsident Eisenhower mit seiner Warnung vor einer Annäherung der US-Regierung an den „militärisch-industriellen Komplex".[3] Kaleckis Analyse legt jedoch nahe, dass der Industriekapitalis-

1 Nicos Poulantzas, *Fascism and Dictatorship,* London: New Left Books 1974 (Übersetzung aus dem Französischen von *Fascism et dicature,* Paris: Maspero 1970).

2 Michal Kalecki, "The Fascism of Our Time" (1964) in *The Last Phase in the Transformation of Capitalism,* New York: Monthly Review Press 1972.

3 Mussolinis eigentliche Worte lauten: „Der Faschismus sollte besser Korporatismus genannt werden, denn er ist die Verschmelzung von staatlicher und unternehmerischer Macht." Mit Bezug auf dieses besondere Verständnis habe ich an anderer Stelle argumentiert, dass der Faschismus einerseits eine der gesamten Geschichte des modernen Imperialismus innewohnende Tendenz ist, und zwar seit den 1880er Jahren, und andererseits eine globale Tendenz, sowohl in den imperialisierten Ländern als auch in den imperialistischen Ländern. Siehe *„Structure and Ideology in Italian Fascism"*, veröffentlicht in *Lineages of the Present: Political Essays* (New Delhi: Tulika 1996). In einer Fußnote zu Abschnitt 3 dieses Aufsatzes habe ich auch eine grobe Periodisierung angeboten: „Schematisch könn-

mus in seiner extremen Form eine faschistische Tendenz in sich trägt; und er fragte sich, wie Faschismus aussähe, wenn er jemals in den Vereinigten Staaten unter den Bedingungen des Wohlstands und einer stabilen Demokratie aufkäme. Weder Kaleckis noch meine Intention war es, anzudeuten, dass die USA in Gefahr stehen, faschistisch zu werden, nach dem Vorbild von Nazi-Deutschland oder dem faschistischen Italien. Nichtsdestotrotz ist eines der hervorstechenden Merkmale der Gegenwart, dass die Vereinigten Staaten, das führende imperialistische Land mit einer historisch beispiellosen globalen Macht, heute von der vielleicht rechtesten Regierung seit einem Jahrhundert regiert werden. Hinzu kommt, dass die Kriege, die die USA derzeit führen, viel unverhohlener und unmittelbarer im Interesse bestimmter Konzerne geführt werden als es beispielsweise bei dem Kriegen in Indochina der Fall war. Dort wog die „Eindämmung des Kommunismus" noch stärker als das Sichern eines Monopols über strategische Ressourcen. Dabei scheinen die hysterischsten Formen des Autoritarismus, den die USA routinemäßig in weite Teile der Welt exportiert haben, sich gerade an den USA selbst zu rächen, mit nationalen wie globalen, aber auch militärischen Konsequenzen.

Ich verwende auch die einfache Formulierung „Imperialismus unserer Zeit" um Begriffe wie „Neuer Imperialismus" zu vermeiden. Der Imperialismus begleitet uns schon sehr lange, in sehr vielen Formen, und erfindet sich sozusagen ständig neu, wenn sich die Struktur des globalen Kapitalismus selbst verändert. Was hier angeboten wird, ist eine Reihe von vorläufigen Anmerkungen zum Verständnis einer – wie es bei solchen Konstellationen üblich ist – neuartigen Konjunktur „unserer Zeit", die selbst ein Komplex von Kontinuitäten und Diskontinuitäten ist. Ich werde zunächst eine Reihe von Thesen aufstellen und dann, im verbleibenden Raum, diese weiter ausarbeiten.

te man sagen, dass die Faschismen der Zwischenkriegszeit den Akkumulationskrisen entsprachen, die durch die Reifung des Imperialismus selbst hervorgerufen wurden, als er einen umfassenderen Übergang von der Wettbewerbs- zur Monopolstruktur des Kapitals vollzog – eine Erklärung, die unter anderem Baran und Sweezy, und Poulantzas auf seine eigene Weise, akzeptiert haben. Die „*Fin-de-siecle*"-Faschismen von heute wiederum entsprechen ungefähr der spätimperialen Periode der vollständigen Globalisierung des kapitalistischen Modus: dabei triumphierte der kapitalistische Modus vorläufig auch in den kommunistischen Staaten, aber war gleichzeitig mit internen Krisen der Stagnation in den Kernländern und unkontrollierbaren sozialen Spannungen in den weniger industrialisierten Ländern konfrontiert, die gerade durch diese imperialistische Globalisierung verursacht wurden."

I

Die grundlegende Neuheit des Imperialismus unserer Zeit ist, dass er nach Beseitigung der beiden großen, die Weltpolitik prägenden Auseinandersetzungen des 20. Jahrhunderts entstand. Damit folgt er auf die von Lenin so benannte „zwischenimperialistische Rivalität" der ersten Hälfte des Jahrhunderts, sowie auf das, was man in Ermangelung einer besseren Bezeichnung als die etwa siebzigjährige „intersystemische Rivalität" zwischen den USA und der Sowjetunion beschreiben kann. Das Ende dieser Rivalitäten beschließt die durch den Ersten Weltkrieg eingeleitete Ära der Politik; und es ist nur logisch, dass der alleinige Gewinner, die Vereinigten Staaten, sich am aggressivsten anschickte, alle mögliche Beute an sich zu reißen. Gleichzeitig machten sie die Errungenschaften zunichte, die die Arbeiterklassen und die unterdrückten Nationen der Welt in dieser Zeit erreicht hatten.

Diese neue Phase des Imperialismus entsteht nicht nur nach der Auflösung der großen Kolonialreiche (vor allem des britischen und des französischen) und der kolonialen Ambitionen der anderen konkurrierenden kapitalistischen Länder (vor allem Deutschland und Japan), sondern auch nach dem endgültigen Niedergang des „Nationalismus der nationalen Bourgeoisie" in weiten Teilen der sogenannten Dritten Welt (Antikolonialismus, nationale Befreiungskriege, Bandung, Blockfreiheit, protektionistische Industriestaaten). Letzterer wurde seinerseits in erheblichem Maße durch die Existenz eines alternativen Pols in Form der kommunistischen Länder gestützt.[4] Die drei Ziele, für die die USA während des gesamten 20. Jahrhunderts einen Stellungskrieg geführt haben – Eindämmung/Verschwinden der kommunistischen Staaten, die eigene Vormachtstellung gegenüber den anderen führenden kapitalistischen Staaten, die Niederlage des wirtschaftlichen Nationalismus in der Dritten Welt – wurden weitgehend erreicht. Die Konsolidierung ihrer Vorherrschaft über mögliche Konkurrenten und eine dauerhafte Zerrüttung des Nationalismus in der Dritten Welt sind die aktuellen Ziele.

4 Im Eröffnungsaufsatz biete ich eine analytische Darstellung des Dreiecksverhältnisses zwischen Kapitalismus, Sozialismus und Nationalismus zwischen 1945 und 1990, also vom Ende des Zweiten Weltkriegs bis zur Auflösung der Sowjetunion. Siehe auch *Literature among the Signs of Our Time* in *In Theory: Classes, Nations, Literatures* (London: Verso 1992; New Delhi: Oxford University Press 1994).

Weit davon entfernt, in der Spirale zwischenimperialistischer Rivalitäten gefangen zu sein, ist der „Imperialismus unserer Zeit" der Imperialismus einer Ära, in der (a) die nationalen Kapitale so durch und durch miteinander verzahnt sind, dass das in einem bestimmten Territorialstaat aktive Kapital typischerweise zu unterschiedlichen Anteilen aus nationalem und transnationalem Kapital besteht; (b) das Finanzkapital das Produktivkapital in einem Ausmaß dominiert, das selbst in Lenins „Kapitalexport"-These oder in Keynes' Warnungen vor der Raffgier der Rentiers nicht vorstellbar war; und (c) alles, von den Warenmärkten bis zu den Finanzbewegungen, so gründlich globalisiert worden ist, dass der Aufstieg eines globalen Staates mit nachweislich globalisierten militärischen Fähigkeiten eine objektive Bedingung für das Funktionieren des Systems selbst ist. Ganz abgesehen von den nationalen Ambitionen der US-amerikanischen Machthaber, Strukturen und Ordnungen durchzusetzen, die diesen ganzen Komplex mit seinem enormen Potenzial für Risse und Verwerfungen zusammenhalten.

Reiche ohne Kolonien gab es während der Geschichte des Kapitals in der einen oder anderen Ecke der Welt schon immer. Manchmal vor der militärischen Eroberung (Handelsimperien), manchmal nach der Dekolonisierung (Südamerika nach Auflösung der spanischen und portugiesischen Herrschaft) und manchmal in der Form, für die Lenin den Begriff „halbkolonial" eingeführt hat (Ägypten, Persien usw. zu seiner Zeit). Bei dem Imperialismus „unserer Zeit" handelt sich jedoch um den ersten vollständig postkolonialen Imperialismus. Er ist nicht nur frei von direkter kolonialer Herrschaft, sondern steht im Gegensatz zu dieser; es ist unwahrscheinlich, dass die derzeitige Besetzung des Irak in eine langfristige koloniale Herrschaft mündet, wie lange die desaströse Lage auch andauern mag – und unwahrscheinlich, selbst wenn die Superhawks des Pentagon die US-Armeen nach Syrien, in den Iran oder sonst wohin führen. Es geht nicht um eine ideologische Bevorzugung des so genannten „informellen" Imperiums gegenüber dem „formellen" Imperium. Es handelt sich vielmehr um ein strukturelles Gebot der gegenwärtigen Zusammensetzung des globalen Kapitals selbst. Die Bewegung von Kapital und Waren hat so ungehindert wie möglich zu erfolgen, aber die nationalstaatliche Form muss in der gesamten Peripherie beibehalten werden. Und zwar nicht nur aus historischen Gründen, sondern auch, um die Internationalisierung des kapitalistischen Rechts mit lokal errichteten Arbeitsregimen zu ergänzen. Das, was Stephen Gill als „disziplinären Neoliberalismus" bezeichnet, soll unter den für jede territoriale Einheit spezifischen Bedingungen durchgesetzt werden.

Das besondere Verdienst von Luxemburgs Imperialismustheorie bestand darin, dass sie viel systematischer als Hilferding, Lenin oder Bucharin versuchte, ihre Theorie in der umfassenderen kapitalistischen Produktionsweise selbst zu verankern. Sie konzentrierte sich auf die Frage des Verhältnisses zwischen industrieller und landwirtschaftlicher Produktion als hervorstechendem Merkmal der marxistischen Kapitalismustheorie. Eine ihrer Hauptthesen lautete, dass der Kolonialismus kein konjunktureller, sondern ein notwendiger Aspekt der Globalisierung des Wertgesetzes sei, da kapitalistische Zonen nicht-kapitalistische Zonen für die vollständige Realisierung von Mehrwert benötigen. Ergänzend dazu hielt sie fest, dass, sobald der Kapitalismus die äußeren Grenzen des Globus erreicht habe, eine Krise aufgrund der voranschreitenden Verflüchtigung nicht-kapitalistischer Zonen zwangsläufig eintreten werde. Die letztgenannte Schlussfolgerung scheint aus historischen und sogar logischen Gründen nicht gerechtfertigt zu sein. Die kombinierte ungleiche Entwicklung erfordert nicht unbedingt, dass die Peripherien „nicht-kapitalistisch" bleiben, d.h. außerhalb der globalen Wirkung des Wertgesetzes. In der tatsächlichen Geschichte teilte die Ära des klassischen Kolonialismus die Welt in einen industriellen Kern und ein riesiges landwirtschaftliches Hinterland.

Dann jedoch eröffneten die Auflösung der großen Kolonialreiche und die Umstrukturierung des globalen Kapitals nach dem Krieg eine neue Ära, in der die Welt zunehmend in fortgeschrittene und rückständige Industriezonen unterteilt wurde. Gleichzeitig kam es in den ehemals kolonialisierten Ländern und Kontinenten zu einer Differenzierung in Inseln fortgeschrittener Formen des Finanzwesens und der industriellen Produktion einerseits und Formen der landwirtschaftlichen Produktion andererseits, die selbst in den rückständigsten Zonen dem kapitalistischen Wertgesetz unterlagen. An den extremen Polen innerhalb der so genannten „Dritten Welt" konnte man nicht nur den verblüffenden kapitalistischen Durchbruch in Ländern wie Taiwan und Südkorea beobachten, sondern im Gegensatz dazu auch den Rückfall von Teilen Afrikas südlich der Sahara auf ein Niveau, das unter jenem zur Zeit der Entkolonialisierung lag. Diese transkontinentale Produktion extremer Ungleichheiten birgt ein hohes Potenzial für andauernde Gewalt, weshalb staatliche Systeme erforderlich sind, die extreme Formen außerökonomischen Zwangs garantieren. Unterdessen kann man in weiten Teilen Asiens und Afrikas all die Prozesse der primitiven Akkumulation und der Zwangsproletarisierung beobachten, die Marx in seinem berühmten Kapitel des „Kapital" zu dieser Frage, vor allem in Bezug auf England, beschrieben hat. In diesem Kontext sollte man sich auch an die zentrale Rolle erinnern, die er dem Staat in diesem Prozess zuschrieb: dieser hat nach seinen Worten die Bedingungen für die kapitalistische Produktion „wie in einem Treibhaus" „erzeugt". In dem Ausmaß, in dem sich relativ ähnliche Prozesse in einer Reihe von Ländern unter Regimen von sowohl nationalstaatlicher als auch globalisierter Verwaltung (Weltbank, WHO usw.) wiederholen, gilt: Für ein transnationales System ist eine übergeordnete Autorität, die über den nationalen und lokalen Behörden steht, ein objektives strukturelles Erfordernis; daher die enge Verbindung zwischen den multilateralen Institutionen, dem US-Staat und den lokalen Managern der einzelnen Staaten.

Im weitesten Sinne könnte man sagen: Es bedurfte zweier Weltkriege, um zu entscheiden, ob die USA oder Deutschland das britische und französische Imperium erben würden – und sich damit an die Spitze des Blocks der fortgeschrittenen kapitalistischen Länder setzen sowie sich zum Zentrum eines globalen Imperiums entwickeln. Bezeichnend ist, dass, während die deutsche Vision in den primitiven Vorstellungen eines weltweiten Kolonialreichs verhaftet war, die USA bereits unter Woodrow Wilson für die Auflösung des Kolonialismus und das „Recht der Nationalitäten" eintraten. Das kann als ein ideologischer Vorläufer des heutigen Imperialismus der „Demokratie" und „Menschenrechte" gesehen werden. Nach dem Ersten Weltkrieg, als sich das Zentrum des globalen Finanzwesens entscheidend von London nach New York verlagerte und die bolschewistische Revolution den globalen Kapitalismus als Ganzes in Frage stellte, positionierten sich die USA als Anführer der „Freien Welt". Das wurde durch Wilsons dominierende Präsenz in Versailles symbolisiert, sowie durch die führende Rolle, die die USA stets bei den Kreuzzügen zur Eindämmung des Kommunismus spielten, insbesondere nach dem Zweiten Weltkrieg.

Genau zu dem Zeitpunkt, zu dem die USA alle ihre langjährigen Ziele erreicht haben, einschließlich des Ziels der vollständigen Dominanz über ihre Partner in der fortgeschrittenen kapitalistischen Welt, entstand nun in bestimmten Kreisen die Erwartung einer „zwischenimperialistischen Rivalität" zwischen den USA und der EU als konkurrierende Zentren der globalen kapitalistischen Produktion. Dies geschah hauptsächlich mit Blick auf die Größe der europäischen Wirtschaft. Hinzu kam die futuristische Projektion einer ostasiatischen Macht, sei es Japan oder China oder ein Block ostasiatischer Staaten. Ausgehend von den gegenwärtigen Tendenzen erscheint dies ziemlich abwegig. Die Europäer suchen in der Dritten Welt vor allem nach Märkten und Investitionsmöglichkeiten. Es gibt keine Machtprojektion, und zwar aus dem einfachen Grund, dass es keine Macht gibt. Die militärische Macht der USA ist nicht nur weitaus größer als die von ganz Europa, sondern die USA sind auch in über hundert Ländern der Welt militärisch präsent. Das steht ganz im Gegensatz zu Deutschland oder sogar Frankreich – und die NATO geht nur dann in ein Land, wenn die USA ihr den Auftrag dazu geben.[5] Diese militärische Vormachtstellung der USA gegenüber ihren Möchtegern-Rivalen wird ergänzt durch die überwältigende Macht ihrer Währung und ihres Finanzapparats, ihre Dominanz über die globale Produktion von technisch-wissenschaftlicher wie auch sozial-wissenschaftlicher Intelligenz sowie ihre globale Reichweite durch die Beherrschung von Massenunterhaltung und (Des-)Information.

Die USA bekämpften nun den radikalen Nationalismus in der Dritten Welt ebenso konsequent wie den Kommunismus in der zweiten Hälfte des Jahrhunderts. Nachdem sie die Entkolonialisierung als Voraussetzung für die Entstehung eines weltweit integrierten Imperiums unter ihrer eigenen Herrschaft propagiert hatten, wandten sie sich gegen nationale Befreiungsbewegungen, ob sie nun von Kommunisten (wie in Indochina) oder von radikalen Nationalisten (wie in Algerien) angeführt wurden; sie wandten sich auch gegen die Blockfreiheit (die Rhetorik des „für uns oder gegen uns", die Bush Jr. heutzutage benutzt, stammt direkt aus den Reden von John Foster Dulles in den 1950er Jahren); sowie gegen bestimmte nationalistische Regime, sei es das von Nasser, Nkrumah, Sukarno oder sogar das von Prinz Sihanouk

5 Die EU als Ganzes gibt weniger als die Hälfte dessen aus, was die USA für ihr Militär ausgeben, und ihre tatsächlichen militärischen Fähigkeiten belaufen sich vielleicht auf nicht viel mehr als 10 Prozent der US-amerikanischen Fähigkeiten, weil vieles der Ausrüstung gedoppelt ist, die Waffensysteme nicht kompatibel sind und das technologische Niveau sowie die Mittel für Forschung und Entwicklung insgesamt viel niedriger sind – ganz zu schweigen von der Tatsache, dass Großbritannien, neben Frankreich die größte europäische Militärmacht, viel stärker in das US-amerikanische Militärkonzept integriert ist und wahrscheinlich auch bleiben wird als das geplante europäische. In der Zwischenzeit sorgen die USA dafür, dass die Länder des ehemaligen Warschauer Paktes, die der EU beitreten, viel stärker in die NATO unter dem Dach der USA integriert werden als in das deutsch-französische Bündnis. Eine unabhängige europäische Streitmacht ist ohnehin nicht als Alternative zur NATO, sondern wenn überhaupt als autonome Ergänzung gedacht.

in Kambodscha. Stattdessen hielt die USA Monarchien an der Macht, wo sie konnte, und setzte Diktatoren ein, wo es nötig war. Das Scheitern des national-bürgerlichen Projekts in der Dritten Welt hat alle möglichen innenpolitischen Gründe, aber ein unerbittliches Untergraben durch die USA war ein sehr wichtiger Teil davon. Man neigt heute dazu, zu vergessen, dass Keynes selbst in seiner Nachkriegsvision nicht nur staatliche Restriktionen für Rentiers in den fortgeschrittenen kapitalistischen Ländern empfohlen hatte, sondern auch regelmäßige langfristige Kapitaltransfers in unterentwickelte Länder. Reales Wachstum und damit innerer Frieden und Stabilität des globalen kapitalistischen Systems als Ganzes sollten dadurch gewährleistet werden; ganz zu schweigen von dem Vorteil, wohlhabenderen Märkten für die Waren der fortgeschrittenen kapitalistischen Länder zu schaffen. Die letztgenannte Empfehlung wurde von den USA, die die Gestaltung der Bretton-Woods-Architektur fest im Griff hatten, rundweg abgelehnt. Diese Unterminierung des national-bürgerlichen Projekts – gerade weil es ein hohes Maß an Protektionismus, Zöllen, inländischen Ersparnissen und staatlich gelenkter Industrialisierung verlangt und imperialistische Durchdringung kaum eine Rolle spielt – hat all diese Staaten gegenüber Fremdherrschaft zweifellos viel schwächer werden lassen. Aber sie machte diese Gesellschaften auch viel wütender und unbeständiger, schließlich sogar anfällig für alle Arten von Irrationalismus. Zudem sind die herrschenden Minderheiten der meisten asiatischen und afrikanischen Staaten in der Bevölkerung nur wenig beliebt bzw. legitimiert. Die Umsetzung des derzeit vorherrschenden imperialen Projekts erfordert nicht nur eine globalisierte Überwachung, sondern auch einen zunehmend *interventionistischen* Weltstaat. Kleine Brände sind allerorts immer wieder zu löschen und nun muss auch das ganze System „neu geordnet" werden, wie Bush und Blair stets betonen. Der Kalte Krieg war für viele außerhalb von NATO und Warschauer-Pakt nie kalt, und die direkten sowie indirekten militärischen Interventionen der USA in der Dritten Welt kamen während dieser Zeit einer Routineangelegenheit gleich. Nun hat der Sieg im Kalten Krieg nicht den Weg zum Weltfrieden geebnet, sondern zu einer Ideologie des permanenten Interventionismus seitens der Vereinigten Staaten: „Eine Aufgabe, die niemals endet", wie Bush es etwa zehn Tage nach der Katastrophe vom 11. September formulierte.

Die Niederlage all der Kräfte, die Hobsbawm zusammenfassend und treffend als „die aufklärerische Linke" bezeichnet – Kommunismus, Sozialismus, nationale Befreiungsbewegungen, die radikalen Flügel der Sozialdemokratie –, hat weltweit zu einer ausgewachsenen ideologischen Krise geführt. Rasse, Religion und ethnische Zugehörigkeit – neu verpackt als verschiedene „Identitäten" – sind nun dort platziert, wo früher Klassenkämpfe und interreligiöse, interrassische, transethnische Solidaritäten waren. Es entstand eine Politik der unendlichen Differenz auf den Ruinen eines Denkens von Gleichheit. Die Postmoderne ist voll von Thematiken, die vom europäischen Irrationalismus übernommen wurden, und voll von Nostalgie für die Vormoderne. In der Tat ist die Idee der Vormoderne als postmoderne Lösung für die Probleme der Moderne in den Randgebieten des kapitalistischen Systems noch weit verbreitet, mit weitaus mörderischeren Folgen. Man findet sie in den Ideologien der hinduistischen extremen Rechten in Indien, den verschiedenen Fundamentalismen der islamischen Mullahs oder den millenaristischen Ideologien derer, die uns den 11. September beschert haben.[6] Der Terrorismus findet sich jetzt dort, wo früher die nationale Befreiung war; und die USA jagen heute diese Handvoll Terroristen genauso eifrig und global, wie sie bis vor kurzem Phalanxen von Revolutionären gejagt haben. Es geht auch nicht mehr um die Peripherie. Die Vereinigten Staaten selbst werden heute von einer merkwürdigen, kabalenhaften Kombination aus christlichen Fundamentalisten, Zionisten, rechtsextremen Neokonservativen und Militaristen beherrscht, die ideologische Grundlagen und politische Formulierungen für das Bush-Regime liefern.

Und genau hierin besteht die Besonderheit des momentan vorherrschenden Regimes in den Vereinigten Staaten. Ich komme noch einmal auf die Tatsache zurück, dass die USA die meiste Zeit des 20. Jahrhunderts einen Stellungskrieg geführt haben. Und zwar nicht nur gegen den Kommunismus, nicht nur gegen radikale Nationalismen in der zweiten Hälfte dieses Jahrhunderts, sondern vor allem auch um ihre eigene Vorherrschaft über ihre kapitalistischen Konkurrenten zu sichern, und um ihre Rolle als alleiniger Architekt des globalen kapitalistischen Systems zu verteidigen. In diesem Sinne setzt die derzeitige Regierung natürlich ein viel älteres Projekt fort, und einige der aggressivsten politischen Maßnahmen lassen sich

6 Siehe Aziz al-Azmehs brillanten Beitrag „*Postmodern Obscurantism and ‚the Muslim Question'*", in *Socialist Register 2003*, herausgegeben von Panitch und Leys (London: Merlin Press 2002).

nicht nur auf Bush Sen. oder Ronald Reagan, sondern auch auf Clinton und Carter zurückführen. Dennoch gibt es auch ein Element von grundlegender Neuheit. Die erste Besonderheit des momentanen Regimes liegt in der Tatsache, dass dank der Auflösung des Sowjetblocks zum ersten Mal in der Geschichte der Menschheit eine einzelne imperiale Macht so dominant über alle ihre Rivalen ist, dass sie wirklich keinen ersthaften Konkurrenten hat, weder in der Nähe noch in der Ferne. Und zwar genau zu jenem Zeitpunkt, an dem sie absolut dazu befähigt ist, den kompletten Globus zu beherrschen. Clinton figuriert in diesem Szenario als Übergangsfigur, während die Präsidentschaft von Bush Jr., die erste des 21. Jahrhunderts, voll und ganz mit diesem Moment zusammenzufallen scheint. Einem Moment, in dem die größte Machtkonzentration der Geschichte ohne jede Einschränkung durch ein rivalisierendes Machtzentrum – wie es die Sowjetunion einst trotz ihrer nachweislich unterlegenen militärischen Potenz war, ausgeübt werden kann. Das ist objektiv betrachtet *das* Moment dieser Präsidentschaft. Die zweite Besonderheit besteht darin, dass in keiner Epoche nach 1914 eine derart geballte Kraft der extremen Rechten die Regierungsinstitutionen der USA in Besitz genommen hatte. Diese Kraft ist in ihrer Ideologie und ihren Projekten so überdeterminiert, dass sie ihrer eigenen Käuflichkeit bzw. Kriminalität oder ihren globalen Ambitionen keine Grenzen setzt. Es ist diese ideologische Blindheit, die sie regelmäßig dazu bringt, das Potenzial des Volkswiderstands von unten massiv zu unterschätzen. Dies erfahren sie gerade im Irak. Dort hat der Widerstand, so zersplittert er auch sein mag, bereits alle ihre Pläne nicht nur für den Irak, sondern sogar für die Besetzung Syriens und des Irans torpediert. Von diesen Okkupationen hatten die neokonservativen Politiker in den USA die letzten Wochen und Monate geträumt, vom fanatischen zionistischen Vizepräsidenten Dick Cheney bis zur Nationalen Sicherheitsberaterin Condoleeza Rice, vom Verteidigungsminister Rumsfeld bis zum evangelikal-fundamentalistischen Justizminister Ashcroft – ganz zu schweigen vom einst alkoholkranken und nun wieder fundamental-christlichen Präsidenten Bush. Die wichtigsten Mitglieder dieses Regimes sind somit auf ihre Weise genauso millenaristisch wie das irrationalste Mitglied von Al-Qaida. Anders als Al-Qaida haben sie jedoch Macht – mehr Macht als jedes andere Regime in der Geschichte. Daher entsprechen ihre Handlungen im Großen und Ganzen der Logik des Kapitals, können aber auch über diese Logik hinausgehen. So gesehen dürfte Ken Livingston, der derzeitige Bürgermeister von London, durchaus Recht haben, wenn er spekuliert, dass George W. Bush „die größte Bedrohung für das Leben auf diesem Planeten ist, die wir höchstwahrscheinlich je gesehen haben".

II

Um zu verstehen, wo der Imperialismus heute steht, muss man sich zunächst Lenins Konzept der „interimperialistischen Rivalität" vergegenwärtigen. Seine Überlegungen zu diesem Thema entstanden im Rahmen einer konjunkturellen Analyse, die durch eine intensive Debatte darüber erforderlich wurde, ob ein Weltkrieg drohe oder nicht; und welche Linie die europäische Sozialdemokratie im Falle eines solchen Krieges einschlagen sollte. Des Weiteren ging es auch noch um folgende Fragestellungen: die Abstimmung über die Kriegskredite in den verschiedenen Ländern (vor allem in Deutschland), welche revolutionären Möglichkeiten sich im Falle eines Krieges eröffnen würden oder nicht, welche Art von Machtblock (Klassenbündnis) die revolutionären Parteien in diesem Fall zu bilden versuchen sollten und wo die Wahrscheinlichkeit einer Revolution am größten wäre – falls diese überhaupt stattfinden würde. Sowohl als Analyse als auch als strategische Handlungsperspektive in einer von vielfältigen Widersprüchen geprägten Situation erwies sich Lenins Position als unangreifbar. Der Erste Weltkrieg führte, anders als Kautsky, der Meistertheoretiker der deutschen Sozialdemokratie, glaubte, nicht zu einem „Superimperialismus", sondern zum Ausbruch des Zweiten Weltkriegs und schuf in der Zwischenzeit eine Situation, in der die bolschewistische Revolution erfolgreich sein konnte. Am Ende des Krieges erlebten Länder wie Deutschland und Italien ein Niveau an revolutionärer Militanz, das in der Zwischenkriegszeit nicht wieder erreicht werden sollte. Und als Folge dieses Krieges und der bolschewistischen Revolution entstanden in einer Reihe von asiatischen und afrikanischen Ländern antikoloniale Massenbewegungen. Wobei das Bündnis von Proletariat, Bauernschaft und linker Intelligenz – das Lenin seinerzeit empfohlen hatte – tatsächlich zu einem gemeinsamen Merkmal dieser Bewegungen geriet, ob sie nun von Kommunisten geführt wurden oder nicht. Es besteht auch kaum ein Zweifel daran, dass Deutschland – als

Nachzügler des fortgeschrittenen Kapitalismus, da das Land zunächst kein „Kolonien-besitzender Staat" (Luxemburgs Ausdruck) gewesen war – an einer Neuaufteilung der kolonialen Welt Interesse hatte. In der Tat triumphierte der klassische Faschismus vorläufig in genau den drei Ländern – Deutschland, Italien und Japan –, die relativ spät in die Phase des fortgeschrittenen Kapitalismus gelangten und nun am meisten daran interessiert waren, im Wettbewerb mit den großen Kolonialstaaten Frankreich und Deutschland[7] Kolonien zu erwerben.

Die Schärfe von Lenins Analyse dieser einzigartigen Umstände und seine Empfehlungen zu strategischen Fragen, die er daraus ableitete, haben wenig damit zu tun, ob er in anderen Bereichen wie Kapitalexport usw. recht hatte oder nicht; in der reiferen Periode des Imperialismus (nach 1945) sollten die fortgeschrittenen kapitalistischen Länder viel mehr von ihrem überschüssigen Kapital in die Volkswirtschaften der jeweils anderen entwickelten Länder investieren als in die Dritte Welt. Die Idee der „zwischenimperialistischen Rivalität" war in Wirklichkeit viel enger verbunden mit der Idee des „schwächsten Gliedes" (mehr revolutionäre Möglichkeiten in Russland als beispielsweise in Deutschland); oder der politischen Strategie der Mehrklassenbündnisse auf Grundlage der strategischen Allianz des Proletariats und der Bauernschaft (eine große Neuerung in der marxistischen Revolutionstheorie für rückständige Länder: Stalins fataler Fehler war es, dieses Bündnis durch eine Politik der „primitiven sozialistischen Akkumulation" zu brechen). Es handelte sich dabei um eine Verbindung, die auch auf der national-kolonialen Frage basierte (die Möglichkeit antikolonialer Revolutionen dank der Schwächung der kolonisierenden Bourgeoisien, das Aufkommen antikolonialer Massenbewegungen nach dem Ersten Weltkrieg, die allgemeine Dekolonisierung nach dem Zweiten Weltkrieg).

Das Konzept der „zwischenimperialistischen Rivalität" setzte jedoch ein Stadium in der globalen Entwicklung der kapitalistischen Produktionsweise voraus, in dem die nationalen Kapitale der fortgeschrittenen Länder im Wesentlichen voneinander separiert sind und sich kaum gegenseitig durchdringen. Darüber hinaus setzte es eine Art von Staat voraus, der die nationale Bourgeoisie als solche vertritt. Und zwar in Konkurrenz zu anderen natio-

7 Anmerkung der Übersetzerin: Der Originaltext nennt hier Deutschland, es ist aber wohl eher Großbritannien gemeint.

nalen Bourgeoisien und ihren Staaten. Da diese Vorstellung in einer Debatte über die Unvermeidlichkeit und Unmittelbarkeit eines Krieges zwischen diesen konkurrierenden und diskret organisierten Staaten wurzelte, hatte „Rivalität" selbst eine besondere Bedeutung. Eine, die weit über bloße Konkurrenz hinausging, weil sie *unter diesen Umständen* sogar die Möglichkeit eines dauerhaften kooperativen Wettbewerbs ausschloss. Die Vorstellung, dass ein Krieg unmittelbar bevorstand, setzte ebenfalls eine gewisse Gleichwertigkeit oder zumindest die Illusion einer Gleichwertigkeit der militärischen Fähigkeiten voraus, d.h. die Rivalen mussten militärische Strukturen aufbauen, die auch in der Lage waren, sich gegenseitig zu bekämpfen.

Dieser kurze Exkurs über Lenin dient dazu, folgendes klarzustellen: Man kann das Konzept der „zwischenimperialistischen Rivalität" nicht von dieser Analyse der speziellen Umstände vor fast einem Jahrhundert trennen. Wenn man sich Lenins diesbezügliche Publikationen und Argumente heute wieder ansieht, fällt auf, dass sie einer ganz anderen Epoche angehören. Die Besonderheit der Umstände des Imperialismus unserer Zeit, die sich von derjenigen zu Lenins Zeit unterscheidet, besteht darin, dass der momentane imperialistische Kern – bestehend aus den fortgeschrittenen kapitalistischen Ländern – weder aus Rivalen noch aus Gleichartigen besteht. Die Gesamtbevölkerung und das kollektive Bruttosozialprodukt der EU sind sicherlich gleich groß wie das der Vereinigten Staaten, sogar geringfügig größer. Aber da hört es auch schon auf. Die EU besitzt keine zentralisierte Staatsstruktur, die auch nur im Entferntesten mit jener der USA vergleichbar wäre, keine einheitliche Sprache, kein stehendes Heer oder eigene Sicherheitsstruktur, keine für die Mitgliedstaaten verbindliche Außenpolitik, und ihre Gesetze haben nur in bestimmten Bereichen Vorrang vor den nationalen Gesetzen. Die 2003 vorgeschlagene Verfassung ist so sehr an Bedingungen und Modalitäten geknüpft, dass sie eher wie eine Grundsatzerklärung und Vision aussieht wie eine richtige Verfassung. Die Brüsseler Bürokratie, der neue Euro und eine ganze Reihe von guten Absichten scheinen die einenden Faktoren zu sein. Die gegenseitige Durchdringung der nationalen Kapitale, insbesondere im Finanzbereich, bedeutet, dass diese wirtschaftliche Interdependenz zwischen den wichtigsten kapitalistischen Ländern und Regionen *der* Schlüsselaspekt des „Imperialismus unserer Zeit" ist. Der Wettbewerb liegt in der Natur des kapitalistischen Staatssystems, und wir können dies selbst jetzt beobachten, da der Euro versucht, sich neben dem Dollar als lebensfähige Weltwährung zu etablieren, und die EU mit den USA um Märkte konkurriert; dieser „Wettbewerb" bleibt allerdings weit hinter der „Rivalität" im leninschen Sinne zurück, denn weder die gegenseitige Durchdringung der Volkswirtschaften noch die große Diskrepanz in der militärischen Macht machen „Rivalität" zu einer realisierbaren Option für die EU.

All dies wurde während des Entscheidungsprozesses über die Invasion im Irak deutlich. Großbritannien schlug sich auf die Seite der USA, ohne auch nur die geringste Rücksicht auf das Verfahren der EU zu nehmen. Dies geschah in Übereinstimmung mit der Rolle des loyalen Untergebenen, die die USA Großbritannien kurz nach dem Zweiten Weltkrieg auferlegt hatten und von der weder Harold Wilson noch Thatcher oder Blair jemals abgewichen sind. Als dann Frankreich und Deutschland versuchten, sich von dieser Position abzugrenzen, und der US-Verteidigungsminister Rumsfeld sie verächtlich als „altes Europa" abtat, marschierten alle, von Derrida bis Habermas, in die Fernsehstudios, um ihre Bestürzung im Namen Europas zum Ausdruck zu bringen. Rumsfeld aber stellte sich auf die Seite Großbritanniens, Italiens, Spaniens, Portugals und einer ganzen Reihe kleinerer/neuerer Länder „Europas". Wenig später verkündete Bush auf den Azoren die endgültige Entscheidung, nämlich den Sicherheitsrat zu ignorieren und die Invasion durchzuführen. Bedeutsam in dieser Entwicklung ist auch die Tatsache, dass die deutsch-französische Allianz in der letzten Verhandlungsrunde des Sicherheitsrats vor Beginn der Invasion eine 30-tägige Warnung an Saddam Hussein (und die Waffeninspektoren im Irak) vorschlug, nach der auch sie bereit gewesen wären, die Invasion zu billigen. Bush brüskierte sie, indem er sich an den vom Pentagon vorgegebenen Zeitplan hielt und den Sicherheitsrat von da an ignorierte. Die USA wiesen die Vereinten Nationen an, ihre Waffeninspektoren unverzüglich abzuziehen, und Kofi Annan, der Generalsekretär der UN, machte sich nicht einmal die Mühe, den Sicherheitsrat einzuberufen, obwohl die Inspektoren nicht von den USA, sondern aufgrund einer Resolution des Sicherheitsrates in den Irak entsandt worden waren. Stattdessen wies Annan die Inspektoren einfach an, die Anweisungen der USA zu befolgen. Hans Blix, der Chefinspektor, sollte später sagen, dass er schon lange davon überzeugt gewesen war, dass der Irak keine Massenvernichtungswaffen besaß und die ganze Sache ohnehin nur eine Farce war. Als sich die Invasion in vollem Gange befand, begann sogar das deutsch-französische Bündnis öffentlich für einen schnellen Sieg der USA zu beten und – etwas weniger öffentlich – um Aufträge an europäische Firmen für den „Wiederaufbau" des Irak zu betteln. Als die USA beschlossen, sich als Besatzungsmacht zu etablieren und den Vereinten Nationen keine nennenswerte Rolle zuzugestehen, fügte sich die deutsch-französische Allianz. Das von den USA unter dem Namen „Irakischer Regierungsrat" eingesetzte Marionettenregime wurde vom Sicherheitsrat *in einem einstimmigen Votum* als „Verkörperung der Souveränität des irakischen Volkes" anerkannt, während mit demselben Votum Ahmed Chalabi, der Vorsitzende dieses Rates, ein verurteilter Verbrecher, den Sitz des Irak bei den Vereinten Nationen erhielt. Wie eine Person und ein Gremium, die vollständig von der Militärverwaltung einer ausländischen Macht ernannt wurden, die wiederum vom Sicherheitsrat selbst als *Besatzungsmacht* bezeichnet wurde, nun auf einmal die „Souveränität" des besetzten Landes verkörpern sollen, ist eine Frage, über die man nur spekulieren kann. Dieser grobe Verstoß gegen jede Vorstellung von internationalem Recht und die Charta der Vereinten Nationen wurde mit voller Zustimmung aller Möchtegern-Rivalen der USA durchgeführt: Russland, China sowie die drei führenden Länder der EU, nämlich Deutschland, Frankreich und Großbritannien, die allesamt im Sicherheitsrat sitzen.

In der Zwischenzeit hat sich die belgische Regierung – in Bezug auf ein belgisches Gesetz, das belgischen Gerichten die Zuständigkeit für die Verurteilung ausländischer Staatsangehöriger wegen Kriegsverbrechen einräumt – auch gefügt. Das geschah nach einer strengen Warnung Rumsfelds, dass er das NATO-Hauptquartier aus Brüssel wegverlegen könnte, wenn die Gesetze nicht geändert würden. So viel zu der Behauptung hochgesinnter europäischer Intellektueller, dass die Achtung der universellen Menschenrechte ein wesentlicher Aspekt der entstehenden europäischen Identität sei. Belgien hat offenbar kein Recht auf eigene Gesetze, selbst wenn es um Fragen wie Kriegsverbrechen geht. Das gilt auch für den Fall, dass diese Gesetze in Bezug auf den globalen Handel, die Finanzen oder Handelsverträge keine Bedeutung haben. Diese Doktrin der begrenzten Souveränität, die sich mit ihren weitreichenden Auswirkungen auf den neuen imperialen Konstitutionalismus als wichtiger Bestandteil der US-amerikanischen Politik herauskristallisiert, soll offenbar nicht nur auf die Länder der Dritten Welt angewandt werden, sondern selektiv auch auf die Fähigkeit Europas, selbst Gesetze zu erlassen.

Im theoretischen Bereich stellen solche Entwicklungen konkret das Konzept einer supranationalen „Souveränität" von Negri und Hardt in Frage: Ihnen zufolge ist diese mittlerweile so durch und durch globalisiert, dass es schwer ist, sie irgendwo im Besonderen zu verorten; gleichzeitig steht dieser „Souveränität" eine „Vielfältigkeit" (im Original: *„multitude"*) gegenüber, die ebenfalls jenseits von Klasse oder einer anderen bestimmten Identität bzw. Grenze liegt. In Wirklichkeit sind es natürlich die Vereinigten Staaten, die das unumschränkte Recht beanspruchen, in ihrem eigenen Interesse zu handeln (was sie als „Verteidigung" bezeichnen). Gleichzeitig missachten die USA die Hoheitsrechte anderer Länder, so dass die Souveränität des imperialen Staates grenzenlos erscheint. In der Tat war es Clintons Außenministerin Madeleine Albright, eine ehemalige Professorin an der Georgetown University, die als erste hochrangige Vertreterin der US-Regierung meinte, dass sowohl „Nationalität" als auch „Souveränität" zu einem überholten Repertoire der politischen Theorie gehören. Angesichts neuer Strukturen der Globalisierung und Erfordernissen der „humanitären Intervention" müssten sie aufgegeben werden.

Die Erklärung der Bush-Regierung, dass sie das souveräne Recht besitzt, Krieg zu führen, ist in Wirklichkeit die Ausweitung einer Doktrin, die es bereits seit früheren Regierungen gibt. Bezeichnet wird das dann als „Präventivkrieg", der sich gegen jede Person oder alle Staaten richtet, die als Bedrohung wahrgenommen werden; wobei die US-Regierung sich das Recht herausnimmt, selbst zu beurteilen, wer oder was eine Bedrohung darstellt. Was wir erleben, ist die Kreation einer imperialen Souveränität, die ein Staat für sich beansprucht, der gleichzeitig der Staat einer Nation und der globalisierte Staat des zeitgenössischen Kapitalismus ist. Die USA maßen sich eine grenzenlose Souveränität an, die ihrer Natur nach willkürlich ist. Sie kann nur insofern bestehen, als ihre Macht der aller anderen derart überlegen ist, dass ihr Handeln von den übrigen Akteuren des globalen Staatensystems unangefochten bleibt, wie sehr diese auch erzürnt sein mögen.

Bleiben wir bei der Frage der zwischenimperialistischen Rivalität. Als Kontrast zur globalen Souveränität des US-amerikanischen Imperiums sei daran erinnert, dass es noch eine andere, noch weniger plausible und mehr oder weniger futuristische Vorstellung gibt, die diese Rivalität nicht in der atlantischen, sondern in der pazifischen Zone ansiedelt, so dass der Rivale nicht aus Europa, sondern aus Ostasien kommt. In einer früheren Version ging die Rivalität von Japan aus, aber die tiefe Krise der japanischen Wirtschaft, die dann in den letzten zehn Jahren oft mit dem bemerkenswerten Wachstum der chinesischen Wirtschaft kontrastiert wurde, hat die Aufmerksamkeit auf China gelenkt. Auch dies ist jedoch nicht plausibel. Unabhängig von den jüngsten Wachstumsraten ist die chinesische Wirtschaft im Vergleich zur Europäischen Union ein Nichts. Und ungeachtet der immensen Größe von Chinas Landstreitkräften liegt die High-Tech-Entwicklung bei den militärischen Fähigkeiten nach wie vor weit hinter Russland zurück. Die dominierende Rolle des militärischen Establishments ist intern, und betrifft somit die Verwaltung der Zivilgesellschaft und die Vorherrschaft über andere staatliche Institutionen; im Übrigen sind die kriegerischen Fähigkeiten von Chinas Militär weitgehend defensiver Natur. Des Weiteren hat das kapitalistische Wirtschaftswachstum des letzten Vierteljahrhunderts die inneren sozialen Widersprüche entlang von Klassen- und Regionalgrenzen verschärft. China kann von Glück reden, wenn es diese äußerst schwierige und einseitige Wachstumsphase in seiner derzeitigen territorialen Form überlebt, und nicht von wachsenden Massenunruhen zerschlagen wird. Man kann ziemlich sicher sein, dass die USA solche inneren Unruhen ausnutzen werden, um separatistische Bewegungen zu fördern, insbesondere in den Randgebieten wie Xinjiang, so wie sie auch Tibet als möglichen Aufmarschort genau im Auge behalten. In der Zwischenzeit hat die unerbittliche Exportorientierung der chinesischen Wirtschaft dazu geführt, dass das Land tief in den US-amerikanischen Verbrauchermarkt integriert ist. China bangt heute, dass im Falle einer umfassenden amerikanischen Rezession die Exporte dramatisch zurückgehen und die chinesische Wirtschaft dadurch zum Stillstand kommt. Parallel dazu ist China zum zweitgrößten Erdölimporteur geworden und hat somit selbst Japan hinter sich gelassen; das meiste Öl, das es importiert, kommt genau aus der Region, in der die USA mit zielstrebiger Brutalität versuchen, ihr Monopol über alle strategischen Ressourcen zu errichten. Die Integration Chinas in das von den USA dominierte globale System, um dessen Abhängigkeit zu erhöhen, ist eine Notwendigkeit, die Bush Sen. und Clinton sehr wohl verstanden haben. Die derzeitige Regierung könnte eine Politik verfolgen (bei der Indien durchaus eine wichtige Rolle spielen würde), die China zu enormen Ausgaben für den Aufbau seiner militärischen Verteidigung zwingt. Dadurch wären dem Wirtschaftswachstum Ressourcen entzogen und die internen Konflikte dürften sich noch verschärfen. Jedenfalls zeigt sich China gegenüber den Vereinigten Staaten als militärisch und wirtschaftlich extrem verwundbar, und die Vorstellung, dass das Land ein potentieller Konkurrent für die USA sein könnte, ist bestenfalls ein Hirngespinst.

III

Im Gegensatz zur zwischenimperialen Rivalität steht heute die Frage des Kolonialismus im Mittelpunkt unseres Denkens – oder sollte es zumindest. In der Geschichte des Imperialismus bleibt die Rolle des Kolonialismus – gegenwärtig im Allgemeinen als Gegensatz zwischen „formellen" und „informellen" Imperien verstanden – ein umstrittenes Thema. Vier erste Beobachtungen lassen sich machen, ohne dass man viel Widerspruch befürchten muss, es sei denn von gläubig westlich orientierten Kreisen. Erstens war der Kolonialismus kein zufälliges, epiphänomenales oder episodenhaftes Merkmal der Entwicklung des Kapitalismus; die Vernachlässigung dieser Tatsache hat einen Großteil der marxistischen Kapitalismustheorie beeinträchtigt. Vielmehr war der Kolonialismus von Anfang an wesentlicher Bestandteil der primitiven Kapitalakkumulation. Die ehemaligen Kolonien spielen die ihnen zugeordnete Rolle bei der primitiven Kapitalakkumulation auf globaler Ebene im postkolonialen Imperialismus auch heute noch (die primitive Akkumulation ist ein *konstantes* Merkmal des Kapitalismus in seiner gesamten Geschichte, bis hin zur Gegenwart). Zweitens gibt es einen scharfen Kontrast zwischen verschiedenen Arten von Kolonialismus, wie z.B. zwischen dem Siedlerkolonialismus (der in Amerika und Australien erfolgreich war, aber in Afrika scheiterte) und den so genannten Kolonien, die den sie ausbeutenden Bourgeoisien so fremd waren, dass sie dort nie Wurzeln schlugen (die Erfahrung der meisten Kolonien in Asien und Afrika). Einige der von Weißen besiedelten Gebiete in den gemäßigten Zonen schafften den Übergang zum fortgeschrittenen Kapitalismus (vor allem Nordamerika und in gewissem Maße Australien und Neuseeland), andere nicht (Südamerika). In keiner der besetzten, aber nicht besiedelten Kolonien war dies der Fall, nicht einmal in Indien, das zum Zeitpunkt der Kolonisierung über ein recht fortgeschrittenes Niveau an Handelskapital sowie über hochentwickelte vorindustrielle Fabriken verfügte. In die Siedlerkolonien wurde viel Kapital investiert, sehr wenig hingegen in die unbesiedelten Kolonien. All dies hatte folgenreiche Auswirkungen auf die Klassenstruktur der jeweiligen Teilsysteme. Die Siedlerkolonien, die den kapitalistischen Übergang vollzogen haben, sind durch die Dominanz der Industrie gegenüber der Landwirtschaft gekennzeichnet und weisen ein demographisches Gleichgewicht auf, in dem die Erwerbstätigen die Arbeitslosen bei weitem überwiegen; in den Kolonien, die diesen Übergang nicht vollzogen haben, übersteigt die Vielzahl der Arbeitslosen und der geringfügig Beschäftigten tendenziell die erwerbstätigen Teile der Arbeiterklasse.

Drittens war das so genannte „informelle" Imperium (also der Imperialismus ohne Kolonien) von Anfang an ein wiederkehrendes Merkmal, und die umfassenden kolonialen Eroberungen folgten oft anderen Formen imperialistischer Ausbeutung. Vorposten an der Küste Westafrikas in Verbindung mit Überfällen und Einfällen in das Landesinnere genügten, um einen Großteil der Bevölkerung durch den Sklavenhandel zu eliminieren und die wirtschaftlichen Systeme zu stören. Die Eroberung des Landesinneren erfolgte erst viel später. Selbst die Anfänge einer umfassenden territorialen Eroberung Indiens kamen sehr viel später als die Errichtung von Außenposten an der Küste zu Zwecken des Handelsimperialismus; und die vollständige territoriale Eroberung – ganz zu schweigen vom Übergang von einem Besitz der *East India Company* zu einer Kronkolonie – dauerte hundert Jahre. Zwischen kompletter Unterwerfung und Entkolonialisierung sollten dagegen neunzig Jahre vergehen.

Viertens verläuft die globale Geschichte „formeller" und „informeller" Imperien – nicht zu reden von kolonialer Eroberung und Entkolonisierung – parallel, aber nicht synchron. Lateinamerika wurde umfassend entkolonialisiert, lange bevor die inländischen Gebiete Afrikas und Asiens vollständig kolonialisiert wurden. Die Geschichte der anglo-amerikanischen Rivalität um das „informelle" Imperium in Lateinamerika nach der Dekolonialisierung ist um etwa ein Jahrhundert älter als das Aufkommen antikolonialer Massenbewegungen in Asien und Afrika. Die Tatsache, dass lateinamerikanische Staaten ihren Ursprung in siedlungskolonialen Formationen haben, während die meisten Staaten in Asien und Afrika nicht einmal den Versuch erfuhren, diese Form zu erzwingen, hatte enorm differenzierende Folgen für die jeweilige Entwicklung von Sprachen, Kulturen, Religionen, demografischen Zusammensetzungen usw. auf den jeweiligen Kontinenten. Einige der Folgen des Imperialismus waren in „formellen" und „informellen" Imperien ziemlich ähnlich, was die kolonisierten Gebiete und die „Halbkolonien" (Lenins Begriff) betrifft. Indien ging während der 1830er Jahre in den Status einer Kronkolonie über; die Türkei, die nie kolonisiert war, führte etwa zur gleichen Zeit unter dem Tanzimat moderne bürgerliche Reformen durch. In den 1920er Jahren hatten beide bemerkenswert ähnliche Eigentumsverhältnisse, Rechtsstrukturen, Reformbewegungen usw. entwickelt, ganz zu schweigen von den vielfältigen Abhängigkeiten von Europa (z. B. die Schuldknechtschaft). Der Unterschied aber ist, dass Indien kolonisiert worden war und die Türkei nicht.

Die Vereinigten Staaten nehmen in dieser globalen Geschichte des Kolonialismus einen einzigartigen Platz ein. Sie waren die einzige ehemalige Kolonie, die sich in ein Imperium verwandelte. Selbst im 19. Jahrhundert allerdings, als das Kolonisieren in Europa in Mode war, strebten die USA nicht danach, Lateinamerika zu kolonisieren, sondern es zu beherrschen. Die anfänglichen dreizehn Kolonien, die aus der völkermörderischen Annexion riesiger Gebiete hervorgingen, erlebten eine Revolution, verwandelten sich in eine Nation und schrieben sich eine Verfassung, in der sich die aufrüttelnde Rhetorik dessen, was wir heute als „Menschenrechte“ bezeichnen, mit der Verteidigung der Sklaverei verband, so dass die Siedler nun mit dem weitermachen konnten, was sie ohnehin schon taten: rassisch motivierte Sklaverei für die Plantagen; Gewinne aus dem Dreieckshandel; Aufbau von Handel und Industrie, die sich hauptsächlich auf die Ostküste konzentrierten; kleinteiliger Warenhandel in Neuengland. Die Neuheit war, dass die Gewinne nun nicht länger mit dem „Mutterland“ geteilt werden mussten. Die aus dieser Entwicklung hervorgehende Expansionsideologie war eher annektierend als kolonial im europäischen Sinne; was jenseits der Grenze lag, nahm man sich einfach, und die Grenzen selbst konnten während eines Großteils des 19. Jahrhunderts beliebig erweitert werden. Im Westen erwies sich nur der Pazifik als Schranke; im Süden und Norden wurden die Grenzen zu Mexiko und Kanada durch Kriege und die Annexion von einzelnen Gebieten festgelegt, nicht durch die Eroberung dieser Nachbarn als Kolonien. Im Gegensatz zu den europäischen „Kolonialstaaten“ hatten die USA nie das Problem des Arbeitskräfteüberschusses; das Land häufte ständig ein gewaltiges Plus an Ressourcen für sich selbst an. Die europäischen Kolonialherren exportierten ihre Bevölkerung, um ein günstiges demografisches Gleichgewicht zu erreichen; die USA wiederum lebten vom Sklaven-Import, qualifizierten Arbeitskräften und enormen intellektuellen Ressourcen aus anderen Ländern. Ihr erstes „informelles“ Imperium befand sich auf dem amerikanischen Kontinent selbst, während das „Herz“ des Imperiums in den assoziierten Gebieten lag, die ständig in mehr und mehr nationales Territorium umgewandelt wurden; Imperium und Nation waren in diesem Entstehungsmoment eins.

IV

Die USA traten in den Ersten Weltkrieg nicht ein, um die koloniale Welt neu aufzuteilen, sondern um europäische Streitigkeiten zu schlichten – und sie gingen als Erste unter Gleichen aus dem Krieg hervor. Da das europäische Gemetzel sowohl die Kolonialmächte (Großbritannien und Frankreich) als auch die nach Kolonien strebenden Staaten (vor allem Deutschland) schwächte, und sich das Finanzzentrum zunehmend nach New York verlagerte, während die industrielle Basis der USA vom Krieg profitierte, war die weltweite Führungsposition zum Greifen nahe. Man erkannte bereits, dass Ordnung und Stabilität in der immer komplexer werdenden kapitalistischen Welt nicht aufrechtzuerhalten waren, ohne die Führungsrolle in den Händen des mächtigsten Staates zu konzentrieren. Auch konnte der Kommunismus ohne eine solche Vereinigung hinter einer zielgerichteten Führung nicht zurückgedrängt werden. Das britische Empire allerdings war zu diesem Zeitpunkt noch intakt, und Großbritannien zeigte sich noch nicht bereit, die Führung so einfach abzugeben. Gleichzeitig verfügten die USA noch nicht über den erforderlichen institutionellen Rahmen, um einen imperialistischen Staat zu führen. Ihr erster Versuch, die Weltherrschaft zu übernehmen, ging also gründlich daneben: Der Völkerbund war ein Fiasko. Die Last der Reparationen, die er den Verlierern auferlegte, nährte wachsende Ressentiments, den Irrationalismus und die rechte Hysterie in Deutschland. Der auf den Krieg folgende Waffenstillstand führte immer mehr zu einer Periode des Aufschubs und der Vorbereitung auf eine zweite Runde des Mordens. Wilsons Festhalten am „Prinzip der Nationalitäten" veränderte die europäische Landkarte, trug aber wenig zum Fortschritt in der Entkolonialisierung bei. Die Eindämmung bzw. Zurückdrängung des Kommunismus wurde als zentrale Aufgabe erkannt, aber die USA konnten unter eigener Führung nicht die Art von antikommunistischem Kreuzzug organisieren, den sie dann nach dem Zweiten Weltkrieg zuwege bringen sollten; sie lebten – um es im heutigen Jargon auszudrücken – noch immer in einer multipolaren Welt. Es ist jedoch bezeichnend, dass die Depression, die die Nazis so sehr stärkte, in den USA den *New Deal* hervorbrachte. Ein Anwärter auf die Führung des globalen Imperiums entschied sich also für eine rückschrittlichen Lösung der Krise, der andere wählte eine progressive. Die Nazis begannen den Zweiten Weltkrieg mit dem Ziel, die ganze Welt in eine riesige und dauerhafte deutsche Kolonie zu verwandeln.

Als die USA in den Zweiten Weltkrieg eintraten, verfolgten sie ausdrücklich das Ziel, alle Staaten, die „Kolonien" besaßen, davon zu überzeugen – oder zu zwingen –, diese aufzugeben und sich einem einheitlichen kapitalistischen Weltreich anzuschließen.

Erst gegen Ende des Zweiten Weltkriegs verfügten die USA über ausreichende materielle Ressourcen und institutionelle sowie staatliche Strukturen, um eine Aufgabe dieser Größenordnung tatsächlich in Angriff zu nehmen – und erst zu diesem Zeitpunkt wurde die Kluft zwischen ihnen und ihren potenziellen Konkurrenten so groß, dass Großbritannien selbst schnell zum Vasallen gemacht, und Deutschland geteilt, besetzt und mit amerikanischer Großzügigkeit in ein Objekt des Wiederaufbaus verwandelt werden konnte. Sogar Frankreich erlag dem Segen des Marschallplans, und De Gaulles späteres Streben nach einer unabhängigen Außen- und Verteidigungspolitik hatte nie die nötige materielle Schlagkraft. Außerhalb Europas führten und finanzierten die USA viele Kriege, den tödlichsten und langwierigsten natürlich in Indochina. Aber das geschah niemals, um zu kolonisieren, sondern nur um Klientelregime zu erhalten, und die Welt für den Kapitalismus sicher zu machen. Diese globalisierte und punktuelle Politik militärischer Interventionen hat diejenigen Linken verblüfft, für die der heutige Kapitalismus im Wesentlichen ein System von Transaktionen zwischen den fortgeschrittenen Ländern ist und für die die Dritte Welt aufgrund ihres geringen Anteils an der Weltproduktion und -handel weitgehend irrelevant ist. Doch selbst ein drittklassiger General weiß, dass das Zentrum nur an den Flanken gesichert werden kann; ohne Flanken kein Zentrum. Daher haben die USA stets versucht, das gesamte trikontinentale imperiale Reich in Asien, Afrika und Lateinamerika zu hegemonisieren, um (a) dessen riesige strategische Ressourcen zu monopolisieren und dessen revolutionäre Potenziale in einer permanenten Konterrevolution zu vereiteln und (b) ihre beherrschende Stellung in der Zone des fortgeschrittenen Kapitalismus selbst zu konsolidieren.

Die Entwicklungen der Nachkriegszeit beruhten auf einer Kombination aus eindeutiger US-amerikanischer Führung und einem komplexen Netz multilateraler Institutionen. Am nützlichsten waren jene Einrichtungen, die von den USA stärker kontrolliert werden konnten – wie die internationalen Finanzinstitutionen und die NATO. Die Vereinten Nationen wurden immer als notwendiges und nützliches Ärgernis betrachtet. Und zwar, weil die Sowjetunion im Sicherheitsrat ein Vetorecht hatte und die Mitgliederzahl in der

Generalversammlung so groß war, dass es während der Blütezeit des Kommunismus und des Nationalismus in der Dritten Welt nicht immer leicht war, Mehrheiten zu finden. In den 1970er Jahren gab es sogar einen kurzen Moment, in dem die Vereinten Nationen selbst durch Nebenorganisationen wie die UNCTAD zu einem Forum für die Verfolgung nationalistischer Projekte der Dritten Welt wurde. Als diese Gegner besiegt worden waren, entstand eine paradoxe Situation: Während die Vereinten Nationen selbst viel nachgiebiger geworden sind, zeigten sich die USA nun so fest entschlossen, die Verwaltung der kapitalistischen Welt in ihre eigenen Hände zu nehmen, dass sie nicht nur die Vereinten Nationen, sondern gelegentlich auch den IWF und die Weltbank systematisch untergruben. Dies gelang ihnen, obwohl diese Institutionen seit Umsetzung der Nachkriegsordnung zu den wichtigsten Instrumenten für die Verwaltung insbesondere der Dritten Welt gehörten. Rückblickend lässt sich feststellen, dass die große Bedeutung des Multilateralismus in der Vergangenheit vielleicht der Tatsache geschuldet war, dass die USA mit Herausforderungen durch den Kommunismus und den Nationalismus der Dritten Welt konfrontiert wurden. Sie brauchten zumindest einen institutionellen Rahmen, um unter ihrer Führung die Einheit und Zustimmung der wichtigsten Verbündeten zu stärken. Jetzt, da diese Gefahren weggefallen sind, die Führung fest gesichert ist, und sich eine viel kriegerischere US-Regierung im Amt befindet, werden viele Aspekte dieses Multilateralismus hinfällig. Die hysterischen Behauptungen von Bush Jr. über die imperiale Souveränität der USA stehen in scharfem Kontrast zum Trilateralismus seines Vaters.

Die Jahre unmittelbar nach dem Zweiten Weltkrieg erwiesen sich somit als entscheidend. Die Kluft zwischen den enorm erstarkten USA und den zerstörten europäischen Ländern war immens. Letztere blieben beim Wiederaufbau und beim inneren und äußeren Schutz vor der kommunistischen Bedrohung so sehr auf die USA angewiesen, dass diese Zeit in der Literatur als „US-amerikanische Hegemonie" bezeichnet wird. Dass es eine solche Hegemonie gab, steht außer Zweifel; dass sie dann in den 1970er Jahren stark abnahm oder gar verschwand, ist eher zweifelhaft. Entscheidend ist in jedem Fall nicht allein, dass die USA nun über die Ressourcen verfügten oder dass die Kluft zwischen ihnen und ihren kapitalistischen Verbündeten so groß war, sondern dass ein Vierteljahrhundert anhaltender Prosperität und Produktivität dazu geführt hatte, die Struktur des globalen Kapitalismus selbst zu verändern.

Und zwar so, dass gleichzeitig die *Notwendigkeit* entstand, ein ausgeprägtes Zentrum für die erweiterte Reproduktion dieser neuen Struktur zu organisieren und die *materiellen Mittel* zur Errichtung eines solchen imperialen Staates bereitzustellen. Die USA waren immer das Herzstück der NATO, immer der Garant für die Versorgung ihrer Verbündeten mit strategischen Rohstoffen, immer die Militärmacht, die intervenierte, um die Welt vor dem Kommunismus zu schützen, von Vietnam bis Chile; ihre Währung gab den USA Macht und war gleichzeitig auch das Modell für die Reorganisation der kapitalistischen Unternehmen auf dem ganzen Globus; und die USA waren diejenige, die über genügend Ressourcen verfügten, um so viel in ihre Rüstungsindustrie zu investieren, dass die Sowjetunion bei dem Versuch, mit ihr gleichzuziehen, in den Bankrott ging.

Marx bemerkte einmal, dass eine herrschende Klasse nur in dem Maße stabil ist, in dem sie die besten Köpfe der untergeordneten Klassen in ihren Dienst stellt. Ein sehr unterschätzter Aspekt der globalen Hegemonie, die die USA nach dem Zweiten Weltkrieg errichteten, war die Rolle, die ihre Wissensindustrie bei der Ausbildung und Förderung großer Teile der herrschenden Schichten in der Dritten Welt spielte: einerseits direkt in ihren eigenen Einrichtungen auf amerikanischem Boden und andererseits indirekt über „nationale" Einrichtungen in der Dritten Welt selbst. Letzteres geschah mittels Bereitstellung von Lehrkräften, Lehrplänen, Stipendien, Forschungsausrüstung, Bibliotheken usw. Als sich die europäischen Imperien in Asien und Afrika auflösten, übernahmen die USA klar die Führung der kapitalistischen Staaten und entwickelten den größten, bestfinanzierten und wohlhabendsten akademischen Apparat, den die Menschheit je gesehen hat. Sie machten sich außerdem systematisch daran, wichtige intellektuelle Schichten aus den neu entkolonialisierten Ländern in ihre eigenen akademischen Einrichtungen zu holen. Und zwar in den verschiedensten Bereichen der physikalischen und technischen Wissenschaften, der Sozial- und Geisteswissenschaften, der Künste, der Diplomatie, der Rechtswissenschaft und so weiter. Viele von ihnen blieben und wurden Teil des intellektuellen Machtzentrums der Vereinigten Staaten selbst; ab den 1960er Jahren verstärkte sich die enorme Abwanderung von Fachkräften aus der Dritten Welt (vor allem aus Asien) noch, da im Gegensatz zu früher nun weniger europäische Intellektuelle dazu neigten, ihren zunehmend wohlhabenden und politisch stabilen Kontinent zu verlassen. Diejenigen, die zurückkehrten, wurden zu Wirtschafts- und Naturwissenschaftlern,

Diplomaten, Bürokraten, Professoren, Politikern und Geschäftsleuten in ihren Heimatländern. Im Vergleich dazu nahm die Rolle der Europäer in Bezug auf die intellektuelle Bildung der postkolonialen Intelligenz der Dritten Welt stark ab. Die einheimischen Institutionen wurden gleichzeitig so umgestaltet, dass sie ihren amerikanischen Gegenstücken so weit wie möglich entsprachen.

Das amerikanische imperiale Projekt wurde auch in hohem Maße durch die Tatsache begünstigt, dass Englisch, die Sprache der beiden vorherrschenden Imperien des 19. und 20. Jahrhunderts, zur Weltsprache aufstieg. Im Ergebnis wurden große Teile der staatlichen Institutionen in den Ländern der Dritten Welt schlichtweg dadurch übernommen, dass man ihr Schlüsselpersonal vielfach intellektuell vereinnahmte. Die amerikanische Weltanschauung geriet für diese Menschen zum gesunden Menschenverstand. Und es ging dabei nicht nur um praktische Angelegenheiten. Parallel erfolgte eine Schulung der Sinne und der Sensibilität, des literarischen und künstlerischen Geschmacks, der Konsummuster, der Übertragung und Aufnahme von Nachrichten, der Vervielfältigung von Narrativen und Formen der Unterhaltungsindustrie. Die meisten europäischen Intellektuellen sind heute in weiten Teilen Afrikas und Asiens durch ihre amerikanische Neuveröffentlichung bekannt. Die einzige lateinamerikanische Literatur, die in den Buchhandlungen Delhis auftaucht, ist diejenige, die in den Vereinigten Staaten übersetzt, kommentiert und veröffentlicht wurde. Die einzigen „universellen" Musikformen sind heute diejenigen, die entweder aus den USA kommen oder lokale Kopien und Varianten der amerikanischen Version sind. Die Postmodernisierung der Welt ist in Wirklichkeit eine Amerikanisierung, zweifellos mit einem beträchtlichen Maß an Lokalkolorit und imitativer Originalität. Ein gerütteltes Maß dieser nachahmenden Originalität ist heute auch in Europa zu beobachten.

V

Die hier beschriebene Auswirkung ist jedoch nicht die einzige, die der moderne Imperialismus auf den kulturellen und ideologischen Bereich in der Dritten Welt hat. Ein allgemeiner Ausbruch von Irrationalismus in weiten Teilen der ehemaligen Kolonien und Halbkolonien kann als eine andere Folge der Niederlage des ursprünglichen antikolonialen Projekts beobachtet werden.

Die nationalen Befreiungsbewegungen gegen den Kolonialismus und Imperialismus waren in einem bestimmten Kraftfeld entstanden: einerseits wurde dieses Feld durch die eklatante Brutalität der fremden Besatzung sowie die anachronistischen Hierarchien der eigenen Gesellschaften gebildet, die die fremden Herrscher in vielen Fällen für ihre eigenen Zwecke aufrechterhielten und sogar noch verstärkten; andererseits ließen sich die meisten dieser Bewegungen von den radikaleren Denkschulen der Moderne inspirieren. Zu diesen radikaleren Denkweisen gehörten zum Beispiel die Ideen der Aufklärung über die säkulare Vernunft und das Recht jedes sozialen Gebildes, sich durch die Ausübung dieser Vernunft zu emanzipieren. Hinzu kommen das praktische Beispiel eines relativ emanzipierten sozialen Lebens in den Industriegesellschaften; die Ideen der bolschewistischen Revolution, die über die Welt hereingebrochen war, als die Befreiungsbewegungen gerade entstanden, und die selbst wiederum neue Massenbewegungen inspirierte. Diese Bewegungen waren im Allgemeinen solche der säkularen Reformen – die Säkularisierung selbst war oft ein Ziel – und auch antikoloniale Bewegungen. Ihre bemerkenswerte Leistung bestand darin, dass sie kollektive soziale Akteure, die in der Vergangenheit nie politisch gehandelt hatten, in das politische Feld einbrachten. Und als nationale Bewegungen für Unabhängigkeit und sozialen Wandel versuchten sie, verschiedene Elemente der Gesellschaft zusammenzubringen, die unterschiedlichen ethnischen, religiösen und sprachlichen Gruppen angehörten.

Dies war natürlich nicht die einzige Form der Opposition, die sich gegen den Kolonialismus entwickelte. Eine sich auf Traditionen berufende Gegenreaktion zur Verteidigung der älteren sozialen Hierarchien war häufig genug anzutreffen und stand den säkularisierenden Reformbewegungen ebenso feindlich gegenüber wie dem Kolonialismus. Betrachtet man jedoch eine Vielzahl an unterschiedlichen Ländern und Regionen – von Nordafrika über West- und Südasien bis hin zu Indochina –, so fällt auf, wie dominant die säkularisierenden und reformatorischen, ja sogar revolutionären Tendenzen waren. Dies gilt für den arabischen Nationalismus ebenso wie für die indische antikoloniale Bewegung und natürlich auch für reformistische Regime wie das von Atatürk, das den modernen türkischen Staat begründete. Kommunistische Massenparteien waren ein Phänomen, das sich keineswegs auf Länder wie Vietnam beschränkte, wo die kommunistische nationale Befreiung triumphierte; sie waren in einer ganzen Reihe von anderen Ländern präsent, von Irak und Sudan bis Indien, Malaya und Indonesien. Während die muslimischen Gesellschaften kommunistischen Ideen gegenüber recht aufgeschlossen gewesen schienen, blieben Organisationen wie die ägyptische Muslimbruderschaft und die indische RSS bis zum letzten Viertel des zwanzigsten Jahrhunderts unparteiisch. Man könnte hinzufügen, dass der politische Islam in all diesen Gesellschaften seit den 1950er Jahren von den USA als Bollwerk gegen den Kommunismus gefördert wurde, was sich schließlich nicht nur in Afghanistan katastrophal auswirkte.

In Bezug auf die Klassenzugehörigkeit stellten solche Bewegungen in der Regel Bündnisse zwischen dem städtischen Bürgertum und der Bauernschaft dar. Sie wurden von der aus dem Bürgertum hervorgegangenen Intelligenz angeführt, die ihrerseits dem national-bürgerlichen Projekt zugeneigt war. Was geschah dann mit diesem Projekt nach der Unabhängigkeit? Das ist eine komplexe Geschichte, aber als grobe Verallgemeinerung könnte man mit der Schlüsseltatsache beginnen, dass jedes national-bürgerliche Regime, das nach der Entkolonialisierung in größeren Agrargesellschaften entstand, die Wahl zwischen einer Dominanz des Imperialismus oder der Bauernschaft hatte – und in jedem Fall verriet es die Bauernschaft. Dies ist ein Thema von großer Bedeutung. Gramsci argumentierte, dass die europäische Bourgeoisie, die die Erfahrung der Französischen Revolution gemacht hatte, durch die Aussicht, dass die Bauernschaft ihre eigene Revolution bis zum logischen Ende führen würde, indem sie sich mit dem Proletariat gegen das Privateigentum als solches zusammenschließt, zutiefst verängstigt wurde, so dass keine Bourgeoisie jemals wieder eine revolutionäre Rolle gegen die landbesitzenden Klassen spielen sollte. In den Agrarwirtschaften der größeren ehemaligen Kolonien war die Agrarrevolution zweifellos der einzige Weg aus der imperialistischen Abhängigkeit. Das Ausbleiben dieser Revolution ist der Grund für die Niederlage des nationalen bürgerlichen Projekts und die letztendliche Akzeptanz des imperialistischen Diktats sowie für die Bildung neoliberaler Regime durch die lokalen Bourgeoisien. Dieser interne Faktor war in Indien sicherlich ausschlaggebend. Dort hat der postkoloniale Staat eine ziemlich mächtige Industrie-/Finanzbourgeoisie „gezeugt" und eine weit verbreitete Klasse reicher Bauern auf dem Lande geschaffen, aber nie die große Masse der armen und landlosen Bauern emanzipiert, wodurch das Entstehen eines großen Binnenmarktes für die Produkte dieser Bourgeoisie stark eingeschränkt wurde. Gleichzeitig sorgte die Allianz aus Bourgeoisie und Grundbesitzern dafür, dass diese dominanten Klassen so wenig wie möglich besteuert wurden, was zu einer Art fiskalischer Krise des Reformstaates führte. Diese Art von Staat begann Mitte der 1970er Jahre selbst zu zerfallen, und als der richtige Zeitpunkt gekommen war, löste sich die Bourgeoisie von dem Projekt der staatlich gelenkten Wachstumsstrategien. Sie fand sich mit einem subalternen Status in der Struktur des globalen Kapitalismus ab. Ein wichtiger externer Faktor, der zum Schicksal des national-bürgerlichen Projekts beitrug, war die Existenz des sowjetischen Blocks. Dieser bot wichtige Unterstützung in Form von technologischer Expertise, Finanzmitteln und Märkten; dessen Untergang ließ auch das Wenige, das von einem alternativen Weg übriggeblieben war, verschwinden. Als wichtigstes Element für den Untergang des national-bürgerlichen Projekts erwies sich aber der Druck des Imperialismus.

Die Niederlage und/oder der Niedergang des demokratischen, säkularen, antikolonialen Nationalismus hat in einer Vielzahl von Ländern, von Indien über Ägypten bis Algerien, hysterische, irrationalistische Formen des kulturellen Nationalismus und atavistische Hysterie bewirkt. Ich habe an anderer Stelle in meinen Aufsätzen dargelegt, dass in der gesamten Geschichte des modernen Nationalismus, von den ersten Jahren des 19. Jahrhunderts an, eine erbitterte Schlacht zwischen dem aufklärerischen Projekt der egalitären Staatsbürgerschaft und der rationalen Selbstemanzipation auf der einen Seite, und den romantischen, identitären, rassistischen und religiös bigotten Nationalismen auf der anderen Seite, geschlagen wurde. Heute sehen wir, dass die Niederlage des aufklärerischen Projekts zwangsläufig zum Aufkommen von wilden, auf Rasse oder Religion basierenden Identitäten geführt hat. Wie Clara Zetkin es einmal formulierte, ist der Faschismus die gerechte „Belohnung" für das Scheitern der Revolution.

Das bringt uns wieder zu Al-Qaida. In der arabischen Welt, wo der zionistische Staat ein Hauptinstrument des US-Imperialismus war, brach im Schmelztiegel des Sechstagekriegs von 1967 – Israels angeblich „präventive" Invasion Ägyptens, die mit sofortiger Zerstörung der Luftwaffe des Landes und der Besetzung des Sinai einherging – das radikal-nationalistische Projekt des Nasserismus zusammen. Die Re-Stabilisierung der Monarchien und das Wiederaufleben des politischen Islam in der arabischen Welt lassen sich auf diese Katastrophe zurückführen. Die Niederlage der Linken und der säkular-demokratischen Kräfte der nationalen Befreiung in Palästina ist der Grund für den heutigen Aufstieg der Hamas und der Selbstmordattentäter. Im Iran hat die Zerschlagung der kommunistischen Bewegung und der Kräfte des säkularen Nationalismus durch die gemeinsamen Bemühungen der CIA und der Geheimpolizei des Schahs dem islamischen Regime den Weg geebnet, das Vakuum zu füllen und die antimonarchischen, reformistischen Gefühle des iranischen Volkes für sich zu vereinnahmen. In Afghanistan haben die USA einen aufwendigen, grausamen Krieg gegen das von den kommunistischen Kräften errichtete reformistische Regime unterstützt. Sie stellten eine riesige internationale Truppe islamistischer Extremisten zum Kampf gegen den Kommunismus zusammen und brachten somit die sogenannten „Mudschaheddin", die Taliban, Osama bin Laden und den ganzen Rest auf die Weltbühne. Das ist das Monster, das die Vereinigten Staaten am 11. September 2001 heimsuchte – ein Monster, das sie selbst geschaffen haben.

VI

Wir können nun endlich zu der Frage zurückkehren, mit der wir begonnen haben, nämlich worin die Besonderheit des Regimes von Bush Jr. liegt. Sie besteht nicht in erster Linie in der Invasion Afghanistans oder im Irak. Im Falle Afghanistans sind die USA nur zurückgekommen, um von dem Krieg zu profitieren, den sie 1978 schon geführt hatten. Und zwar unter Carter durch ihre islamistischen Stellvertreter, die bereits erwähnten „Mudschaheddin" („Kämpfer des Glaubens"), gegen das damals neue und zutiefst säkulare Regime der Demokratischen Volkspartei Afghanistans (PDPA). *Brzeziński*, Carters nationaler Sicherheitsberater, gab mittlerweile zu, dass er diesen Krieg nur deshalb unterstützt hat, damit die Sowjets mit hereingezogen würden – und die Sowjets gingen den USA tatsächlich in die Falle. Die Taliban (wortwörtlich übersetzt: „Studenten") entstanden als Bewegung der Jugendlichen und Kinder, die in den Flüchtlingslagern aufwuchsen, mit dem Geruch der Gosse in der Nase und der Wut der Vertreibung im Herzen, die der Krieg selbst hervorgebracht hatte. Sie wurden in Einrichtungen ausgebildet, die mit dem ausdrücklichen Ziel gegründet wurden, mehr „Glaubenskämpfer" in Diensten der Amerikaner zu produzieren. Einige Jahre später, nachdem die erste Gruppe der „Mudschaheddin", etwa 50.000 Menschen, in der Hauptstadt Kabul abgeschlachtet wurde, und das Land allgemein in Chaos, Kriegsherrentum, Vergewaltigung, Plünderung und Drogenhandel stürzte, zwang der pakistanische Geheimdienst auf Anraten der USA dem elenden und bereits blutenden Land ein islamistisches Regime auf. Die so genannten „arabischen Afghanen", zu denen auch Osama bin Laden gehörte, bestanden aus CIA-Agenten, die für den Kampf gegen die Sowjets rekrutiert worden waren. Als die Taliban sich weigerten, mit den USA in Bezug auf deren Pläne für das zentralasiatische Erdöl uneingeschränkt zusammenzuarbeiten, beschlossen die USA eine Invasion. Niaz Naik, der Dekan des pakistanischen diplomatischen Korps, sagte im BBC, dass ihm die Amerikaner im Sommer 2001 mitgeteilt hätten, die Invasion würde im Oktober beginnen. Die Ereignisse des 11. September lagen zwischen der Ausarbeitung dieses Plans und seiner Ausführung.

Der Krieg gegen den Irak begann nicht 2003, sondern im Verlauf des so genannten „Golfkriegs" im Jahr 1991. Er wurde durch Sanktionen und Flugverbotszonen über ein Jahrzehnt lang – länger als beide Weltkriege zusammen – unter drei aufeinander folgenden US-Präsidenten, zwei Republikanern (Vater und Sohn) und einem Demokraten (Clinton, dem „Neuen Demokraten", der die „New Labour"-Partei jenseits des Atlantiks inspirierte), fortgesetzt. Während der Präsidentschaft Clintons verabschiedete der US-Kongress 1998 den *Iraq Liberation Act*. Nachdem das Sanktionsregime laut Schätzungen einiger UN-Einrichtungen eine halbe Million irakischer Kinder getötet hatte und Journalisten Clintons Außenministerin Madeleine Albright fragten, ob deren Tod als Preis für die Aufrechterhaltung der Sanktionen es wert sei, sagte sie: „Der Preis ist es wert". Die so genannten Flugverbotszonen im Norden und Osten des Irak wurden von UN-Generalsekretär Boutros Boutros-Ghali für illegal erklärt, und dennoch geriet die anglo-amerikanische Bombardierung zur längsten Luftkampagne seit dem Zweiten Weltkrieg. Allein 1999 wurden 1.800 Bomben abgeworfen und 450 Ziele im Irak getroffen. (Die USA wandten sich sofort gegen Ghali, verhinderten eine zweite Amtszeit und setzten Kofi Annan als seinen Nachfolger ein.) Insgesamt wurden über einen Zeitraum von 12 Jahren so viele Bomben auf den Irak abgeworfen, dass deren Sprengkraft sieben Hiroshimas entspricht.

„Regimewechsel" ist ein einprägsamer Begriff, und die Bush-Regierung hat den so benannten Prozess zweifellos zu einem legitimen Recht ihrer imperialen Souveränität erhoben. Die USA pflegten diese Praxis jedoch schon seit Jahrzehnten. Im Irak selbst taten sie dies, als die CIA 1964 half, die fortschrittliche Regierung von Abd al-Karim Kassem zu stürzen und das Regime der Baath-Partei zu installieren („Wir sind durch einem CIA-Schachzug an die Macht gekommen", jubelte der Generalsekretär von Saddam Husseins Stammpartei). Dies ebnete den Weg für die spätere Diktatur von Saddam Hussein selbst, der in den 1980er Jahren ein enger Verbündeter der USA blieb, als er einen von den USA unterstützten Krieg gegen den Iran führte. Ein „Regimewechsel" ist das, was die CIA 1953 in den Iran brachte und das US-Militär in jüngerer Zeit nach Grenada und Panama. Die Geschichte der USA, die als „Befreier" kamen und als Besatzer blieben, reicht bis zur Intervention auf den Philippinen am Ende des neunzehnten Jahrhunderts zurück. Das Besondere an der Regierung von Bush Jr. ist die Kombination aus einer Verstärkung solcher langjährigen Trends und einer Reihe von Neuerungen, die in ihrer Gesamtheit so etwas wie einen historischen Bruch darstellen. Die Intensivierung von Trends ist offensichtlich. Was aber sind die Neuerungen in der Präsidentschaft von Bush Jr.? Erstens ist es die Art und Weise seiner Wahl: Bush Jr. wurde durch ein Gerichtsurteil von zweifelhaftem Wert in Verbindung mit der weithin vermuteten Entrechtung eines beträchtlichen Teils der schwarzen Wählerschaft im Bundesstaat Florida – der *zufällig* von seinem Bruder Jeb regiert wird – in das Präsidentenamt gehoben. Jeb Bushs anderer wichtiger Beitrag zum Wahlkampf von Bush Jr. bestand darin, dass er es war, der jene neokonservative Clique zusammenstellte, die aus den Denkfabriken der extremen Rechten hervorging, und die nach den Wahlen die Innen- und Außenpolitik sowie die zivilen und militärischen Strukturen der Vereinigten Staaten bestimmen sollte: Sie eroberte das Pentagon, also den US-amerikanischen Militärapparat, so wie die Bush-Brüder das Weiße Haus eroberten. (Jeb war ursprünglich als Präsidentschaftskandidat vorgesehen; es ist unklar, warum George Bush Jr. an seiner Statt ausgewählt wurde).

Das zweite Novum dieser Präsidentschaft, das sie von ihren Vorgängern unterscheidet, ist der Wille, die Vereinigten Staaten selbst radikal umzugestalten, während gleichzeitig der Globus neu kartografiert wird. Dick Cheneys nüchterne Prophezeiung, dass der Krieg gegen den Terrorismus fünfzig Jahre oder länger dauern könnte, und General Tommy Franks Vorhersage, noch vor dem Einmarsch in den Irak, dass die US-Truppen dort nach dem Vorbild Koreas möglicherweise auf unbestimmte Zeit stationiert werden, gehen einher mit einer Politik permanenter Hysterie zu Hause. Letztere rief eine Mischung aus extremer Unsicherheit und atavistischem Patriotismus in den USA hervor. Die Bevölkerung wird dazu gebracht, viele ihrer eigenen Grundrechte aufzugeben und Differenzierungen zu billigen. Und zwar zwischen den auf amerikanischem Boden Geborenen und den naturalisierten Bürgern, zwischen Einwanderern aus dem einen und dem anderen Teil der Welt, zwischen „guten" und „schlechten" Angehörigen eines bestimmten Glaubens (des Islams). All dies wird durch eine historisch neue und jetzt sehr weitreichende Allianz zwischen dem extremen Zionismus und dem christlichen Fundamentalismus gestützt. Der Angriff auf die amerikanischen Freiheiten wurde als *Patriot Act I* und *Patriot Act II* verschlüsselt. Diese Verbindung zwischen hysterischem Patriotismus und einer gefügigen Bevölkerung, deren Rechte beschnitten werden, ist so etwas wie ein quasi-faschistischer Schachzug. In der Zwischenzeit wurde die bereits bestehende Politik der Einkommensverschiebung nach oben und der Steuervergünstigungen für Unternehmen und Reiche bei gleichzeitigem Bankrott des Sozialstaates beschleunigt. Das gilt in einem Maße, dass eine Nachfolgeregierung möglicherweise nicht einmal mehr über die Mittel verfügt, Dinge wie die Sozialversicherung für ältere Menschen in ihrer jetzigen Form zu retten, selbst wenn sie den Wunsch dazu hätte.

Was also rückgängig gemacht wird, ist nicht nur das so genannte „Vietnam-Syndrom", sondern sogar Aspekte des amerikanischen Gesellschaftslebens, die bis zum New Deal zurückreichen. In dem Bericht *„Re-Building America's Defenses: Strategy, Forces and Resources For a New Century"*, der von einem beeindruckenden Querschnitt der neokonservativen Elite, darunter Paul Wolfowitz, ausgearbeitet und vom *Project for a New American Century* im September 2000 herausgegeben wurde, merkten die Autoren folgendes an: Dass die von ihnen vorgeschlagenen weitreichenden Veränderungen einige Zeit in Anspruch nehmen könnten, wenn nicht ein katastrophales und katalytisches Ereignis, wie ein neues Pearl Harbor, eintrete. Der 11. September 2001 war dieses Ereignis, auf das sie warteten. Condoleeza Rice forderte ihre Kollegen am nächsten Morgen auf, Wege zu finden, um „aus diesen Geschehnissen Kapital zu schlagen"; gleichzeitig drängte Donald Rumsfeld auf eine sofortige Invasion des Irak.

Wie lässt sich diese eigentümliche Mischung aus Kontinuitäten und Diskontinuitäten in ihrer Gesamtheit begreifen? Man kann es wie folgt ausdrücken: der rechte Backlash, der in den USA Ende der 1960er Jahre begann (einerseits als Reaktion auf die militärischen Niederlagen in Indochina und die immensen Erfolge der Anti-Vietnamkriegs-Bewegung im eigenen Land, andererseits als Reaktion auf die Radikalisierung der afroamerikanischen Politik und den Aufstieg der Frauenbewegung), ist schließlich soweit gewachsen und gereift, dass er tatsächlich die Staatsmacht erobert hat. Diese Offensive wurde über ein Vierteljahrhundert oder sogar länger vorsichtig vorbereitet. Die Präsidentschaft von Bush Jr. stellt insofern eine historische Zäsur dar, als diese Tendenzen bisher verstreut und anderen Machterfordernissen untergeordnet geblieben waren. Ihre Vertreter hatten, selbst als sie in den Regierungen von Reagan und Bush Sen. Schlüsselpositionen zu besetzen begannen, nicht in allen wichtigen Institutionen des Staates das Sagen, so wie sie es jetzt haben. Ein bemerkenswertes Merkmal dieser Gegenoffensive ist die Rolle, die Thinktanks und Stiftungen der extremen Rechten bei der Finanzierung, Ausbildung und Bereitstellung des zur Veränderung von intellektuellem Klima und Staatsapparat notwendigen Personals gespielt haben. Eine andere bemerkenswerte Tatsache liegt in der Bedeutung, die dem quasi-messianischen evangelikalen Christentum bei der Vorbereitung eines für all diese Veränderungen sensiblen Volksempfindens zukam.

Eine Gruppe von New Yorker Intellektuellen hatte bereits während der Präsidentschaft Nixons in den späten 1960er Jahren begonnen, zu argumentieren, dass die Neue Linke, die Anti-Kriegs-Bewegung, der schwarze Nationalismus, die Frauenbefreiungsbewegungen usw. gemeinsam eine störende, aber sehr lautstarke Minderheit darstellten. Die eigentliche Aufgabe bestünde nun darin, die „schweigende Mehrheit", die gegen all dies war, zu organisieren und zu mobilisieren. Milton Friedman formulierte an der Universität von Chicago einen Angriff auf den Sozialstaat und vertrat die Ideologie des Marktes als letztem Richter über das soziale Wohl. Sein Kollege Alan Bloom schrieb Bestseller über die „Zerstörung des amerikanischen Geistes" durch die Reformen, die ein von Linken, Schwarzen und Feministen ausgehender Druck dem Bildungssystem, einschließlich der beeindruckenden Eliteuniversitäten, aufgezwungen hatte. Blooms Lehrer und älterer Kollege Leo Straus, dessen eigene höchst autoritäre theoretische Position und rechte Kritik an der liberalen Demokratie über Carl Schmidt auf das nationalsozialistische Denken zurückgingen, bildete selbst viele aus, die im letzten Jahrzehnt als Mitglieder der neokonservativen intellektuellen Elite in Erscheinung treten sollten.[8] Hunderte von großen und kleinen, ineinandergreifenden neoliberalen Organisationen bevölkern nun die amerikanische Landschaft. Außerdem sind eine Reihe nicht sehr bekannter rechter Stiftungen aufgetaucht: die Carthage Foundation, die Henry M. Olin Foundation, die Phillip M. McKenna Foundation, die Henry Salvatori Foundation, usw. Diese trugen dazu bei, die prestigeträchtigeren und einflussreicheren Stiftungen zu finanzieren: das American Enterprise Institute, die Heritage Foundation, das Cato Institute und die Elite aller neokonservativen Denkfabriken, das *Project for the New American Century*, zu dessen Gründern der Kern der Bush-Regierung gehört: Vizepräsident Dick Cheney, Verteidigungsminister Donald Rumsfeld, der stellvertretende Verteidigungsminister Paul Wolfowitz, Cheneys Stabschef Lewis I. Libby, Reagans Bildungsminister William Bennet und Zalmay Khalilzad, Bushs zwielichtiger Vertreter zunächst in Afghanistan und dann im Irak.

Mit anderen Worten: Diese Tendenzen sind seit langem im Gange und gewannen in den letzten drei Jahrzehnten an Dynamik und Intensität. Mit der Präsidentschaft von Bush haben sie die Macht an sich gerissen. Die USA sollen umgestalten werden, indem aus dem US-amerikanischen Regierungssystem alle Elemente verschwinden, die auf den New Deal der 1930er Jahre zurückgehen. Des Weiteren wird das Land zu der Art von brutalem Kapitalismus zurückgeführt, der vor der Depression florierte, und die liberal-demokratische Ordnung soll in eine Art nationalen Sicherheitsstaat verwandelt werden. Man will den Globus durch eine Politik des permanenten Krieges neu kartografieren. Die Dritte Welt soll brutalisiert, die strategischen Rohstoffressourcen der Welt monopolisiert und alle potenziellen Konkurrenten soll eine permanente Unterordnung in Form einer imperialen Souveränität auferlegt werden, die

8 Die Literatur über die (und von den) Neokonservativen ist umfangreich. Der Einfluss von Leo Strauss auf Persönlichkeiten wie den stellvertretenden Verteidigungsminister Wolfowitz, einen der Hauptarchitekten der Irak-Politik, auf William Kristol, Chefredakteur des einflussreichen *Weekly Standard,* und auf Gary Schmitt, Gründer und Vorsitzender *des Project for the New American Century* (PNAC), wird erst jetzt zum Thema einer weitreichenden Diskussion. Um die Macht dieses schädlichen Einflusses nachzuvollziehen, könnte man mit Artikeln von Alain Frachon und Daniel Vernet in *Le Monde* und von Seymour Hersh in *The New Yorker* beginnen. Auch interessant ist die eher journalistische Darstellung von William Pfaff in der *International Herald Tribune* und die Website www.straussian.org, ganz zu schweigen von Strauss' eigener Arbeit.

sich an keine Gesetze außerhalb der eigens für die USA formulierten hält. Dies wirft die Frage nach dem „Faschismus“ auf, mit der dieser Artikel begann. Wenn wir Mussolinis eigene Definition des Faschismus als „Korporatismus“ nehmen, in dem der Staat mit den Konzernen verschmilzt, dann ist dieser Moment in den Vereinigten Staaten bereits eingetreten und zeigt sein brutalstes Gesicht in den Kriegen um das Öl im Nahen Osten und im Becken des Kaspischen Meeres; ganz zu schweigen von der Globalisierung der Konzerne und dem globalisierten Militarismus, der vom militärisch-industriellen Komplex angetrieben wird.

Rassismus ist ebenfalls ein grundlegender Bestandteil der vorherrschenden Ideologie in den Vereinigten Staaten. Er wurzelt in drei sich überlappenden Phänomenen und übertrifft die historische Tiefe des deutschen Antisemitismus bei weitem. Das amerikanische Gewissen, das aus der völkermörderischen Ausrottung der einheimischen Bevölkerung hervorgegangen ist, nimmt den Massenmord an anderen im Streben nach dem, was es als Schutzmaßnahmen für die eigene Sicherheit und seine offensichtliche Bestimmung in der Welt ansieht, ohne weiteres hin; ob es sich nun um Hiroshima und Nagasaki, die Flächenbombardements in Vietnam oder den Tod einer halben Million irakischer Kinder im Rahmen des Sanktionsregimes handelt[9] – die USA pflegen ihre Amnesie über die eigene historische Schuld und urteilen trotzdem moralisierend über die Völkermorde anderer Länder. Eine ebenso starke Komponente bei der Entstehung dieses Denkens bildet die gesamte Geschichte der rassisch begründeten Sklaverei in den USA, die den rassistischen Hass und die Gewalt gegen Menschen afrikanischer Herkunft zu einem festen Bestandteil der herrschenden Kultur des weißen Amerikas gemacht hat. Mit größter und geradezu natürlicher Leichtigkeit kann das populäre amerikanische Bewusstsein seinen rassistischen Hass von den Afroamerikanern auf die Araber oder Muslime und dann wieder zurück auf das historische Ausgangsobjekt verlagern. Diese hässliche Schattenseite der

9 Die Zahl von einer halben Million irakischer Kinder, die durch die Sanktionen getötet wurden, muss vor dem Hintergrund der tatsächlichen Größe der irakischen Bevölkerung von fünfundzwanzig Millionen gesehen werden, was bedeutet, dass selbst wenn wir nur die Kinder und keine Erwachsenen zählen, einer von fünfzig Irakern durch diese Sanktionen getötet wurde. Würde sich eine ähnliche Katastrophe in Indien mit seinen eintausend Millionen Einwohnern ereignen, wären es vierzig Millionen – das heißt, vier Millionen getötete Kinder in zwölf Jahren!

amerikanischen Kultur wird dann noch durch eine auf die puritanischen Vorfahren zurückgehende tiefgreifende moralisierende Tendenz verstärkt. In ihr gerät das kollektive Leben zum Psychodrama eines ewigen Duells zwischen Gut und Böse, in dem das gute Amerika stets die Dämonen austreibt, die es verschlingen wollen. Daher die „Warum hassen sie uns?"-Litanei der letzten zwei Jahre von George Bush bis hinunter ins kleinste Segment der US-Medien und die lapidare mit einem charakteristischen Mangel an Selbsterkenntnis behaftete Antwort: „Weil wir gut, demokratisch, wohlhabend – und christlich sind!" Der Rassismus wird jetzt als Kampf der Kulturen neu erfunden.

Inmitten all dessen haben besagte US-amerikanische Medien und große Teile der intellektuellen Elite seit etwa dreißig Jahren mit dem amerikanischen und dem israelischen Staat konspiriert, um jenen anderen Antisemitismus hervorzubringen, der die Massenhysterie und den daraus resultierenden Blutrausch nicht auf die Juden, sondern auf den anderen Semiten, den Araber, konzentriert; diese Araber – insbesondere Iraker und Palästinenser – können millionenfach getötet werden, bleiben dabei aber immer die Barbaren, die eine Bedrohung für die Sicherheit jener Menschen darstellen, die sie letztendlich ermorden. An anderer Stelle in diesem Buch werden Karl und John Mueller zitiert, die in *Foreign Affairs*, der amerikanischen Establishment-Zeitschrift schlechthin, schreiben, dass das von den Vereinten Nationen geschaffene und von der amerikanisch-britischen Koalition durchgesetzte Sanktionsregime mehr Iraker getötet hat als „alle Massenvernichtungswaffen in der Geschichte" zusammen. Aber Saddam Hussein, dessen Regime versuchte, die irakische Bevölkerung vor diesen Sanktionen zu schützen, wird als der Barbar verteufelt, dessen Besitz von Massenvernichtungswaffen zum Vorwand für die Invasion geriet. Im Endeffekt fand man keine Massenvernichtungswaffen, aber die Invasion wurde dennoch als an und für sich gute „humanitäre Intervention" und „Demokratieexport" akzeptiert. Diese Dämonisierung der Araber, einschließlich amerikanischer Bürger arabischer Herkunft, ist heute nicht nur Teil der vorherrschenden Ideologie, sondern sogar der neuen Rechtsstruktur der USA, mit der die Rechte dieser Bürger einschränkt werden.

Warum haben die USA angesichts dessen nicht die politische und paramilitärische Staatsstruktur, die historisch mit den faschistischen Regimen der 1930er Jahre verbunden ist? Die Antwort ist ganz einfach: Es gibt keine militante Arbeiterbewegung, die einen solchen Staat erfordert, und die US-amerikanische Bevölkerung ist weitgehend ruhig; der „gute Amerikaner" steht heute dort, wo einst der „gute Deutsche" war. Man muss sich vor Augen halten, dass der Nazi-Traum von einem Weltreich tatsächlich verwirklicht wurde – allerdings durch die Vereinigten Staaten von Amerika. Der Imperialismus unserer Zeit wird nicht alle faschistischen Ausprägungen der ersten Hälfte des vergangenen Jahrhunderts wiederholen, aber es gibt eine grundlegende Kontinuität zwischen diesen beiden historischen Momenten. Die mutigen Einzelpersonen und Gruppen in den USA, die so hart daran arbeiten, eine antirassistische, antikriegs- und antiimperialistische Bewegung aufzubauen, sehen sich mit dem ganzen historischen Gewicht dieser Vergangenheit und Gegenwart konfrontiert.

Dennoch sind sowohl die USA als auch das Vereinigte Königreich damit beschäftigt, Regime universeller Überwachung und politischer Kontrolle zu errichten. Dies würde das Konzept der bürgerlichen Freiheiten, das in diesen Ländern seit einem Jahrhundert oder mehr besteht, schließlich beseitigen. Sogar der Gedanke an eine Militärregierung wird seit Kurzem in den öffentlichen Diskurs eingebracht, wodurch so etwas überhaupt erst in den Bereich des Vorstellbaren rückt. Ich möchte diesen Punkt anhand von zwei Nachrichtenmeldungen illustrieren, die mich Ende November 2003 erreichten. Die erste entstammt einem Zeitungsinterview mit General Tommy Franks, der den jüngsten US-Angriff auf den Irak leitete. Es wird in der kommenden Ausgabe der Zeitschrift *Cigar Aficionado* veröffentlicht. In diesem Interview sagt Franks, dass die Amerikaner im Falle eines weiteren Ereignisses wie dem des 11. September 2001 dazu veranlasst wären, „unsere eigene Verfassung in Frage zu stellen und unser Land zu militarisieren". Das sind ernste und erschreckende Worte von jemandem, der selbst ein militärischer Held in seinem Land ist. Was bedeutet „militarisieren" in diesem Zusammenhang? Eine militärische Machtübernahme, einen *Staatsstreich* mit oder ohne Mitwirkung der Bush-Bande? Die zweite Nachrichtenmeldung besagt, dass die britische Blair-Regierung im Begriff ist, ein weitreichendes Gesetz zu verabschieden, das vorläufig *„Civil Contingencies Bill"* genannt wird und sich eng an den in den USA bereits geltenden *Patriot Act* und andere derartige Gesetze anlehnt, die derzeit in den USA geplant sind. Dieses neue Gesetz gibt der Regierung weitreichende Befugnisse zur Definition eines „Notstands", zur Aussetzung der Grundrechte ohne Abstimmung im Parlament, zum „Verbot von Versammlungen bestimmter Art" und „anderer bestimmter Aktivitäten", zur Anordnung der Zerstörung bestimmter Immobilien usw. Alles in allem beabsichtigt die Regierung Blairs, die Architektur der bürgerlichen Freiheiten, unter denen Großbritannien seit etwa einem Jahrhundert regiert wird, auszuhebeln. Entwicklungen dieser Art sprechen für sich selbst und bedürfen keines weiteren Kommentars.

Ein Wort aber möchte ich noch zum evangelikalen Christentum verlieren. Als Reagan mit dem größten Wahlerfolg in der Geschichte wiedergewählt wurde und nur in einem Staat verlor, stellte sich heraus, dass nur 27% der potenziellen Wähler tatsächlich für ihn gestimmt hatten; die Mehrheit war zu Hause geblieben. Zur gleichen Zeit zeigte eine Gallup-Umfrage, dass 27% der Amerikaner einer der Varianten des evangelikalen Christentums angehören, und Kommentatoren bemerkten, dass die USA eine ständige Regierung der extremen Rechten haben könnten, wenn alle diese Anhänger als Wählerblock mobilisiert würden. Noch sind nicht *alle* von ihnen mobilisiert worden – aber diese Art von Regierung ist mittlerweile Realität geworden. Während Reagan uns die angebotsorientierte Wirtschaft und eine Vielzahl an Kriegen schenkte, und die Linken ihn für den schlimmsten aller Zeiten hielten, erachtete ihn der rechte Flügel der Republikanischen Partei für einen Roosevelt-Demokraten. Dieser rechte Flügel ist jetzt an der Macht.

VII

Wir sind möglicherweise Zeugen einer imperialen Überschätzung. Überbestimmt von ihren eigenen ideologischen Wahnvorstellungen, verfolgen Bushs neokonservative Anhänger möglicherweise eine Politik, die weit über die Logik des globalen Kapitalismus oder über die Erfordernisse des imperialen US-Staates hinausgeht; selbst George Soros, der US-amerikanische Milliardär ungarischer Herkunft, dessen Netzwerk von Institutionen es gerade geschafft hat, einen unblutigen pro-amerikanischen *Staatsstreich* in Georgien zu inszenieren, scheint so zu denken. Zwei ehemalige Präsidenten, darunter der Vater des jetzigen Präsidenten, waren gegen die Invasion im Irak, bevor sie stattfand. Bush Sen., der stets ein sanftmütiger Presbyterianer und Trilaterist war, betonte, dass die USA ein Bündnis mit Europa brauchten und der Krieg gegen den Irak dieses Bündnis untergraben würde. Wie wir gesehen haben, hat das deutsch-französische Bündnis die Konsequenzen gezogen, wenn auch mit Widerwillen. Aber der irakische Widerstand produziert bereits genügend Särge mit US-amerikanischen Soldaten sowie Tausende von verletzten und behinderten GIs, was sich noch als Dilemma erweisen könnte, das der US-amerikanischen Bevölkerung jeglichen Appetit auf die wirklichen Kriege nimmt, die jenseits ihrer TV-Bildschirme ausgefochten werden. In vier Monaten sind mehr Amerikaner im Irak gestorben als in den ersten drei Jahren von Vietnam; und im November 2003, während ich diese Zeilen schreibe, sind mehr gestorben als in jedem anderen Monat seit Beginn der Invasion im März. Die amerikanischen Bürger werden vielleicht noch begreifen, was für eine Bedrohung diese Regierung für ihre eigene Sicherheit darstellt. Gleichzeitig könnte die weltweite Revolte gegen das imperiale Amerika, die wir am Vorabend der Irak-Invasion erlebt haben, wieder an Fahrt gewinnen; zu den Menschen, die im Dienst des US-Imperiums im Irak gestorben sind, gehören nicht nur Amerikaner und Briten, sondern auch Polen, Spanier, Italiener, Koreaner und Japaner. Dieser Moment neokonservativer Extremität kann als eine von vielen mörderischen Episoden der imperialen Geschichte gelten.

ANHANG 1

Sanktionen und ihre Auswirkungen auf den Irak

KURZE ZUSAMMENFASSUNG

* 6. August 1990: Der Sicherheitsrat der Vereinten Nationen verabschiedet die Resolution 661, mit der Sanktionen gegen den Irak verhängt werden, um „die Autorität der rechtmäßigen Regierung von Kuwait wiederherzustellen". (Diese Regierung, „rechtmäßig" oder nicht, wurde innerhalb weniger Monate wiederhergestellt. Nach welchem Kriterium ist die Wiederherstellung einer Monarchie jemals „legitim"? Die Scheichs von Kuwait mussten sich nie einer Wahl oder gar einem Referendum stellen.)

* 5. April 1991: Der UN-Sicherheitsrat verabschiedet die Resolution 688, in der der Irak aufgefordert wird, seine Unterdrückung „aller irakischen Bürger" zu beenden. (Nach diesen Maßstäben müsste praktisch jede Regierung der Welt mit ähnlichen Sanktionen belegt werden).

* 20. Mai 1991: Präsident George H. Bush: „Zum jetzigen Zeitpunkt bin ich der Meinung, dass wir diese Sanktionen nicht aufheben sollten, solange Saddam Hussein an der Macht ist". (Zu diesem Zeitpunkt beginnt also die *offensichtliche* Politik eines erwünschten Regimewechsels.)

* 24. September 1992: Das *New England Journal of Medicine* veröffentlicht die Ergebnisse von Harvard-Forschern, wonach in den ersten sieben Monaten des Jahres 1991 46.700 irakische Kinder unter fünf Jahren an den Folgen von Krieg und Handelssanktionen gestorben sind.

* 12. Mai 1996: In *60 Minutes* fragt Lesley Stahl die amerikanische Außenministerin Madeline Albright Folgendes: „Wir haben gehört, dass eine halbe Million Kinder gestorben sind, das sind mehr Kinder als in Hiroshima star-

ben. Ist dieser Preis es wert?" Albright antwortet: „Ich denke, es ist eine sehr schwere Entscheidung, aber der Preis ... wir denken, dass er es wert ist."

* 4. Oktober 1996: Das Kinderhilfswerk der Vereinten Nationen (UNICEF) veröffentlicht einen Bericht über den Irak. „Rund 4.500 Kinder unter fünf Jahren sterben hier jeden Monat an Hunger und Krankheiten", so Philippe Heffinck, UNICEF-Vertreter für den Irak.

* 26. November 1997: UNICEF berichtet: „Die alarmierendsten Ergebnisse sind die 32 Prozent der Kinder unter fünf Jahren, etwa 960.000 Kinder, die chronisch unterernährt sind – ein Anstieg um 72 Prozent seit 1991. Fast ein Viertel (etwa 23 Prozent) ist untergewichtig – diese Zahl ist doppelt so hoch wie in den Nachbarländern Jordanien oder Türkei."

* 30. April 1998: UNICIF berichtet: „Der in den öffentlichen Krankenhäusern gemeldete Anstieg der Sterblichkeitsrate bei Kindern unter fünf Jahren (ein Anstieg von etwa 40.000 Todesfällen pro Jahr im Vergleich zu 1989) ist hauptsächlich auf Durchfall, Lungenentzündungen und Unterernährung zurückzuführen. Bei den über Fünfjährigen ist der Anstieg (etwa 50.000 Todesfälle pro Jahr mehr als 1989) auf Herzkrankheiten, Bluthochdruck, Diabetes, Krebs und Leber- und Nierenerkrankungen zurückzuführen."

* 6. Oktober 1998: Denis Halliday, der gerade als Leiter des „Öl-für-Lebensmittel"-Programms im Irak und als stellvertretender Generalsekretär der Vereinten Nationen zurückgetreten war, hält eine Rede auf dem Capitol Hill, in der er eine „konservative Schätzung" der „Kindersterblichkeit bei Kindern unter fünf Jahren von fünf- bis sechstausend pro Monat" zitiert.

* 1995 kam die UN-Ernährungs- und Landwirtschaftsorganisation zu dem Schluss, dass das Embargo und die militärischen Angriffe auf den Irak für den Tod von mehr als 560.000 Kindern verantwortlich waren. Eine UNICEF-Studie kam zu einem ähnlichen Ergebnis und stellte fest, dass zwischen 1991 und 1998 500.000 Kinder unnötig gestorben waren.

* Von den Regierungen der USA und des Vereinigten Königreichs mit Duldung der Vereinten Nationen blockiert: Impfstoffe, Mittel zur Krebsbe-

handlung, Schmerzmittel, Plasmabeutel, Equipment zur Nahrungsmittelbehandlung und zahllose andere medizinisch notwendige Güter im Wert von 5,4 Milliarden Dollar (Stand: Juli 2002), über vierzehn Jahre hinweg.

* Karl und John Mueller kamen in der Zeitschrift *Foreign Affairs* („*Sanctions of Mass Destruction*", Mai / Juni 1999) zu dem Schluss, dass durch die Sanktionen mehr Iraker getötet wurden als durch „alle Massenvernichtungswaffen in der Geschichte der Menschheit".

ANHANG 2

Ramsey Clarks Bericht an den UN-Sicherheitsrat

Ramsey Clark: Bericht an den UN-Sicherheitsrat, Betreff: Irak
26. Januar 2000
Ständige Vertretung des Vereinigten Königreichs bei den Vereinten Nationen

Sehr geehrter Sir Jeremy Greenstock, KCMG,
eine Delegation von US-amerikanischen Bürgern aus zwanzig Staaten ist soeben aus dem Irak zurückgekehrt. Am 17. Januar begingen wir in Bagdad den 9. Jahrestag des Beginns [des Krieges] vom 17. Januar bis 28. Februar 1991. US-amerikanische Flugzeuge flogen 110.000 Einsätze gegen den Irak, im Durchschnitt alle 30 Sekunden einen, und warfen 88.500 Tonnen Sprengstoff ab, was 7½ Hiroshima-Bomben entspricht.

Dies war die bei weitem intensivste Bombardierung in der Geschichte der Menschheit. Sie tötete Zehntausende von Menschen und verletzte noch viele mehr. Die Medikamente und medizinische Vorräte des Iraks sind erschöpft. Die Wassersysteme wurden zerstört, von Reservoirs über Pumpstationen, von Pipelines über Filteranlagen bis hin zum Wasserhahn in der Küche, ebenso wie die städtischen Wasser- und Abwassersysteme im ganzen Land. Auch die Lebensmittelproduktion, -verarbeitung, -lagerung, -vertrieb und -vermarktung wurden weitgehend zerstört. Die Geflügelhaltung wurde durch Stromausfälle und den Mangel an Getreide fast vollständig ausgelöscht. Tierherden wurden dezimiert. Düngemittel- und Insektizidanlagen sowie Lagereinrichtungen wurden zerstört. Alle Kommunikationssysteme, d.h. Telefon, Radio und Fernsehen, wurden zerschlagen. Das Transportwesen wurde schwer in Mitleidenschaft gezogen. Wichtige Industrien wurden überall angegriffen. In den ersten 24 Stunden des Angriffs fiel im ganzen Land der Strom aus. Die Produktion, Raffinerie, Lagerung und Verteilung von Erdöl wurde vereitelt, von der Quelle bis zur Tankstelle wurde alles im ganzen Land angegriffen.

Die kombinierte Wirkung dieser gewaltigen Zerstörung lebenswichtiger Güter, Dienstleistungen und Industrien mit den umfassendsten Wirtschaftssanktionen der Neuzeit, die erstmals am Hiroshima-Tag, dem 6. August 1990, verhängt wurden, hat mehr als anderthalb Millionen Tote verursacht.

Lebens- und Sterbebedingungen im Irak

Seit der Verhängung der Sanktionen bin ich zehnmal in den Irak gereist, einmal davon während der Bombardierung 1991. Jedes Jahr ist die Zahl der Todesopfer radikal angestiegen. Die Zahl der Todesopfer wird seit 1991 regelmäßig international gemeldet und jeden Monat aktualisiert. Im Irak sind sie unübersehbar. Organisationen der Vereinten Nationen, die Weltgesundheitsorganisation, die Ernährungs- und Landwirtschaftsorganisation, das Welternährungsprogramm, UNICEF und andere haben die Todesfälle immer wieder festgestellt und bestätigt. Diese Zahlen müssen das Gewissen eines jeden fühlenden Menschen schockieren. Umfassende Berichte der Vereinten Nationen und anderer Quellen liegen Ihnen vor. Sie sind mit diesem Wissen beauftragt. Die Gesamtzahl der Todesfälle in allen Teilen der Gesellschaft ist in jedem der letzten neun Jahre unter den US/UN-Sanktionen radikal angestiegen.

Zur Veranschaulichung: Jedes Jahr sterben im Irak so viele Kinder unter fünf Jahren an Atemwegsinfektionen, Durchfall und Gastroenteritis sowie an Unterernährung:

Im Jahr	Todesfälle
1989:	7.110
1991:	27.473
1994:	52.905
1997:	58.845
1998:	71.279
1999 (Jan.- Nov.):	73.572

Die jährliche Zahl der Todesfälle bei Kindern unter fünf Jahren hat sich zwischen 1989 und 1999 mehr als verzehnfacht. Die Gesamtzahl der Todesfälle von Kindern unter fünf Jahren durch diese ausgewählten Ursachen allein im Zeitraum 1990 bis November 1999 beträgt 502.492.

Kinder unter fünf Jahren sind zwar die am stärksten gefährdete Altersgruppe, doch mit Ausnahme der sehr alten Bevölkerung ist die Zahl der Todesfälle in allen Altersgruppen radikal angestiegen. Angehörige der Bevölkerung mit schweren chronischen Krankheiten, die eine regelmäßige medikamentöse Behandlung oder Therapie erfordern, haben die höchste Sterblichkeitsrate aller Sektoren, die sich bei einigen Krankheiten, bei denen die Überlebensrate vor den Sanktionen bei 95 % lag, 100 % nähert.

Die Sanktionen zielen darauf ab, Säuglinge, Kinder, ältere Menschen und chronisch Kranke zu töten oder zu verletzen.

Das Internationale Rote Kreuz und andere sachkundige Berufsgruppen sind der Ansicht, dass es noch Jahre nach dem Ende der Sanktionen dauern wird, bis die Zahl der Todesfälle nicht mehr ansteigt, da die Sanktionen sich kumulativ auf die physischen Bedingungen von Eltern, Kindern, Neugeborenen und die Umwelt insgesamt auswirken.

Die meisten derjenigen, die überleben, erleiden durch die Sanktionen schwere körperliche und seelische Schäden. Bezeichnend für die Auswirkungen der Sanktionen ist der enorme Anstieg des Prozentsatzes der registrierten Geburten unter 2,5 Kilogramm, ein gefährlich niedriges Geburtsgewicht in einem Land ohne angemessene Nahrungsmittel, Medikamente und medizinische Versorgung und Ausrüstung. Wie die Zahl der Todesfälle ist auch die Zahl der untergewichtigen Geburten jedes Jahr radikal angestiegen:

Jahr	Lebendgeburten mit einem Gewicht von unter 2,5 Kilogramm in Prozent
1990:	4.5
1991:	10.8
1994:	21.1
1998:	23.8
1999 (Jan.–Nov.):	24.1

Der Prozentsatz der Lebendgeburten mit einem Gewicht von weniger als 2,5 kg hat sich mehr als verfünffacht und ist auf eine von vier registrierten Geburten gestiegen. Die Folgen für das Leben dieser Kinder sind enorm. Viele haben unterentwickelte Organe, sind geistig zurückgeblieben, bleiben kleiner und schwächer als der Durchschnitt und sind anfälliger für Krankheiten, Unterernährung und schlechtes Wasser. Ihre Lebenserwartung hat sich um bis zu 30 % verringert. Wahrscheinlich 90 % aller Kinder, die seit 1990 im Irak geboren wurden, haben ein deutlich geringeres Geburtsgewicht als sie es ohne die Sanktionen gehabt hätten. Die Auswirkungen auf das Leben und die Gesundheit von Kindern mit höherem Geburtsgewicht sind ebenfalls drastisch. Aus diesem Grund sprechen ausländische Ärzteteams seit fünf Jahren von einer „verkümmerten Generation" im Irak.

Bezeichnend für die Situation der Kinder, die unter den Sanktionen im Irak leben und sterben, ist der folgende Anstieg der behandelten Fälle von ernährungsbedingten Krankheiten und Mangelerscheinungen seit 1990:

Jahr	Anzahl der Fälle	
Kwashiorkor		
1990:	485	(Vervielfachung)
1991:	12.796	26,3-mal
1994:	20.975	42,6-mal
1998:	30.232	61,4-mal
Marasmus		
1990:	5.193	(Vervielfachung)
1991:	96.186	18,5-mal
1994:	192.296	37,0-mal
1998:	264.468	50,8-mal
Eiweiß-, Kalorien-, und Vitaminmangel, Unterernährung		
1990:	96.809	(Vervielfachung)
1991:	947.974	9,8-mal
1994:	1.576.194	16,3-mal
1998:	1.910.309	19,7-mal

Kwashiorkor ist eine äußerst gefährliche Folge der Unterernährung, bei der die Betroffenen verkümmern und ohne frühzeitige intensive Behandlung sterben. Nur wenige Ärzte im Irak hatten vor Ende 1990 jemals einen Fall gesehen. Aus dem Medizinstudium und weiterführenden Studien wussten sie, dass Kwashiorkor in den ärmsten Regionen Afrikas und Südasiens in Zeiten von Krieg, Dürre, Pestilenz und anderen Katastrophen aufgetreten war. Marasmus hat eine geringere Sterblichkeitsrate als Kwashiorkor, ist aber ebenfalls extrem gefährlich, verursacht bleibende Schäden und erfordert eine frühzeitige und umfassende Behandlung, damit Betroffene überleben. Die Auswirkungen von schwerer und langwieriger Unterernährung sind dauerhaft und lebensverkürzend. Häufige übertragbare Krankheiten, die durch Impfungen verhindert werden können, die in den Industrieländern fast allen Kindern verabreicht werden und im Irak vor 1990 Standard waren, haben um ein Vielfaches zugenommen. Zwar schwanken die Raten für diese Krankheiten im Gegensatz zu den Sterberaten und den Raten für Krankheiten, die mit Unterernährung zusammenhängen, aufgrund des zyklischen Charakters ihrer Übertragung, aber auch sie steigen regelmäßig an, und zwar in zunehmendem Maße: zusätzliche Hunderttausende von Kindern waren betroffen. Im Jahr 1998 gab es gegenüber 1989 folgende Steigerungen: Keuchhusten um das 3,4-fache, Masern um das 4,5-fache (25.818 Fälle), Mumps um das 3,7-fache (35.881). Der Sanktionsausschuss des Sicherheitsrats hat die ausgehandelten Verträge für den Irak zum Kauf von Impfstoffen gegen diese und andere Krankheiten nicht genehmigt. Die Poliomyelitis, die im Irak praktisch ausgerottet war, hat sich seit 1989 um ein Vielfaches von 2 bis 18,6 erhöht. Die Cholera stieg von null Fällen im Jahr 1989 auf 2.560 Fälle im Jahr 1998 an, und die Bedingungen im Irak sind mittlerweile so, dass eine Epidemie droht. Die Amöbenruhr war 1998 mit 264.290 Fällen um das 13-fache höher als 1989 und in mehreren früheren Jahren noch viel höher. Die Zahl der Typhusfälle stieg 1998 im Vergleich zu 1989 um das 10,9-fache auf 19.825 Fälle. Die Krätze nahm ebenfalls jedes Jahr zu, von null Fällen im Jahr 1989 auf 43.580 im Jahr 1998. Jeder Erwachsene kennt das Elend, das Leid und manchmal auch den Kummer, den diese vermeidbaren übertragbaren Krankheiten verursachen.

Ärzte, Krankenschwestern, Therapeuten, Apotheker, alle Personen, die im Gesundheitswesen tätig sind, arbeiten unter tragischen Bedingungen. Ärzte und Krankenschwestern geben übereinstimmend an, dass jeden Tag Patienten sterben, die sie unter normalen Bedingungen leicht hätten retten können. Die Krankenhäuser sind in einem erbärmlichen Zustand: dunkel, kalt, schmutzig, die Treppenhäuser bröckeln, der Anstrich blättert ab, die Betten haben keine Laken, die Sanitäranlagen funktionieren nicht, die Stromzufuhr ist unzuverlässig und es fehlen Ersatzteile für medizinische Geräte. Medikamente, Sauerstoff, Anästhetika, Antiseptika, Antibiotika, Röntgenfilme, Katheter, Mullbinden, Aspirin, Glühbirnen und Stifte sind immer mindestens knapp und oft nicht verfügbar. Gängige lebensrettende Medikamente, von Entwässerungstabletten bis hin zu Insulin, sind nie in ausreichender Menge vorhanden.

In reinen Zahlen ausgedrückt – also ohne die Bedingungen zu beachten, unter denen sie durchgeführt wurden, oder die Verfügbarkeit wichtiger Ausrüstungen und Materialien zu messen – sind die großen chirurgischen Operationen jedes Jahr von einem Monatsdurchschnitt von 15.125 im Jahr 1989 auf 3823 im November 1999 oder um 74,7 % zurückgegangen. Die monatliche Durchschnittszahl der Laboruntersuchungen ist von 1.494.050 im Jahr 1989 auf 454.375 im November 1999 oder um 68,6 % zurückgegangen.

Die drastische Verschlechterung der gesamten Umwelt, vieler Produktionsanlagen, der sanitären Einrichtungen und die Einbringung von etwa 25.000.000 Unzen angereichertem Uran durch US-amerikanische Flugzeuge und Raketen haben zu einem enormen Anstieg von Krankheiten wie Tuberkulose, Leukämie und anderen Krebsarten, Tumoren und Missbildungen bei Föten geführt. Es wird viele Jahre dauern und Milliarden von Dollar kosten, den Zustand von 1989 wiederherzustellen. Die Hunderttausend zerstörten Leben und die geschädigte Gesundheit von Millionen können niemals wiederhergestellt werden.

Heute beträgt die Arbeitslosigkeit im Irak 60 %. 95 % des Privatsektors der Wirtschaft sind stillgelegt. Es gibt keine Krankenwagen. 80 % der Abwasserfahrzeuge, die alle mindestens 10 Jahre alt sind, sind unbrauchbar. Es gibt keine neuen Lastwagen, Autos, Traktoren, Busse oder andere Fahrzeuge. Die Verteilung von Lebensmitteln über ein umfassendes Rationierungssystem, das die Grundnahrungsmittel kontrolliert, liefert nur 1100 Kalorien pro Tag für alle Menschen im ganzen Land, egal ob Kurden, sunnitische und schiitische Muslime, Christen, Juden, Reiche, Arme oder Ausländer. Sonderrationen gibt es für Säuglinge, Schwangere, stark unterernährte Menschen und andere mit besonderen Bedürfnissen. Die Armen können diese Lebensmittelrationen nicht wesentlich aufstocken. Im Jahr 1989 betrug die tägliche Kalorienzufuhr im Irak durchschnittlich 3400 Kalorien.

Diese kurzen Fakten verdeutlichen die tödlichen Lebensbedingungen, der die gesamte irakische Bevölkerung ausgesetzt sind, die jedoch in erster Linie Säuglinge, Kinder, ältere Menschen und chronisch Kranke treffen und einen großen Teil des Landes und seiner überwiegend muslimischen Bevölkerung zerstören.

Repräsentativ für die Haltung der außenpolitischen Entscheidungsträger der US-Regierung gegenüber dem Irak und den Sanktionen sind die bedächtigen Äußerungen des ehemaligen Außenministers Henry Kissinger in einem in der zweiten Januarwoche 2000 veröffentlichten Zeitungsartikel, in dem er auf das „angebliche Leiden des irakischen Volkes" hinwies. Die damalige US-Botschafterin bei den Vereinten Nationen, Madeleine Albright, äußerte sich unverblümter, und daher auch grausamer. In einem Interview in der hochrangigen CBS-Sendung 60 Minutes, das im Frühjahr 1997 von Millionen von Zuschauern gesehen wurde, erklärte sie, dass sie den Tod von 585.000 irakischen Kindern unter fünf Jahren (wie von der amerikanischen Ernährungs- und Landwirtschaftsorganisation Ende 1986 berichtet) als direkte Folge der Sanktionen für einen Preis halte, der es wert sei, die Sanktionen gegen den Irak aufrechtzuerhalten.

Die Sanktionen verstoßen gegen die Völkermordkonvention von 1948

Völkermord wird in der Völkermordkonvention unter anderem wie folgt definiert:

Artikel II … unter Völkermord versteht man jede der folgenden Handlungen, die in der Absicht begangen wird, eine nationale, ethnische, rassische oder religiöse Gruppe als solche ganz oder teilweise zu vernichten:

a) Tötung von Mitgliedern der Gruppe;
b) Verursachung von schweren körperlichen oder seelischen Schäden bei Mitgliedern der Gruppe;
c) Vorsätzliche Herbeiführung von Lebensbedingungen, die darauf abzielen, die physische Zerstörung der Gruppe ganz oder teilweise auszulösen;

Es kann kein Zweifel daran bestehen, dass die Sanktionen gegen den Irak vorsätzlich einen Großteil der Mitglieder einer nationalen Gruppe und einer religiösen Gruppe als solche zerstörten, indem sie die Mitglieder dieser Gruppen töteten, ihnen körperlichen und seelischen Schaden zufügten und vorsätzlich Lebensbedingungen schufen, die zumindest teilweise ihre physische Zerstörung bewirkten. Wenn dies kein Völkermord ist, was ist es dann?

Die Vereinigten Staaten hatten nach jahrzehntelangem Widerstand die Völkermordkonvention letztendlich ratifiziert, und das bevor diese Sanktionen verhängt wurden. Sie haben anschließend andere Regierungen häufig des Völkermordes beschuldigt und sie mitunter mit ihren massiven High-Tech-

Militärwaffen, gegen die fast alle Nationen wehrlos sind, schwer angegriffen. Das „Öl-für-Lebensmittel"-Programm hat den Anstieg der Sterblichkeitsrate nicht aufhalten können

Das „Öl-für-Lebensmittel"-Programm wurde im Dezember 1996 vor allem als Mittel zur Aufrechterhaltung der Sanktionen gegen den Irak genehmigt, die im Sicherheitsrat auf wachsenden Widerstand stießen. Nach drei Jahren Laufzeit wurden im Rahmen des Programms aus insgesamt 19 Milliarden Dollar Ölverkäufen Verträge im Wert von knapp sechs Milliarden Dollar geschlossen. Trotz der dringenden Bedürfnisse des Iraks wurden mehr Mittel aus den Ölverkäufen an die USA, die Vereinten Nationen und andere Institutionen, die Ansprüche gegen den Irak stellen, überwiesen, als für Verträge zum Kauf von Nahrungsmitteln, Medikamenten, Ausrüstung und Ausrüstungsteilen für die irakische Bevölkerung genehmigt wurden. Fünf Milliarden an Verträgen für Käufe, die der Irak abgeschlossen hat, wurden nicht genehmigt.

Wie wir gesehen haben, ist die Zahl der Todesfälle bei Kindern und in allen anderen Bereichen der Gesellschaft aufgrund der Sanktionen 1997, 1998 und 1999 weiter gestiegen. Der Wiederaufbau des Gesundheitswesens, der Nahrungsmittelproduktion, -lagerung und -verteilung sowie der Wasserversorgung wird viele Milliarden kosten. Die Wiederherstellung von Einrichtungen des Gesundheitswesens, des Kommunikationswesens, des Verkehrswesens, des Bildungswesens und der Industrie werden weitere Dutzend Milliarden Dollar kosten, ganz zu schweigen von den nötigen Interventionen für die durch die US-amerikanischen Luftangriffe verschmutzte Umwelt; hier geht es vor allem um die Folgen des Einsatzes von angereichertem Uran, das in Teilen des Irak in extrem gefährlichen Konzentrationen gefunden wurde.

Vor 1989 gab der Irak jährlich mehr als 20 Milliarden für öffentliche Einrichtungen, Güter und Dienstleistungen aus. Die Einnahmen aus dem Ölverkauf betrugen im Zeitraum 1997 bis 1999 durchschnittlich weniger als 2 Milliarden Dollar pro Jahr, was 10% der vor den Sanktionen verfügbaren Beträge entspricht. Selbst wenn der Irak alle Mittel aus dem Programm „Öl-für-Lebensmittel" für Nahrungsmittel, Medikamente und Wasser verwenden würde, würde die Zahl der durch die Sanktionen verursachten Todesfälle weiter steigen und die Gesundheit des Landes weiter sinken. Die Vereinigten Staaten haben die Genehmigung von Verträgen im Rahmen des Programms systematisch vereitelt, um den Völkermord am Irak zu verlängern.

Die Militärflugzeuge der Vereinigten Staaten zerstörten während der intensiven Bombardierung im Januar und Februar 1991 absichtlich die irakischen Wasserspeicher-, Wasserverteilungs- und Wasserqualitätskontrollsysteme. Innerhalb von zwei Wochen gab es in keiner einzigen irakischen Stadt mehr fließendes Wasser. Zehntausende von Menschen im Irak starben, weil sie verseuchtes Wasser trinken mussten.

Der Irak hat Verträge über insgesamt 700.000.000 US-Dollar für Wasser- und Abwasserprojekte abgeschlossen. Diese Summe ist ein sehr kleiner Bruchteil des derzeitigen Bedarfs. Nur 65.000.000 US-Dollar wurden wirklich an den Irak überwiesen, weniger als 9%. Dies geschieht absichtlich, um die für die irakische Bevölkerung zerstörerischen Lebensbedingungen aufrechtzuerhalten. Der Kauf von Chlor für die kommunale Wasseraufbereitung, ein international üblicher Gebrauch, wurde vollständig abgelehnt. Die Zahl der Menschen, die aufgrund von schlechtem Wasser sterben, steigt weiter an.

Selbst die im Rahmen des Programms zugelassene sehr niedrige Ölproduktion, die weniger als ein Drittel des Niveaus vor den Sanktionen beträgt, ist nur schwer zu erreichen und liegt in der Regel unter den zugelassenen Mengen, da die Anlagen beschädigt und zerstört sind und es an Ausrüstung und Teilen mangelt.

Dennoch hat der Sanktionsausschuss nur 18% der ausgeschriebenen Verträge für Ölförderung, Raffination und Transport genehmigt. Damit soll verhindert werden, dass der Irak seine Fähigkeit wiederherstellt, seine Bevölkerung durch den Verkauf von Öl zu retten.

Von den 207 Millionen US-Dollar, die im Rahmen des Programms für die Sanierung von Kommunikationssystemen beantragt wurden, ist kein einziger Cent bewilligt worden. Der Sanktionsausschuss befürchtet, dass funktionierende Kommunikationswege die Wahrheit ans Tageslicht befördern könnten und dadurch die Sanktionen gefährden würden.

Das „Öl-für-Lebensmittel"-Programm war nie etwas anderes als ein Mittel, um die Zerstörung der irakischen Bevölkerung langsam weiter voranzutreiben. Die Resolution 1284 des Sicherheitsrates ist lediglich ein Mittel, um diesen Prozess von neuem zu beginnen. In den drei Jahren, in denen das Programm von 1996 bis 1999 durchgeführt wurde, starben weit über 200.000 Kinder unter fünf Jahren, und zwar jedes Jahr in drastisch zunehmender Zahl, wobei die Zahl der Toten von knapp dem Neunfachen auf weit über das

Zehnfache im Jahr 1989 anstieg. Diese Erfahrung darf sich nicht wiederholen. Die Sanktionen müssen jetzt beendet werden.

Es ist kriminell, das Leben der irakischen Bevölkerung als Geisel für die Forderungen der USA an die irakische Regierung zu nehmen, was immer diese Forderungen auch sein mögen. Im Krieg ist es verboten, Hunger als Waffe einzusetzen. Die Verwundeten des Feindes müssen medizinische Hilfe erhalten. Durch die Sanktionen stirbt alle zwei Minuten ein Iraker absichtlich aufgrund der Lebensbedingungen, die dem Land durch die Sanktionen auferlegt werden. Sanktionen sind das funktionale Äquivalent dazu, dass man mit einer Waffe auf die Köpfe von irakischen Kindern und älteren Menschen zielt und sagt: Tut, was wir von eurer Regierung verlangen, oder wir werden schießen – und dann alle zwei Minuten oder weniger den Abzug betätigt.

Um die Vereinten Nationen vor dem Urteil der Geschichte zu retten, muss der Sicherheitsrat die Sanktionen sofort beenden. Sie sind Völkermord.

Um sich vor dem Urteil der Weltöffentlichkeit zu schützen, müssen die USA die Sanktionen unverzüglich beenden und für ihre Handlungen Rechenschaft ablegen.

Mit freundlichen Grüßen,
Ramsey Clark
Internationales Aktionszentrum
39 West 14th Street, Raum 206
New York, NY 10011
E-Mail: iacenter@iacenter.org
http://www.iacenter.org
Telefon: 212 633-6646

ANHANG 3

Massenvernichtungswaffen

WER HAT WAS WANN GESAGT

Jeder Tag, an dem Saddam Hussein mit chemischen und biologischen Waffen an der Macht bleibt und an der Entwicklung von Atomwaffen arbeitet, ist ein Tag der Gefahr für die Vereinigten Staaten.

Senator Joseph Lieberman, 4. September 2002

Es besteht einfach kein Zweifel daran, dass Saddam Hussein über Massenvernichtungswaffen verfügt.

Dick Cheney, 26. August 2002

Wenn wir warten, bis die Gefahr ans Tageslicht kommt, könnte es schon zu spät sein.

Senator Joseph Biden, 4. September 2002

Zurzeit erweitert und verbessert der Irak Anlagen, die zur Herstellung biologischer Waffen verwendet wurden.

George W. Bush, 12. September 2002

Wenn er erklärt, dass er keine hat, dann wissen wir, dass Saddam Hussein die Welt wieder einmal in die Irre führt.

Ari Fleischer, 2. Dezember 2002

Wir wissen mit Sicherheit, dass es dort Waffen gibt.

Ari Fleischer, 9. Januar 2003

Unsere Geheimdienstmitarbeiter schätzen, dass Saddam Hussein über das Material zur Herstellung von bis zu 500 Tonnen Sarin-, Senfgas- und VX-Nervenkampfstoff verfügte.

George W. Bush, 28. Januar 2003

Wir wissen, dass Saddam Hussein entschlossen ist, seine Massenvernichtungswaffen zu behalten und weitere herzustellen.

Colin Powell, 5. Februar 2003

Der Irak stellt eine anhaltende Bedrohung für die nationale Sicherheit der Vereinigten Staaten und den internationalen Frieden und die Sicherheit in der Region des Persischen Golfs dar und verstößt weiterhin in erheblichem und nicht hinnehmbarem Maße gegen seine internationalen Verpflichtungen, indem er unter anderem weiterhin über bedeutende chemische und biologische Waffen verfügt und diese weiter entwickelt, aktiv nach einer Atomwaffenfähigkeit strebt und terroristische Organisationen unterstützt und ihnen Unterschlupf gewährt.

Senator Hillary Clinton, 5. Februar 2003

Wir haben Quellen, die uns sagen, dass Saddam Hussein vor kurzem irakische Feldkommandeure ermächtigt hat, chemische Waffen einzusetzen – genau die Waffen, von denen der Diktator sagt, dass er sie nicht hat.

George Bush, 8. Februar 2003

Hat die Führung in Bagdad also die strategische Entscheidung getroffen, den Irak von seinen Massenvernichtungswaffen zu befreien? Ich denke, unser Urteil muss eindeutig „Nein" lauten.

Colin Powell, 8. März 2003

Die von dieser und anderen Regierungen gesammelten Informationen lassen keinen Zweifel daran, dass das irakische Regime nach wie vor im Besitz einiger der tödlichsten Waffen ist, die je entwickelt wurden, und diese versteckt.

George Bush, 18. März 2003

Man verlangt von uns, dass wir akzeptieren, dass Saddam Hussein beschlossen hat, diese Waffen zu zerstören. Ich sage, dass eine solche Behauptung offensichtlich absurd ist.

Tony Blair, Premierminister Großbritanniens, 18. März 2003

Nun, es steht außer Frage, dass wir über Beweise und Informationen verfügen, die besagen, dass der Irak über Massenvernichtungswaffen, insbesondere biologische und chemische Waffen, verfügt … all dies wird im Laufe der Operation deutlich werden, egal wie lange sie dauern wird.

Ari Fleischer, 21. März 2003

Es besteht kein Zweifel, dass das Regime von Saddam Hussein über Massenvernichtungswaffen verfügt. Im weiteren Verlauf dieser Operation werden diese Waffen identifiziert und gefunden werden, ebenso wie die Personen, die sie hergestellt haben und bewachen.

General Tommy Franks, 22. März 2003

Ich habe keinen Zweifel daran, dass wir große Lagerbestände an Massenvernichtungswaffen finden werden.

Kenneth Adelman,
Ausschuss für Verteidigungspolitik, 23. März 2003

Eines unserer wichtigsten Ziele ist es, die Massenvernichtungswaffen zu finden und zu zerstören. Es gibt eine Reihe von Standorten.

Pentagon-Sprecherin Victoria Clark, 22. März 2000

Wir wissen, wo sie sind. Sie befinden sich in der Gegend um Tikrit und Bagdad.

Donald Rumsfeld, 30. März 2003

Die Beseitigung Saddam Husseins ist notwendig, um die Bedrohung durch seine Massenvernichtungswaffen zu beseitigen.

Jack Straw, Außenminister, 2. April 2003

Offensichtlich hat die Regierung die Absicht, alle von den US-Streitkräften gefundenen Massenvernichtungswaffen öffentlich zu machen – und es werden viele sein.

Neokonservativer Wissenschaftler Robert Kagan, 9. April 2003

Ich denke, es wurde Ihnen von offiziellen Stellen immer ein hohes Maß an Zuversicht vermittelt, dass die Massenvernichtungswaffen tatsächlich gefunden werden – und dies werden Sie auch weiterhin hören.

Ari Fleischer, 10. April 2003

In unseren Verhören und Gesprächen mit irakischen Wissenschaftlern und Personen innerhalb der irakischen Struktur haben wir nun zunehmend erfahren, dass er vielleicht einige zerstört oder im Land verteilt hat. Aber wir werden sie finden.

George Bush, 24. April 2003

Bevor man sich über das Nichtvorhandensein von Massenvernichtungswaffen beklagt, sollte man noch ein wenig warten.

Tony Blair, 28. April 2003

Es gibt Menschen, die in großem Umfang über Informationen verfügen, die wir brauchen, um die Massenvernichtungswaffen in diesem Land aufzuspüren.

Donald Rumsfeld, 25. April 2003

Wir werden sie finden. Es ist nur eine Frage der Zeit, bis wir sie finden.

George Bush, 3. Mai 2003

Ich bin zuversichtlich, dass wir Beweise finden werden, die deutlich machen, dass er Massenvernichtungswaffen besaß.

Colin Powell, 4. Mai 2003

Ich habe nie geglaubt, dass wir in diesem Land einfach über Massenvernichtungswaffen stolpern würden.

Donald Rumsfeld, 4. Mai 2003

Ich werde nicht überrascht sein, wenn wir das Waffenprogramm von Saddam Hussein aufdecken – denn er verfügte über ein Waffenprogramm. US-amerikanische Beamte haben nie erwartet, dass sie „Garagen öffnen und Massenvernichtungswaffen finden" würden.

Condoleeza Rice, 12. Mai 2003

Der Autor

Aijaz Ahmad, Jahrgang 1932, war ein marxistischer Philosoph, Literaturtheoretiker und politischer Kommentator. Er hat an verschiedenen Universitäten in den USA, Kanada und Indien gelehrt. Unter anderem war er Professor am Nehru Memorial Museum und der Bibliothek in Neu Delhi und war Inhaber des Rajiv Gandhi Lehrstuhles an der Jawaharlal Nehru Universität sowie des Khan Abdul Gaffar Khan Lehrstuhles an der Jamia Millia Islamia, beide in Neu Delhi. Er hatte eine Gastprofessur an der New York Universität in Toronto inne. Seine Veröffentlichungen umfassen unter anderem: *„Communalism and Globalization: Offensives of the Far Right"* (2004), *„Afghanistan, Iraq, and the Imperialism of Our Time"* (2004) und *„Lineages of the Present – Ideology and Politics in Contemporary South Asia"* (2000). Bis zu seinem Tod im Jahre 2022 war er renommierter Professor für kritische Theorie im Fachbereich vergleichende Literatur an der Universität Irvine, Kalifornien.

Ich weiß nur nicht, ob nicht alles schon vor Jahren vernichtet wurde – es steht außer Frage, dass es vor Jahren chemische Waffen gab – oder ob sie direkt vor dem Krieg vernichtet wurden, [oder] ob sie noch versteckt sind.

Generalmajor David Petraeus,
Befehlshaber der 101st Airborne Einheit, 13. Mai 2003

Vor dem Krieg gab es für mich keinen Zweifel daran, dass Saddam Hussein über biologische und chemische Massenvernichtungswaffen verfügte. Ich habe erwartet, dass sie gefunden werden. Ich erwarte immer noch, dass sie gefunden werden.

General Michael Hagee, Kommandant des Marine Corps, 21. Mai 2003

Mit der Zeit und angesichts der Zahl der Gefangenen, die wir jetzt verhören, bin ich zuversichtlich, dass wir Massenvernichtungswaffen finden werden.

General Richard Myers, Vorsitzender der Generalstabschefs, 26. Mai 2003

Vielleicht hatten sie Zeit, sie zu zerstören, und ich kenne die Antwort nicht.

Donald Rumsfeld, 27. Mai 2003

Aus bürokratischen Gründen haben wir uns auf ein Thema geeinigt, nämlich die Massenvernichtungswaffen [als Rechtfertigung für die Invasion des Irak], weil dies der einzige Grund war, auf den sich alle einigen konnten.

Paul Wolfowitz, 28. Mai 2003

CounterPunch Wire
29. Mai 2003
http://counterpunch.org/wmd05292003.html